JN261493

プロセス演習

憲 法

LS憲法研究会 編

編集代表
棟居快行
工藤達朗
小山 剛

執筆者
赤坂正浩
大津 浩
笹田栄司
鈴木秀美
宮地 基
矢島基美
山元 一

信山社
SHINZANSHA

はしがき

いよいよロースクールの幕が開いた。そして憲法学も――はからずも――実務法曹養成の必須科目として，教育上の新たな責任を負わされることになった。

どのような工夫を凝らせば，憲法学の蓄積を実務家養成科目としてアレンジして伝えることが出来るか。こうした問題関心を共有する（そしてそれ以上にロースクールの教壇に立つことに恐怖と戦慄をおぼえる）中堅の憲法研究者が集まり，信山社出版のご支援の下で月1回の研究会を始めたのは，かれこれ2年も前のことであった。なかなか実体が見えない日本型ロースクールのなかで，文字どおりゼロベースで10人余のメンバーが議論を繰り返した。LS憲法研究会と名付けたこの研究会の成果の一端が，本書である。

事件は当たり前だが現実社会で発生し，当事者や下級審は争点を整理し判例や確立された理論を個別の事件にあてはめることに心血を注いでいる。そして，実務家の憲法論議を当事者の主張－下級審－上級審という時系列で読み返してみると，その理論的洗練度は完璧でないにしても，目的合理性と戦略的思考にしばしば圧倒される。ロースクールでは何よりも，過去の実務家の苦闘のあとを知り，そのことで将来の類似事件の解決の予測を立て，さらには最高裁判例の射程を広げたり縮めたりすることに主眼が置かれるべきであろう。

そこで，本書は次のような特徴をもつものとした。当事者や下級審の実践的な憲法論議を，その置かれた状況や文脈のなかで追体験すること，さらに，やや事件のファクターを変えてみた場合に，そのような事件に直面する当事者・裁判官は判例をどのようにあてはめて適切な解決を正当化しようとするだろうかを予測すること。この回顧的方法と予測的方法との組み合わせが，われわれなりのプロセス志向的な「ロースクール憲法教育」である。

PartⅠでは「回顧的方法」に立ち，下級審からの争点形成と規範のあてはめの流れを再現し，基本的解説を加えている。PartⅡは「予測的方法」に立ち，異なる事件を想定し読者・受講生をいわば揺さぶることで判例の射程の理解を助けようとしている。そこでの答えは1つではないが，とにかくPartⅠの判例に戻って，そこからヒントを見つけだすことが可能なように構成しているつもりである。PartⅢはさらに論点の理解を深めようとする場合に，どのように考えをすすめていけばいいかを示す。PartⅣは自習用の別の素材という位置付けである。文字どおり羅針盤のない航海にあたり，本書もなおプロセスの途上にある。いずれさらに項目のバランスをとり，充実したものとしてゆきたいと考えている。

LS憲法研究会の生みの親である信山社の渡辺左近氏，本書の最初の厳しい読者である同社の柴田尚到氏には，この場を借りて厚く御礼申し上げたい。

　　2004年　ロースクール誕生の春に

　　　　　　　　　　　　　　　　　　　編集代表　　棟　居　快　行
　　　　　　　　　　　　　　　　　　　　　　　　　工　藤　達　朗
　　　　　　　　　　　　　　　　　　　　　　　　　小　山　　　剛

プロセス演習憲法

大目次

精神的自由

1. 私的団体の強制加入性と構成員の人権 ……………………………〔大津　浩〕…1
   - **PartⅠ** 基本となる素材——**南九州税理士会政治献金事件**（最高裁平成8年3月19日第三小法廷判決）(1)
   - **PartⅣ** もう1つの素材——**国労広島地本事件**（最高裁昭和50年11月28日第三小法廷判決）(12)

2. 政教分離の原則 …………………………………………………………〔赤坂正浩〕…19
   - **PartⅠ** 基本となる素材——**津地鎮祭事件**（最高裁昭和52年7月13日大法廷判決）(19)
   - **PartⅣ** もう1つの素材——**箕面忠魂碑・慰霊祭訴訟**（最高裁平成5年2月16日第三小法廷判決）(31)

3. わいせつ表現の概念 ……………………………………………………〔棟居快行〕…35
   - **PartⅠ** 基本となる素材——**「悪徳の栄え」事件**（最高裁昭和44年10月15日大法廷判決）(35)
   - **PartⅣ** もう1つの素材——**四畳半襖の下張事件**（最高裁昭和55年11月28日第二小法廷」判決）(43)

4. 表現の自由とパブリック・フォーラム ………………………………〔山元　一〕…46
   - **PartⅠ** 基本となる素材——**大分県屋外広告物条例事件**（最高裁昭和62年3月3日第三小法廷判決）(46)
   - **PartⅣ** もう1つの素材——**駅構内でのビラ配布と表現の自由**（最高裁昭和59年12月18日第三小法廷判決）(58)

⑤ モデル小説における表現の自由と人格的利益 ………………〔棟居快行〕…62

PartⅠ 基本となる素材——「石に泳ぐ魚」出版差止請求事件（最高裁平成14年9月24日第三小法廷判決）(62)

PartⅣ もう1つの素材——ノンフィクション『逆転』事件（最高裁平成6年2月8日第三小法廷判決）(73)

⑥ 表現の自由と名誉保護 ………………………………………〔鈴木秀美〕…77

PartⅠ 基本となる素材——「夕刊和歌山時事」事件（最高裁昭和44年6月25日大法廷判決）(77)

PartⅣ もう1つの素材——ニフティサーブ事件（東京高裁平成13年9月5日判決）(87)

⑦ 表現の自由と青少年保護 ……………………………………〔鈴木秀美〕…92

PartⅠ 基本となる素材——少年通り魔実名報道損害賠償請求事件（大阪高裁平成12年2月29日判決）(92)

PartⅣ もう1つの素材——有害図書規制と表現の自由（最高裁平成元年9月19日第三小法廷判決）(103)

⑧ 集会の自由とその限界 ………………………………………〔赤坂正浩〕…109

PartⅠ 基本となる素材——泉佐野市民会館事件（最高裁平成7年3月7日第三小法廷判決）(109)

PartⅣ もう1つの素材——東京都公安条例事件（最高裁昭和35年7月20日大法廷判決）(120)

経済的自由

⑨ 職業の自由と規制目的 ………………………………………〔小山　剛〕…123

PartⅠ 基本となる素材——薬事法違憲判決（最高裁昭和50年4月30日大法廷判決）(123)

PartⅣ もう1つの素材——西陣ネクタイ事件（最高裁平成2年2月6日第三小法廷判決）(136)

10 経済活動と租税立法 〔山元 一〕…140

Part I 基本となる素材── **酒類販売業免許制違憲訴訟**（最高裁平成4年12月15日第三小法廷判決）(140)

Part IV もう1つの素材── **サラリーマン税金訴訟**（最高裁昭和60年3月27日大法廷判決）(152)

11 財産権と正当な補償 〔工藤達朗〕…157

Part I 基本となる素材── **土地収用補償金請求事件**（最高裁平成14年6月11日第三小法廷判決）(157)

Part IV もう1つの素材── **河川附近地制限令事件**（最高裁昭和43年11月27日大法廷判決）(168)

適正手続

12 行政手続における適正手続の保障 〔矢島基美〕…172

Part I 基本となる素材── **成田新法事件**（最高裁平成4年7月1日大法廷判決）(172)

Part IV もう1つの素材── **川崎民商事件**（最高裁昭和47年11月22日大法廷判決）(182)

国務請求権

13 裁判を受ける権利 〔笹田栄司〕…187

Part I 基本となる素材── **強制調停違憲訴訟**（最高裁昭和35年7月6日大法廷決定）(187)

Part IV もう1つの素材── **少額訴訟手続の合憲性**（最高裁平成12年3月17日第二小法廷判決）(196)

14 立法の不作為に対する違憲訴訟 〔笹田栄司〕…199

Part I 基本となる素材── **在宅投票制度廃止事件**（最高裁昭和60年11月21日第一小法廷判決）(199)

Part IV もう1つの素材── **台湾人元日本兵戦死傷補償請求事件**（最高裁平

成 4 年 4 月 28 日判決）(208)

社会権

⑮ 生存権の法的性格 ……………………………………………〔小山　剛〕…213

　Part I　基本となる素材——**堀木訴訟**（最高裁昭和 57 年 7 月 7 日大法廷判決）(213)

　Part IV　もう 1 つの素材——**塩見訴訟**（最高裁平成元年 3 月 2 日判決）(228)

参政権

⑯ 選挙権と選挙制度 ……………………………………………〔宮地　基〕…233

　Part I　基本となる素材——**議員定数不均衡事件**（最高裁昭和 51 年 4 月 14 日大法廷判決）(233)

　Part IV　もう 1 つの素材——**衆議院小選挙区比例代表並立制の合憲性**（最高裁平成 11 年 11 月 10 日大法廷判決）(247)

⑰ 政党と代表民主制 ……………………………………………〔大津　浩〕…259

　Part I　基本となる素材——**日本新党繰上補充事件**（最高裁平成 7 年 5 月 25 日第一小法廷判決）(259)

　Part IV　もう 1 つの素材——**愛知万博開催阻止公約違反事件**（名古屋地裁平成 12 年 8 月 7 日判決）(274)

人権総論

⑱ 人権の享有主体——外国人・法人 …………………………〔宮地　基〕…279

　Part I　基本となる素材——**マクリーン事件**（最高裁昭和 53 年 10 月 4 日大法廷判決）(279)

　Part IV　もう 1 つの素材——**八幡製鉄事件**（最高裁昭和 45 年 6 月 24 日大法廷判決）(293)

⑲ 私法関係における人権保障 …………………………………〔大津　浩〕…297

　Part I　基本となる素材——**三菱樹脂事件**（最高裁昭和 48 年 12 月 12 日大法廷

| PartIV | もう1つの素材 —— **百里基地訴訟**（最高裁平成元年6月20日第三小法廷判決）(310)

20 公務員の政治的表現の自由 ……………………………〔山元 一〕…315

| PartI | 基本となる素材 —— **寺西判事補事件**（最高裁平成10年12月1日大法廷決定）(315)

| PartIV | もう1つの素材 —— **猿払事件**（最高裁昭和49年11月6日大法廷判決）(326)

細目次

精神的自由

1 私的団体の強制加入性と構成員の人権……………………………〔大津　浩〕…1

Part I　基本となる素材——**南九州税理士会政治献金事件**（最高裁平成8年3月19日第三小法廷判決）（1）

　事実の概要（1）

　第1審＝熊本地裁（熊本地裁昭和61年2月13日判決）（2）

　第2審＝福岡高裁（福岡高裁平成4年4月24日判決）（4）

　上告審＝最高裁（5）

　基本解説（7）

Part II　応用編（10）

　確認質問（10）

　応用問題（10）

Part III　理論編（11）

Part IV　もう1つの素材——**国労広島地本事件**（最高裁昭和50年11月28日第三小法廷判決）（12）

　事実の概要（12）

　上告審＝最高裁（13）

　基本解説（16）

　〔参考文献〕（18）

2 政教分離の原則……………………………………………………〔赤坂正浩〕…19

Part I　基本となる素材——**津地鎮祭事件**（最高裁昭和52年7月13日大法廷判決）（19）

　事実の概要（19）

　第1審＝津地裁（津地裁昭和42年3月16日判決）（20）

　第2審＝名古屋高裁（名古屋高裁昭和46年5月14日判決）（20）

　上告審＝最高裁（22）

　基本解説（24）

Part II　応用編（27）

　確認質問（27）

　応用問題（28）

viii 細目次

- **Part III** 理論編 (28)
- **Part IV** もう1つの素材――**箕面忠魂碑・慰霊祭訴訟**（最高裁平成5年2月16日第三小法廷判決）(31)
    - 事実の概要 (31)
    - 上告審＝最高裁 (31)
    - 基本解説 (32)
    - 〔参考文献〕(34)

③ わいせつ表現の概念 ……………………………………〔棟居快行〕…35

- **Part I** 基本となる素材――**「悪徳の栄え」事件**（最高裁昭和44年10月15日大法廷判決）(35)
    - **事実の概要** (35)
    - 第1審＝東京地裁（東京地裁昭和37年10月16日判決）(36)
    - 第2審＝東京高裁（東京高裁昭和38年11月21日判決）(37)
    - 上告審＝最高裁 (37)
    - **基本解説** (39)
- **Part II** 応用編 (40)
    - **確認質問** (40)
    - **応用問題** (41)
- **Part III** 理論編 (42)
- **Part IV** もう1つの素材――**四畳半襖の下張事件**（最高裁昭和55年11月28日第二小法廷判決）(43)
    - 事実の概要 (43)
    - 上告審＝最高裁 (43)
    - 基本解説 (44)
    - 〔参考文献〕(45)

④ 表現の自由とパブリック・フォーラム ………………〔山元 一〕…46

- **Part I** 基本となる素材――**大分県屋外広告物条例事件**（最高裁昭和62年3月3日第三小法廷判決）(46)
    - **事実の概要** (46)
    - 第1審＝大分簡裁（大分簡裁昭和58年6月21日判決）(47)
    - 第2審＝福岡高裁（福岡高裁昭和59年7月17日判決）(48)
    - 上告審＝最高裁 (49)
    - **基本解説** (51)

Part II 応用編(54)

　確認質問(54)

　応用問題(54)

Part III 理論編(54)

Part IV もう1つの素材──駅構内でのビラ配布と表現の自由（最高裁昭和59年12月18日第三小法廷判決）(58)

　事実の概要(58)

　上告審＝最高裁(58)

　基本解説(59)

　〔参考文献〕(61)

⑤ モデル小説における表現の自由と人格的利益 ………………………〔棟居快行〕…62

Part I 基本となる素材──「石に泳ぐ魚」出版差止請求事件（最高裁平成14年9月24日第三小法廷判決）(62)

　事実の概要(62)

　第1審＝東京地裁（東京地裁平成11年6月22日判決）(63)

　第2審＝東京高裁（東京高裁平成13年2月15日判決）(66)

　上告審＝最高裁(68)

　基本解説(68)

Part II 応用編(70)

　確認質問(70)

　応用問題(70)

Part III 理論編(71)

Part IV もう1つの素材──ノンフィクション『逆転』事件（最高裁平成6年2月8日第三小法廷判決）(73)

　事実の概要(73)

　上告審＝最高裁(74)

　基本解説(75)

　〔参考文献〕(76)

⑥ 表現の自由と名誉保護 ……………………………………………〔鈴木秀美〕…77

Part I 基本となる素材──「夕刊和歌山時事」事件（最高裁昭和44年6月25日大法廷判決）(77)

　事実の概要(77)

　第1審＝和歌山地裁（和歌山地裁昭和41年4月16日判決）(78)

第 2 審＝大阪高裁（大阪高裁昭和 41 年 10 月 7 日判決）（79）

上告審＝最高裁（80）

基本解説（82）

[Part II] **応用編**（83）

確認質問（83）

応用問題（84）

[Part III] **理論編**（85）

[Part IV] **もう 1 つの素材**──ニフティサーブ事件（東京高裁平成 13 年 9 月 5 日判決）（87）

事実の概要（87）

第 2 審＝東京高裁（88）

基本解説（89）

〔参考文献〕（90）

[7] 表現の自由と青少年保護 ……………………………………〔鈴木秀美〕…92

[Part I] **基本となる素材**──少年通り魔実名報道損害賠償請求事件（大阪高裁平成 12 年 2 月 29 日判決）（92）

事実の概要（92）

第 1 審＝大阪地裁（大阪地裁平成 11 年 6 月 9 日判決）（93）

第 2 審＝大阪高裁（94）

基本解説（96）

[Part II] **応用編**（99）

確認質問（99）

応用問題（99）

[Part III] **理論編**（101）

[Part IV] **もう 1 つの素材**──岐阜県青少年保護育成条例事件（最高裁平成元年 9 月 19 日第三小法廷判決）（103）

事実の概要（103）

上告審＝最高裁（104）

基本解説（104）

〔参考文献〕（107）

[8] 集会の自由とその限界 ………………………………………〔赤坂正浩〕…109

[Part I] **基本となる素材**──泉佐野市民会館事件（最高裁平成 7 年 3 月 7 日第三小法廷判決）（109）

事実の概要（109）

第 1 審＝大阪地裁（大阪地裁昭和 60 年 8 月 14 日判決）（110）

第 2 審＝大阪高裁（大阪高裁平成元年 1 月 25 日判決）（111）

上告審＝最高裁（111）

基本解説（114）

Part II 応用編（117）

確認質問（117）

応用問題（117）

Part III 理論編（117）

Part IV もう 1 つの素材 ── **東京都公安条例事件**（最高裁昭和 35 年 7 月 20 日大法廷判決）（120）

事実の概要（120）

上告審＝最高裁（120）

基本解説（121）

〔参考文献〕（122）

経済的自由

⑨ 職業の自由と規制目的 ……………………………〔小山　剛〕…123

Part I 基本となる素材 ── **薬事法違憲判決**（最高裁昭和 50 年 4 月 30 日大法廷判決）（123）

事実の概要（123）

第 1 審＝広島地裁（広島地裁昭和 42 年 4 月 17 日判決）（124）

第 2 審＝広島高裁（広島高裁昭和 43 年 7 月 30 日判決）（124）

上告審＝最高裁（125）

基本解説（129）

Part II 応用編（133）

確認質問（133）

応用問題（133）

Part III 理論編（134）

Part IV もう 1 つの素材 ── **西陣ネクタイ事件**（最高裁平成 2 年 2 月 6 日第三小法廷判決）（136）

事実の概要（136）

上告審＝最高裁（136）

xii　細目次

　　　基本解説（137）
　　　〔参考文献〕（138）

⑩　経済活動と租税立法……………………………………………〔山元　一〕…140

　　Part I　基本となる素材──**酒類販売業免許制違憲訴訟**（最高裁平成4年12月15日第三小法廷判決）（140）

　　　事実の概要（140）
　　　第1審＝東京地裁（東京地裁昭和54年4月12日判決）（141）
　　　第2審＝東京高裁（東京高裁昭和62年11月26日判決）（141）
　　　上告審＝最高裁（142）
　　　基本解説（145）

　　Part II　応用編（148）

　　　確認質問（148）
　　　応用問題（148）

　　Part III　理論編（148）

　　Part IV　もう1つの素材──**サラリーマン税金訴訟**（最高裁昭和60年3月27日大法廷判決）（152）

　　　事実の概要（152）
　　　上告審＝最高裁（152）
　　　基本解説（154）
　　　〔参考文献〕（155）

⑪　財産権と正当な補償……………………………………………〔工藤達朗〕…157

　　Part I　基本となる素材──**土地収用補償金請求事件**（最高裁平成14年6月11日第三小法廷判決）（157）

　　　事実の概要（157）
　　　第2審＝大阪高裁（大阪高裁平成10年2月20日判決）（158）
　　　上告審＝最高裁（159）
　　　基本解説（160）

　　Part II　応用編（164）

　　　確認質問（164）
　　　応用問題（164）

　　Part III　理論編（165）

　　Part IV　もう1つの素材──**河川附近地制限令事件**（最高裁昭和43年11月27日大法廷判決）（168）

事実の概要（168）

上告審＝最高裁（169）

基本解説（170）

〔参考文献〕（171）

適正手続

⑫ 行政手続における適正手続の保障 ……………………〔矢島基美〕…172

Part I 基本となる素材 ── **成田新法事件**（最高裁平成4年7月1日大法廷判決）（172）

事実の概要（172）

第1審＝千葉地裁（千葉地裁昭和59年2月3日判決）（173）

第2審＝東京高裁（東京高裁昭和60年10月23日判決）（174）

上告審＝最高裁（175）

基本解説（177）

Part II 応用編（179）

確認質問（179）

応用問題（179）

Part III 理論編（180）

Part IV もう1つの素材 ── **川崎民商事件**（最高裁昭和47年11月22日大法廷判決）（182）

事実の概要（182）

上告審＝最高裁（183）

基本解説（184）

〔参考文献〕（186）

国務請求権

⑬ 裁判を受ける権利 ……………………〔笹田栄司〕…187

Part I 基本となる素材 ── **強制調停違憲訴訟**（最高裁昭和35年7月6日大法廷決定）（187）

事実の概要（187）

抗告審＝最高裁（188）

基本解説（190）

Part II 応用編（193）

確認質問（193）

応用問題（193）

| Part III | 理論編（194）

| Part IV | もう1つの素材──**少額訴訟手続の合憲性**（最高裁平成12年3月17日第二小法廷判決）（196）

事実の概要（196）

上告審＝最高裁（196）

基本解説（197）

〔参考文献〕（198）

14　立法の不作為に対する違憲訴訟 ……………………………〔笹田栄司〕…199

| Part I | 基本となる素材──**在宅投票制度廃止事件**（最高裁昭和60年11月21日第一小法廷判決）（199）

事実の概要（199）

第1審＝札幌地裁（札幌地裁小樽支部昭和49年12月9日判決）（200）

第2審＝札幌高裁（札幌高裁昭和53年5月24日判決）（201）

上告審＝最高裁（203）

基本解説（204）

| Part II | 応用編（205）

確認質問（205）

応用問題（206）

| Part III | 理論編（206）

| Part IV | もう1つの素材──**台湾人元日本兵戦死傷補償請求事件**（最高裁平成4年4月28日判決）（208）

事実の概要（209）

第2審＝東京高裁（東京高裁昭和60年8月26日判決）（209）

上告審＝最高裁（209）

基本解説（210）

〔参考文献〕（212）

　　　　　　　　　　　　　　社会権

15　生存権の法的性格 ………………………………………………〔小山　剛〕…213

| Part I | 基本となる素材──**堀木訴訟**（最高裁昭和57年7月7日大法廷判決）（213）

事実の概要（213）

第 1 審＝神戸地裁（神戸地裁昭和 47 年 9 月 20 日判決）（213）

第 2 審＝大阪高裁（大阪高裁昭和 50 年 11 月 10 日判決）（215）

上告審＝最高裁（217）

基本解説（219）

PartⅡ　応用編（225）

　確認質問（225）

　応用問題（225）

PartⅢ　理論編（226）

PartⅣ　もう 1 つの素材——**塩見訴訟**（最高裁平成元年 3 月 2 日判決）（228）

　事実の概要（228）

　上告審＝最高裁（228）

　基本解説（230）

　〔参考文献〕（232）

参政権

⑯ 選挙権と選挙制度 ……………………………………………〔宮地　基〕…233

PartⅠ　基本となる素材——**議員定数不均衡事件**（最高裁昭和 51 年 4 月 14 日大法廷判決）（233）

　事実の概要（233）

　第 1 審＝東京高裁（東京高裁昭和 49 年 4 月 30 日判決）（234）

　上告審＝最高裁（235）

基本解説（240）

PartⅡ　応用編（243）

　確認質問（243）

　応用問題（244）

PartⅢ　理論編（245）

PartⅣ　もう 1 つの素材——**衆議院小選挙区比例代表並立制の合憲性**（最高裁平成 11 年 11 月 10 日大法廷判決）（247）

　事実の概要（247）

　上告審＝最高裁（248）

　基本解説（255）

　〔参考文献〕（258）

17 政党と代表民主制 ……………………………………………〔大津 浩〕…259

Part I 基本となる素材――日本新党繰上補充事件（最高裁平成7年5月25日第一小法廷判決）（259）

事実の概要（259）

第1審＝東京高裁（東京高裁平成6年11月29日判決）（260）

上告審＝最高裁（263）

基本解説（265）

Part II 応用編（268）

確認質問（268）

応用問題（268）

Part III 理論編（269）

Part IV もう1つの素材――愛知万博開催阻止公約違反事件（名古屋地裁平成12年8月7日判決）（274）

事実の概要（274）

第1審＝名古屋地裁（275）

基本解説（276）

〔参考文献〕（278）

――――― 人権総論 ―――――

18 人権の享有主体――外国人・法人 ……………………………〔宮地 基〕…279

Part I 基本となる素材――マクリーン事件（最高裁昭和53年10月4日大法廷判決）（279）

事実の概要（279）

第1審＝東京地裁（東京地裁昭和48年3月27日判決）（280）

第2審＝東京高裁（東京高裁昭和50年9月25日判決）（283）

上告審＝最高裁（284）

基本解説（286）

Part II 応用編（289）

確認質問（289）

応用問題（289）

Part III 理論編（291）

Part IV もう1つの素材――八幡製鉄事件（最高裁昭和45年6月24日大法廷判決）（293）

事実の概要（293）

上告審＝最高裁（293）

基本解説（294）

〔参考文献〕（296）

⑲ 私法関係における人権保障　〔大津　浩〕…297

Part I　基本となる素材——**三菱樹脂事件**（最高裁昭和48年12月12日大法廷判決）（297）

事実の概要（297）

第1審＝東京地裁（東京地裁昭和42年7月17日判決）（298）

第2審＝東京高裁（東京高裁昭和43年6月12日判決）（300）

上告審＝最高裁（300）

基本解説（303）

Part II　応用編（304）

確認質問（304）

応用問題（304）

Part III　理論編（306）

Part IV　もう1つの素材——**百里基地訴訟**（最高裁平成元年6月20日第三小法廷判決）（310）

事実の概要（310）

上告審＝最高裁（311）

基本解説（312）

〔参考文献〕（314）

⑳ 公務員の政治的表現の自由　〔山元　一〕…315

Part I　基本となる素材——**寺西判事補事件**（最高裁平成10年12月1日大法廷決定）（315）

事実の概要（315）

第1審＝仙台高裁（仙台高裁平成10年7月24日決定）（316）

抗告審＝最高裁（317）

基本解説（320）

Part II　応用編（322）

確認質問（322）

応用問題（322）

Part III　理論編（323）

| PartIV | もう1つの素材——**猿払事件**（最高裁昭和49年11月6日大法廷判決）(326)

　事実の概要 (326)

　上告審＝最高裁 (326)

　基本解説 (328)

　〔参考文献〕(329)

凡　例

1　法令名の略記法

　　法令名の略記法は有斐閣刊『六法全書』による。条文はアラビア数字，項はローマ数字，号は丸なか数字とした。

2　当事者の表記

　　民事事件，行政事件の原告はX，民事事件，行政事件の被告および刑事事件の被告人はYで表記し，当事者以外の関係者はA，B，C等X，Y以外のアルファベットで表記した。ただし，判決文等引用個所では原則として原文のままとした。

3　判決文の扱い

(1)　引用の表示　　　引用個所は「　」で示した。また，原本中の「　」は『　』に置き換えた。
(2)　省略個所の表示　省略個所は一律「……」で示した。
(3)　数字の扱い　　　条文，年月日等につき漢数字となっていたものは一律アラビア数字に置き換えた。
(4)　誤字・脱字の扱い　引用個所中のあきらかな誤字・脱字は訂正することとしたが，それを削除はせずそのままとし，〔　〕内で正しいと考えられるものを補った。
(5)　促音・拗音の扱い　原文のままとした。
(6)　前述の表示　　　原文が縦組みの際に「右」と前述の表示があるが，そのままとした。
(7)　論旨の明確化　　論旨をより明確にするため執筆者が言葉を補った際には，それを〔　〕に入れて示した。

4　参考文献の表示法

　　解説欄内での参考文献は原則として，(△△〔姓〕後掲)と表記し，各ユニット末の〔参考文献〕欄に一括して掲載した。

5　おもな文献名の略記法

　　民集　　最高裁判所民事判例集
　　刑集　　最高裁判所刑事判例集
　　集民　　最高裁判所民事裁判集
　　集刑　　最高裁判所刑事裁判集
　　高民集　高等裁判所民事判例集
　　高刑集　高等裁判所刑事判例集
　　下民集　下級裁判所民事裁判例集
　　下刑集　下級裁判所刑事裁判例集
　　行集　　行政事件裁判例集
　　訟月　　訟務月報
　　労民集　労働関係民事裁判例集
　　最判解　最高裁判所判例解説
　　判時　　判例時報
　　判タ　　判例タイムズ
　　法協　　法学協会雑誌

執筆者紹介

（五十音順）

赤坂正浩（あかさか・まさひろ）
 1956年生まれ
 1984年　東北大学大学院法学研究科博士後期課程期間満了退学
 現　在　神戸大学大学院法学研究科教授
  〈主要著作〉
  『基本的人権の事件簿』（共著，有斐閣，第2版，2003）
  『憲法1人権』（共著，有斐閣，第2版，2004）
  『憲法2統治』（共著，有斐閣，第2版，2004）
  『ケースブック憲法』（共著，弘文堂，2004）

大津　浩（おおつ・ひろし）
 1957年生まれ
 1987年　一橋大学大学院法学研究科博士後期課程単位取得退学
 現　在　東海大学専門職大学院実務法学研究科（法科大学院）教授
  〈主要著作〉
  『自治体外交の挑戦』（共編著，有信堂，1994）
  『憲法四重奏』（共著，有信堂，2002）
  『Le nouveau défi de la Constitution japonaise』（共編著，L.G.D.J., 2004）

*工藤達朗（くどう・たつろう）
 1956年生まれ
 1981年　中央大学大学院法学研究科博士前期課程修了
 現　在　中央大学大学院法務研究科（法科大学院）教授
  〈主要著作〉
  『憲法の勉強』（尚学社，1999）
  『ドイツの憲法裁判』（編著，中央大学出版部，2002）

*小山　剛（こやま・ごう）
 1960年生まれ
 1990年　慶應義塾大学大学院法学研究科後期博士課程修了
 現　在　慶應義塾大学法学部教授
  〈主要著作〉
  『基本権保護の法理』（成文堂，1998）
  「基本権の内容形成」栗城壽夫先生古稀記念『日独憲法学の創造力　上』（信山社，2003）

笹田栄司（ささだ・えいじ）
 1955年生まれ
 1986年　九州大学大学院法学研究科博士課程終了
 現　在　北海道大学大学院法学研究科教授
  〈主要著作〉

『実効的基本権保障論』(信山社, 1993)
『裁判制度』(信山社, 1997)
『基本的人権の事件簿』(共著, 有斐閣, 第2版, 2003)

鈴木秀美 (すずき・ひでみ)
　1959年生まれ
　1990年　慶應義塾大学大学院法学研究科後期博士課程単位取得退学
　現　在　大阪大学大学院高等司法研究科教授
　〈主要著作〉
　『放送の自由』(信山社, 2000年)
　『放送制度の現代的展開』(共著, 有斐閣, 2001)(舟田正之・長谷部恭男編)
　『情報法入門』(共著, 法律文化社, 1999)(石村善治・堀部政男編)

宮地　基 (みやじ・もとい)
　1960年生まれ
　1990年　神戸大学大学院法学研究科博士後期課程単位取得退学
　現　在　明治学院大学法学部教授
　〈主要著作〉
　「ドイツ連邦憲法裁判所による議事手続に対する違憲審査」明治学院論叢法学研究76号 (2003) 27頁
　「憲法訴訟における『訴えの利益』——ドイツ憲法異議訴訟における権利保護の必要性概念を手がかりとして——」栗城壽夫先生古稀記念論文集『日独憲法学の創造力　下』(信山社, 2003) 所収
　「人格の自由な発展の権利——その憲法裁判における機能について——」明治学院論叢法学研究685号 (2002) 49頁
　「憲法に基づく外国人の滞在の権利の保障——ドイツ連邦憲法裁判所判例を手がかりとして——」明治学院論叢法学研究60号 (1996) 331頁

*棟居快行 (むねすえ・としゆき)
　1955年生まれ
　1978年　東京大学法学部卒業
　現　在　北海道大学大学院法学研究科教授
　〈主要著作〉
　『人権論の新構成』(信山社, 1992)
　『憲法フィールドノート』(日本評論社, 1996)
　『憲法学の発想1』(信山社, 1998)
　『憲法学再論』(信山社, 2001)

矢島基美 (やじま・もとみ)
　1955年生まれ
　1985年　上智大学大学院法学研究科博士後期課程単位取得満期退学
　現　在　上智大学法学部教授
　〈主要著作〉
　「日本国憲法における『個人の尊重』,『個人の尊厳』と『人間の尊厳』について」栗城壽夫先生古稀記念『日独憲法学の創造力　上』(信山社, 2003)
　「『自己決定権』をめぐる議論に寄せて(上)(下)」上智法学論集43巻4号 (2000)

「政教分離原則論攷——最近の最高裁判決を踏まえて——」上智法学論集41巻3号（1998）
「国家元首の『仲裁』的機能について——フランス第五共和制憲法の『仲裁』規定を手がかりとして——」佐藤功先生喜寿記念『現代憲法の理論と現実』（青林書院，1993）

山元　一（やまもと・はじめ）
　1961年生まれ
　1992年　東京大学大学院法学政治学研究科博士課程修了
　現　在　東北大学大学院法学研究科教授
　〈主要著作〉
　　「《法》《社会像》《民主主義》——フランス憲法思想史研究への一視角（1）〜（5・完）」国家学会雑誌106巻〜107巻（1993〜1994）所収
　　ルイ・ファヴォルー（山元訳）『憲法裁判所』（敬文堂，1999）

＊は編集代表

精神的自由

1 私的団体の強制加入性と構成員の人権

〔論　点〕

(1) 法人（団体）の人権享有主体性
　　憲法は，自然人以外に，法人（または団体）にも基本的人権の保障をしているか。もし保障しているとするならば，その保障範囲はどこまでか。

(2) 法人（団体）の人権とその構成員の人権の対立の調整原理
　　法人（または団体）の人権行使がその構成員の人権と対立する場合に，いかなる法規範に基づき「人権紛争」は処理されるべきか。特に，法人の政治活動の自由と構成員の思想・信条の自由が対立する場合に，いかなる法原理に基づき処理されるべきか。

(3) 強制加入法人に保障される人権の範囲の特殊性
　　任意加入法人と強制加入の法人の間には，保障される人権の範囲に違いがあるか。

(4) 強制加入の公益法人における政治団体への政治献金の自由の有無
　　強制加入の公益法人にとり，政治資金規正法上の政治団体に金員を寄付することは，その目的の範囲内の行為といえるか。

(5) 強制加入の公益法人が行う政治活動に対する構成員の協力義務の限界
　　強制加入の公益法人が法的に許される範囲の政治活動を行う場合に，その構成員の思想・信条の自由や選挙における投票の自由は，協力義務の限界を画する根拠となりうるか。

Part I　基本となる素材

南九州税理士会政治献金事件

最高裁平成 8 年 3 月 19 日第三小法廷判決
平成 4 年（オ）第 1796 号選挙権被選挙権停止処分無効確認等請求事件
民集 50 巻 3 号 615 頁，判時 1571 号 16 頁

〔参照条文〕　憲 19　民 43　税理（昭 55 改正前）49②　政資 3

X＝原告，被控訴人，上告人
Y＝被告，控訴人，被上告人

❖ 事実の概要

南九州税理士会 Y は，税理士法（昭 55 年改正前）49 条に基づき，熊本，大分，宮崎，鹿児島の

2 精神的自由

税理士を構成員として設立された公益法人であり，日本税理士会連合会（日税連）の会員である。またYは，法律上，税理士業務を営むためには税理士会加入が義務付けられている（同52条）結果，事実上の強制加入団体となっている。Yは，当時問題となっていた税理士法の改正につき，これを税理士業界に有利な内容にするための政治工作資金として，日税連の方針の下，1978（昭53）年の定期総会で各会員から特別会費5000円を徴収し，これを特別会計で処理し，その全額を南九州各県税理士政治連盟（南九各県税政）に配布する決定を行った。南九各県税政は，税理士の社会的・経済的地位の向上を図り，納税者のための民主的税理士制度および租税制度を確立するため必要な政治活動を行うことを目的として設立された南九州税理士政治連盟（南九税政）傘下の県別の独立した税政連の総称である。南九税政も南九各県税政も，それぞれ政治資金規正法上の政治団体として登録し，それぞれの基準に基づき特定の政治家の後援会への政治資金等に金員を支出している。

税理士XはYの会員であるが，本件特別会費の徴収決議に反対し，決議可決後も本件特別会費の納入を拒否した。ところがYの役員選任規則には，役員の選挙権および被選挙権の欠格事由として「選挙の年の3月31日現在において本部の会費を滞納している者」との規定があるため，Xはこの規定に基づき，本件特別会費の滞納を理由として，1979（昭和54）年度以降1991（平成3）年度まで，2年ごとに計7回行われた各役員選挙において選挙人名簿への登載を拒否され，結果的にこの間の選挙権・被選挙権を停止させられてしまった。

そこでXは，①南九各県税政にYが金員を寄付することはその目的の範囲外の行為であるから，そのための特別会費を徴収する旨の本件決議は無効であることの確認，YとXの間でXは本件特別会費の納入義務を負わないことの確認，②上記の各役員選挙においてXが選挙権・被選挙権を有していたことの確認，③YがXに対してなした選挙権・被選挙権の停止措置は無効であることの確認，④上記の各役員選挙は無効であることの確認，⑤Yが本件特別会費の滞納を理由に，各役員選挙においてXの選挙権・被選挙権の停止措置を採ったのは不法行為であるから，これにより被った損害賠償（慰謝料や弁護士費用）500万円および遅延損害金の支払いを求めて出訴した。

❖ 第1審＝熊本地裁

熊本地裁昭和61年2月13日判決
判時1181号37頁

❖ 当事者の主張（争点）

〈事実にかかる主張〉
原告と被告の間で，事実に関する基本的な対立はない。
〈法的な根拠にかかる主張〉
原告……①税理士会は強制加入の公益団体であるから，政治献金の権利能力なし。②政治献金のための特別会費の徴収はXの思想・信条の自由を侵害し，公序良俗に違反する。③適正手続を欠いたままで役員選挙参加資格を剥奪した。④過去の法律関係でも確認の利益はある。
被告……①税理士業務の改善進歩に資するため税理士法改正について政治活動をすることはその目的の範囲内である。②税理士の地位向上を図るための政治活動を行う各県税政への金員の寄付は目的の範囲内である。③多数決は少数派の思想・信条を侵さない。④過去の手続の無効確認請求は訴えの利益なし。

❖ 法的構成

(a) 会員の協力義務の範囲について

会員が正規の手続で決定された団体の活動に参加し，会費納入義務を負うことは「団体一般に認められる固有の自主的規律権能に由来する」が，この協力義務は無制限ではない。強制加入団体の税理士会の場合，会員の協力義務は，税理士法等の法令や会則に定められた目的に直接間接に関係する限り，本来の活動の域を超えて政治的活動にまで及ぶが，「問題とされている具体的な被告の活動の内容・性質，これについて会員に求められる協力の内容・程度・態様等を比較考量し，多数決原理に基づく被告の活動の実効性と会員個人の基本的利益の調和という観点から，被告の統制力とその反面としての会員の協力義務の範囲に合理的な限定を加えることが必要である。」

　(b)　非政治団体における政治的活動に対する会員の協力義務について

　「もともと団体構成員の多数決に従って政治的行動をすることを目的として結成された政治団体……と異なる被告としては，その多数決による政治的活動に対して，これと異なる政治的思想，見解，判断等をもつ個々の会員の協力を義務づけることには謙抑であるべきである。かかる義務を一般的に認めることは，会員個人の政治的自由特に自己の意思に反して一定の政治的態度や行動をとることを強制されない自由を侵害することになりかねない」。

　(c)　政治献金のための特別会費の納入義務について

　政治献金は賄賂となるおそれがあるから，その徴収に反対することにはそれなりの合理性がある。税理士法改正への賛否は「各税理士が国民の一人として個人的，かつ，自主的な思想，見解，判断等に基づいて決定すべき事であるから，それについて多数決でもって会員を拘束し，反対の意思表示をした会員に対しその協力を強制することは許されず，しかもまた右運動に要する特別資金とするため南九各県税政へ寄附するための特別会費の納付を強制することは，反対の意思表示をした会員に対し一定の政治的立場に対する支持の表明を強制することに等しく，この面からもやはり許されない」。

　(d)　過去の役員選挙における選挙権・被選挙権の確認等について

　「訴訟制度が現存する紛争を公権的に解決する制度であることからすれば，過去の権利，法律関係や手続の確認を求める訴えは原則として許されない」。また選挙の効力に司法審査が及びうるとしても，「当該選挙の管理及び執行につき『選挙の規定に違反』し，かつ，『選挙の結果に異動を及ぼす虞がある』ことの２要件が充足された場合に限って，当該選挙の全部又は一部は無効になるもの，と構成するのが相当である。」

　(e)　選挙権・被選挙権の停止措置に関わる不法行為の成立について

　「会員にとって，役員選挙の選挙権・被選挙権というものが，最も基本的な会員の権利の一つであることは争う余地がない」。Xの選挙権・被選挙権の剥奪は，「被告の故意による右権利の侵害ということも言うまでもない」。「選挙権・被選挙権停止の処分に際し，適正手続が保障されなかったことの違法性も看過し難い。」

　❖　あてはめ

　(a)〜(c)　「本件特別会費5000円の徴収を決めた本件決議は，無効であり，仮に有効だとしても，本件決議に反対の意思表示をしている原告に対しその強制徴収をすることは許されないから，原告は右納入義務を負わない」。したがって「右義務の不存在の確認を求める原告の請求……は正当であり，認容されるべきである。」

　(d)　「原告が選挙権・被選挙権を有していた旨の確認を求める訴えは，いずれも過去の権利関係の確認を求めるもので，しかも，訴えの利益を肯認することができないから，不適法な訴えとして，却下を免れない。」選挙の無効についても，「選挙の結果に異動を及ぼす虞があること」という要件が充足されないので，「役員選挙の無効確認を求める請求は，理由がないものとして棄却を免れな

(e)「被告の不法行為により,原告は多大の精神的苦痛を被ったものというべく,よって,被告は原告に対し,右不法行為に基づく後記損害を賠償する責任がある。」

❖ 第2審＝福岡高裁

福岡高裁平成4年4月24日判決
判時1421号3頁

◈ 当事者の主張（争点）

〈事実にかかる主張〉

控 訴 人……南九各県税政は税理士会の活動への援助のみを目的とし,他の一般政治団体とは性格が異なり,関係法規の改正や税理士会の建議実現のための陳情の団体である。

被控訴人……特別会費を基にした推薦候補のいる政治団体への寄付は選挙活動資金にあたる。

〈法的な根拠にかかる主張〉

控 訴 人……①職能団体の性格をもつ税理士会が税理士業務の改善進歩のため行う政治活動は,本来の目的と密接に関連する。②南九各県税政の行う政治活動の目的は南九州税理士会のそれと共通である。後者の前者への寄付はその目的遂行上必要だから権利能力あり。③各県税政への寄付と特定の政治的立場の強制との関連性が明確でない。

被控訴人……①強制加入公益法人の目的遂行に必要な行為の範囲は狭く解すべきである。②本件は,日税政の陣中見舞い配布が賄賂と認定された前例と同じ。③政治献金の強制は会員の政治的思想・信条の侵害となるので,本件決議は公序良俗に反し無効である。

◈ 法的構成

(a) 政治的活動が税理士会の目的の範囲内の行為であるか否かについて

旧税理士法49条等の諸規定や,控訴人の法人としての性格に鑑みると,税理士会が,税理士制度に関する税理士法の改正が必要と考える場合に,「求める方向への法改正を権限のある官公署に建議するほか,税理士業務の改善,進歩を図り,納税者のための民主的税理士制度及び租税制度の確立を目指し,法の制定や改正に関し,関係団体や関係組織に働きかけるなどの活動をすることは,控訴人の目的の範囲内であり,法律上許容されているというべきである。」「右の目的にそった活動をする団体が控訴人とは別に存在する場合に,控訴人が右団体に右活動のための資金を寄附し,その活動を助成することは,なお控訴人の目的の範囲内の行為であると考えられる。」

(b) 南九各県税政への寄付が目的の範囲内の行為であるか否かについて

南九各県税政の規約によれば,各県税政は「控訴人に許容された前期〔記〕活動を推進することを存立の本来的目的とする団体であるということができる。したがって,控訴人が右団体の活動を助成するためにこれに対して寄附を行うことは,なお控訴人の目的の範囲内の行為であるというべきである。」「南九各県税政が政治資金規正法にいう政治団体であることは,前記認定のとおりであるが,その政治活動は,税理士の社会的,経済的地位の向上,民主的税理士制度及び租税制度の確立のために必要な活動に限定されていて,右以外の何らかの政治的主義,主張を標ぼうして活動するものではなく,また,特定の公職の候補者の支持等を本来の目的とする団体でもない」。

(c) 多数決と少数意見者の思想,信条の自由との関係について

控訴人の税理士会は強制加入団体ではあるが,総会の議決については多数決制度を採用しており,「多数決制度は,それにより団体の意思決定がされた場合,原則として,少数意見者は自己の思想,

信条に反しても多数意見による意思決定に従わなければならないことを前提として存在するものであるから」，総会決議がなされた場合，「被控訴人が右運動に反対であることをもって，直ちに右決議は被控訴人の思想，信条の自由を侵害するとして公序良俗に反するものとし，これを無効とすることはできないというべきである。」

　(d)　多数決が公序良俗違反として無効となる場合について
　「もっとも，ある団体がその意思決定につき多数決原理を採用し，これによる多数意見が当該団体の目的の範囲内の活動にかかわるものであっても，多数意見が一般通念に照らし明白に反社会的な内容のものであるとか，多数意見による意思決定に従わざるを得なくなる少数意見者の立場が，社会通念に照らして是認することができないほど過酷であるような場合には，右意思決定を，公序良俗に反するとして無効とする余地があり，あるいはまた，多数意見による活動の内容・性質と構成員に求められる協力の内容・程度・態様等との兼ね合いから，構成員の協力義務の範囲に限定を加える必要がある場合もあると考えられる。」

　(e)　被控訴人を除外した選挙人名簿により役員選挙を実施したことの不法行為該当性について
　「本件決議を無効とすべき理由のないことは前記説示のとおりであり，被控訴人は本件決議に基づき，控訴人に対し，本件特別会費を納入する義務を負う」。通知および弁明の機会を与える手続を定めているのは控訴人の会則であり，役員選任規則には選挙権・被選挙権がないとの取り扱いをする場合の通知や弁明の機会を保障する手続は特に定められていない。この会則と役員選任規則の間には上位規範，下位規範の関係はない。さらに，役員選任規則にいう会費は通常会費と特別会費の双方を含む。

❖ あてはめ

　(a)～(b)　「南九各県税政の行う活動が政治活動であることや，それが政治資金規正法上の政治団体であることをもって，これに対する寄附が控訴人の目的の範囲外で，法律上許容されないものとはいえない」。

　(c)～(d)　「本件決議は，その内容が反社会的であるというべき余地はないし，本件決議の結果として被控訴人に要請されるところは，金5000円の拠出のみにとどまるもので，本件決議の後においても，被控訴人が税理士法改正に反対の立場を保持し，その立場に多くの賛同を得るように言論活動等を行うことについて，何らかの制約を受けるような状況もないことを考えると，本件決議の結果，被控訴人が社会通念上是認することができないような不利益を被るものではなく，また，右説示に照らし被控訴人が本件決議に従うことに限定を加えるのを相当とすべき特段の事情も認められない。」「本件特別会費の拠出が特定政治家の一般的な政治的立場の支援となるという関係はうえんかつ希薄であるといえるから，南九各県税政が右のような活動をしたことは，いまだ，被控訴人に本件特別会費の拠出義務を肯認することが，被控訴人の政治的思想，信条の自由を侵害するもので許されないとするまでの事情には該当しない」。

　(e)　「控訴人が被控訴人に対して本件各処分をしたことが，被控訴人に対する不法行為を構成するとの被控訴人の主張は，採用することができない。」したがって，上記確認請求および損害賠償請求の一部を認容した原判決は失当であり，本件控訴には理由がある。

❖ 上告審＝最高裁

❖ 上告理由

　原判決は，①南九各県税政への政治献金が上告人の思想信条を侵害し無効であるとの主張に対す

る判断を欠く点で，憲法19条，民法90条に関して判断遺脱・理由不備，②本件特別会費が政治献金として使われたことについては当事者間に争いがなかったにもかかわらず，その証明が不十分とした点で，理由不備・理由齟齬・審理不尽・採証法則違反，③南九各県税政の実態を無視した点で，民法43条の解釈適用に誤りあり。

◈ 法的構成

(a) 法人の享有する権利の範囲について

「民法上の法人は，法令の規定に従い定款又は寄付行為で定められた目的の範囲内において権利を有し，義務を負う（民法43条）。この理は，会社についても基本的に妥当するが，会社における目的の範囲内の行為とは，定款に明示された目的自体に限局されるものではなく，その目的を遂行する上に直接又は間接に必要な行為であればすべてこれに包含され……，さらには，会社が政党に政治資金を寄付することも，客観的，抽象的に観察して，会社の社会的役割を果たすためにされたものと認められる限りにおいては，会社の定款所定の目的の範囲内の行為とするに妨げないとされる」。

(b) 会社と税理士会の法人としての法的性格の違いについて

「税理士会は，税理士の使命及び職責にかんがみ，税理士の義務の遵守及び税理士業務の改善進歩に資するため，会員の指導，連絡及び監督に関する事務を行うことを目的として，法が，あらかじめ，税理士にその設立を義務付け，その結果設立されたもので，その決議や役員の行為が法令や会則に反したりすることがないように，大蔵大臣の前記のような監督に服する法人である。また，税理士会は，強制加入団体であって，その会員には，実質的には脱退の自由が保障されていない」。「税理士会は，以上のように，会社とはその法的性格を異にする法人であり，その目的の範囲についても，これを会社のように広範なものと解するならば，法の要請する公的な目的の達成を阻害して法の趣旨を没却する結果となることが明らかである。」

(c) 思想・信条の自由に関わる，強制加入団体の構成員の協力義務の限界について

「税理士会が前記のとおり強制加入の団体であり，その会員である税理士に実質的には脱退の自由が保障されていないことからすると，その目的の範囲を判断するに当たっては，会員の思想・信条の自由との関係で，次のような考慮が必要である」。「法が税理士会を強制加入の法人としている以上，その構成員である会員には，様々な思想・信条及び主義・主張を有する者が存在することが当然に予定されている。したがって，税理士会が右の方式により決定した意志に基づいてする活動にも，そのために会員に要請される協力義務にも，おのずから限界がある。」

(d) 規正法上の政治団体に対する金員の寄付の法的性格について

「特に，政党など規正法上の政治団体に対して金員の寄付をするかどうかは，選挙における投票の自由と表裏を成すものとして，会員各人が市民としての個人的な政治的思想，見解，判断等に基づいて自主的に決定すべき事柄であるというべきである。なぜなら，政党など規正法上の政治団体は，政治上の主義若しくは施策の推進，特定の公職の候補者の推薦等のため，金員の寄付を含む広範囲な政治活動をすることが当然に予定された政治団体であり（規正法3条等），これらの団体に金員の寄付をすることは，選挙においてどの政党又はどの候補者を支持するかに密接につながる問題だからである」。「法は，49条の12第1項の規定において，税理士会が，税務行政や税理士の制度等について権限のある官公署に建議し，又はその諮問に答申することができるとしているが，政党など規正法上の政治団体への金員の寄付を権限のある官公署に対する建議や答申と同視することはできない。」

(e) 税理士法49条2項の目的の範囲と政治団体への金員の寄付の関係について

「前記のような公的な性格を有する税理士会が，このような事柄を多数決原理によって団体の意思として決定し，構成員にその協力を義務付けることはできないというべきであり……，税理士会がそのような活動をすることは，法の全く予定していないところである。税理士会が政党など規正法上の政治団体に対して金員の寄付をすることは，たとい税理士に係る法令の制定改廃に関する要求を実現するためであっても，法49条2項所定の税理士会の目的の範囲外の行為といわざるを得ない。」

(f) 南九各県税政の活動の範囲と税理士会の目的の関係について

「原審は，南九各県税政は税理士会に許容された活動を推進することを存立の本来的目的とする団体であり，その活動が税理士会の目的に沿った活動の範囲に限定されていることを理由に，南九各県税政へ金員を寄付することも被上告人の目的の範囲内の行為であると判断しているが，規正法上の政治団体である以上，前判示のように広範囲な政治活動をすることが当然に予定されており，南九各県税政の活動の範囲が法所定の税理士会の目的に沿った活動の範囲に限られるものとはいえない。」

❖ **あてはめ**

(a)〜(f) 「税理士会が政党など規正法上の政治団体に金員の寄付をすることは，たとい税理士に係る法令の制定改廃に関する政治的要求を実現するためのものであっても，法49条2項で定められた税理士会の目的の範囲外の行為であり，右寄付をするために会員から特別会費を徴収する旨の決議は無効であると解すべきである。」原判決破棄。上告人が本件特別会費の納入義務を負わないことの確認を求める請求認容（被上告人の控訴棄却）。上告人の損害賠償請求につきさらに検討のため，この部分を原審差戻し。

基本解説

(I) 法人（団体）の人権と構成員の人権

本件では，法人の権利能力の範囲に関する民商法上の論点が扱われている。しかし憲法の視点から見た場合には，法人の人権享有主体性とその範囲，ならびにその正規の手続で決定された活動方針を実施する法人の自由と，これに反対の意見をもつ構成員の思想・信条の自由の対立の調整のあり方が論点となる。なお憲法学で法人の人権として扱われる問題は，実際には法人格をもたない団体も含む場合が多く，法人と団体を区別しないことも多い。本稿も通例に倣い，両者を厳密には区別しない。

現代では法人の社会的経済的重要性に鑑み，法人が人権の享有主体たりうることを認める傾向が強まっている。しかし人権は，元々個人の権利として生成し発展してきたものであるから，全ての人権が法人に保障されるわけではない。

そこで通説・判例は，人権規定が「性質上可能な限り法人にも適用される」と解している。具体的には，選挙権，生存権，一定の人身の自由など，自然人にのみ結びつく人権は保障されないが，その他の人権規定は「原則として法人にも各法人の固有の性格と矛盾しない範囲内で適用される」とする（芦部後掲87-88頁）。

「各法人の固有の性格」に矛盾しない限りで人権を法人にも認める場合，実際にはその法人の定款や規約，あるいは法令に規定された法人の設立目的に照らして，その人権享有主体性（権利能力）の有無が判断される。なぜならば，私法人は一般に，「法令ノ規定ニ従ヒ定款又ハ寄附行為ニ因リテ定マリタル目的ノ範囲内ニ於イテ権利ヲ有シ義務ヲ負フ」（民法43条）からである。もっともその活動は，定款や法令に明示された法人の目的の範囲内に必ずしも限られ

ず，その法人の設立目的に直接的ないし間接的に関係がある場合には広く認められている。特に会社等の営利法人による特定政党への政治献金については，最高裁判決によれば，政党は現代の「議会制民主主義を支える不可欠の要素」であり，「その健全な発展に協力することは，会社に対しても，社会的実在としての当然の行為として期待され」，「会社による政治資金の寄附は，客観的，抽象的に観察して，会社の社会的役割を果たすためになされたものと認められるかぎりにおいては，会社の定款所定の目的の範囲内の行為」とされてきたのであった（「八幡製鉄政治献金事件」最大判昭和45年6月24日民集24巻6号625頁）。

しかし政党のように，その団体が本来的に政治活動を目的とする場合を除けば，団体の副次的活動としての政治的活動は，その構成員の思想・信条の自由を侵害する可能性を常に含む。なぜならば，全員一致の得られない状況で，多数決等によりその団体が特定の政治的活動を行うことを決定する場合には，たとえその手続が規約上正規のものであったとしても，反対の立場の構成員は，そのような活動を当該団体がすることまで認めてその団体に参加したつもりはないと考えるからである。憲法19条が，自己のものとは異なる思想・信条を表明することを何者からも強制されない自由を保障している以上，自分が参加し協力する団体が，自己の思想・信条に反する政治的活動をしたり政治献金を行ったりすることは，確かにこの構成員に精神的苦痛を与える。

だが他方で，今日のように政治が社会の隅々にまで影響を及ぼし，また会社その他の巨大法人の支配が強まるなかでは，個人の意見を社会に広げるために，たとえば労働組合の政治活動を通じた世論形成のように，自己の所属する団体を活用して一定の政治活動を行うことが，社会的に許容されていることも事実である。こうした現代社会状況において，構成員の思想・信条の自由を絶対的に優先させ，全員一致がない場合には，政治団体を除く全ての私的団体は一切の政治的活動ができないとするのは現実を無視した考え方である。結局この問題は，私的団体とその構成員との間の「人権紛争」として考えざるを得ない。したがって別ユニットで扱うように（ユニット19），社会通念を基礎としつつ，当該私人間紛争に適用しうる法令の一般条項の解釈に可能な限り憲法規定の趣旨を読み込む間接適用説の考え方を，ここでも生かすことが求められる。

私的団体とその構成員の「人権紛争」に憲法規定を間接適用して決着を図ろうとする場合，これまでは2つの段階を区別して，それぞれ別個に検討を加える方法が採られてきた。1つは，私的団体の当該行為が，その団体の定款やその団体を規律する法令に規定された団体の目的の範囲内にあるか否かを，社会通念に従った定款・法令の解釈に依拠しつつ判断する段階である。ここでは，民法43条の「目的ノ範囲内」規定が，憲法規定を私人間関係に読み込む際の一般規定の役割を果たしている（西原後掲102頁，山田後掲①〔2完〕44頁）。もう1つは，当該行為がその団体の目的の範囲内に含まれることを認めた上で，やはり社会通念に従った定款・法令の解釈を通じて，その行為に対する構成員の協力義務の範囲を確定する段階である。ここでは民法90条の「公序良俗」規定が，憲法規範を間接適用するための一般条項となる。

(2) 団体の性格の相違に応じた目的の範囲の限定

団体の目的の範囲を明確にするには，その団体の性格を確定することが不可欠である。この点で，間接適用説を採りつつ「国家同視説」をその発想において取り入れる考え方（第31項参照）が役に立つ。この考え方によれば，国家（公権力）から特権や補助を受けるなど，国家（公権力）と特別な関係にある私的団体の場合には，この団体は国家と完全に同一ではないにせよ，それに類する存在であることが認められ，「人権紛争」のなかで弱者の側に位置する構成員個人の自由権や平等原則の尊重を他の場合以

上に優先させることが憲法上義務付けられることになる。

この点で，まず公益性の有無による区別が重要である。この場合，公益団体とは，公権力から公益性を認定され，それに伴う一定の特権を付与された公益団体を意味する。たとえば，学校教育法上の教育機関として認可され，しかも国庫助成も受けている私学を経営する学校法人がこの場合にあたる。これらの公益団体は，その公益性そのものから政治的中立性と非営利性が強く要請されるので，公益団体の目的の範囲はかなり狭くなり，その団体の定款やそれを規律する法令の定める目的と合理的な関連性を見出せない活動は，その目的の範囲から除外されると考えるべきである。

次に強制加入と任意加入の違いが重要である。会社のような任意加入団体の場合には，当該団体の構成員であり続けるか否かは本人の自由意思によるから，その本来の目的を明らかに阻害する活動を除き，また当該団体の活動を規律する法令に違反しない限り，その団体の定款に明示された目的と異なっても，正規の手続に従って決定された活動ならほぼ全てのものがその目的の範囲内となる。反対に，法令上の規定あるいはその他の抗いがたい事実上の強制力により，構成員の資格を失った者が重大な不利益を被るような団体は，強制加入性のある団体といえる。この場合は，その構成員には事実上脱会の自由がない，あるいはきわめて困難であるから，構成員の市民的自由を尊重するために，その団体の目的の範囲が定款等，設立の根拠となる規定上の目的と合理的関連性のあるものに限られなければならない（浦部後掲63頁）。事実上の強制加入性をもちながら，公益性をもたない私的団体としては，たとえば労働組合がある。

税理士会や弁護士会等の場合は，公益性と法令に基づく強制加入性をもっている。これらの団体は，単なる会員間の連絡・互助組織であることを超えて，「税理士の義務の遵守及び税理士業務の改善進歩に資する」（旧税理士法49条

2項）こと，あるいは基本的人権の擁護と社会正義の実現を使命とし，そのための職務の誠実執行と社会秩序の維持や法律制度の改善を職責とする弁護士法1条を受けて，「弁護士及び弁護士法人の使命及び職責にかんがみ，その品位を保持し，弁護士及び弁護士法人の事務の改善進歩を図る」（同31条）ことを法定の目的とされ，しかも法律により税理士会や弁護士会への所属と当該専門職の営業許可が結びつけられることで，構成員に対する特別な権力（強制加入性）を公権力から与えられている。したがって一般的にいって法定の強制加入性をもつ公益法人の権利能力は，他の任意加入の一般私法人に比べて，さらには事実上の強制加入性がありながら公益性の薄い団体に比べても，その規定上の目的との合理的な関連性がより厳格に認められる範囲内にとどめられることになる。

本件最高裁判決は，強制加入の公益法人であっても，政治的活動を行う権利能力をもつこと自体は否定していない。しかし構成員の思想・信条の自由の尊重との関係で，政治的活動の自由はかなり狭い範囲に限られるとしている。その上で，規正法上の政治団体に政治献金をする権利能力については，この種の政治献金が公職選挙における投票の自由と密接不可分に結びつく行為であり，構成員個人が市民として自主的に決定すべき事柄であることを根拠に，少なくとも強制加入性のある公益団体の権利能力には一切含まれないことを明言している。規正法上の政治団体への政治献金が事実上の強制加入団体の目的の範囲外の事柄であってその権利能力の範囲に含まれないことは，すでに「国労広島地本事件」最高裁判決（本ユニットPartIV「もう1つの素材」参照）のなかでも確認されている。したがって最高裁は，選挙における投票の自由を制限し，特定の政党や候補者への投票を構成員に強制するのと実質的に同じになるような政治的活動を行うことは，強制加入性のある全ての団体の権利能力にそもそも含まれないと解していることが伺える。

Part II 応用編

確認質問

1 本件最高裁判決と「八幡製鉄政治献金事件」最高裁判決を比較した場合，営利企業を代表例とする一般的な法人の人権享有主体性についての考え方，ならびに一般的な法人の政治的自由の保障に関する考え方に相違があるか。もしあるとすれば，それはどういう点か。
2 本件最高裁判決によれば，税理士会は一般の会社と比べて法人としていかなる性質の違いがあるのか。またこの違いは，法人の目的の範囲にいかなる影響を与えるか。
3 本件最高裁判決によれば，税理士会のような団体の場合，その構成員の協力義務にはいかなる限界があると考えるべきか。
4 本件最高裁判決によれば，税理士会のような団体は，構成員のなかに反対の意見をもつものがいる場合，一切の政治的活動が許されないのか。
5 本件最高裁判決によれば，税理士会のような団体が，規正法上の政治団体に政治献金をすることは許されるのか。

応用問題

設問 1　これまでの最高裁判例によれば，次のような団体による，規正法上の政治団体に対する金員の寄付は，当該団体の目的の範囲内の行為といえるか。
　(1)　各地の弁護士会。
　(2)　営利企業。
　(3)　労働組合。
　(4)　特定非営利活動促進法で認証されたNPO。
　(5)　町内会・自治会。

設問 2　これまでの最高裁判例によれば，税理士会による次のような活動は，その目的の範囲内の行為といえるか。
　(1)　特定の政党の支持決議を上げること。
　(2)　この支持決議を根拠に，会員に政党の選挙運動への協力を義務付けること。
　(3)　上記の場合で，税理士会の方針に反して税理士会執行部の1人が公職選挙に立候補しようとしたために，税理士会がこの会員に役員資格の停止措置をとること。
　(4)　税理士会総会で，税理士業務に関わる法令の改正に反対の決議を行うこと。
　(5)　上記の場合で，税理士会の方針を広く世論に訴えるため，全国紙に意見広告を載せたり，その他のキャンペーンを繰り広げることを決定し，そのための支出行為を通常会費による予算の範囲内ですること。
　(6)　上記の場合で，同様のキャンペーンをするために，通常予算では賄えないため，総会で特別会費5000円の徴収を決定すること。
　(7)　税理士会総会で，スパイ活動防止法案反対の決議を上げ，その反対活動を推進するため，年間の通常予算のなかからキャンペーン費用を支出すること。

(8) 上記の場合で，全会員から臨時会費5000円を徴収する決定をすること。

設問 3 これまでの最高裁判例によれば，営利目的の企業が以下のような行為をすることは，その株主との関係で，その目的の範囲内の行為といえるか。

(1) 会社の株主総会で，スパイ活動防止法案の成立を望む決議を上げ，それを推進するための活動を会社の年間事業計画のなかに盛り込むこと。

(2) 会社の取締役会で，特定の政党の支持を決定し，その政党の候補者の選挙を応援するために，会社の業務に影響のない範囲内で数名の従業員を有給で派遣すること。

(3) 上記の派遣によって会社の業務に著しい支障が出る場合にはどうか。

Part III 理論編

展開問題

最高裁は，団体の目的の範囲を確定する際に，同時に構成員の協力義務の範囲を確定する考え方を採っているといえるか。

本件控訴審判決は，強制加入性のある公益法人にまでも，政治献金を含む政治的活動の自由を広く認め，それを税理士会の目的の範囲内であるとした上で，例外的に許されない政治的活動を，社会通念上，明白に反社会的な内容のものである場合や，少数意見者の立場が，社会通念に照らして是認することができないほど過酷であるような場合に限定した。このように，問題となる行為が法人の目的の範囲内か否かを検討した後に，目的の範囲内の行為であってもそれを構成員に強制することが公序良俗に反するか否かを別個に検討する論理の立て方を「二段階説」という。

判例は，本件の前に出された「国労広島地本事件」（本ユニットPart IV「もう1つの素材」参照）においても，また最近出された「群馬司法書士会震災復興支援金事件」（最一小判平成14年4月25日判時1785号31頁）においても，同様の論理の立て方を採っている。前者は，一定の政治活動が組合の目的の範囲内であり，その権利能力の範囲内であっても，公序良俗違反など組合員の協力義務を超えている場合には，組合員に組合の決議の効力は及ばないとした。後者も，司法書士法14条2項に規定された司法書士会の「目的を遂行する上で直接又は間接に必要な範囲」の活動であれば，「拠出金の調達方法についても，それが公序良俗に反するなど会員の協力義務を否定すべき特段の事情がある場合を除き，多数決原理に基づき自ら決定することができる」と述べており，まず他県の司法書士会への支援金拠出と司法書士法14条2項所定の目的との密接な繋がりを確認した後で，強制徴収される寄付の額が構成員にとって「社会通念上過大な負担を課する」か否かの判断を行っている。学説でもこの「二段階説」的な考え方を支持する者は多く，それはこれまで主流の考え方であったといえる。

これに対して本件最高裁判決は，政治献金のための特別会費の強制徴収によって，構成員の公職選挙における投票の自由が侵害されるとろに公序良俗違反の成立を見て，そのことから直ちに当該行為が税理士会の目的の範囲外にあるとする論理を採った。これは，構成員の協力義務の限界を判断することのなかで，同時に当該法人の目的の範囲内か否かの判断を行っているので，「一段階説」と呼ばれる（山田後掲②

「二段階説」は，政治献金や支援金拠出といった行為そのものは法人の目的の範囲内とした上で，その額が多すぎて構成員の財産への過度の侵害となったり，特別会費・特別寄付などはっきりと分かる形で政治献金・支援金の原資を徴収することで，こうした支出に抵抗感を覚える少数派の思想・信条に直接侵害を加える場合に限って，公序良俗違反性を認定する。したがってこの論理の立て方では，たとえば一般会費を値上げし，そのなかに政治献金や支援金に回る分を組み込むことで，構成員には納入を強制される金員と，この構成員が反対の意見をもつ政治献金や支援金の拠出との直接のつながりを曖昧にすれば，構成員の思想・信条の自由に対する具体的な侵害性も薄まり，公序良俗違反にはならないという主張が成り立ちやすくなる。

これに対して「一段階説」は，具体的な徴収額や徴収方法の適否を問う前に，そもそも当該政治献金や支援金強制徴収という行為が，社会通念上，構成員の人権を侵害するものであるのか否か，そしてそれに反対する構成員は協力義務を負わないのか否かを判断し，その時点で人権侵害性と協力義務の欠如が認定されれば，それだけで法人の目的範囲外の行為とするので，徴収額の多寡や特別会費としての徴収か否かは問題でなくなる。

結局最高裁は，本件判決では，強制加入性のある公益法人の政治献金をそれ自体として構成員の人権（特に選挙における投票の自由）に対する侵害と捉え，したがって徴収方法の違いとは無関係に，政治献金そのものをこの法人の目的の範囲外，権利能力の埒外と見ているかのようないい方をしているが，その前後の判決では，あくまで具体的な徴収額や徴収方法に限定して，そのような金員の徴収の仕方のみを公序良俗違反とし，したがってこの点に限った協力義務の免除を述べるにとどまっており，その余の部分は結論を先延ばしにしていると見た方が適切であろう。

Part IV　もう1つの素材

国労広島地本事件

最高裁昭和 50 年 11 月 28 日第三小法廷判決
昭和 48 年（オ）第 499 号組合費請求事件
民集 29 巻 10 号 1698 頁
〔参照条文〕憲 19, 28　労組 2

❖ 事実の概要

国鉄労働組合（X）を脱退した 60 名の旧組合員（Y）に組合費の未納分があったため，X が Y にその支払いを請求し訴訟になった。未納組合費のうち，一般会費については組合規約で月払いと定めてあったため，組合脱退までの日割計算に基づく未納分に対する X の請求は認められなかった（最三小判昭和 50 年 11 月 28 日民集 29 巻 10 号 1638 頁）。他方で，臨時組合費についてはこのような規定がなく，支払義務が認められる余地があったため，Y は，この臨時組合費が労働組合法と組合規約の定める組合の目的の範囲外の活動に充てられる資金になり，特にその一部は組合員の政治的信条の自由を侵害する政治活動に充てられる資金となるがゆえに，当該臨時組合費を徴収する組

合決定は無効であり，支払義務はないと主張したため，労働者の経済的地位の向上に直結しない活動，特に政治活動を組合が行うことの可否と，そのような活動に対する組合員の協力義務の有無が争点になった。

原判決（広島高判昭和48年1月25日民集29巻10号1676頁）は，本件1人当たりの臨時組合費のうち，①日本炭鉱労働組合（炭労）の企業整備反対闘争を支援するための資金としての炭労資金350円および春闘資金中の30円，②1950年の安保反対闘争に参加したため民事・刑事上の不利益処分を受けた国労組合員を支援するための安保資金50円，③1960年総選挙に際して国労出身の立候補者の選挙運動を応援するために，それぞれの所属政党に寄付する資金としての政治意識昂揚資金20円につき，①と②は組合の目的の範囲外の行為のための資金徴収であり，さらに③もその納入強制は組合員の政治的信条の自由の侵害になるとして，いずれの徴収決議も法律上無効であり，Yは納入義務を負わないと判示したため，Xが上告した。

❖ 上告審＝最高裁

◈ 法的構成

(a) 労働組合の目的の範囲と組合員の協力義務の範囲について

「労働組合の活動が組合員の一般的要請にこたえて拡大されるものであり，組合員としてもある程度まではこれを予想して組合に加入するのであるから，組合からの脱退の自由が確保されている限り，たとえ個々の場合に組合の決定した活動に反対の組合員であつても，原則的にはこれに対する協力義務を免れない」。しかし「労働組合の活動が前記のように多様化するにつれて，組合による統制の範囲も拡大し，組合員が一個の市民又は人間として有する自由や権利と矛盾衝突する場合が増大し，しかも今日の社会的条件のもとでは，組合に加入していることが労働者にとつて重要な利益で，組合脱退の自由も事実上大きな制約を受けていることを考えると，労働組合の活動として許されたものであるというだけで，そのことから直ちにこれに対する組合員の協力義務を無条件で肯定することは，相当でない」。

(b) 他の組合の闘争支援資金となる臨時組合費に対する組合員の納付義務について

「労働組合ないし労働者間における連帯と相互協力の関係からすれば，労働組合の目的とする組合員の経済的地位の向上は，……広く他組合との連帯行動によつてこれを実現することが予定されているのであるから，それらの支援活動は当然に右の目的と関連性をもつ」。またそれは，「なんら組合員の一般的利益に反するものでもない」。したがって「右支援活動をするかどうかは，それが法律上許されない等特別の場合でない限り，専ら当該組合が自主的に判断すべき政策問題であ」る。本件については，「直接には企業整備反対闘争を支援するための資金であつても，これを拠出することが石炭政策転換闘争の支援につながり，ひいて上告組合自身の前記闘争の効果的な遂行に資するものとして，その目的達成のために必要のないものであつたとはいいがたい」。

(c) 労働組合の合法的な政治的活動の範囲とこれに対する組合員の協力義務について

「労働組合が労働者の生活利益の擁護と向上のために，経済的活動のほかに政治的活動をも行うことは，今日のように経済的活動と政治的活動との間に密接ないし表裏の関係のある時代においてはある程度まで必然的であり，これを組合の目的と関係のない行為としてその活動領域から排除することは，実際的でなく，また当を得たものでもない。」「例えば，労働者の権利利益に直接関係する立法や行政措置の促進又は反対のためにする活動のごときは，政治的活動としての一面をもち，そのかぎりにおいて組合員の政治的思想，見解，判断等と全く無関係ではありえないけれども，そ

れとの関連性は稀薄であり，むしろ組合員個人の政治的立場の相違を超えて労働組合本来の目的を達成するための広い意味における経済的活動ないしはこれに付随する活動であるともみられるものであつて，このような活動について組合員の協力を要求しても，その政治的自由に対する制約の程度は極めて軽微なものということができる。」

　(d)　労働組合の政治的活動に対する組合員の協力義務の限界について

　労働組合の政治的活動が認められる場合でも，これに対する組合員の協力義務まで全て認められるわけではない。「労働組合の政治的活動の基礎にある政治的思想，見解，判断等は，必ずしも個々の組合員のそれと一致するものではないから，もともと団体構成員の多数決に従つて政治的行動をすることを予定して結成された政治団体とは異なる労働組合としては，その多数決による政治的活動に対してこれと異なる政治的思想，見解，判断等をもつ個々の組合員の協力を義務づけることは，原則として許されないと考えるべきである。かかる義務を一般的に認めることは，組合員の個人としての政治的自由，特に自己の意に反して一定の政治的態度や行動をとることを強制されない自由を侵害することになる」。

　(e)　労働組合が安保反対闘争により不利益処分を受けた組合員の救援費用として徴収する臨時組合費と組合員の納付義務について

　「労働組合が共済活動として行う救援の主眼は，組織の維持強化を図るために，被処分者の受けている生活その他の面での不利益の回復を経済的に援助してやることにあり，……その活動のよつて立つ一定の政治的立場に対する支持を表明することになるものでもない」から，「その拠出を強制しても，組合員個人の政治的思想，見解，判断等に関係する程度は極めて軽微なものであつて，このような救援資金については，先に述べた政治的活動を直接の目的とする資金とは異なり，組合の徴収決議に対する組合員の協力義務を肯定することが相当である。」

　(f)　政党や候補者への支持と選挙における投票の自由の関係について

　政党や議員の活動は，「各種の政治的課題の解決のために労働者の生活利益とは関係のない広範な領域にも及ぶものであるから，選挙においてどの政党又はどの候補者を支持するかは，投票の自由と表裏をなすものとして，組合員各人が市民としての個人的な政治的思想，見解，判断……等に基づいて自主的に決定すべき事柄である。」

　◈ **あてはめ**

　(a)　「格別の立法上の規制が加えられていない場合でも，問題とされている具体的な組合活動の内容・性質，これについて組合員に求められる協力の内容・程度・態様等を比較考量し，多数決原理に基づく組合活動の実効性と組合員個人の基本的利益の調和という観点から，組合の統制力とその反面としての組合員の協力義務の範囲に合理的な限定を加えることが必要である。」

　(b)　春闘資金と炭労資金については，「前記特別の場合にあたるとは認められない本件において，被上告人らが右支援資金を納付すべき義務を負うことは明らかであ」る。

　(c)　「労働組合がかかる政治的活動をし，あるいは，そのための費用を組合基金のうちから支出すること自体は，法的には許されたものというべきである」。「それゆえ，このような活動については，労働組合の自主的な政策決定を優先させ，組合員の費用負担を含む協力義務を肯定すべきである。」

　(d)　「安保反対闘争のような活動は，……直接的には国の安全や外交等の国民的関心事に関する政策上の問題を対象とする活動であり，このような政治的要求に賛成するか反対するかは，本来，各人が国民の一人としての立場において自己の個人的かつ自主的な思想，見解，判断等に基づいて決定すべきことであるから，それについて組合の多数決をもつて組合員を拘束し，その協力を強制

することを認めるべきではない。」強制される協力が一定額の金銭の出損にすぎないとしても，「一定の政治的活動の費用としてその支出目的との個別的関連性が明白に特定されている資金についてその拠出を強制することは，かかる活動に対する積極的協力の強制にほかならず，また，右活動にあらわされる一定の政治的立場に対する支持の表明を強制するにも等しいものというべきであつて，やはり許されないとしなければならない。」

(e) 「安保資金は，いわゆる安保反対闘争による処分が行われたので専ら被処分者を救援するために徴収が決定されたものであるというのであるから，右の説示に照らせば，被上告人らはこれを納付する義務を負うことが明らかであ」り，これを否定した原審の判断は誤りであり，その違法をいう論旨には理由がある。

(f) 「労働組合が組織として支持政党又はいわゆる統一候補を決定し，その選挙運動を推進すること自体は自由であるが……，組合員に対してこれへの協力を強制することは許されないというべきであり，その費用の負担についても同様に解すべきことは，既に述べたところから明らかである。これと同旨の理由により本件政治意識昂揚資金について被上告人らの納付義務を否定した原審の判断は正当であ」る。

〈反対意見〉

❖ 法的構成

(b) 他の組合の闘争支援資金となる臨時組合費に対する組合員の納付義務について

天野武一裁判官……炭労資金は，炭労組合員の生活補償資金や支援団体の活動費に充てるためのもので，「その徴収は，『組合員の労働条件の維持改善その他経済的地位の向上』のために直接間接必要のものとはいえない」。原判決は，企業間の労働条件の連動性，人員整理の波及効果などの主張が一般論にすぎず，「本件に関し具体的な蓋然性の存在を証するに足る証拠はない」旨を判示しているのに対して，多数意見は，反論の論拠となる具体的な証拠を示すことなく，単に「炭労の闘争目的から合理的に考えるならば」，企業整備反対闘争の帰すうが石炭政策転換闘争の成否に影響するとの独自の推断を施したうえ，組合員に支援資金の納付義務があると断定する点で不当である。この結論にいたる前提として，多数意見は，「多数決原理に基づく組合活動の実効性と組合員個人の基本的利益の調和という観点から，組合の統制力とその反面としての組合員の協力義務の範囲に合理的な限定を加えることが必要である。」と説きながら，この一般論と原審の判断を誤りとする結論との間の関連性が不明確である。

(e) 労働組合が安保反対闘争により不利益処分を受けた組合員の救援費用として徴収する臨時組合費と組合員の納付義務について

高辻正巳裁判官……「民主主義社会において，個人の政治的自由，特に自己の意に反して一定の政治的立場に立つことを強要されない自由が，とりわけ貴重とされるゆえんに照らしてみると」，救援資金の拠出の強制が，組合員に対し組合の政治的活動への積極的協力を強制することになる場合と，それが単に組合の政治的活動への支援を強制することになるにすぎない場合とで，評価を異にすべきいわれはない。被処分者の「救援のための資金を拠出することが組合の政治的活動を支援する一面をもち，これをする際における組合員個人の政治的自由と係わりをもつものであることは，否定し去ることができない」。

❖ あてはめ

天野武一裁判官……(b) 「原判決が，いわゆる炭労資金の拠出を組合の目的の範囲外のものと判断したこと，換言すれば，その拠出に私法上の義務を認めるべきではないと判断したことは，まこ

とに正当であつて，何らの違法はない。」

高辻正巳裁判官……(e)「組合の政治的活動による被処分者の救援について組合員の協力義務を肯定することは，ひっきょう，組合がその多数決による優位の立場において，組合員に対し，その意に反して一定の政治的立場に立つことを強要するにも等しいことを容認することになるものとい〔う〕べく，民主主義社会においてはとりわけ貴重とされる前記の自由の価値を不当に軽視するものというほかはない」。

基本解説

(1) 労働組合の強制加入性と政治的活動の可否

私的団体の権利能力の範囲を確定し，その権利能力内の活動に対する構成員の協力義務の範囲を確定するには，その私的団体が強制加入性のある団体か否か，そして公益団体か否かの観点から，個別具体的に検討することが不可欠であることは前述した。労働組合の場合は，税理士会や司法書士会，弁護士会などと比べると公益性が乏しく，また法律による加入強制がなく通常は加入脱退が自由である点からすると，強制加入性がないように見える。しかし資本主義社会の実態に目を向けるならば，労働組合未加入の労働者はその経済的利益を十分に守ることができないこと，それゆえ単なる結社の自由（憲法21条）ではなく労働者の団結権が憲法の明文（28条）で保障されていることを法的判断の前提としなければならないことが分かるし，本件最高裁判決多数意見もこれを認めている。したがって，資本主義社会の実態と憲法28条の存在を前提とすれば，労働組合はある程度の事実上の強制加入性をもつ私的団体であることを認めてよい。ましてや，使用者側とユニオン・ショップ協定を結んだ労働組合の場合は，組合からの脱退が失職を意味し，組合と使用者側とが締結した労働協約には労働組合法14条，16条，17条等により私法上の効力が発生する点からすると，ユニオン・ショップ制に基づく労働組合の強制加入性は法令による一定の裏付けまで与えられたかなり強力なもの，税理士会などのそれに準ずるものとみなすことができる。

すでに述べたように，強制加入性が強く認められる私的団体の場合には，構成員の思想・信条の自由を最大限尊重することが求められる。労働組合の目的の範囲を確定する際にも，この観点からの判断が不可欠である。

(2) 本件最高裁判決多数意見と原審および最高裁判決反対意見との相違点

ところで，本件最高裁判決多数意見と広島高裁判決（原審）を支持する最高裁反対意見の相違は，労働組合がもつ強制加入性の特殊性を考慮に入れているのか否かによる。まず反対意見は，他組合の支援のための金員拠出が組合の目的の範囲内に含まれることに懐疑的であり，組合員の労働条件・経済的地位の向上という本来の目的との「具体的な蓋然性」の存在まで求めることで，労働組合の目的の範囲をきわめて狭く解した。しかし，憲法28条は団結しない自由より団結する権利を優先させており，また労働者の団結権と団体行動権には，産別あるいは産業横断的な連合体を形成し，業種を超えた組合間の連帯行動を取ることで有効性を高めてきた歴史がある以上，当該組合内部の経済的利益に直結しない活動を全て労働組合の目的の範囲外とする考えは誤りである。この点，多数意見は特別の法律違反あるいは組合員の一般的な利益の侵害が明白でない限りは，いかなる連帯活動が目的の範囲内に含まれ，かつそのような活動の資金のために組合員に組合費納入義務を課するか否かについては，労働組合内の自主的判断に委ねるという立場を採った。

次に，安保反対運動に参加し処分された組合

員に対する救援資金の強制徴収についても，反対意見は，これを組合の政治的活動に対する参加の強制であり，組合員の政治的思想の自由侵害と見て，そもそもそのような政治的性格の活動は組合の目的に含まれないとしていた。しかし多数意見は，政治と経済を切り離すことができない現代の状況を自覚し，経済的活動の側面をもつ政治的活動が組合の本来の目的に含まれることを認めたため，本件の安保反対闘争については違法な組合活動であるとの認識をもちながらも，安保反対闘争と密接な繋がりをもちつつもそれとは区別され，組合員の共済的な側面と組合の団結の強化という側面をもつ被処分者支援資金については，労働組合の目的の範囲内であり，かつ組合員の協力義務の範囲内としたのだった。

(3) 組合の政治的活動に対する組合員の協力義務の限界

最高裁多数意見が唯一，組合員の協力義務を否定したのは，政治意識昂揚資金，いわゆる政党への政治献金の部分であった。この点でも最高裁多数意見は，組合が特定政党やその候補者の支持決議を上げ，選挙応援をすることまでは認めており，反対意見とは組合の政治への関わりそのものを認めるか否かで違っている。学説では，「直接・間接に労働組合の目的にかかわる政策をめぐる政治的活動」と「個々の市民にのみ留保されている選挙権の行使に直接かかわる活動」を区別し，後者については企業も労働組合も認められないとする立場を採る者も少なくないが（元山健後掲321頁），最高裁多数意見はこの立場を採ってはいない。

最高裁が違法視するのは，組合による特定政党・候補者の支援それ自体ではなく，臨時組合費に基づく組合の政治献金に限られる。それは最高裁が，政治献金のための特別な金員の強制的徴収を，「一定の政治的活動の費用としてその支出目的との個別的関連性が明白に特定されている資金についてその拠出を強制すること」と見て，かかる活動のなかに一定の政治的立場に対する支持表明の強制を見出し，この強制を投票の自由に対する侵害として理論構成しているからである。

強制加入性のある団体にも一定の政治活動の自由を認めながら，構成員の選挙権に関する基本的自由（投票の自由や立候補の自由）を侵害するような特別会費・組合費の徴収決定のみを公序良俗違反で無効とするのは，その後の「南九州税理士会政治献金事件」最高裁判決（前出）にも受け継がれていることはすでにみたところである。

設問 最高裁判決によれば，ユニオン・ショップ制をとる労働組合が以下の行為をすることは許されるか。

(1) 組合員総会で，スパイ活動防止法案に反対する決議を上げ，組合の年間方針のなかにそのための活動計画と支出計画を盛り込むこと。

(2) 上記の場合で，そのキャンペーン活動の費用のため，全組合員から臨時組合費500円を徴収する決定をすること。

(3) 上記の場合で，スパイ活動防止法案賛成のキャンペーン活動をする組合員に役員選挙の立候補資格停止処分をすること。

(4) 労働者の解雇を容易にする法案に反対する決議を組合員総会で可決したのに，その法案にあえて賛成するキャンペーン活動を公然と行う組合員に対して，役員選挙の選挙権・被選挙権を停止する処分を下すこと。

(5) 組合総会で特定政党を支援する決議をしたのに，その方針に反して別の政党を応援する行動をとった組合員に対して，役員選挙の選挙権・被選挙権を停止する処分を下すこと。

〔参考文献〕

芦部信喜『憲法』(岩波書店,第3版・高橋和之補訂,2002)
芦部信喜編『憲法Ⅱ 人権(1)』(有斐閣,1978)
浦部法穂『全訂憲法学教室』(日本評論社,2000)
菟原明「法人の人権享有主体性」憲法判例百選Ⅰ(有斐閣,第4版,2000)22－23頁
西原博史「公益法人による政治献金と思想の自由」ジュリスト1099号(1996)99－104頁
宮沢俊義『憲法Ⅱ』(有斐閣,新版,1971)
元山健「労働組合の政治活動と組合費納付義務」憲法判例百選Ⅰ(有斐閣,第4版,2000)320－321頁
山田創一①「政治献金と法人の目的の範囲(1・2完)」山梨学院大学法学論集42号(1999)241－271頁,43号(1999)29－76頁
山田創一②「群馬司法書士会震災復興支援金事件の最高裁判決の意義とその問題点」判タ1108号(2003)16－19頁

(大津 浩)

精神的自由

2 政教分離の原則

〔論　点〕

(1) 政教分離原則によって禁止された公権力の行為
　　憲法20条1項後段，20条3項，89条の政教分離原則は，公権力と宗教とのいかなるかかわり合いを禁止しているか。
(2) 目的効果基準の意味と評価
　　政教分離原則違反の判断にあたって，最高裁多数意見が依拠したいわゆる目的効果基準とはどのようなものか。この基準にはいかなる問題点があり，どのような代替案があり得るか。
(3) 地鎮祭，玉串料，忠魂碑と政教分離原則
　　市が神社神道式地鎮祭を主催し費用を公費で負担した行為，県が靖国神社の例大祭等に玉串料などを公費で奉納した行為，市が遺族会に対して忠魂碑の移設費用を負担し設置場所を無償貸与した行為は，それぞれ政教分離原則に違反するか。

Part I　基本となる素材

津地鎮祭事件

最高裁昭和52年7月13日大法廷判決
昭和46年（行ツ）第69号行政処分取消等請求事件
民集31巻4号533頁，判時855号24頁
〔参照条文〕　憲20，89

❖ 事実の概要

　1965年1月，三重県津市が，市立体育館の起工式に際して神社の神職を招いて神社神道式の地鎮祭を挙行し，その費用を市費で負担した。これに対して，同市の市議会議員が，市の支出は憲法20条3項・89条に違反するとして地方自治法242条の2に基づく住民訴訟を提起し，市長に対して市の損害を補塡するよう求めた。
　第1審（津地判昭和42年3月16日行集18巻3号246頁）は，本件起工式は習俗的行事だとして請求を棄却したが，控訴審（名古屋高判昭和46年5月14日行集22巻5号680頁）は，本件起工式が宗教的活動にあたるとして，公金支出の違法性を認めた。そこで，市長側が上告したところ，最高裁は本件支出は違憲とはいえないとして，控訴審判決を破棄した。

❖ 第 1 審＝津地裁

津地裁昭和 42 年 3 月 16 日判決
行集 18 巻 3 号 246 頁，民集 31 巻 4 号 606 頁

❖ 当事者の主張（争点）

原告……憲法 20 条 3 項は国家がすべての宗教に対して中立の立場に立つことを要請し，それには宗教団体への援助の禁止も含まれる。89 条前段はこの趣旨を財政面から確認した規定である。本件起工式はその式次第からも神道の宗教活動であることが明白で，これに市が神官報償費等を支出することは憲法違反だ。本件支出は，地方公共団体に対して神式の起工式を禁止する行政実例等があるにもかかわらず行われた点で，事務の誠実な管理・執行義務を執行機関に課す地方自治法 138 条の 2 にも反する。被告らは，市に対して本件支出により生じた損害を補填する義務を負う。

被告……憲法 20 条 3 項にいう宗教的活動とは，布教とそのための儀式や信者の教化育成活動を意味する。しかし，本件起工式は，宗派を超越した慣習として工事の無事安全を願って行われてきた形式的儀礼にすぎず，憲法が禁止する宗教的活動ないし宗教的行為にはあたらない。

❖ 法的構成

原告は本件起工式は憲法 20 条 3 項の宗教的活動にあたり，そのための金員支出は憲法 89 条に違反すると主張するので，その当否について判断する。地鎮祭は一見すると神社神道特有の宗教的行事のように見えるが，その実態を考察すると宗教的色彩は稀薄で，むしろ習俗的行事というほうが適切だ。地鎮祭の発生原因となった土地神信仰のような原始信仰は，近代的宗教の成立発展につれて次第に国民の深層意識に沈殿していき，地鎮祭も本来の信仰的要素を失い，建築の着工にあたって形を整える習俗的行事として，何らの宗教的意識も伴わずに行われているのである。

❖ あてはめ

本件起工式もこうした神社神道式地鎮祭一般の例外ではなく，外見上は神道の宗教的行事に属するが，その実態は神道の布教宣伝の目的や意識を伴わない習俗的行事にすぎない。したがって，本件支出も憲法 20 条 3 項等に違反しない。

「原告の……地方自治法第 242 条の 2 に基づく請求……は……棄却する」。

❖ 第 2 審＝名古屋高裁

名古屋高裁昭和 46 年 5 月 14 日判決
行集 22 巻 5 号 680 頁，民集 31 巻 4 号 616 頁

❖ 当事者の主張（争点）

控訴人……神社神道は戦前には事実上国教化され（国家神道），これに基づく国民の思想的支配と信教の自由の侵害が軍国主義化の精神的背景となった。日本国憲法の政教分離規定は，このような国家神道によるイデオロギー的支配を完全に払拭するために設けられた。したがって，神社神道の方式による儀式の挙行が政教分離原則に違反しないかどうかは，特に慎重に判断される必要がある。

　　原判決の「地鎮祭習俗論」は，神社神道の性格を理解していない。土地神の信仰は今日でも神社神道のなかに脈打っており，地鎮祭は神社神道の「雑祭」（クサグサの祭）の中

と位置付けられている（平岡好文『雑祭式典範』）。地鎮祭はけっして習俗化した単なる儀式ではない。そもそも神社神道の宗教活動の中心は祭祀である。神社神道の権威ある教科書も「神社神道は特に祭祀を重んずる宗教である。神社の宗教的活動は祭りの営みにあると云ってもよいくらいである」と述べている（西角井正慶『祭祀概論』）。原判決は，地鎮祭が布教活動ではないことを地鎮祭習俗論の根拠とするようだが，このように祭祀中心の宗教である神社神道について，宗教儀式と宗教活動とを区別することはできない。「神社神道にとって祭りの手ぶりは所謂沈黙の雄弁であり，最も偉大な説教である」（神職養成学校の教科書『神道教化概説』）。

習俗的行為と宗教的行為との区別は，佐木秋夫・和歌森太郎両鑑定人のいうように，主宰者が宗教専門家であるか，作法の手順（式次第）が宗教界で認定されたものに従っているかという2点から，もっぱら外形的に判断されるべきである。これらの点から考えると，本件地鎮祭は神社神道の宗教活動にあたり，公費の支出は憲法違反である。

被控訴人……「本件起工式又は地鎮祭は，日本国憲法20条3項に定める宗教的活動又は宗教教義の宣伝を目的とする行為ではない。本件地鎮祭は古来，諸種の変遷はあつたが，社会的儀礼或いは習俗的行事の一つにして宗教的行動ではないから，何ら違憲違法でない。」

❖ **法的構成**

「憲法でいう宗教とは『超自然的，超人間的本質（すなわち絶対者，造物主，至高の存在等，なかんずく神，仏，霊等）の存在を確信し，畏敬崇拝する心情と行為』をいい，個人的宗教たると，集団的宗教たると，はたまた発生的に自然的宗教たると，創唱的宗教たるとを問わず，すべてこれを包含するものと解するを相当とする。」「かかる観点からこれを考えれば，たとえ神社神道が祭祀中心の宗教であつて，自然宗教的，民族宗教的特色があつても，神社の祭神（神霊）が個人の宗教的信仰の対象となる以上，宗教学上はもとよりわが国法上も宗教であることは明白である。」

旧憲法下においては，政府は祭祀と宗教とを分離して，神社を宗教団体法の適用外とするなど，神社は旧憲法28条にいう宗教ではないという解釈に基づいて，神社神道に対して国教的性格を与えた。戦後，いわゆる神道指令によってこうした国教的性格が廃止され，神社が法体系上宗教であることが明確化された。「戦前の国家神道の下における特殊な宗教事情に対する反省が，日本国憲法20条の政教分離主義の制定を自発的かつ積極的に支持する原因になつていると考えるべきであり，わが国における政教分離原則の特質は，まさに戦前，戦中の国家神道による思想的支配を憲法によつて完全に払拭することにより，信教の自由を確立，保障した点にあるといつてよい。」また，わが国のように宗教が多元的に発達・併存している国では，「国家と特定宗教との結びつきを排除するため，政教分離を徹底化することにより，はじめて信教の自由を保障することができるものというべきである。」

そこで，神社神道が国法上宗教であることを前提として，さらに神社神道式の地鎮祭が非宗教的習俗行事といえるか否かについて検討を加える。本件地鎮祭が宗教的行為か，習俗的行為かを区別する客観的基準として，次の3点を挙げることができる。(イ)当該行為の主宰者が宗教家であるかどうか，(ロ)当該行為の順序作法（式次第）が宗教界で定められたものかどうか，(ハ)当該行為が一般人に違和感なく受け容れられる程度に普遍性を有するものかどうか，この3点である。

❖ **あてはめ**

本件地鎮祭の主宰者は，衣冠束帯の式服を身につけた専門の宗教家である神職（大市神社の宮司ほか3名）である。本件地鎮祭の式次第は，修祓の儀・降神の儀・献撰の儀・祝詞奏上・清抜の儀・刈初めの儀・鍬入れの儀等，明治40年内務省告示によって制定された神社神道固有の祭式にだ

いたい準拠して挙行された。工事の無事安全を祈願するこの種の儀式は，神社神道以外の宗教・宗派によってもそれぞれ独自の方式で行われており，本件のような神社神道式の地鎮祭だけが国民の間に広く慣行として行われ，抵抗なく受け容れられるほど普遍性をもつものとはいえない。

本件地鎮祭は習俗的行為ではなく，憲法 20 条 3 項によって国・地方公共団体が行うことを禁止された宗教的活動にあたる。

「原判決中，地方自治法 242 条の 2 に基づく請求を棄却した部分を取り消す。被控訴人は津市に対し，金 7663 円……を支払え。」

❖ 上告審＝最高裁

❖ 上告理由

本件地鎮祭が憲法 20 条 3 項に違反するという原判決の判断には，以下 3 点の誤りがある。

① 「地鎮祭は社会の一般的慣行として是認されている習俗的行事である。」キリスト教徒にとってはクリスマスが単なる習俗的行事であるはずもないから，原判決がクリスマス・ツリーの習俗性を断定するのは，平均的日本人の意識との関係においてである。仏式葬儀や神式結婚式も，一般に社会的慣行として公認されている宗教儀式である。神社神道式地鎮祭もこれらと同様で，主宰者が宗教家であり式次第が宗教界で定めたものであっても，国民的常識においては社会的慣行と理解されている。

② 「原判決は憲法 20 条の解釈，適用を誤っている。」原判決は憲法 20 条 2 項の「宗教上の行為，祝典，儀式又は行事」と 20 条 3 項の「宗教的活動」とを同一視しているが，これは誤りだ。国家が行うことを禁止されている 20 条 3 項の宗教的活動とは，宗教の教義の布教・教化・宣伝と理解すべきであるのに対して，国家による参加の強制が禁止される 20 条 2 項の宗教的行為には，宗教的活動とはいえない宗教儀式も含まれる。仏式の葬儀，神式の結婚式，そして神社神道式地鎮祭は，「宗教活動ではない宗教儀式」の適例である。本件地鎮祭は，起源的には宗教儀式であるが，現代の国民大衆の意識では宗教的意味は甚だ希薄であり，20 条 3 項の宗教的活動として禁止されるものではない。

③ 「原判決の『政教分離』に関する判断は違法である。」神道指令に端を発する国家と宗教の分離政策が酷に過ぎたことは，占領軍当局も自覚していた。その後政府の姿勢は，国民常識を尊重して次第に緩和修正の方向に進んできた。1961 年の自治省行政課長回答でも，県庁舎の起工式を神式で行い，神官に公費から必要経費を支払うことは憲法違反ではないとされている。原判決はこうした行政実例の変遷を無視している。また，正月の初詣，初宮詣，七五三，神前結婚式等の人生儀礼や年中行事をみればわかるように，「神社神道が日本国民の集団的精神生活の上に占める地位は」アメリカ合衆国におけるキリスト教以上に重い。習俗性の問題に関する大切な判断基準である「違和感の有無」は，こうした社会的実情抜きには判断できないのに，原判決の政教分離解釈はこの点を考慮に加えていない。

〈多数意見〉

「原判決中上告人敗訴部分を破棄する。」

❖ 法的構成

「わが国では，過去において，……国家神道に対し事実上国教的な地位が与えられ，ときとして，それに対する信仰が要請され，あるいは一部の宗教団体に対しきびしい迫害が加えられた等のこと

もあつて，旧憲法のもとにおける信教の自由の保障は不完全なものであることを免れなかつた。……〔新〕憲法は，明治維新以降国家と神道とが密接に結びつき前記のような種々の弊害を生じたことにかんがみ，新たに信教の自由を無条件に保障することとし，更にその保障を一層確実なものとするため，政教分離規定を設けるに至つたのである。」

「元来，政教分離規定は，いわゆる制度的保障の規定であつて，信教の自由そのものを直接保障するものではなく，国家と宗教との分離を制度として保障することにより，間接的に信教の自由の保障を確保しようとするものである。ところが，宗教は，……極めて多方面にわたる外部的な社会事象としての側面を伴うのが常であつて，……そのことからくる当然の帰結として，国家が，社会生活に規制を加え，あるいは教育，福祉，文化などに関する助成，援助等の諸施策を実施するにあたつて，宗教とのかかわり合いを生ずることを免れえないこととなる。したがつて，現実の国家制度として，国家と宗教との完全な分離を実現することは，実際上不可能に近い」。

「政教分離原則は，国家が宗教的に中立であることを要求するものではあるが，国家が宗教とのかかわり合いをもつことを全く許さないとするものではなく，宗教とのかかわり合いをもたらす行為の目的及び効果にかんがみ，そのかかわり合いが右の諸条件に照らし相当とされる限度を超えるものと認められる場合にこれを許さないとするものであると解すべきである。」

憲法20条3項「にいう宗教的活動とは，……およそ国及びその機関の活動で宗教とのかかわり合いをもつすべての行為を指すものではなく，そのかかわり合いが右にいう相当とされる限度を超えるものに限られるというべきであつて，当該行為の目的が宗教的意義をもち，その効果が宗教に対する援助，助長，促進又は圧迫，干渉等になるような行為をいうものと解すべきである。その典型的なものは，同項に例示される宗教教育のような宗教の布教，教化，宣伝等の活動であるが，そのほか宗教上の祝典，儀式，行事等であつても，その目的，効果が前記のようなものである限り，当然，これに含まれる。そして，この点から，ある行為が右にいう宗教的活動に該当するかどうかを検討するにあたつては，当該行為の主宰者が宗教家であるかどうか，その順序作法（式次第）が宗教の定める方式に則つたものであるかどうかなど，当該行為の外形的側面のみにとらわれることなく，当該行為の行われる場所，当該行為に対する一般人の宗教的評価，当該行為者が当該行為を行うについての意図，目的及び宗教的意識の有無，程度，当該行為の一般人に与える効果，影響等，諸般の事情を考慮し，社会通念に従つて，客観的に判断しなければならない。」

❖ **あてはめ**

「起工式は，土地の神を鎮め祭るという宗教的な起源をもつ儀式であつたが，時代の推移とともに，その宗教的な意義が次第に稀薄化してきていることは，疑いのないところである。一般に，建物等の建築の着工にあたり，工事の無事安全等を祈願する儀式を行うこと自体は，『祈る』という行為を含むものであるとしても，今日においては，もはや宗教的意義がほとんど認められなくなつた建築上の儀礼と化し，その儀礼が，たとえ既存の宗教において定められた方式をかりて行われる場合でも，それが長年月にわたつて広く行われてきた方式の範囲を出ないものである限り，一般人の意識においては，起工式にさしたる宗教的意義を認めず，建築着工に際しての慣習化した社会的儀礼として，世俗的な行事と評価しているものと考えられる。本件起工式は，神社神道固有の祭祀儀礼に則つて行われたものであるが，かかる儀式は，国民一般の間にすでに長年月にわたり広く行われてきた方式の範囲を出ないものであるから，一般人及びこれを主催した津市の市長以下の関係者の意識においては，これを世俗的行事と評価し，これにさしたる宗教的意識を認めなかつたものと考えられる。」

「元来，わが国においては，多くの国民は，地域社会の一員としては神道を，個人としては仏教

を信仰するなどし，冠婚葬祭に際しても異なる宗教を使いわけてさしたる矛盾を感ずることがないというような宗教意識の雑居性が認められ，国民一般の宗教的関心度は必ずしも高いものとはいいがたい。他方，神社神道自体については，祭祀儀礼に専念し，他の宗教にみられる積極的な布教・伝道のような対外活動がほとんど行われることがないという特色がみられる。このような事情と前記のような起工式に対する一般人の意識に徴すれば，建築工事現場において，たとえ専門の宗教家である神職により神社神道固有の祭祀儀礼に則つて，起工式が行われたとしても，それが参列者及び一般人の宗教的関心を特に高めることとなるものとは考えられず，これにより神道を援助，助長，促進するような効果をもたらすことになるものとも認められない。そして，このことは，国家が主催して，私人と同様の立場で，本件のような儀式による起工式を行つた場合においても，異なるものではなく，そのために，国家と神社神道との間に特別に密接な関係が生じ，ひいては，神道が再び国教的な地位をえたり，あるいは信教の自由がおびやかされたりするような結果を招くものとは，とうてい考えられないのである。」

〈反対意見〉

藤林益三・吉田豊・団藤重光・服部高顯・環昌一裁判官……戦前の国家神道体制と宗教弾圧，占領軍による神道指令と憲法制定の趣旨を考えると，「憲法20条1項後段，同条3項及び89条に具現された政教分離原則は，国家と宗教との徹底的な分離，すなわち，国家と宗教とはそれぞれ独立して相互に結びつくべきではなく，国家は宗教の介入を受けずまた宗教に介入すべきではないという国家の非宗教性を意味するものと解すべきである。」

宗教上の祝典・儀式・行事等も宗教的信仰心の表白の形式であるから，20条3項によって国家に禁止された宗教的活動に含まれるのであって，多数意見のように限定的に理解すべきではない。宗教に起源を有する儀式・行事でも，時代の推移とともに宗教的意義・色彩を完全に喪失した習俗的行事は20条3項の宗教的活動とはいえないが，習俗行事化していても，なお宗教性があると認められるものは宗教的活動に含まれる。

本件起工式は，神職が主宰し，神社神道固有の祭式に従って挙行された宗教儀式である。起工式そのものは時代の推移によって多分に習俗行事化しているが，認定事実に徴すれば，本件起工式自体はきわめて宗教的色彩の濃いもので，非宗教的習俗的行事とはとうていいえない。地方公共団体が主催してこういう儀式を行うことが，神社神道を優遇・援助する結果となることもいうまでもない。本件起工式は憲法20条3項に違反する。

基本解説

(1) いわゆる政教分離の観念

本件最高裁判決は，憲法20条1項後段，20条3項，89条前段を一括して，「政教分離規定」と捉えている（民集31巻4号538頁）。最高裁によれば，政教分離とは国家と宗教との分離である。「政教分離原則とは，およそ宗教や信仰の問題は，もともと政治的次元を超えた個人の内心にかかわることがらであるから，世俗的権力である国家……は，これ〔宗教や信仰の問題〕を公権力の彼方におき，宗教そのものに干渉すべきではないとする，国家の非宗教性ないし宗教的中立性を意味するものとされている」（538頁）。学説も一般には，これらの憲法条項を国家と宗教との分離という意味での政教分離を定めた規定だと理解しており（芦部後掲②），この点では最高裁と一致する。

ところで，憲法がその自由を保障する宗教（信教）とは何かという点になると，憲法学説に一致があるとはいえない。おおまかにいうと学説は，本件控訴審判決による宗教の有名な定義——「超自然的，超人間的本質（すなわち絶対者，造物主，至高の存在等，なかんずく神，仏，霊等）の存在を確信し，畏敬崇拝する心情と行為」——に従ういわば「客観説」（多数説）と，そもそも憲法解釈のレベルで政府機関が宗教を定義すること自体が宗教の自由の制限になりうるとして，憲法は宗教の捉え方そのものを個々人に委ねたと理解する「主観説」（松井など）とに区別できる。

こうした憲法上の宗教概念理解の相違に加えて，政教分離という場合の宗教の意味についても，学説の理解はじつは一様ではない。多数説は，信教の自由の対象となる宗教の方は，上述した本件控訴審判決の定義に従って広く捉え，政教分離の対象となる宗教の方は，「何らかの固有の教義体系を備えた組織的背景をもつもの」として狭く捉える「宗教概念の二元的理解」に立つ（芦部・佐藤幸）。しかし，なかには，信教の自由の対象となる宗教と，政教分離の対象となる宗教とを，いずれも「聖なるものに関する信仰と行為の統一的体系」として一元的に捉える考え方や（土屋），政教分離という場合の「教」は，宗教一般ではなく教会，すなわち宗教団体の意味だとして，政教分離概念を多数説よりもさらに狭く捉える見解もある（百地・大石眞）。

宗教と関連をもつ政府活動の合憲性判断は，このように政教分離を何と何との分離とみなすのか，つまり政教分離というときの宗教を広く解するのか狭く解するのかによっても変わってくる。

(2) 憲法20条2項の「宗教上の行為」等と20条3項の「宗教的活動」

しかし，本件最高裁判決は，控訴審判決のように憲法上の宗教の定義を示すこともなく，また政教分離を国家と「宗教団体」との分離に特に局限することもなく，こうした宗教概念の問題には深入りせずに議論を進めている。むしろ最高裁多数意見の大きな特徴は，上告理由を受けて，公権力による参加の強制が禁止された20条2項の「宗教上の行為」等と，公権力が行うことを禁止された20条3項の「宗教的活動」とを区別し，後者を狭く解釈した点に求められる。すなわち，高裁までは，20条2項と3項とを特に区別することなく，津市の行為が許されない宗教的行為にあたるのか，それとも許される習俗的行為にあたるのかという点が判断の分かれ目と考えられていた。これに対して，最高裁多数意見は，「宗教上の行為」等（20条2項）のなかには，市民に参加を強制しようがしまいが公権力が行うことを禁止された「宗教的活動」（20条3項）と並んで，市民に参加を強制しなければ公権力が行うことも許される宗教的な色彩をもつ行為類型が含まれると考える。この理解に立って，3項違反の具体的な判断基準として最高裁が示したのが，いわゆる「目的効果基準」である。

(3) 目的効果基準

一般に，目的効果基準を示した個所とされるのは，本件最高裁判決の以下の説示である。

「政教分離原則は，国家が宗教的に中立であることを要求するものではあるが，国家が宗教とのかかわり合いをもつことを全く許さないとするものではなく，宗教とのかかわり合いをもたらす行為の目的及び効果にかんがみ，そのかかわり合いが右の諸条件に照らし相当とされる限度を超えるものと認められる場合にこれを許さないとするものであると解すべきである」。憲法20条3項にいう「宗教的活動とは，前述の政教分離原則の意義に照らしてこれをみれば，およそ国及びその機関の活動で宗教とのかかわり合いをもつすべての行為を指すものではなく，そのかかわり合いが右にいう相当とされる限度を超えるものに限られるというべきであって，当該行為の目的が宗教的意義をもち，その効果が宗教に対する援助，助長，促進又は圧迫，干

渉等になるような行為をいうものと解すべきである」。「ある行為が右にいう宗教的活動に該当するかどうかを検討するにあたつては，当該行為の主宰者が宗教家であるかどうか，その順序作法（式次第）が宗教の定める方式に則つたものであるかどうかなど，当該行為の外形的側面のみにとらわれることなく，当該行為の行われる場所，当該行為に対する一般人の宗教的評価，当該行為者が当該行為を行うについての意図，目的及び宗教的意識の有無，程度，当該行為の一般人に与える効果，影響等，諸般の事情を考慮し，社会通念に従つて，客観的に判断しなければならない」。

このような目的効果基準の内容については，いくつか確認しておくべき点がある。まず第1に，本件最高裁判決は，直接には憲法20条3項の「宗教的活動」の解釈にあたってこの基準を展開したのだが，20条3項違反の問題を詳細に検討したのち，本件起工式が20条1項後段，89条にも違反しないことをきわめて簡単に認めている。最高裁のこうした審査手法は，箕面忠魂碑・慰霊祭訴訟（最三小判平成5年2月16日民集47巻3号1687頁）でも同様である。さらに，愛媛玉串料訴訟判決（最大判平成9年4月2日民集51巻4号1673頁）はより明瞭に，憲法89条が規定している宗教上の組織・団体に対する公金支出等の禁止も，「前記の政教分離原則の意義に照らして，公金支出行為等における国家と宗教とのかかわり合いが前記の相当とされる限度を超えるものをいうものと解すべきであり，これに該当するかどうかを検討するに当たっては，前記と同様の基準〔津地鎮祭判決の目的効果基準〕によって判断しなければならない」と説示した（1681頁）。すなわち，最高裁の目的効果基準は，政教分離規定全体に適用される違憲審査基準なのである（棟居後掲・安念後掲）。

第2に指摘しておくべきは，当該行為の目的が宗教的意義をもち（目的要件），効果が宗教の援助・助長・促進，または圧迫・干渉となる（効果要件）場合という2要件の関係が，かならずしも明確ではない点である。可能性としては，要件の1つでも充足されれば違憲になるという解釈と，要件が2つとも充足されて初めて違憲になるという解釈が，いずれも成り立つ。最高裁は，合憲判断を示した津地鎮祭事件，自衛官合祀訴訟（最大判昭和63年6月1日民集42巻5号277頁），箕面忠魂碑・慰霊祭訴訟については，2つの要件がいずれも充足されていないと判断し，違憲判断を示した愛媛玉串料訴訟については，2つの要件がいずれも充足されたと判断しているので，最高裁の目的効果基準は，2要件とも満たされなければ違憲とはならない趣旨だとの理解が有力である（鼎談：長谷部）。

第3は，目的・効果を認定する際の考慮要素の問題である。控訴審における佐木・和歌森両鑑定は，宗教的行為と習俗的行為の判別は，主宰者が宗教家か，式次第が宗教界で認定されたものかで，外形的に行われるべきだとし，控訴審はこの2点に「一般人に違和感なく受け入れられる程度の普遍性」の要素を加えた外形的基準を立てた。最高裁多数意見は，上述のように宗教か習俗かという問題から，許されない宗教的活動か否かという問題へと論点を移動しつつ，控訴審の3要素による判断も明確に否定し，①行為の場所，②一般人の宗教的評価，③行為者の意図・目的・宗教意識，④一般人に与える効果・影響等，諸般の事情を考慮して，社会通念に照らし客観的に判断されるべきだとした点に特徴をもつ。しかし，その後，愛媛玉串料訴訟最高裁判決の可部恒雄反対意見を契機として，この4要素を限定列挙とみるべきか，例示とみるべきかについて，さらに判例理解の対立が生じている。愛媛玉串料訴訟では，県による靖国神社の祭礼等に対する玉串料などの支出の違憲性について，最高裁大法廷が，津地鎮祭最高裁判決の目的効果基準に従った上で違憲と判断した多数意見，目的効果基準に従わずに違憲と判断した高橋久子・尾崎行信意見，目的効果基準に基づいて合憲判断を下した可部恒雄反対意見などに分かれた。その際，可部反対意見は，上記①〜④の4要素を限定的な列挙と捉えた上で，

愛媛玉串料訴訟の事実関係について4要素の有無を詳細に検討して合憲判断を導く論法を採って，多数意見を厳しく批判したのである。

(4) 政教分離規定の性格

これまでみてきたような政教分離規定はどういう意味内容をもつのか，違反の有無をどう判断すべきかという実体的な問題とは別に，政教分離違反の有無を誰がいかなる形式の訴訟で追及できるのかという手続的な問題も存在する。通説は，信教の自由（憲法20条1項前段・2項）は個人や団体の主観的権利を保障する規定であるのに対して，政教分離規定はいわゆる制度的保障の規定だとしてきた。制度的保障という観念は，もともとは1919年ドイツ憲法（ワイマール憲法）の基本権規定の解釈のためにドイツの学界で提唱され，これが日本の憲法学にも輸入されたものだ。しかし，政教分離規定が制度的保障だといわれる場合には，かならずしもドイツの学説と同一の観念が念頭に置かれているわけではなく，要するに日本の学説の主張は，政教分離規定は客観的な憲法原則を定めたもので，政府機関を義務付けるが，個人・団体の主観的権利を保障するものではないという趣旨である。本件最高裁判決もこの立場に立っている。

しかし，最高裁多数意見が，こうした「制度的保障説」をいわば前振りとして，国家と宗教の完全分離が現実には不可能かつ不合理であることを説き，目的効果基準に立って上述の4要素等の総合判断による政教分離原則の緩やかな運用を示したことへの批判が1つのきっかけとなって，政教分離規定も個人・団体の主観的権利を保障したものだとする学説が現れた（浦部）。政教分離規定に関するいわゆる「人権説」である。人権説の眼目は，政府機関の行為に20条1項後段・3項，89条前段違反の疑いがある場合には，個人・団体はこれを理由に訴訟で当該行為の取消しや国家賠償を求めることができると主張する点にある。主観訴訟の可能性を開くために，いうなればそこから逆算して，政教分離規定の「権利性」を主張するという議論構造である。

「制度的保障説」に立てば，地方自治法242条の2の住民訴訟のような特殊な制度が存在しなければ，仮に政教分離規定違反と目される政府行為があっても，訴訟で争うことはむずかしい。現に国レベルでは住民訴訟のような制度が存在しないので，首相の靖国神社参拝の違憲性を争う訴訟は，宗教的人格権の侵害という法的構成をとって提起されているが，裁判所の受け入れるところとなっていない。「人権説」は，現行訴訟法上のこうした隘路を打破しようという実践的意図に基づく解釈だが，政府機関が宗教的活動を行っても，特定の個人・団体が参加を強制されるなど具体的な不利益をこうむらなければ，伝統的意味での権利侵害を主張することにはやはり困難が伴う。

Part II 応用編

確認質問

1 住民訴訟とは何か。
2 本判決の多数意見は，政教分離規定の目的と法的性格をどう考えているか。
3 多数意見は，20条2項の「宗教上の行為」等と，20条3項の「宗教的活動」との関係をどう考えているか。
4 多数意見の目的効果基準の内容，目的効果基準による判断の方法を確認し，控訴審の判断基

28 精神的自由

準論と比較せよ。
5 多数意見・反対意見・控訴審判決による本件起工式の評価を比較せよ。

応用問題

設問1 本件最高裁多数意見の目的効果基準とそのあてはめに従えば、以下の事例は政教分離規定に反するか。
 (1) 市が主催し費用も負担して、仏教式の地鎮式・起工式を挙行した場合。
 (2) 市が主催し費用も負担して、カトリック式の起工式を挙行した場合。
 (3) 市の工事を受注した建設業者が主催し費用も負担して、市職員の自主的な列席のもとに神社神道式の地鎮祭を挙行した場合。
 (4) 市の工事を受注した建設業者が主催し費用も負担して、市職員の自主的な列席のもとにカトリックの起工式を挙行した場合。
 (5) 「例大祭」「みたま祭」に玉串料・献灯料を奉納した場合。
 (6) 外人墓地で行われたキリスト教式の慰霊祭に、市が観光振興策の一環として助成金を支出した場合。
 (7) 内閣総理大臣が戦没者慰霊の目的で、総理大臣として靖国神社に赴き、神社神道の作法に則って参拝した場合。
 (8) 内閣総理大臣が戦没者慰霊の目的で、総理大臣として靖国神社に赴き、神社神道の作法によらずに参拝した場合。

設問2 本件控訴審判決の判断基準に従えば、**設問1**で挙げた8つの事例はそれぞれ政教分離規定に反するか。

設問3 いわゆる「レモン・テスト」の一般的理解（PartⅢ(2)参照）の判断基準に従えば、**設問1**で挙げた8つの事例はそれぞれ政教分離規定に反するか。

設問4 愛媛県玉串料訴訟最高裁判決の高橋・尾崎意見の考え方に従えば、**設問1**で挙げた8つの事例はそれぞれ政教分離規定に反するか。

設問5 地方自治法242条の2の旧規定と新規定では、市による地鎮祭の挙行の違憲性を争う訴訟はどう変化するか。内閣総理大臣の靖国参拝の違憲性を訴訟で争うためには、どのような法的構成が考えられるか。

Part Ⅲ 理 論 編

(1) 目的効果基準の限定論・否定論

日本国憲法の政教分離規定の解釈は、最高裁の判例法理である「目的効果基準」の周りを回っているといっても過言ではない。目的効果基準の内容についてはPartⅠ「基本解説」で確認したので、ここではこの基準に対する評価の問題に触れておくことにしたい。

津地鎮祭事件が下級審から上告審へと争われた1970年代には、学界では目的効果基準自体に否定的な見解も強かったといえるだろう。たとえば、高柳信一は、アメリカ最高裁の判例理論の研究をもとにして、目的効果基準の適用領域を国家の福祉的給付の政教分離違反が問題となる場面に限定すべきことを主張していた。福祉国家理念に基づいて、政府が社会的弱者に金銭やサービスを給付しようとしても、当該措置

の対象者がなんらかの宗教的性格をもつことによって、こうした福祉的給付が政教分離規定に触れるという理由で不可能となってしまう事態を避けるためには、当該措置の目的と効果を検討することが有用だが、津地鎮祭事件のように政府自身が主体となった宗教的行為の違憲性が争われているケースには、こうした基準は妥当しないというのである。

また、愛媛玉串料訴訟判決では、高橋・尾崎両裁判官の「意見」が、多数意見の違憲判断に同調しながら、目的効果基準には否定的な態度をとったことで注目された。両意見は、国家と宗教の完全な分離が憲法の趣旨であるという理解を出発点として、目的効果基準はあいまいで不明確なため、こうした判断基準で憲法20条3項の「宗教的活動」を狭く解釈する場合には、公権力が関与できる宗教的行為の範囲が際限なく拡大し、信教の自由が脅かされかねないとする。その上で高橋意見は、「私は、完全な分離が不可能、不適当であることの理由が示されない限り、国が宗教とかかわり合いを持つことは許されないものと考える」と述べて（民集51巻4号1703頁）、合憲性の立証責任を公権力側に完全に負わせるきわめて厳格な違憲審査を主張した。

(2) レモン・テスト

しかし、学説の大勢は、問題となっている政府行為の目的・効果を検討するというスタンスで、政教分離問題全般にアプローチしようとする点では、津地鎮祭判決以降の最高裁多数意見と軌を一にしている。ただし多くの学説は、アメリカ合衆国最高裁の判例理論研究をよりどころとして、日本の最高裁よりも厳格な違憲審査手法を提唱するという特徴をもつ。

学説がアメリカ最高裁の判例理論で特に注目したのは、1971年のレモン判決である。これは、アメリカの目的効果基準を確立した判決といわれ、そのためアメリカ最高裁の目的効果基準は「レモン・テスト」と称される。レモン・テストとは、「①問題となった国家行為が、世俗的目的をもつものかどうか、②その行為の主要な効果が、宗教を振興しまたは抑圧するものかどうか、③その行為が、宗教との過度のかかわり合いを促すものかどうか、という三要件を個別に検討することによって、政教分離原則違反の有無を判断し、一つの要件でもクリアーできなければ右行為を違憲とするというものである」（芦部後掲①）。

レモン・テストは日本の判例の目的効果基準のモデルを提供したとされるが、Part I「基本解説」で確認したように、最高裁多数意見の目的効果基準は、「過度のかかわり合い」を独立の要件としていないこと、宗教的目的（要件1）と宗教に対する援助・促進ないし圧迫・介入（要件2）の2要件を満たしたときだけ違憲となると理解されていること、この2要件の充足の有無が一般人の評価を含む4要素等の諸般の事情を考慮して決定されること、これらの点でレモン・テストよりも相当緩やかな違憲審査基準であると批判されてきた。批判説は、レモン・テスト並みにまで目的効果基準の「厳格度を高め、それを具体的事件に適用してゆくことは、判例を変更せずとも可能であり、そうすることがまた、日本国憲法が定める政教分離原則の趣旨から言えば、むしろ憲法上要請されている」と主張する（芦部後掲②）。

(3) エンドースメント・テスト

専門の研究によると、レモン判決以降の合衆国最高裁の判例動向もそう単純ではないようだが、そのなかで日本の学説がとりわけ注目したのは、1984年のリンチ判決の補足意見でオコナー判事が提唱したエンドースメント・テストである。エンドースメント・テストとは、「政府行為が宗教に対する政府の是認（endorsement）あるいは否認であるかどうかを審査する」手法で、「その宗教の信者でない者に対して、彼らが部外者であって政治的共同体の完全なメンバーでないというメッセージを送り、同時に信者に対しては、彼らが部内者であって政治的共同体内で優遇されるメンバーだというメ

ッセージを送るかどうかを問うものである」。またその判定者としては「法律の条文，立法の沿革及び施行の実態を熟知」した「合理的観察者が想定されている」(高畑後掲)。エンドースメント・テストは，政府の現実の目的が宗教の是認なのか，政府行為の効果が宗教に対する是認のメッセージの伝達にあたるのかを審査するもので，主唱者のオコナー判事によれば，レモン・テストの目的審査・効果審査を修正し明確化するものである（諸根後掲)。

エンドースメント・テストに対しては，「合理的観察者」による判定という想定は，結局津地鎮祭判決多数意見と同様，社会の多数派の意識を最優先する結果とならないかなどの批判もあるが（土屋後掲)，日本における政教分離問題が，歴史的には神社神道との関係に集約され，神社神道がしばしば共同体の宗教と位置付けられてきたことから，共同体構成員への政府行為のメッセージ性を基準とするエンドースメント・テストは，日本でも一定の有用性をもつとする見解もある（諸根後掲)。

実際，1997年の愛媛玉串料訴訟最高裁判決多数意見の違憲判断は，エンドースメント・テストに基づくものだともいわれる（鼎談：横田・長谷部，百地など)。判決中の「一般人に対して，県が当該特定の宗教団体を特別に支援しており，それらの宗教団体が他の宗教団体とは異なる特別のものであるとの印象を与え，特定の宗教への関心を呼び起こすものといわざるを得ない」という判示がそれである（民集51巻4号1683頁)。そう解するなら，愛媛玉串料訴訟判決は，調査官評釈がいうように（越山後掲）単に津地鎮祭事件と同一の目的効果基準を異なる事案にあてはめただけではないことになり，まさにその点を評価する学説もある（高畑後掲)。

(4) 再び目的効果基準への懐疑・限定

このように最高裁の目的効果基準を前提として，これをアメリカのレモン・テスト，エンドースメント・テストを参考に厳格に運用すべきだとするのが学説の大勢であろうが，目的効果基準自体に対する懐疑は，90年代以降の学説からもさまざまな形で提起されている。たとえば，津地鎮祭判決の合憲判断は，第1審と同様，地鎮祭が世俗的行事だという認定に基づくのであり，愛媛玉串料判決の違憲判断は，玉串料などの奉納の対象となった靖国神社の「みたま祭」「例大祭」等を世俗的行事と認定するのはどうしても無理だったことによるのであって，目的効果基準はじつは判断基準として機能していない。目的効果基準を額面どおりに適用すれば，政府と宗教との分離は「異常な水準にまで亢進」してしまうはずであって，本来適切な判断基準とはいえないとする見解もある（安念後掲)。

また，国家と宗教との関係を，①国家が主体となる宗教的行為，②宗教団体が行う宗教的行為と非宗教的行為への国家の関与，③非宗教団体が行う宗教的行為への国家の関与に類型化して，国家と宗教との距離を問題とする目的効果基準は，②③の類型に適用されるのが適切で，津地鎮祭事件のような①の類型には妥当しないという見解（吉崎後掲）も提起されている。愛媛玉串料訴訟のような他の主体の宗教的行為に対する政府の関与については，政府行為のメッセージ性を問う形で目的効果基準の適用を考え，津地鎮祭事件のような政府自身の宗教的行為については，政府にその必要性と適切性の立証責任を負わせる厳格審査を試みるという発想も，政教分離原則を厳格に理解しようとする立場からはあり得る選択肢であろう。

Part IV　もう 1 つの素材

箕面忠魂碑・慰霊祭訴訟

最高裁平成 5 年 2 月 16 日第三小法廷判決
昭和 62 年（行ツ）第 148 号運動場一部廃止決定無効
確認等，慰霊祭支出差止請求事件
民集 47 巻 3 号 1687 頁，判時 1454 号 41 頁
〔参照条文〕　憲法 20，89

❖ 事実の概要

　現大阪府箕面市に第二次大戦前に建立された忠魂碑は，戦後，占領軍総司令部のいわゆる神道指令を受けて一時期遺棄されていたが，1952 年頃再建され，1955 年頃からは市遺族会によって維持管理されていた。1975 年に箕面市は，老朽化した小学校の建替えにあたって，隣接する忠魂碑の敷地を学校用地に編入するために代替地を取得し，忠魂碑をこの代替地に公費で移設・再建した。これを機会に権利関係も整理され，忠魂碑の所有権は市遺族会に帰属することが決まり，本件敷地は市が遺族会に無償貸与することが市議会で決定された。

　これに対して住民から，憲法上の政教分離規定違反を理由として，無償貸与された土地の明渡しを市遺族会に請求しない市長の行為の違法確認，土地取得にあてられた公費の市長による損害賠償等を求めて，地方自治法 242 条の 2 に基づく住民訴訟が提起された（箕面忠魂碑訴訟）。

　第 1 審（大阪地判昭和 57 年 3 月 24 日行集 33 巻 3 号 564 頁）は原告の請求を一部認容したが，控訴審（大阪高判昭和 62 年 7 月 16 日行集 38 巻 6・7 号 561 頁）は原判決を破棄した。第 1 審原告の上告を受けた最高裁は上告を棄却した。

　また，本件忠魂碑の前で市遺族会の下部組織である箕面地区戦没者遺族会が，1976 年に挙行した神式慰霊祭と 1977 年に挙行した仏式慰霊祭に，教育長が来賓として出席し玉串を捧げたり焼香を行った行為等が政教分離規定に反するとして，教育長等を相手取った住民訴訟も提起された（箕面慰霊祭訴訟）。

　第 1 審（大阪地判昭和 58 年 3 月 1 日行集 34 巻 3 号 358 頁）は原告の請求を認めたが，控訴審（同上）・上告審（同上）は，忠魂碑訴訟と同様，いずれも第 1 審原告の主張を認めなかった。

❖ 上告審＝最高裁

❖ 法的構成

　① 20 条 3 項違反の論点について。津地鎮祭事件最高裁判決（民集 31 巻 4 号）538 頁 5 行目から 11 行目まで，539 頁 16 行目から 540 頁 1 行目まで，541 頁 1 行目から 542 頁 1 行目まで（「基本となる素材」の上告審多数意見の「法的構成」第 2 段目から第 4 段目に相当する部分）とほぼ同一。

　② 20 条 1 項後段・89 条違反の論点について。20 条 1 項後段にいう「宗教団体」，89 条にいう

「宗教上の組織若しくは団体」とは，国家が特権を付与したり公金を支出することが「特定の宗教に対する援助，助長，促進又は圧迫，干渉等」になるもの，「換言すると，特定の宗教の信仰，礼拝又は普及等の宗教的活動を行うことを本来の目的とする組織ないし団体を指すものと解するのが相当である。」

❖ あてはめ

①忠魂碑訴訟に関する20条3項違反の論点について。箕面市が忠魂碑を移設・再建する土地を取得した行為，および市遺族会に当該土地を無償貸与した行為は，「いずれも，その目的は，小学校の校舎の建替え等のため，公有地上に存する戦没者記念碑的な性格を有する施設を他の場所に移設し，その敷地を学校用地として利用することを主眼とするものであり」，その方策として，代替地の取得，忠魂碑の移設・再建，市遺族会への敷地の無償貸与を行ったものであるから，「専ら世俗的なものと認められ，その効果も，特定の宗教を援助，助長，促進し又は他の宗教に圧迫，干渉を加えるものとは認められない。したがって，箕面市の右各行為は，宗教とのかかわり合いの程度が我が国の社会的，文化的諸条件に照らし，信教の自由の保障の確保という制度の根本目的との関係で相当とされる限度を超えるものとは認められず，憲法20条3項により禁止される宗教的活動には当たらない」。

②忠魂碑訴訟に関する20条1項後段・89条違反の論点について。遺族会は，「戦没者遺族の相互扶助・福祉向上と英霊の顕彰を主たる目的として設立され活動している団体であって」，会員の要望に応じて戦没者の慰霊・追悼・顕彰のための諸行事を行っているが，20条1項後段89条所定の，特定の宗教の信仰・礼拝・普及等の宗教的活動を本来の目的とする組織・団体には該当しない。

③慰霊祭訴訟について。忠魂碑は戦没者記念碑的性格のものであること，市遺族会は特定の宗教の信仰・礼拝・普及等の宗教的活動を本来の目的とする団体ではないこと，教育長の慰霊祭への参列は，遺族会が主催する戦没者の慰霊・追悼のための宗教的行事に際して，社会的儀礼として弔意・哀悼の意を表する目的で行われたものであること，これらの点にかんがみると，教育長の本件行為は，「戦没者遺族に対する社会的儀礼を尽くすという，専ら世俗的なものであり，その効果も，特定の宗教に対する援助，助長，促進又は圧迫，干渉等になるような行為とは認められない。」

基本解説

(1) これまで政教分離原則違反かどうかが訴訟で争われた公権力の行為には，いろいろな性格のものが含まれている。それらを分類すると，たとえば次のような類型に区別することができる。

第1は，公権力自身が宗教的行為を行うことによって，国家の宗教的中立性を害したのではないかが問題となったケースである。①三重県津市が神社神道式地鎮祭を主催した「津地鎮祭事件」（最大判昭和52年7月13日民集31巻4号533頁→Part I「基本となる素材」），②自衛隊山口地方連絡部が社団法人隊友会山口県支部連合会とともに，殉職自衛官の合祀を県護国神社に申請したことが問題となった「自衛官合祀事件」（最大判昭和63年6月1日民集42巻5号277頁），③中曽根康弘首相の靖国神社公式参拝の違憲性が争われた「大阪靖国訴訟」（大阪高判平成4年7月30日判時1434号38頁），④皇室神道に基づく即位の礼・大嘗祭を公的な皇室行事として執行し，これに公費を支出した行為の違憲性が問われた「即位の礼・大嘗祭訴訟」（大阪高判平成7年3月9日行集46巻2・3号250頁），⑤村が観音像を設置した行為が問題となった新宮村観音像訴訟（松山地判平成13年4月

27日判タ1058号290頁）などがそうである。

第2は，民間の団体が営む宗教的な色彩をもつ行事に公務員が参列したり，公権力が参与する行為が，国家の宗教的中立性を害するのではないかが問題となったケースである。⑥箕面地区戦没者遺族会が忠魂碑の前で挙行した神式・仏式の慰霊祭に対する市教育長の参列が問題となった本件「箕面慰霊祭訴訟」（最判平成5年2月16日民集47巻3号1687頁），⑦大嘗祭に関連して挙行された「主基斎田抜穂の儀」に大分県知事が参列した行為が争われた「抜穂の儀違憲訴訟」（最判平成14年7月9日判時1799号101頁），⑧鹿児島県知事が大嘗祭に参列・拝礼した行為が問題となった「鹿児島大嘗祭違憲訴訟」（最判平成14年7月11日民集56巻6号1204頁）などが，この類型に含まれる。また，⑨愛媛県が靖国神社の例大祭に玉串料，みたま祭に献灯料，県護国神社の慰霊大祭に供物料を奉納した行為の違憲性が争われた「愛媛玉串料訴訟」（最大判平成9年4月2日民集51巻4号1673頁），⑩同じく岩手県議会の総理大臣靖国公式参拝要望決議の違憲性と，岩手県による靖国神社への玉串料・献灯料の奉納の違憲性が問われた岩手靖国訴訟（仙台高判平成3年1月10日行集42巻1号1頁）も，公務員が直接宗教的行事に参列したわけではないが，同種の意義を有する事件と捉えることができるだろう。

第3は，宗教的（であるか否かに争いのある）施設・団体に対して，公権力が経済的支援を行うことが，国家の宗教的中立性を害するかどうかが問題となったケースである。⑥忠魂碑の移設・再建費用を市が負担し，忠魂碑のために市が土地を無償貸与した本件「箕面忠魂碑訴訟」（最判平成5年2月16日民集47巻3号1687頁）はその代表である。同種の事件として，⑪大阪市が町会の申出により，地蔵像の建立あるいは移設場所を町会に無償使用させた行為が問題となった「大阪地蔵像訴訟」（最判平成4年11月16日判時1441号57頁），⑫忠魂碑の維持管理と慰霊祭のために市が補助金を支出した行為が争われた「長崎忠魂碑訴訟」（福岡高判平成4年12月18日行集43巻11/12号1537頁），⑬献穀祭のために組織された奉賛会に対する県と市の補助金支出が問題となった滋賀県献穀祭訴訟（大阪高判平成10年12月15日判時1671号19頁），⑭遺族会に対する補助金支出の合憲性が争われた箕面市遺族会補助金訴訟（最判平成11年10月21日判時1696号96頁）などが挙げられる。

(2) いま挙げた14件のうち，最高裁判決は①②⑥⑦⑧⑨⑪⑭の8件だが，違憲判決を下したのは愛媛玉串料訴訟判決だけである。他方，6件の下級審判決のうち，⑤新宮市観音像訴訟第1審判決と⑬滋賀県献穀祭訴訟控訴審判決は，公権力の行為の違憲性を認め，かつ原告の請求を認容した。また，⑩岩手靖国訴訟控訴審判決は，いわば法技術的な理由で第1審原告側の請求を認めなかったが，内閣総理大臣の靖国神社公式参拝自体は違憲と判断した。また，③大阪靖国訴訟控訴審判決と④即位の礼・大嘗祭訴訟控訴審判決は，いずれも公権力の行為に違憲の疑義があるとしながら，こうした行為によって第1審原告の思想良心の自由，信教の自由，宗教的人格権が侵害されたとはいえないとして，請求自体は退けた。

裁判所には公権力の行為を類型化する発想はみられず，14の判決はいずれも，ケースの違いにかかわらず，政教分離原則違反を判断するにあたって津地鎮祭事件最高裁判決の目的効果基準に依拠している。また，最高裁・下級審ともに，目的・効果の認定にあたっては行為の場所，一般人の評価，行為者の意図・目的・宗教的意識，一般人に与える効果・影響等，諸般の事情を総合的に考慮して結論を導く方法を採り，目的審査と効果審査を独立に行わない点が特徴的である。結果として，審査は一般に緩やかなものとなる傾向が強い。違憲判断や違憲の疑義を示した下級審判決も，③④は政教分離規定が個人の権利を保障するものではなく，国については納税者訴訟制度も存在しないため，原告の請求そのものは棄却されることが前提となった判断であるし，⑤は自治体みずからが観音像を建立したという異例の事案であるから，自治体

の行為が目的効果基準によって違憲と判断され，請求も認容されたのは，ここに挙げた下級審判決では⑬だけである。この判決は，献穀祭に対する近江八幡市の助成の目的は「農業振興」等世俗的なものだが，助成を受ける祭事自体は宗教的であり，これに対して488万円という多額の助成を行わなくても自治体の掲げる目的は達成可能だとした。公権力の行為の目的は世俗的であっても，支援を受ける側の行為の性格が宗教的な場合には，支援の規模などによってはいわば手段違憲となりうるという発想は興味深い。

(3) 本件箕面忠魂碑・慰霊祭訴訟は，民間団体の施設・行為に対する公権力の関与が問題となったケースで，最高裁の判断が示された主要な判決である。判決では，遺族会は宗教団体ではない，忠魂碑は戦没者記念碑的なもので特定宗教とのかかわり合いは稀薄である，移設・再建の目的は小学校の建替えという世俗的なものである，慰霊祭への参列は社会的儀礼である等「諸般の事情」の総合判断によって，合憲性が導かれた。行為主体が非宗教団体と認定された場合には，施設・行為の宗教性も低く見積もられる可能性をみせていること，神式・仏式の慰霊祭という純然たる宗教的行事への参列も，社会的儀礼視することで許容する津地鎮祭判決の流れに乗っていることなど，最高裁的目的効果基準の特徴をよく示す判決といえよう。

設問 公権力の行為の目的，効果，宗教とのかかわり合いの程度をそれぞれ独立に審査するレモン・テストの手法や，公権力の行為が特定宗教に対する是認のメッセージの発信となりうるかを問うエンドースメント・テストの手法で，箕面忠魂碑・慰霊祭訴訟の事案を審査してみよ。

〔参考文献〕

芦部信喜①『憲法』(岩波書店，第3版・高橋和之補訂，2002)
芦部信喜②『憲法学Ⅲ』(有斐閣，増補版，1998)
芦部信喜③『宗教・人権・憲法学』(有斐閣，1999)
安念潤司「信教の自由」樋口陽一編『講座憲法学第3巻』(日本評論社，1994) 189頁
大石和彦「判例による憲法形成の一断面――愛媛玉串料違憲訴訟大法廷判決・再考」新正幸=早坂喜子=赤坂正浩編『公法の思想と制度』(信山社，1999) 283頁
大石眞「政教分離原則の再検討」ジュリスト1192号 (2001) 93頁
越山安久「調査官解説」法曹時報33巻2号 (1981) 227頁
佐々木弘通「『厳格な政教分離』学説の再構築に向けて (一)」成城法学62号 (2000) 1頁
高畑英一郎「エンドースメント・テストと愛媛玉串訴訟最高裁判決」日本法学66巻3号 (2000) 351頁
高柳信一「国家と宗教――津地鎮祭判決における目的効果論の検討」法学セミナー増刊『思想・信仰と現代』(日本評論社，1977) 2頁
土屋英雄「アメリカにおける政教分離と"保証"テスト」芦部古稀『現代立憲主義の展開 (上)』(有斐閣，1993) 509頁
戸松秀典=長谷部恭男=横田耕一「鼎談・愛媛玉串料訴訟最高裁大法廷判決をめぐって」ジュリスト1114号 (1997) 4頁
棟居快行「信教の自由と政教分離の『対抗関係』」芦部古稀『現代立憲主義の展開 (上)』(有斐閣，1993) 533頁
百地章「愛媛玉串訴訟最高裁判決の問題点」法律のひろば1997年7月号30頁
百地章②『政教分離とは何か』(成文堂，1997)
諸根貞夫「『目的効果基準』再検討に向けた一考察」高柳信一古稀『現代憲法の諸相』(専修大学出版局，1992) 73頁
吉崎陽洋「目的効果基準の再検討」平成法学7号 (2002) 63頁

(赤坂正浩)

3 わいせつ表現の概念

精神的自由

〔論 点〕
(1) **文書の芸術性とわいせつ性の関係**
　芸術性の高い文書においてはわいせつ性が相対化されるのではないか。
(2) **全体的考察方法**
　わいせつ性の判断は特定の章句を全体から切り離して判断すべきではない。
(3) **わいせつ表現規制の要件**
　性表現はどのような場合に法的規制が許されるか。

Part I　基本となる素材

「悪徳の栄え」事件

最高裁昭和44年10月15日大法廷判決
昭和39年（あ）第305号猥褻文書販売，同所持被告事件
刑集23巻10号1239頁，判時569号3頁
〔参照条文〕　憲21，23　刑175

Y_1，Y_2＝被告人

◆ 事実の概要

　文芸評論家・翻訳家のY_1（渋沢竜彦）は出版社を営むY_2の求めに応じて，18世紀フランスの猟奇的作家マルキ・ド・サドの『ジュリエット物語あるいは悪徳の栄え』を抄訳し，Y_2は1959年，これを上下二巻に分け，『悪徳の栄え』および『悪徳の栄え（続）──ジュリエットの遍歴──』とそれぞれタイトルを付けて販売した。このうち下巻（以下，「本件訳書」という）は，主人公ジュリエットがヨーロッパを遍歴しながら法王，貴族，警察長官，大盗賊などなどと奇矯な姿態・方法で乱交，獣姦などを繰り広げ，悪徳のかぎりを尽くしながら栄耀栄華を極めるという物語であり，しかもその前後を通じて殺人，鞭打ち，火あぶり，拷問など残虐行為が繰り返されるという内容となっている。原書は18世紀ヨーロッパのキリスト教文明に挑戦し，人間性に潜む暗黒面を徹底的に暴き出す思想小説という評価を得ているが，同訳書はその性描写の大胆さのためもあって1960年前後のわが国で比較的好調な売れ行き（半年間で1500冊程度）を見せた。同書には十数カ所に性

交や性器に関する露骨な描写があることから，Y_1，Y_2ともに猥褻（わいせつ）文書販売・所持罪（刑法175条＝平成7年刑法改正によりひらがな表記）に問われ，起訴された刑事事件が本件である。

❖ 第1審＝東京地裁

東京地裁昭和37年10月16日判決
判時318号3頁

❖ 当事者の主張（争点）

〈事実にかかる主張〉

本件訴訟の争点は，露骨な性描写を含む本件訳書が刑法175条が処罰の対象とする「わいせつ文書」に該当するかという一点にある。この争点は事実に関する争いであるように見えるが本件訳書が何を書いているかという事実の問題には争う余地はなく，「わいせつ文書」に該当するか否かは「わいせつ文書」という構成要件をどう解釈するかという法律問題（法解釈上の問題）であるから，結局のところ本件訴訟では事実についての争いはなかったといいうる。

〈法的な根拠にかかる主張〉

検察官……本件訳書はチャタレー事件最高裁大法廷判決（昭和32年3月13日刑集11巻3号997頁）が確認した判例である「わいせつ文書」の3要件（いわゆる「わいせつ3要件」。「その内容が，(イ)徒に性欲を興奮または刺激せしめ，かつ，(ロ)普通人の正常な性的羞恥心を害し，(ハ)善良な性的道義観念に反するものをいう」［符号追加］）に照らして「猥褻（わいせつ）文書」にあたる。

被告人……(1)文書のわいせつ性の判断は当該文書の置かれた具体的状況に従ってなされるべきであり（相対的わいせつ概念），それゆえ判断基準となる「普通人」は同書の刊行目的，刊行部数，定価，広告などの販売方法によって同書を読むであろうことが客観的に予想される読者のことである。本件訳書の場合，いわゆる知識層の読者が予想されるから，わいせつ性の有無も知識人をこの場合の「普通人」として判断すべきである。(2)文書の芸術的思想的価値の側面をわいせつ性の有無とは別個に判断し，芸術的思想的価値とわいせつ性との比較考量によって，わいせつ文書販売罪の構成要件該当性を論じるべきである。

❖ 法的構成

(a)「わいせつ3要件」は，3つの要件をともに充足する必要がある。

(b) わいせつ文書販売罪の存在理由は「性行為非公然性の原則」に由来するが，行為と文書とは異なるから，文書にあっては「当該描写がもつ内容との関連ないしは当該描写の作品中におかれている前後の状況などを全体として考察」すべきであり，「個々の記載が持つ過度の性的刺戟が軽減または消失することなく，読後にまで残るような文書こそ，猥褻文書というべきである」。

(c)「裁判所は，……作品の芸術的価値の存否を判断する権能および職務を有するものではない」。

❖ あてはめ

本件訳書の内容は空想的で無味乾燥であり，読者の情緒や官能に訴える要素に乏しく，またその描写は，普通人である一般読者にとってはほとんど性欲を刺激興奮させるいとまのないほど醜悪残忍な情景描写の連続である。このような同書を全体として見た場合，その内容は，普通人の正常な性的羞恥心を害し，善良な性的道義観念に反すると認められるものの，徒に性欲を興奮または刺激せしめるものとは認められないから，本件訳書は「わいせつ文書」には該当しない。Y_1，Y_2ともに無罪。

❖ 第 2 審＝東京高裁

東京高裁昭和 38 年 11 月 21 日判決
判時 366 号 13 頁

❖ 当事者の主張（争点）
〈法的な根拠にかかる主張〉
　検察官……「わいせつ 3 要件」は別個独立にあてはめるべきものではなく，当該文書が「性行為非公然性の原則」に反する内容を含んでいると判断される以上，当然に 3 要件は充たされる。
　被告人……社会的に価値のある作品にわいせつ文書販売罪を適用することは，表現の自由ならびに学問の自由の侵害である。「性行為非公然性の原則」は現実の性行為についての原則であり，文書による性行為の表現に対しては適用されるべきでない。

❖ 法的構成
　(a)　「わいせつ 3 要件」は，チャタレー事件判決などにおいても示唆されているように，別個独立に各要件の充足を要求するものと解するべきである。
　(b)　裁判所は当該文書の芸術的思想的価値を判定する権能を有しない。被告人は芸術至上主義に立っている。
　(c)　文書による性表現に対しても，「性行為非公然性の原則」の適用がある。
　(d)　読者層が限定される場合にはその読者層における平均人を基準とすべきであるという意味において，相対的わいせつ概念を認めることができる。表現のわいせつ性の有無は表現の具体的部分を対象とするほかないが，当該部分のわいせつ性の判断は当該文書の性格，前後の状況などによって左右されるのであり，当該部分だけが全体を離れた断片として考察されるべきではない。

❖ あてはめ
　本件訳書の問題部分は，徒らに（過度に）性欲を刺激せしめるに足る記述描写であるから，本件訳書は 3 要件のすべてを充たしており，わいせつ文書に該当する。Y_1 は罰金 7 万円，Y_2 は罰金 10 万円に処す。

❖ 上告審＝最高裁

❖ 上告理由
　芸術的・思想的価値のある文書はわいせつ文書に該当しない。文書のもつわいせつ性によって侵害される法益と，芸術的・思想的文書としてもつ公益性とを比較衡量して，わいせつ文書販売罪の成否を決定すべきである。

〈法廷意見〉

　上告棄却。13 人で構成された大法廷のうち，8 名が法廷意見（補足意見 1 名，意見 1 名），5 名が反対意見であった。

❖ 法的構成
　(a)　わいせつ性と芸術性・思想性の関係
　チャタレー事件最高裁大法廷判決がいうように，わいせつ性と芸術性・思想性とは，その属す

次元を異にする概念であり，芸術的・思想的の文書であっても，これと次元を異にする道徳的・法的の面においてわいせつ性を有するものと評価されることは不可能ではない。芸術家もその使途の遂行において，羞恥感情と道徳的な法を尊重すべき，一般国民の負担する義務に違反してはならないのである。文書がもつ芸術性・思想性が，文書の内容である性的描写による性的刺激を減少・緩和させて，刑法が処罰の対象とする程度以下にわいせつ性を解消させる場合があることは考えられるが，右のような程度にわいせつ性が解消されないかぎり，芸術的・思想的価値のある文書であっても，わいせつの文書としての取扱いを免れることはできない。

(b) 全体的考察方法

文書の個々の章句の部分は，全体としての文書の一部として意味をもつものであるから，その章句の部分のわいせつ性の有無は，文書全体との関連において判断されなければならないものである。したがって，特定の章句の部分を取り出し，全体から切り離して，その部分だけについてわいせつ性の有無を判断するのは相当でないが，特定の章句の部分についてわいせつ性の有無が判断されている場合でも，その判断が文書全体との関連においてなされている以上，これを不当とする理由は存在しない。

(c) 表現の自由，学問の自由との関係

出版その他の表現の自由や学問の自由は，民主主義の基礎をなすきわめて重要なものであるが，絶対無制限なものではなく，その濫用が禁ぜられ，公共の福祉の制限の下に立つものであることは，チャタレー事件最高裁大法廷判決の趣旨とするところである。そして，芸術的・思想的価値のある文書についても，それがわいせつ性をもつものである場合には，性生活に関する秩序および健全な風俗を維持するため，これを処罰の対象とすることが国民生活全体の利益に合致するものと認められるから，これを目して憲法21条，23条に違反するものということはできない。

❖ あてはめ

本件訳書は「わいせつ文書」に該当する。上告棄却。

〈反対意見〉

❖ 法的構成

全体的考察方法の具体的基準について

横田正俊裁判官（大隈健一郎裁判官同調）……正常な性的社会秩序の維持は，究極的には宗教，道徳その他社会的良識にまつべきものである。わいせつ性は相対的なものであり，作品全体を通じて判断すべきである。

奥野健一裁判官……わいせつ性によって侵害される法益と，芸術的・思想的・文学的作品として持つ公益性とを比較衡量し，後者を犠牲にしてもなお前者の要請を優先せしめるべき合理的理由がある場合にはじめて刑法175条に該当する。

田中二郎裁判官……刑法175条におけるわいせつの概念は，平均人を基準とするものの，その社会の文化の発展の程度その他諸々の環境の推移に照応し，その作品等の芸術性・思想性等との関連において評価・判断されるべきものであり，この意味での「わいせつ」概念の相対性が認められるべきである。刑法175条に該当するか否かは，その作品の持つ芸術性・思想性およびその作品の社会的価値との関連において判断すべきものである。

色川幸太郎裁判官……その作品が主題において真摯，誠実であり，叙述においても性の描写が主題に緊密であって，しかも芸術的価値が高い場合には，作品を全体として観察する以上，わいせつ性昇華の現象もありうる。本件訳書はグロテスクな記述に満ち，部分的には性欲を刺激する箇所が

あっても全体としてはその効果は減殺されている。

❖ **あてはめ**

本件訳書は「わいせつ文書」に該当しない。

基本解説

(1) 文書の芸術性とわいせつ性の関係

本件もチャタレー事件とともに、海外の文学作品の翻訳が刑法175条違反に問われたものである。この種の裁判においては、多数の文学者・作家が証人として当該文書の芸術性の高さを法廷で証言することが習わしになっている。

(イ) しかしながら、このような法廷戦術については、そもそも裁判所が当該文書の芸術性を証人の助けを借りてであれ、事実として認定する権限と能力を有しているのかという基本的な問題がある（出版の動機や被告人の情状を判断するために有益であることはいうまでもない）。(ロ) さらに、芸術性が仮に高い作品である場合であっても、それによってわいせつ性が低下するのか、という問題もある。

チャタレー事件最高裁大法廷判決（昭和32年3月13日刑集11巻3号997頁）においては、「刑法175条の猥褻文書にあたるかどうかの判断は、当該著作についてなされる事実認定の問題ではなく、法解釈の問題である」、「この故にこの著作が一般読者に与える興奮、刺激や読者のいだく羞恥感情の程度といえども、裁判所が判断すべきものである」、「芸術面においてすぐれた作品であっても、これと次元を異にする道徳的、法的面において猥褻性をもっているものと評価されることは不可能ではない」、とされた。

チャタレー事件判決は、上の(ロ)について消極・否定的に解したものといえる。(イ)については直接には触れていないが、芸術性の有無・程度はそもそも「わいせつ性」という刑法175条の構成要件に（わいせつ性を弱める消極要件として）含まれるものではないこと、わいせつ性要件は主張立証の対象となる事実問題ではなく、純然たる法解釈の問題であることを確認している。

以上のようなチャタレー事件判決をさらに発展させたのが本件判決である。

(2) 全体的考察方法

わいせつ性と芸術性・思想性とは両立する、換言すれば、芸術性・思想性が高いからといってわいせつ性が低下するものではない、という命題が前述のようにチャタレー事件判決で確認されていた。本件被告人は、この命題に果敢にチャレンジし、芸術性・思想性が高い作品は、わいせつな部分の法益侵害性よりも芸術的思想的部分の公益性の方が勝るから刑法175条に該当しないなどと主張した。(a)芸術性・思想性とわいせつ性は無関係なのか（両立説と呼んでおく）、それとも(b)前者は後者を減殺するのか（相関関係説と呼んでおく）。チャタレー事件判決は(a)を採ったのであり、D.H.ロレンスという20世紀の文豪による傑作小説が「わいせつ文書」とされるためには(b)説を採るわけにはいかなかった。本件訳書の原書は、今日から見れば稚拙で情緒的でない文体などという批判的評価も本件訴訟の途上でわが国の文学者から寄せられているものの、18世紀フランスにおいて同書が思想的にもった意義の重要性については、本件各審級において一貫して認められている。そこで、芸術性・思想性が高いと推察される本件訳書につき、(b)説の是非が問題となるのである。

両説のいずれが妥当であろうか。まず、(b)説には基本的ないくつかの難点がある。第1に、それでは芸術至上主義といわれてもやむを得ない。第2に、裁判所が作品の芸術性を判断する

ということになり，不可能であり権限外でもある。それに，そのような審査がかりに行われるとすれば，芸術表現の自由を守ろうとしてかえってそれを国家機関（裁判所）の手にゆだねるという逆説的な状況になる。このように考えると，チャタレー事件判決と同じく(a)説が妥当であるように見える。

しかしながら，わいせつ文書に該当するか否かの判断は平均人を基準とするが，平均的な読書の仕方というものは，本を通して読んで一個の全体の感想（読後感）をもつのであって，個々のわいせつ表現とされる部分も全体の感想のなかでやはり「わいせつ」と言い得てはじめて「わいせつ性」が肯定されるのである。一個の読後感のなかで「わいせつ性」の印象よりも芸術性・思想性の印象が勝り，平均的読者をしてもっぱら同書の芸術的思想的メッセージが心に残るとすれば，そもそも読了の時点ではもはや「徒に性欲を興奮または刺激せしめる」という「わいせつ3要件」の1つが充足されないことになる。これは芸術性・思想性の積極的価値が「わいせつ性」の消極的価値に優先するべきであるという(b)説の価値判断に従うものではないが，平均人において発生する事実の問題として，芸術性・思想性が「わいせつ性」の具体的レベルを目減りさせるということである。この帰結はチャタレー事件判決が示した(a)の考え方とは，同じ土俵でそれを否定するものではないが，結論において異なっている。これがいわゆる「全体的考察方法」である。

性行為が非公然であるべきだ（「性行為非公然性の原則」）としても，文章という間接的な方法で性行為が描かれているにすぎない文学作品においては，結局のところ性行為の描写の箇所だけを取り上げて「わいせつ性」を判断するのは，まさに「性行為非公然性の原則」からも（文章による描写の場合に「性行為を見せつけられた」と平均的読者が感じるか否かは読後感を待つほかないから）筋が通らないということである。

結局のところ(a)(b)両説のいずれでもないが，芸術性・思想性が「わいせつ性」を減少させることを認める点で，いわば両説の中間的な見解が説得力をもつことになる。本件最高裁判決はこのような見解（全体的考察方法）に立った上で，本件訳書においてはなお「わいせつ性」が解消されきるにはいたっていないとの具体的判断に立って有罪判決を維持したものと思われる。

(3) 相対的わいせつ概念

なお，法廷意見が採用した「全体的考察方法」と，反対意見のうち特に田中意見が明言する「相対的わいせつ概念」は似て非なるものである。「全体的考察方法」においては，あくまで読後感という心理状態のなかで，芸術性・思想性という正のベクトルと「わいせつ性」という負のベクトルが相殺しあっている。芸術性・思想性に特別の質的価値を置かない，もっぱら量的な判断方法である。これに対して，「相対的わいせつ概念」という語とともに作品の「社会的価値」に言及する田中意見は，結局のところ芸術性・思想性に特別の質的価値を認め，そのいわば質量（社会的価値）が時代や社会に応じて可変的である，ということを述べるのである。

| Part II | 応用編 |

確認質問

1 本判決は「わせつ文書」をどのように定義しているか。

2 本判決によれば，芸術性が高いという評価が世間で確立されている作品であっても，わいせつ表現となりうるか。そもそも作品の芸術性とわいせつ性はどのような関係に立つか。

応用問題

設問1 高名な作家であるXは，大部の自伝的小説『煉獄（れんごく）』を発表したが，そのなかで自身と恋人の間の異常な性行為を，会話や心理描写を織りまぜながら数十頁にわたり赤裸々に記述した。文壇ではXの最高傑作であるとして，高い評価を受けている。これに対して，同作品の性描写の部分はわいせつ表現にあたるとして，Xおよび出版元であるS社の社長Wが起訴された。
(1) X側からの，作品の性格に則した以下の主張をそれぞれ検討せよ。
　(a) 鷗外の「ヰタ・セクスアリス」にみられるように，自身の性行為を含む告白小説は文学の伝統的手法として確立されてきているから，いわゆるわいせつ3要件には該当しない。
　(b) 高名な作家Xの作品であるから，読者層も分別のある大人に事実上限定されており，わいせつ性の認定はいわゆる「通常人」よりはやや上のレベルの理性的人格者を基準として行うべきである。
　(c) 文壇の作家仲間や評論家が，同作品は高い芸術性を有し，しかも性描写がその芸術性の中心をなしている，と証言している。このような客観的に芸術性の高い作品は，わいせつ表現には該当しない。
　(d) Xの生い立ちに由来する精神的苦悩が全編を通じて読者に伝わっており，通常の読者であれば，当該性描写の部分もその苦悩と結びつけて読むはずであるから，もはやわいせつ表現であるとは受け取られないはずである。
　(e) 仮に当該性描写の部分だけを取り上げれば，SMエロ小説のたぐいに近いものであっても，通常人を仮に基準とするのであれば，このような異常な性愛の描写はむしろ通常人に嫌悪感をもたらすだけであるから，わいせつ表現にはあたらない。
　(f) 小説なのであるから，性描写の部分だけを読むという特殊な読者を基準にわいせつ性の有無を判断すべきではない。
(2) 次のような場合にそれぞれ裁判官はどのような判断を行うべきであると考えられるか。
　(a) Xのような有名作家ではなく，無名の作家が同様の小説を発表した場合。
　(b) Xの作品であるが，文壇の有力な作家や評論家の評価が真っ向から分かれ，Pは弁護側証人として同作品を絶賛したが，Qは検察側証人として同作品を「低劣なエロ小説」とこき下ろした場合。
　(c) Xの同作品が当初は月刊誌に連載されたものであり，当該個所がある月の掲載部分の全体を占めていた場合。
　(d) Xの恋人の女性が，ヌード写真集を発表したこともある有名女優である場合。
　(e) Xの当該作品が海外でも高く評価され，Xにノーベル文学賞が授与された場合。
　(f) Xの性描写の内容が，同性愛行為であって，通常人（異性愛者である社会の「平均人」）の性的関心をほとんどひかないと考えられる場合。

Part III 理論編

展開問題

1 刑法175条は表現の自由の合憲的規制の要件を充たしているか。

本件訴訟で被告人側から強く主張されながら，判決において十分に展開されなかったテーマに，刑法175条は表現の自由・学問の自由を侵害するから違憲ではないかという論点がある。この点につき，チャタレー事件判決でも確認され本件判決も前提としている「わいせつ3要件」が，「善良な性的道義観念に反する」ことをその1つに挙げていることが考察の手がかりとなる。

その内容の曖昧さを横に置くとしても，そもそも「善良な普通人」を基準とした特定の性的道義観念，すなわち特定の性道徳を表現の自由・学問の自由の規制の正当化根拠と認めることができるかが大問題である。近代国家が政教分離原則を確立し，宗教的価値から中立な存在となることを宣言したのは，さもなければ終わりなき神々の争いによって国内の平和と秩序を達成することが困難であるためであった。特定の宗教や，そこから派生する特定の道徳に国家としてコミットしないということが，個人の信教の自由，人格的自律にとって不可欠であるばかりでなく，近代的合理的国家の成立と存続自体にとり必要であったわけである。こういう大きな観点からいえば，国家が刑罰によって特定の道徳観を国民に強制することは，国家のなしうる行為を逸脱しているといえよう。

以上を別の観点からいえば，そもそも自由権の1つである表現の自由を規制しうるのは，いわゆる内在的制約の場合に限られ，他人の人権行使，他人の個人の尊厳，他人の生命健康といった，自由権に当然に含まれている限界を明文化するタイプの規制しか許されないのである。これらに含まれない多数人の利益や感情，さらには道徳観などは，自由権を制約する一般的正当化事由にはあたらない。

この点で，「善良な性的道義観念」をわいせつ文書規制の要件に挙げる判例は，すでに自由権の合憲的規制根拠からはずれているというべきである。

以上の致命的と思われる点を度外視するとしても，そもそも「善良な性的道義観念」とは何かが問題である。もとより，わいせつ文書については，合理的平均人を想定すれば一定の範囲で客観的に「善良な性的道義観念」の何たるかを確定できるという見方もあり得るところである。しかしながら，性をめぐる個人の深層心理は普段は表面化しないすぐれて個人的な性格のものであるから，そもそも平均人の相場的な道義観念をこの領域で見いだすことは困難であるように思われる。

さらに，「性行為非公然の原則」を表現行為にまで及ぼし，文書による性表現が「性行為の公然化」とみなしうる場合にのみ刑法175条を適用するという謙抑的解釈運用を前提とする正当化論もあり得る。この論によれば，規制の対象は表現行為の形態をとった性行為そのものであるという説明も立つであろう。しかしながら，「性行為非公然の原則」自体が普遍的法というよりは特定の道徳観に立つものといわざるを得ないように思われる。そうであれば，公然と性行為を行う者，あるいはそれを描写し表現物として世間に示す者に対しては，道徳的非難によってそれを抑制することが精一杯であり，しょせんはマナーの類の問題にとどまるから，法による強制にはなじまないのではないかとも思わ

③ わいせつ表現の概念　43

れる（もとより，青少年保護の観点からの法的規制は，青少年自身に道徳的批判能力が十分でないことから可能であろう）。

なお，「わいせつ文書」一般でなく現実の「わいせつ文書」についてみれば，女性のみを性の対象とし男性客に販売するための商品があふれている。このような「わいせつ文書」は中身の好色的性格以外に性差別的でもある。そこで，「わいせつ文書」は女性差別的表現であると捉えて，差別的表現の規制として刑法175条

を合憲視する見解もある。しかしながら，差別的表現一般については，差別的表現といえども「思想の自由市場」に投げ出させ，対抗言論によって淘汰すべきであるという観点からの差別的表現規制違憲論が有力である。このような対抗言論至上主義ともいうべき立場からは，「わいせつ文書」についての差別的表現であることを理由とする規制合憲論はやはり支持しえないこととなろう。

Part IV　もう1つの素材

四畳半襖の下張事件

最高裁昭和55年11月28日第二小法廷判決
刑集34巻6号433頁
〔参照条文〕　憲21　刑175

❖ 事実の概要

永井荷風作とされる春本（江戸時代のポルノ）類似の戯作『四畳半襖の下張』を雑誌『面白半分』1972年7月号に掲載したとして，作家Y（野坂昭如）らが刑法175条違反で起訴された事件である。第1審東京地裁（昭和51年4月27日判時812号22頁），第2審東京高裁（昭和54年3月20日判時918号17頁）ともに有罪判決を下した。Yら上告。

本判決も原審判断を維持した。

❖ 上告審＝最高裁

❖ 法的構成

チャタレー事件判決，「悪徳の栄え」事件判決を引用しつつ，「文書のわいせつ性の判断にあたつては，当該文書の性に関する露骨で詳細な描写叙述の程度とその手法，右描写叙述の文章全体に占める比重，文書に表現された思想等と右描写叙述との関連性，文書の構成や展開，さらには芸術性・思想性等による性的刺激の緩和の程度，これらの観点から該文書を全体としてみたときに，主として読者の好色的興味にうつたえるものと認められるか否かなどの諸点を検討することが必要であ〔る〕」。

❖ あてはめ

『四畳半襖の下張』は，男女の性的交渉の情景を扇情的な筆致で露骨，詳細かつ具体的に描写した部分が量的質的に文書の中枢を占めており，その構成や展開，さらには文芸的，思想的価値など

を考慮に容れても，主として読者の好色的興味にうったえるものである。上告棄却。

基本解説

　本件判決は小法廷判決であり，チャタレー事件判決，悪徳の栄え事件判決という2つの大法廷判決を引用し踏襲する姿勢をとっている。この点につき，「文芸的，思想的価値などを考慮」という言い回しなど（ただし仮定的にいわれているにすぎない可能性もある）を額面どおり受け止めると，「全体的考察方法」はもとより，より踏み込んで「相対的わいせつ概念」に依拠しているように読めなくもない。

　しかしながら，『四畳半襖の下張』事件判決はむしろ，春本とそうではない文芸・娯楽作品とに大別し，「主として読者の好色的興味にうったえる」春本については，芸術性・思想性による「わいせつ性」の減殺という問題に悩む必要もなく，当然に刑法175条に該当する，としたものであるように思われる。チャタレー事件，「悪徳の栄え」事件ともに芸術性・思想性は否定すべくもなかったが，「四畳半襖の下張」は永井荷風作ではあるものの春本を擬した戯本であり，はじめから事案が異なり刑法175条の典型事例だということであろう。なお，春本と文芸・娯楽作品の区別は，「悪徳の栄え」事件判決の色川幸太郎裁判官意見が言及しており，さらに，いわゆる「ビニール本」事件最高裁昭和58年3月8日第三小法廷判決（刑集37巻2号15頁）の伊藤正己裁判官の補足意見によるハード・コア・ポルノと準ハード・コア・ポルノの区分も若干類似する。

　このように，春本・春画ないしハード・コア・ポルノについて，あたかもそれらが表現の自由の保護の対象に含まれないかのようなアプローチは，そもそも憲法が保障する表現の自由とは何かという定義のレベルで問題を解消してしまうやり方である。表現の自由が民主主義のための不可欠の人権であるという，その公共的性格を強調すると，およそ民主主義とは無縁と思われる春本の類の表現行為は21条から排除されることになる。

　しかしながら，このようなアプローチは表現の自由の保障にとって適切とは思われない。なぜなら表現の自由は民主主義のためにだけ存在するのではない。個人が表現内容，表現方法を自律的に決定し，他者とのコミュニケーションをどのように進めていくかは，全面的に個人の選択の問題であり，そこに国家による質的吟味が介入することは，個人の自律に国家的観点から序列をつけることにつながる。もちろんこのような立論に対しては，春本の類は人格的自律を核とする個人の自律にとっても有害なだけであるから規制して差し支えない，という反論もあり得よう。憲法13条の個人主義ならびに幸福追求権に含まれている人格的自律の観念は，憲法が期待する憲法的妥当性を有する一定の自律領域と結びついていると考えるならば，そのような反論にも理由があることになろう。

　それでもやはり，表現の自由の対象にとりあえずは春本の類も含めて理解すべきであると考える。そのような表現行為は法で禁圧するのではなく，他者とのコミュニケーションにとって実は不利でありコミュニケーションを阻害するという事実（ポルノは実は反コミュニケーション的であり読み手を孤立させる）を，本人が他者からの非難を受けながら経験的に学んでゆくことで是正されるべきなのである。このような自省的なプロセスもまた，「個人の自律」に含まれると考えられる。

　なお，表現の自由が重要であることの理由として民主主義，個人の人格的欲求とならんで挙げられる「真理への接近」（あるいは「思想の自由市場」）という論についていえば，春本やポルノには厳密には「対抗言論」が存在しえないという異質性が見てとれる。対抗言論が成り立

ち得ないのであれば，思想の自由市場への投入を保障するまでもないことになりそうである。

　要するに，春本の類は民主主義ならびに思想の自由市場という理由づけでは表現の自由の保障になじまないが，個人の自律という観点からはなお，表現の自由としての保護の対象となると考えられる。ただし，正当化根拠が一般の言論に比べて相当に薄くなっている以上，当該表現規制立法に対する司法審査基準は，通常の表現行為についてのそれよりは緩和されてかまわないと考えられよう。

設問1　ハード・コア・ポルノの制作販売業者Yは，「性表現の自由化」をうたう政治団体の代表を務めており，通信販売で商品を宣伝する一方で，同商品の購入希望者には政治団体の趣旨に賛同して入会手続をとることを求めている。Yが刑法175条違反で起訴されたとして，Yは政治的表現の自由を理由として有罪を免れることができるか。

設問2　グロテスクな変死体の写真などの販売を禁止する法律が制定されたとして，同法は表現の自由との関係でどのような問題を生じさせるか。

〔参考文献〕
奥平康弘＝環昌一＝吉行淳之介『性表現の自由』(有斐閣，1986)
紙谷雅子「性的表現と繊細な神経」長谷部恭男編著『リーディングズ現代の憲法』(日本評論社，1995)
阪口正二郎「わいせつの概念──『悪徳の栄え』事件」憲法判例百選(有斐閣，第4版，2000) 120頁以下
角替晃「わいせつの概念の再構築──『四畳半襖の下張』事件」同上 122頁以下

　　　　　　　　　　　　　　　　　　　　　　　　　　　　　　　　　　　（棟居快行）

4 表現の自由とパブリック・フォーラム

精神的自由

〔論点〕

(1) **表現の自由と屋外広告物条例の関係**
　屋外広告物条例に基づき、美観風致の維持および公衆に対する危害の防止を行う目的で、路傍樹の支柱に立看板を設置する行為を禁止することは表現の自由に反しないか。

(2) **「パブリック・フォーラム」論の意義と問題点**
　伊藤補足意見における「パブリック・フォーラム」論は、憲法上いかなる意義と問題点をもつか。

(3) **表現の自由規制における「表現内容規制」と「表現内容中立的規制」二分論について**
　憲法学において通説的地位を占めている表現の自由規制における「表現内容規制」と「表現内容中立的規制」二分論について検討せよ。

(4) **ビラ配布・ビラ貼り・立看板の意義**
　現代民主主義社会において、ビラ配布・ビラ貼り・立看板等の意思伝達手段のもつ意義について述べよ。

(5) **所有者ないし管理者の承諾と表現活動の関係**
　ビラ配布やビラ貼りにおいて所有者ないし管理者の承諾がない場合、どのように法的に評価されるべきかについて、検討せよ。

Part Ⅰ　基本となる素材

大分県屋外広告物条例事件

最高裁昭和62年3月3日第三小法廷判決
昭和59年（あ）第1090号大分県屋外広告物条例違反被告事件
刑集41巻2号15頁、判時1227号141頁
〔参照条文〕憲21　広告4Ⅱ
大分県屋外広告物条例4Ⅰ③

Y＝被告人

❖ 事実の概要

　被告人Yは、大分市の歩道上において、大分市屋外広告物条例で広告物を表示することを禁止さ

れている同歩道上の街路樹2本の各支柱に，幅3.5センチメートル，厚さ2センチメートル，長さ約1.50メートルの支柱部分（角材）のさきに釘付けした縦61センチメートル，横45.5センチメートルのベニア板に，日本共産党大演説会の演説会の弁士（3名）・日時・場所の印刷された縦60.5センチメートル，横42センチメートルのポスターを貼り付けたいわゆるプラカード式ポスターをそれぞれ1枚，計2枚を針金でくくりつけ，もって屋外広告物を表示した。

その状況は，警察官2名が，防犯夜警に従事中，Yよりプラカードポスターが針金で街路樹の支柱にくくりつけられているのを現認したので，Yに対して職務質問を行った上，Yを大分屋外広告物条例違反の容疑で現行犯人として逮捕した，というものであった。

なお，同条例2条は，「この法律において屋外広告物とは，常時又は一定の期間継続して屋外で公衆に表示されるものであって，看板，立看板，はり紙及びはり札並びに広告塔，広告板，建物その他の工作物等に掲出され，又は表示されたもの並びにこれらに類するものをいう。」とし，また，同4条1項3号は，「次の各号に掲げる物件に広告物を表示し，又は広告物を掲出する物件を設置してはならない。③街路樹，路傍樹及びその支柱」と定めている。

❖❖ 第1審＝大分簡裁

大分簡裁昭和58年6月21日判決

❖ 当事者の主張（争点）

〈法的な根拠にかかる主張〉

　被告人……①屋外広告物法からの逸脱

　　　　屋外広告物法による広告物の規制は，美観風致の維持，公衆に対する危害防止のため，必要最少限度のものであるべきで，法の委任に基づき条例で規制する際は，法の基準を超えて規制はできない。条例は，「支柱」を規制の対象としているが，支柱自体には美的価値はなく，かえって美観風致を損なう。したがって，条例4条1項3号に「路傍樹及びその支柱」と規定したのは，法4条2項の授権範囲を逸脱している。

　　　②構成要件不該当性について

　　　本件ポスターは，非営利広告物で最大限に尊重されるべきである。しかも，条例5条による許可を受けたものであり，かつ，ポスター自体の形態，掲出予定期間，掲出方法などからして社会的相当性があるので，罰則を適用すべきではない。

　　　③公訴権濫用について

　　　本件は，警察が全国的統一指令の下に日本共産党に打撃を与えるために行われた検挙の一環であり，捜査当局は，事前の情報に基づき特定政党（日本共産党）の宣伝活動に対する弾圧意図のもとに計画的にねらい打ちして不当に検挙，起訴したものである。

❖ 法的構成

①「支柱」は，それ自体として独立して存在価値があるものではなく，街路樹等の生育，保持のため，社会通念上街路樹等と一体の物として存在している。したがって，条例4条1項3号は，法4条2項の授権範囲を逸脱してはいない。

②屋外広告法2条では，営利，非営利の区別を設けていない。大分県が，その地域特殊性を考慮して，支柱を含めて規定したのは，住民のため，その社会生活環境を美観風致の面から維持しより豊かな文化的町づくりをはかる一方法としたものと解されるのであり，条例6条の除外事由がない限り，条例4条1項3号に規定する禁止物件に広告物を表示することは許されない。

③他に条例違反で検挙，起訴された事件の有無も明らかでなく，他の全証拠を総合して考察してみても，本件が特定政党（日本共産党）の宣伝活動に対する弾圧意図のもとに計画的にねらい打ちされたものとはいえない。その他一切の事情を考慮に入れても検察官の本件公訴提起自体は職務犯罪を構成しない。

❖ あてはめ

本件における被告人の所為は条例33条1号，4条1項3号に該当するので，罰金1万円に処す。

❖ 第2審＝福岡高裁

福岡高裁昭和59年7月17日判決

❖ 当事者の主張（争点）

〈法的な根拠にかかる主張〉

被告人……条例4条1項3号，33条1号は，表現の自由を保障した憲法21条に違反していて，それ自体無効であるか，あるいは，少なくとも本件に適用される限りにおいては憲法21条に反する。

❖ 法的構成

「本件大分県条例も，屋外広告物法に基づき，同県における美観風致の維持及び公衆に対する危害の防止という社会公共上の利益の観点から，広告物の表示の場所，方法及び広告物掲出物件の設置維持等についての規制をしているものであり，この種の禁止規定に違反する行為を処罰することが憲法21条に違反するものではないことは，最高裁判所昭和43年12月18日大法廷判決及び同裁判所昭和45年4月30日第一小法廷判決により明らかである」。

「本件大分県条例によつて保護される公共の利益が美観風致及び公衆の安全にあること右のとおりである以上，それは，広告物の表現しようとする内容が営利的であるか，非営利的であるかの問題ではなく，広告物の外形的な存在それ自体が美観風致及び公衆の安全を害することを問題としているのであるから，広告物の表現内容が営利的であるか，非営利的であるかにより規制に差を設けないからといつて，その規制が不合理であるということはでき」ない。

「本件大分県条例4条1項3号は，街路樹，路傍樹のほか，その授権法である屋外広告物法4条2項2号に直接規定されておらず，かつ，全国的にも条例による規制例の少ない，街路樹，路傍樹の『支柱』をも，広告物表示禁止物件としているが，街路樹又は路傍樹なるものは，その生立する姿が，背景と相まち，独立樹としても，はたまた，並木としても，美観風致の趣をいや増すものであるから，これらに広告物が表示されると，その美観風致がそこなわれる結果の生じることはおのずから明らかであるところ，街路樹又は路傍樹の『支柱』それ自体にはこれを保護しなければならないほどの美観風致の趣はないけれども，『支柱』は，文字どおり，もともと，『物をささえる柱（つつかいぼう）』であつて，ささえられる物の存在を前提としており，街路樹又は路傍樹の『支柱』は，街路樹又は路傍樹を保持することを目的として，これらに近接した位置に設置される関係上，その位置，形態及び目的からして，街路樹又は路傍樹の付属物と目されるものであつて，その『支柱』に広告物を表示することが放任されると，街路樹又は路傍樹に広告物が表示又は広告物掲出物件が設置された場合と全く同様に，これらの行為を禁止して，美観風致を維持し，又は，その近くを通行する公衆に対する危害を防止しようとする屋外広告物法の目的が達成されにくくなることは，自明の理であるから，右目的達成のために，街路樹又は路傍樹ばかりでなく，これらに付属するその『支柱』をも広告物表示等の禁止対象物件とすることは，合理的な根拠があるものというべきで

あり，そうであるからには，本件大分県条例4条1項3号が，広告物掲出可能物件のことごとくを禁止物件にとりこみ，屋外広告物の掲出を実質上全面禁止するに等しい状態においているとすることはできないことはもとより，いかなる禁止違反行為もすべて行政的対応のみをもつてその禁止の目的を達成することが可能であるとはいえず，その目的を達成するためには，行政的対応と刑罰適用の両面からこれに対処することこそがむしろ合理的な場合もあることからすると，本件大分県条例が，行政的対応のみでその禁止目的を達成することができるのに，直ちに刑罰をもつてのぞんでいるということもできない」。

したがって，「本件大分県条例4条1項3号，33条1号が基本権制約の必要最少限度の原則に反するものとすることはできないし，前認定の事実関係のもとにおいては，右条例4条1項3号，33条1号を本件に適用することが違憲であると解することもできない。」

❖ 上告審＝最高裁

❖ 上告理由
「支柱」を一律に広告物表示等禁止物件に指定する本件条例4条1項3号，33条1号は，「文言解釈上違憲違法であり，合憲的限定解釈を施こすことによつてのみ右違憲違法のそしりを逃れるべきところ，原判決は，敢えて右解釈を採用せず，漫然と本件条例を文言通り解釈した結果，本件被告人の所為を同条例違反として処罰する法令解釈適用上の誤りを犯し」た。

〈法廷意見〉

❖ 法的構成
(a) 憲法21条違反について
「大分県屋外広告物条例は，屋外広告物法に基づいて制定されたもので，右法律と相俟つて，大分県における美観風致の維持及び公衆に対する危害防止の目的のために，屋外広告物の表示の場所・方法及び屋外広告物を掲出する物件の設置・維持について必要な規制をしているところ，国民の文化的生活の向上を目途とする憲法の下においては，都市の美観風致を維持することは，公共の福祉を保持する所以であり，右の程度の規制は，公共の福祉のため，表現の自由に対し許された必要かつ合理的な制限と解することができる」（最大判昭和23年5月18日刑集3巻6号839頁，最大判昭和24年9月27日刑集4巻9号1799頁，最大判昭和43年12月18日刑集22巻13号1549頁参照）。

❖ あてはめ
「大分県屋外広告物条例で広告物の表示を禁止されている街路樹2本の各支柱に，日本共産党の演説会開催の告知宣伝を内容とするいわゆるプラカード式ポスター各1枚を針金でくくりつけた被告人の本件所為につき，同条例33条1号，4条1項3号の各規定を適用してこれを処罰しても憲法21条1項に違反するものでないことは，前記各大法廷判例の趣旨に徴し明らかであつて，所論は理由がなく，その余は，事実誤認，単なる法令違反の主張であつて，適法な上告理由に当たらない。」

〈補足意見〉

伊藤正己裁判官
❖ 法的構成
「本条例及びその基礎となつている屋外広告物法は，いずれも美観風致の維持と公衆に対する危

害の防止とを目的として屋外広告物の規制を行つている。この目的が公共の福祉にかなうものであることはいうまでもない。そして，このうち公衆への危害の防止を目的とする規制が相当に広い範囲に及ぶことは当然である。政治的意見を表示する広告物がいかに憲法上重要な価値を含むものであつても，それが落下したり倒壊したりすることにより通行人に危害を及ぼすおそれのあるときに，その掲出を容認することはできず，むしろそれを除去することが関係当局の義務とされよう。これに反して，美観風致の維持という目的については，これと同様に考えることができない。何が美観風致にあたるかの判断には趣味的要素も含まれ，特定の者の判断をもつて律することが適切でない場合も少なくなく，それだけに美観風致の維持という目的に適合するかどうかの判断には慎重さが要求されるといえる。しかしながら，現代の社会生活においては，都市であると田園であるとをとわず，ある共通の通念が美観風致について存在することは否定できず，それを維持することの必要性は一般的に承認を受けているものということができ，したがつて，抽象的に考える限り，美観風致の維持を法の規制の目的とすることが公共の福祉に適合すると考えるのは誤りではないと思われる。」

「美観風致の維持が表現の自由に法的規制を加えることを正当化する目的として肯認できるとしても，このことは，その目的のためにとられている手段を当然に正当化するものでないことはいうまでもない。」

本件の規制手段には，次のような「疑点」がある。

①「本条例の規制の対象となる屋外広告物には，政治的な意見や情報を伝えるビラ，ポスター等が含まれることは明らかであるが，これらのものを公衆の眼にふれやすい場所，物件に掲出することは，極めて容易に意見や情報を他人に伝達する効果をあげうる方法であり，さらに街頭等におけるビラ配布のような方法に比して，永続的に広範囲の人に伝えることのできる点では有効性にまさり，かつそのための費用が低廉であつて，とくに経済的に恵まれない者にとつて簡便で効果的な表現伝達方法である……。このことは，……とくに思想や意見の表示のような表現の自由の核心をなす表現についてそういえる。……このようなビラやポスターを貼付するに適当な場所や物件は，道路，公園等とは性格を異にするものではあるが，私のいうパブリック・フォーラム（昭和59年（あ）第206号同年12月18日第三小法廷判決・刑集38巻12号3026頁における私の補足意見参照）たる性質を帯びるものともいうことができる。そうとすれば，とくに思想や意見にかかわる表現の規制となるときには，美観風致の維持という公共の福祉に適合する目的をもつ規制であるというのみで，たやすく合憲であると判断するのは速断にすぎるものと思われる。」

②「本条例のとる手段が規制目的からみて必要最少限度をこえないものと断定しうるであろうか。……例えば，『電柱』類はかなりの数の条例では掲出禁止物件から除かれているところ，規制に地域差のあることを考慮しても，それらの条例は，最少限度の必要性をみたしていないとみるのであろうか。あるいは，大分県の特殊性がそれを必要としていると考えられるのであろうか。」「刑事罰による抑制は極めて謙抑であるべきであると考えられるから，行政的対応のみでは目的達成が可能とはいえず，刑事罰をもつて規制することが有効であるからこれを併用することも必要最少限度をこえないとするのは，いささか速断にすぎよう。」

③「本条例の定める一定の場所や物件が広告物掲出の禁止対象とされているとしても，これらの広告物の内容を適法に伝達する方法が他に広く存在するときは，憲法上の疑義は少なくなり，美観風致の維持という公共の福祉のためある程度の規制を行うことが許容されると解される」が，「公共の掲示場が十分に用意されていたり，禁止される場所や物件が限定され，これ以外に貼付できる対象で公衆への伝達に適するものが広く存在しているときには，本条例の定める規制も違憲とはい

えないと思われる。しかし，本件においてこれらの点は明らかにされるところではない。また，所有者の同意を得て私有の家屋や塀などを掲出場所として利用することは可能である。しかし，一般的に所有者の同意を得ることの難易は測定しがたいところであるし，表現の自由の保障がとくに社会一般の共感を得ていない思想を表現することの確保に重要な意味をもつことを考えると，このような表現にとって，所有者の同意を得ることは必ずしも容易ではないと考えられるのであり，私有の場所や物件の利用可能なことを過大に評価することはできない」。

しかしながら，本条例は，「その規制の範囲がやや広きに失するうらみ」があるものの，以下の理由により違憲無効とはいえない。

「本条例の目的とするところは，美観風致の維持と公衆への危害の防止であつて，……表現の内容と全くかかわりなしに，美観風致の維持等の目的から屋外広告物の掲出の場所や方法について一般的に規制しているものである。この場合に右と同じ厳格な基準を適用することは必ずしも相当ではない。そしてわが国の実情，とくに都市において著しく乱雑な広告物の掲出のおそれのあることからみて，表現の内容を顧慮することなく，美観風致の維持という観点から一定限度の規制を行うことは，これを容認せざるをえない」。とはいえ，「本条例36条（屋外広告物法15条も同じである。）は，『この条例の適用にあたつては，国民の政治活動の自由その他国民の基本的人権を不当に侵害しないように留意しなければならない。』と規定している」ことに鑑みると，「本条例も適用違憲とされる場合のあることを示唆している」ととらえることができるから，「場合によっては適用違憲の事態を生ずる」。したがって，「それぞれの事案の具体的な事情に照らし，広告物の貼付されている場所がどのような性質をもつものであるか，周囲がどのような状況であるか，貼付された広告物の数量・形状や，掲出のしかた等を総合的に考慮し，その地域の美観風致の侵害の程度と掲出された広告物にあらわれた表現のもつ価値とを比較衡量した結果，表現の価値の有する利益が美観風致の維持の利益に優越すると判断されるときに，本条例の定める刑事罰を科することは，適用において違憲となるのを免れない」。

❖ **あてはめ**

「原判決には，その結論に至る論証の過程において理由不備がある」けれども，「本件において，被告人は，政党の演説会開催の告知宣伝を内容とするポスター2枚を掲出したものであるが，記録によると，本件ポスターの掲出された場所は，大分市東津留商店街の中心にある街路樹（その支柱も街路樹に付随するものとしてこれと同視してよいであろう。）であり，街の景観の一部を構成していて，美観風致の維持の観点から要保護性の強い物件であること，本件ポスターは，縦約60センチメートル，横約42センチメートルのポスターをベニヤ板に貼付して角材に釘付けしたいわゆるプラカード式ポスターであつて，それが掲出された街路樹に比べて不釣合いに大きくて人目につきやすく，周囲の環境と調和し難いものであること，本件現場付近の街路樹には同一のポスターが数多く掲出されているが，被告人の本件所為はその一環としてなされたものであることが認められる」。

基本解説

(1) 本事件判決にみられる司法消極主義

本事件の中心的テーマは，「都市の美観風致」の「維持」というそれ自体正当な立法目的のもとで，どのような表現の自由に対する規制なら憲法上許されるか，という問題である。なお，一般に，「美観」は建物の美観を，そして「風

致」はその付近一帯の風景を観念する，といわれている。

本事件で第1審判決・第2審判決・上告審判決（法廷意見）が共通して採った思考法には，憲法論の観点からいって，致命的な欠陥があるといわなければならない。というのも，「都市の美観風致」（あるいはそれに加えて「公衆に対する危害の防止」）という立法における規制目的を提示することによって直ちに規制手段が正当だとされ，本事件で問題となっていた法や条例の採用する規制手段の憲法的観点からの適否については，全く検討されないままになってしまったからである。容易に理解されるように，このような考え方では，規制目的の正当性が承認されさえすれば，立法者がいかなる規制手段を取ろうともすべて合憲となる，という帰結にたどり着いてしまうからである（この批判は，ビラ貼りが大阪市屋外広告物条例違反を問われた事件の最高裁判決（大法廷昭和43年12月18日刑集22巻13号1549頁）にも，全く同様にあてはまる）。そもそも，戦後初期の憲法判例においては，憲法12条および13条に示された人権総則の規定における「公共の福祉」という観念に着目して，これによってすべての人権制約のための根拠を見出す傾向が支配的であった。たとえば，表現の自由の領域において最高裁は，本判決が2つ目に明示的に引用した判決である戸別訪問の禁止の合憲性について，「憲法21条は絶対無制限の言論の自由を保障しているのではなく，公共の福祉のためにその時，所，方法等につき合理的制限のおのずから存することは，これを容認するものと考うべきであるから，選挙の公正を期するために戸別訪問を禁止した結果として，言論自由の制限をもたらすことがあるとしても，これ等の禁止規定を所論のように憲法に違反するものということはできない」（最大判昭和24年9月27日刑集4巻9号1799頁）と判示したのである。ここでは，「公共の福祉」の名の下で，およそすべての表現の自由が「絶対無制限」ではないこと――という，およそ議論の余地のない自明的なことがら――が高らかに宣言された

上で，その規制が直ちに正当化されていた。これは，立法府の判断を最大限尊重して立法府への謙譲を追求する哲学＝司法消極主義の表明であり，これでは明治憲法下で「臣民ノ権利」が，「法律ノ範囲内」で認められていたのと変わらなくなってしまう。そこで，戦後憲法学は，その精力を傾注してこのような「公共の福祉」の観念のラフな使用について批判を継続的に行ったために，判例は次第に，「公共の福祉」による大雑把な仕方による立法の正当化を次第に反省するようになっていった。たとえば，最高裁の都教組判決や薬事法判決などがそのような傾向を代表した。しかしながら，判例の主要な傾向は，学説が特に強く受け入れることを求めてきた「二重の基準論」を有効に作動させないばかりか，公権力による規制が，表現の自由に対して，もっぱら「時，所，方法等」という観点からの，表現内容とは中立的に行われるタイプの規制（いわゆる表現内容中立的規制）に属する場合には，目的についての手段の最少限度性などの吟味を拒否する司法消極主義がほとんどそのまま受けつがれ，むしろその方向で審査基準が一定の精緻化の様相を見せてきた（後述，PartIII「理論編」展開問題2，参照）。

本件に関して，このような憲法判例の傾向が憲法学からみてとりわけ重大な問題をはらんでいるのは，現代民主主義社会においては，マス・メディアが高度に発達しており，大量の情報が市民社会を流通しているが，立看板設置・ビラ貼り・ビラ配布等の素朴な手段に基づく政治的意見等の表明が，特に，社会の中の少数者にとっては，マス・メディアによって取り上げられることを期待しにくい場合において，今日なお簡便かつ有効な仕方で自らの考えを伝達することができる手段であること（参照，最三小判昭和59年12月18日刑集38巻12号3026頁伊藤正己補足意見，枚方簡裁昭和43年10月9日下刑集10巻10号981頁）に鑑みると，それらに対する安易な規制は情報・思想の自由な流通を欠いては存立しえない民主主義社会のあり方そのものを深く傷つけるからである。

(2) 最高裁における例外としての伊藤正己の憲法論

　その当時の最高裁メンバーの中で唯一の学者出身者であり、長らく東京大学で英米法を講じていたためアメリカ憲法への造詣が深く、また日本の憲法についても多くの著作をすでに発表してきた伊藤正己（主著『言論・出版の自由』）は、上で見たような判例のあり方は、その結論の妥当性は認められるとしても、いかにもその理由付けにおいて貧弱であり、自らの判決を説得しなければならないより上級の裁判所は存在していないとはいえ、それを補強しなければ憲法判例としての説得力を欠くと考えた。だがこれに対して伊藤以外の4名の裁判官は、従来からの司法消極主義的立場をそのまま継承すればよいと考え、伊藤の考え方を受け入れられなかったがために、本判決では、伊藤は1人で補足意見を執筆することになった（伊藤はその在任中、少なくない最高裁判決において、本判決のように補足意見や反対意見を執筆している）。

　伊藤は、「美観風致」という観念の高度の主観性を指摘した上で、従来の憲法学が強調してきた命題――「美観風致の維持が表現の自由に法的規制を加えることを正当化する目的として肯認できるとしても、このことは、その目的のためにとられている手段を当然に正当化するものでないことはいうまでもない」――を出発点として、本判決法廷意見が全く検討を試みなかった本条例による規制のあり方の適否を憲法的観点から審査した。その結果、①「ビラやポスターを貼付するに適当な場所や物件」は「パブリック・フォーラム」（「パブリック・フォーラム」という観念については、後述「展開問題1」参照）に該当するので、たやすく合憲判断をしてはならない。②本条例による規制は、本当に最少限度の規制か慎重に検討するべきである。③本条例によって規制を行ったとしても、公共の掲示板やそれ以外の掲出場所が十分存在しているかどうか本件では、明らかではない、という3点において「疑点」があることは認めながらも、以下の理由によって本条例が違憲無効とは考えられない、とした。すなわち、①特にわが国の都市における実情に鑑みると、「表現の内容を顧慮することなく、美観風致の維持という観点から一定限度の規制を行うことは」認められる。②本件は、適用違憲となる余地があるが、「広告物の貼付されている場所がどのような性質をもつものであるか、周囲がどのような状況であるか、貼付された広告物の数量・形状や、掲出のしかた等を総合的に考慮し、その地域の美観風致の侵害の程度と掲出された広告物にあらわれた表現のもつ価値とを比較衡量した結果」、本件の規制を正当化することができる、とした。

　基本的に伊藤補足意見の枠組みにより本件を改めて精査した場合、①支柱と街路樹とを同視しうるのか、②プラカード式ポスターは貼りつけられたビラと異なり容易に取り外しうることが、美観の維持の観点からプラスに評価される余地はないか、③表現活動としてなされたものが人目のつきやすい所に掲出されているのは当たり前ではないか。④現場付近で被告人以外のものによって掲出されたビラ等が掲出・放置されているか、も問題とすべきではないか、という点を考慮すると、違憲判決を導くことも可能ではないかとの疑問があり得るところである（刑事法学からは、可罰的違法性論の観点から無罪を導くアプローチが示唆されている）。また、そもそも適用違憲の手法を表現の自由の領域で用いると予測可能性の欠如の故に、萎縮的効果をもたらす、という批判が有力である（長岡徹）。

　なお、被告人の主張にもあるように、このような事例において、特定の政治勢力・社会運動等を狙い撃ちして法令を適用しているのではないかと疑われる場合がしばしばある。そのようなことがあるとすれば、それは公訴権の濫用や運用違憲と判断されなくてはならないであろう。

Part II　応用編

確認質問

1　本判決では，どのような仕方で法令の合憲性審査が行われているか。
2　伊藤裁判官補足意見の趣旨はどのようなものか。
3　適用違憲とは何か。このような違憲判断の手法にはどのような意義と問題があるか。

応用問題

設問1　本判決法廷意見の立場に立った場合，以下の規制の合憲性を検討せよ。また，それぞれについて伊藤補足意見に立つと，どうなるかもあわせて検討せよ。
　(1)　美観風致を維持するため一切の営利広告の立看板を禁止する規制。
　(2)　当該地域では仏教系寺院が密集しているので，その静謐な雰囲気を保つために，宗教広告を含む一切の掲示物を禁止する規制。
　(3)　静穏な住宅環境を維持するために，地域住民の強い要望に基づき，政治的見解にかかわる立看板を禁止する規制。
　(4)　美観風致を維持するため，地域の各所に設けられた公共掲示板以外での一切の掲示物を禁止する規制。

設問2　本判決の伊藤補足意見の立場に立った場合，以下の事例を憲法的観点から検討せよ。
　(1)　市民に配布されている市の広報の自由投稿欄に，宗教的見解を掲載することを禁止する編集方針。
　(2)　所有者の同意を得ることなく，目抜き通りに面した家屋の塀に，現市政の汚職腐敗を訴える立看板をくくりつけた者を処罰すること。
　(3)　市営公園に設けられた自由表現スペースで，公立男子校・女子高の存続を訴える演説が計画されていたところ，市の制定した男女共同参画社会条例との関係で中止を求めること。
　(4)　市営のケーブルテレビ局で，政治的中立性への配慮から，選挙で選ばれる職務に就任しているものの出演を一切禁止するルール。
　(5)　電柱についてのビラ貼りについて，いわゆるピンクチラシのみ禁止する規制。

Part III　理論編

展開問題

1　「パブリック・フォーラム」論の意義と課題について論じなさい。

　「パブリック・フォーラム」という観念が初めて日本の判例に登場したのは，私鉄の駅構内

④ 表現の自由とパブリック・フォーラム 55

で係員に無断でビラ貼りおよび演説を行い駅管理者の退去命令を無視し滞留した行為が鉄道営業法と不退去罪に問われた事件の最高裁判決（昭和 59 年 12 月 18 日刑集 38 巻 12 号 3026 頁 → PartIV 参照）の伊藤正己補足意見においてであった。伊藤補足意見によると，「ある主張や意見を社会に伝達する自由を保障する場合に，その表現の場を確保することが重要な意味をもっている。特に表現の自由の行使が行動を伴うときには表現のための物理的な場所が必要となってくる。この場所が提供されないときには，多くの意見は受け手に伝達することができないといってもよい。一般公衆が自由に出入りできる場所は，それぞれその本来の利用目的を備えているが，それは同時に，表現のための場として役立つことが少なくない。道路，公園，広場などは，その例である。これを『パブリック・フォーラム』と呼ぶことができよう」，とされたのである。一定の場所について，それが共通の性質を有しているという理由で「パブリック・フォーラム」として括り出す理由がどこにあるのかといえば，それは，「このパブリック・フォーラムが表現の場所として用いられるときには，所有権や，本来の利用目的のための管理権に基づく制約を受けざるをえないとしても，その機能にかんがみ，表現の自由の保障を可能な限り配慮する必要がある」という，憲法上の要請が働くからである。すなわち，ここで重要なことは，いったん「パブリック・フォーラム」であると認定されると，たとえその場所が私的な所有権に属し，あるいは管理権に服する場所であっても憲法論の地平が開け，表現の自由の実質的保障ないしその環境整備という観点から，両者の具体的状況に応じた利益衡量が要求されることになる，ということである。こうして，たとえば，鉄道営業法 35 条の規定する「鉄道地」のうち「駅前広場」や，本件で問題となった「ビラやポスターを貼付するに適当な場所や物件」は，「パブリック・フォーラムたる性質を強くもつことがありうる」とされるのである（その結果，たとえば純然たる私企業の所有・管理するショッピングセンターにもこの法理をあてはめることが可能になる）。

ところで，この点，本家のアメリカ合衆国の憲法学説では，どのように論じられているのだろうか。それぞれの論者によってさまざまなヴァリエーションがあるが，ある場所がパブリック・フォーラムでなければ，その場所での表現活動が全面的に禁止されてもやむを得ないのに対して，パブリック・フォーラムであれば全面的に禁止することはできず，そこにおける時・方法等の規制は合理的なものでなければならない。さらに，パブリック・フォーラムにおいては，さまざまな表現者に平等のアクセスが保障されなければならない，とされる。なお，パブリック・フォーラムであるか否かは，その場所における所有権や管理権の所在よりも，表現行為と本来の使用が両立可能であるかどうかによって判断される。アメリカの判例では，1897 年の公園や《ハイウェーの管理者》と《私人の家屋の所有者》を完全に同一視する論法に立つ判決を乗り越えて，1930 年から 40 年にかけて形成されてきた法理であるといわれる。この法理によれば，①公有財産に対する政府の権限を根拠にするだけでは，道路・公園等を表現目的のために利用することを全面的には禁止できない，②美観・静穏の保持という法益は，規制理由として十分でない，③適切な場所での表現の自由は，他の場所でも行使しうるという理由（代替チャンネルの存在）によって制約できない，④道路・公園等の利用を全面的に禁止するのではなく，制限的でない代替策によらなければならない，とされる。その後，バーガーコート（1969-1986）の時代になり，ある場所がパブリック・フォーラムであるか否かがこれまでにないほど重要な問題になったといわれる。というのは，連邦最高裁が，パブリック・フォーラムという用語を意識的に用いはじめたからであり，とりわけホワイト裁判官は，1983 年の判決（Perry Education Association v. Perry Local Educator's Association）においてパブリック・フォーラムの類型論を展開して，①伝統的パブ

リック・フォーラム（街路・歩道・公園），②指定的パブリック・フォーラム（公会堂・公立劇場等），③非パブリック・フォーラムへ三分類するようになったからである。しかしながら，その後の判例法理の展開を検討すると，パブリック・フォーラムの類型化というアプローチは現実にはかならずしも表現保護的に機能しておらず，むしろ伝統的パブリック・フォーラム以外の場所においては厳格な規制を行ってもよい（空港ロビー・職場の募金活動・学区の郵便網や学校の郵便受けの利用），という論法の支えになっているとの指摘が有力である。これと伊藤補足意見のアプローチを比較すると，後者においては，アドホックなアプローチから個別的比較衡量における考慮されるべき一要素として捉えられており，その結果，予測可能性や客観性の点で表現行為を安定的に保護する役割を果たし得るか，の点で疑問があり得る。日本においては，アメリカでの教訓を踏まえて，表現行為を安定的に保護する方向で――すなわち，「美観風致の維持」や「安全の確保」等の安易に表現活動を規制する管理上の理由を認めない仕方での――の類型化を試みることが課題といえよう。

2 表現の自由に対する規制について，「表現内容規制」と「表現内容中立的規制」の2つに区分した上で，後者については前者と異なりゆるやかな審査基準で合憲性を判断すべきである，という考え方は妥当か。

　戦後憲法学における通説的見解は，アメリカ合衆国の憲法判例と憲法学の影響下で，本問にあるように，表現の自由に対する規制について，「表現内容規制」と「表現内容中立規制」の2つに区分した上で，後者については前者と異なりゆるやかな審査基準で合憲性を判断すべきである，という考え方に立ってきた。このような立場を代表する芦部信喜は，以下のようにいう。「内容規制とは，たとえば，違法行為を煽動する表現や治安紊乱的な誹謗（侮辱）表現を禁止したり，国の秘密情報の公表を禁止したり，政府の暴力的転覆を唱道する教師の雇用を禁止したりする法律のように，コミュニケーションをそれが伝達するメッセイジを理由に制限する規制」であり，「表現内容中立規制」とは，「そういう内容ないしメッセイジの伝達的効果と関係なしに（つまり表現内容には中立的な立場で）表現を制限する規制，たとえば病院近傍での騒音の制限，住宅地域における屋外広告物掲示の禁止，選挙運動の自由の制限」などがそれに該当する。そして，前者の規制の場合には，「表現の自由の保障に及ぼす影響がきわめて重大であるから，原則として許されず，その種の規制立法の合憲性は厳格に審査される」のに対して，後者の場合には，「原則として，裁判所の実質的審査を可能にする，内容規制にほぼ準ずる基準を用いることが必要である」として，微妙な言い回しながら確実に相異なった類型的な区別が与えられるべきである，とされる。このような区別が認められる根拠として，①内容規制は表現内容を差別して，民主主義社会の存立に不可欠な公的討論を歪曲して，思想の自由市場を作動困難にしてしまう，②一見正当的な立法目的で規制が行われている場合でも，特定の見解やメッセイジに承認を与えないために規制が行われるのであるから，司法権はその理由をしっかりとチェックする必要がある，③そもそも内容規制が行われる理由は，表現活動の受け手に着目し彼らの反応を予測した結果，すなわち「伝達的効果」に着目した結果規制が正当化されているのであるが，民主主義社会の大原則は，社会においてコミュニケーションが自由になされることであるはずであるから，本来「伝達的効果」に着目した規制は望ましくない，という3つの理由が指摘されてきた。これに加えて，④戦略的観点から，裁判所に少しでも表現の自由を尊重する判例を下させるように働きかけるためには，単一の基準によるよりも「審査基準

の大枠を設けたほう」が望ましいのではないか，と考えられたからである。なお，内容に関わる規制には，特定の見解を排除しようとするタイプの規制（「見解規制」）と一定の主題を排除しようとするタイプの規制（「主題規制」）に区別されるが，前者が内容規制にあてはまることは当然であるが，後者の場合には，「特定の争点に関する言論に限って対象とする規制」に限って内容規制と同視される。

なお，このように規制のあり方に応じて多元的な枠組みで審査基準を設定するべきではないかとする見解は，最高裁における表現の自由についての規制法理の形成に大きな影響を与えたと推測される香城敏麿（最高裁調査官の地位にあった）によって提唱され，公務員の政治的表現の自由にかかわる猿払事件上告審判決や戸別訪問禁止合憲判決をはじめとする最高裁判例の合理性についての説明図式を生みだしていくことになった。それによると，表現の自由のみならず人権一般に対する規制に関して，「消極的規制か積極的規制か」（「警察規制」が前者に，「政策的規制」が後者に該当する）という軸と，「直接規制か間接的付随的規制か」（「規制対象行為のもたらす弊害の除去が専ら立法目的である場合」が前者で，「それ以外の利益を実現する手段として規制対象行為を規制する場合」が後者にあたる）という軸とで整理した上で，「直接かつ消極規制」の場合には，きわめて厳しい審査が要求されるのに対して，本件のような屋外広告物規制の該当する「間接かつ消極的付随的規制」の場合には，利益衡量をした上でこれに代わる明らかに有効な規制手段がない場合に規制が正当化され，「間接かつ積極規制」の場合には明らかに不合理な規制でない限りは許容される，とされる。

以上のような見解において示されている「表現内容規制」と「表現内容中立規制」の二分論そのものに対して疑問を呈する議論も学説上有力に主張されている（市川正人・奥平康弘・浦部法穂）。それによれば，①「特定の見解やメッセイジに承認を与えないために規制が行われる」ものでなければ，表現の自由に対する規制はそれほど問題視されるべきではない，という考え方はそもそも妥当ではない，②「伝達的効果」に着目した規制ではないからといって表現の自由に対する侵害が少ないとはいえない，③特定の見解を特別扱いする規制が「伝達的効果」に基づく規制であるとは限らない，④より一般的にいえば，内容中立的規制も，表現の絶対量を減少させてしまう点において内容規制と同様であり，情報の自由な伝達の阻害は個人の自己実現や自己統治を傷つける，⑤表現行為にとっては，表現内容だけではなく表現の時・場所・方法等の選択が重要である場合が少なくない，⑥現代社会においてより洗練された巧妙な表現の自由規制手段が開発されており，内容中立規制にこそより警戒的な視線が注がれるべきである。

このようにしてみてくると，「表現内容規制」と「表現内容中立的規制」の区別は，適切な違憲審査基準を捜し求める際の「重要な手がかりの一つ」としてはそれなりに有用であるが，かならずしも「決定的なもの」とまではいえないというべきであろう（浜田純一）。

Part IV　もう1つの素材

駅構内でのビラ配布と表現の自由

最高裁昭和 59 年 12 月 18 日第三小法廷判決
昭和 59 年（あ）第 206 号鉄道営業法違反，建造物侵入被告事件
刑集 38 巻 12 号 3026 頁
〔参照条文〕憲 21　刑 130　鉄営 35

❖ 事実の概要

　被告人Yら4名は，ある裁判を批判する集会への参加を通行人らにアピールする目的で，同駅係員の許諾を受けることなく，私鉄A株式会社のB駅構内の南口1階階段付近において，「〇〇集会に結集しよう！」と題するビラ多数枚を配布し，また，「〇〇裁判は不当な裁判である。〇〇被告を救おう。」「明日の映画会に参加してください。」と呼びかける演説を行うなどした。さらに，Yらは，B駅助役から制止を受け退去要求を受けたのにこれに従わず，さらに警察官から制止を受けたのにもかかわらず，同南口1階階段付近に滞留し続けた。
　これらの事実によって，Yらは，東京地裁および東京高裁において鉄道営業法違反等につき有罪判決を受けたため，最高裁に上告したのが本件である。

❖ 上告審＝最高裁

❖ 法的構成

　上告棄却。
　「所論は，憲法 21 条 1 項違反をいうが，憲法 21 条 1 項は，表現の自由を絶対無制限に保障したものではなく，公共の福祉のため必要かつ合理的な制限を是認するものであつて，たとえ思想を外部に発表するための手段であつても，その手段が他人の財産権，管理権を不当に害するごときものは許されないといわなければならない」。
　「鉄道営業法 35 条にいう『鉄道地』とは，鉄道の営業主体が所有又は管理する用地・地域のうち，直接鉄道運送業務に使用されるもの及びこれと密接不可分の利用関係にあるもの」をいう。

❖ あてはめ

　「B駅構内において，他の数名と共に，同駅係員の許諾を受けないで乗降客らに対しビラ多数枚を配布して演説等を繰り返したうえ，同駅の管理者からの退去要求を無視して約20分間にわたり同駅構内に滞留した被告人4名の本件各所為につき，鉄道営業法 35 条…を適用してこれを処罰しても憲法 21 条 1 項に違反するもので〔は〕ない」。
　なお，本判決には伊藤正己による補足意見が付されている。

基本解説

　すでにPart III「理論編」展開問題1で触れたように、本判決の伊藤補足意見は、パブリックフォーラム観念について言及した。伊藤がこのように考えたのは、Part I「基本となる素材」の判決においてと同様に、法廷意見における、およそ「他人の財産権、管理権を不当に害するごときものは許されない」という論法（ここでは、「公衆の交通秩序の維持」や「不快感や迷惑」の防止等の事後的に裁判所によって実体的に判断可能な法益の存否は問題になりえない）が、現代社会において表現の自由という憲法の要求を中身のある保障とするためにはきわめて不十分だと考えたからにほかならなかった。しかし、このような見解自身が他のメンバーにとって論及に値するほど重要だと考えられなかったために、補足意見という形態をとったといえる。このようなありようから、本判決文の読者は、伊藤が最高裁裁判官退任後に、最高裁裁判官が一般的に憲法に立ち入ることを避ける傾向があることに関して、「日本の精神的風土、それを支える働きをする憲法訴訟理論、日本の裁判制度やその現実の運用を通じて形成される裁判官の憲法感覚などが重畳して、日本の裁判官とくに最高裁の裁判官の間に司法消極主義がつよくなることは避け難い」、と述懐したコンテクストをはっきりと理解することができる。

　こうして、表現の自由について他のメンバーと質的に異なった鋭敏な感覚を有する伊藤補足意見は、ビラ配布が民主主義社会にとってもつ意味について、「一般公衆が自由に出入りすることのできる場所においてビラを配布することによって自己の主張や意見を他人に伝達することは、表現の自由の行使のための手段の一つとして決して軽視することのできない意味をもっている。特に、社会における少数者のもつ意見は、マス・メディアなどを通じてそれが受け手に広く知られるのを期待することは必ずしも容易ではなく、それを他人に伝える最も簡便で有効な手段の一つが、ビラ配布であるといってよい。いかに情報伝達の方法が発達しても、ビラ配布という手段のもつ意義は否定しえないのである。この手段を規制することが、ある意見にとって社会に伝達される機会を実質上奪う結果になることも少なくない」、ときわめて適切に位置付けている（ただし、「ビラ配布が言論出版という純粋の表現形態ではなく、一定の行動を伴うものであるだけに、他の法益との衡量の必要性は高いといえる」とする）。とりわけ本件のような、深刻な社会問題に関する先鋭的な意見表明に関しては、このようなことがまさにあてはまるといわなければならないであろう。伊藤補足意見は、このようなビラ配付についての認識を前提とした上で、「鉄道係員ノ許諾ヲ受ケスシテ……鉄道地内ニ於テ旅客又ハ公衆ニ対シ……物品ヲ配付シ其ノ他演説勧誘等ノ所為ヲ為シタル者ハ科料ニ処ス」と規定する鉄道営業法35条上の「鉄道地」である本件の場所の「パブリック・フォーラム」該当性を検討して、駅のフォームや線路等の直接鉄道輸送業務に使用される場所ではなく、「駅前広場のごときは、その具体的状況によってはパブリック・フォーラムたる性質を強くもつことがありうるのであり、このような場合に、そこでのビラ配布を同条違反として処罰することは、憲法に反する疑いが強い」が、本件の場所は、「駅舎の一部であり、パブリック・フォーラムたる性質は必ずしも強くなく、むしろ鉄道利用者など一般公衆の交通が支障なく行われるために駅長のもつ管理権が広く認められるべき場所である」と認定して、「パブリック・フォーラム」ならざる「鉄道地」だと捉えて、法廷意見の判定に同調した。場所の機能を重んずる伊藤補足意見の「パブリック・フォーラム」論に立った場合、都会型の大規模駅に属する本件の場所について機能的に観察

すると、それはむしろ駅前広場に類似する一般通行人および乗降客の通行路としての役割を果たしていたのではないか，との疑問があり得よう。なお，一般道路でビラ配布が行われた場合には，道路交通法77条1項の規制の問題となる。

ところで，本件では駅構内における無許可のビラ配付等が問題となったが，電柱へのビラ貼りについても類似の問題が生ずる。というのは，このような事例においては，電柱の所有者ないし管理者に無許可でそれにビラ貼りを行う行為が，「みだりに他人の家屋その他の工作物にはり札をし……た者」（33号前段）について，「これを拘留又は科料に処する」と規定する軽犯罪法1条の規定が適用されうるかが問題となるからである（したがって，ビラ貼り行為は，軽犯罪法と屋外広告物条例とによる2つの側面からの規制の対象となる）。本条において「みだり」という文言を，電柱の所有者ないし管理者に無許可で電柱にビラを貼る行為だと捉えるかどうかによって，このような事案についての判断は大きく異なってくる。この点，最高裁昭和45（1970）年6月17日大法廷判決（刑集24巻6号280頁）は，「軽犯罪法1条33号前段は，主として他人の家屋その他の工作物に関する財産権，管理権を保護するために，みだりにこれらの物にはり札をする行為を規制の対象としているものと解すべきところ，たとい思想を外部に発表するための手段であつても，その手段が他人の財産権，管理権を不当に害するごときものは，もとより許されないところであるといわなければならない。したがつて，この程度の規制は，公共の福祉のため，表現の自由に対し許された必要かつ合理的な制限であつて，右法条を憲法21条1項に違反するものということはでき」ないとした上で，「右法条にいう『みだりに』とは，他人の家屋その他の工作物にはり札をするにつき，社会通念上正当な理由がある

と認められない場合を指称するものと解するのが相当」だとした。したがって，この「社会通念上正当な理由」が実質的に所有者ないし管理者の承諾の有無によって決せられるとすれば，駅構内のビラ配り事件における法廷意見と同じ論法で解決されることになろう（「他人の管理する場所を利用して勝手に自己の政治的意見を公表することは，他人に自己の政治的意見を押し付けることと同様であり，他人の表現の自由を侵害する」とする判例（呉簡判昭和43年2月5日判時509号79頁）は，このような考え方を極度におしすすめたものである）。最高裁がどのような観点から「社会通念上正当な理由」を判断しようとするのかはかならずしも明らかではないが，下級審判例のなかには，具体的な事実関係に立ち入った上で，「みだりに」に該当するかを判断して無罪判決を下したものがある（大森簡判昭和42年3月31日下刑集9巻3号366頁）。学説においては，純粋の個人所有の家屋に承諾なしでビラ貼りをすれば「社会通念上正当な理由」といえるが，電柱の場合には単に承諾がないだけでなく，「正当性のないことの具体的かつ積極的な証明が検察官によってなされなければならないとか，電柱に対するビラはりは，取りはずしが容易な方法，既存の広告を害しないような方法，等の配慮がなされていれば認めるといった，個別的・類型的な基準が設定されていくべきであろう」（高橋和之），との提言がなされている。そして，伊藤正己の見解でも，電柱が基本的にパブリック・フォーラムに該当することは明らかであるから，このような思考に立脚すれば，所有者ないし管理者の承諾のみを判断基準としてはならず，どのような場所でいかなる形態のビラが貼られ，いかなる情報伝達的作用を営んでいたのかが事実に即して具体的に検討されなければ，本条にいう「みだりに」に該当するかは明らかにならない，ということになろう。

設問
(1) 表現行為としてのビラ配りは，ビラ貼りと比較してどのような特色を有するか。

(2) パブリック・フォーラムとは，どのような場所をさすか。私人の所有する土地や建物でもパブリック・フォーラムになりうるのか。
(3) 本件で，駅利用者がまばらで，被告人らのビラ配布にもかかわらず，通行上何の支障がなかった場合でも，規制は可能か。
(4) 本件で，ビラの配布が駅構内ではなく，私鉄所有の駅前広場で行われた場合にも，規制することができるか。駅舎の外の路上で行われた場合はどうか。
(5) 本件で，駅前広場ではすでに他の団体が演説をしていたため，やむをえず駅構内でビラ配りをしたとするとどうか。
(6) 本件で，営業ビラの配布は規制されることはないのに，政治的ビラのみ規制していた場合はどうか。
(7) 政治的ビラ全般ではなく，特定の傾向のビラの配布だけを規制していた場合はどうか。

〔参考文献〕
芦部信喜『憲法学Ⅱ　人権総論』（有斐閣，1994）
芦部信喜『憲法学Ⅲ　人権各論(1)』（有斐閣，増補版，2000）
芦部信喜『宗教・人権・憲法学』（有斐閣，1999）
芦部他「研究会　憲法判例の30年」ジュリスト638号（1977）
芦部他「研究会　憲法判断の基準と方法」ジュリスト789号（1983）
市川正人『表現の自由の法理』（日本評論社，2003）
伊藤正己『裁判官と学者の間』（有斐閣，1993）
浦部法穂「21条」樋口＝佐藤＝中村＝浦部『注解法律学全集2　憲法Ⅱ』（青林書院，1997）
浦部法穂『全訂憲法学教室』（日本評論社，2000）
大久保史郎「ビラ貼りと表現の自由」憲法の基本判例（有斐閣，第2版，1996）
奥平康弘『憲法裁判の可能性』（岩波書店，1995）
紙谷雅子「屋外広告物条例による美観規制と政治的表現」法学教室85号（1987）
紙谷雅子「パブリック・フォーラム」公法研究50号（1988）
紙谷雅子「パブリック・フォーラムの落日」芦部信喜先生古稀祝賀『現代立憲主義の展開　上』（有斐閣，1993）
香城敏麿「最高裁判所判例解説」法曹時報27巻11号（1974）（『最高裁判所判例解説刑事篇　昭和49年度』165頁，『憲法解釈と法原理』（信山社，2004年刊行予定）所収
清水睦「屋外広告物条例と表現の自由」憲法判例百選Ⅰ（有斐閣，第4版，2000）
高橋和之『立憲主義と日本国憲法』（放送大学教育振興会，2001）
高橋和之「ビラはりと表現の自由」憲法判例百選Ⅰ（有斐閣，第4版，2000）
長岡徹「表現の自由と規制類型論(1)(2・完)」香川大学教育学部研究報告第1部68，69号（1987）
長岡徹「表現の自由の時・場所・方法の規制」佐藤＝初宿編『人権の現代的諸相』（有斐閣，1990）
長岡徹「駅構内でのビラ配布と表現の自由」憲法判例百選Ⅰ（有斐閣，第4版，2000）
浜田純一「言論の内容規制と内容中立規制」憲法の争点（有斐閣，第3版，1999）
日本弁護士連合会『ビラ配布・貼付問題に関する報告書』（1987）

（山元　一）

5 モデル小説における表現の自由と人格的利益

〔論　点〕

(1) プライバシー権，名誉権，名誉感情の侵害を理由として表現行為の差止判決が認められるか。またその要件は何か。
(2) 小説という表現形態による(1)の法益の侵害のケースでは，差止めの基準はノンフィクションなどの場合とは別のものになるか。
(3) 裁判所が小説表現としての成否，その水準を判断することが許されるか。

Part I 基本となる素材

「石に泳ぐ魚」出版差止請求事件

最高裁平成 14 年 9 月 24 日第三小法廷判決
平成 13 年（オ）851 号，同 13（受）837 号損害賠償等請求事件

判時 1802 号 60 頁
〔参照条文〕憲 21，13

X＝原告，被控訴人，被上告人
Y₁，Y₂，Y₃＝被告，控訴人，上告人

❖ **事実の概要**

　Xは，1969 年東京都生まれの韓国籍の女性であるが，幼年期に静脈性血管腫という血管奇形の病に冒され，その結果，顔面に大きな腫瘍を有している。Xは小学校 5 年まで日本で過ごした後，韓国で教育を受け，同国のR大学美術学部を卒業し，日本のG大学大学院に進学した。Xの父は講演で訪れた韓国で，かつてスパイ容疑で逮捕され，その事件は日本でも報道されたことがある。Y₁は，在日韓国人女性で 1993 年に戯曲「魚の祭」で岸田國士戯曲賞を，1997 年に小説「家族シネマ」で芥川賞を受賞した作家（柳美里）であるが，平成 4 年，戯曲「魚の祭」の上演準備のため訪れた韓国で当時大学生であったXと知り合い，X宅に数日滞在した。その際，Y₁はX宅のピアノの上に，魚が徐々に変化を遂げて鳥になる過程を描いたタイル画が掛けられているのを見た。年の近いXとY₁は意気投合し，XはY₁に自分が在日三世であることや，小学校 5 年まで日本に居たこと，父の経歴などを語って聞かせた。その後Xは，平成 5 年に来日してG大学大学院に進んだが，

Xとはあまり接触はなかった。Y_1はXに小説を書いている旨は告げたが，モデルについては語らなかった。

ところが，1994年の月刊誌『新潮』9月号に，「愛憎に彩られた鮮烈な自伝的処女小説」などのキャッチフレーズとともに，本件小説「石に泳ぐ魚」が掲載された。その内容は，在日二世の劇作家「梁秀香」を主人公とし，その家族，劇団員，男友達，ならびに陶芸家である「朴里花」や「柿の木の男」なる人物などと主人公の交流を描いたものである。すなわち，在日韓国人女性である「梁秀香」は劇団に所属する戯曲家であり，韓国における公演準備のため訪れた同国で，R大で陶芸を専攻している「朴里花」と知り合った。同女は顔に大きな腫瘍があり，父はかつてスパイ容疑で逮捕歴がある，など，「朴里花」がXをモデルとしていることは明らかであった。なお，この点はY_1自身が後に「表現のエチカ」と題する一文（『新潮』1995年12月号）において認めている。本件小説には，「私は里花を凝視した。里花の顔にへばりついている異様な生き物がさらに膨張するのではないかという恐怖を振り払おうとした」，「顔の左側に大きな腫瘍ができていて，……だから鼻も唇も右にひん曲がっている」，「あんたの顔って太った蛆虫みたい」，「水死体そっくり」などの記述がある。

Xは1994年9月12日，知人の連絡で本件小説が『新潮』誌に掲載されていることを知り，2週間後にそれを入手して通読したところ，自分がこれまで形成してきた人格がすべて否定されたような衝撃を覚えた。そこで同年10月4日，XはY_1と会い，本件小説を受け入れることができないと告げ，単行本として出版することを止めてほしいと求めた。Y_1との話し合いが不調に終わったためXは弁護士と相談の上，1994年11月，本件小説の出版の中止を求める仮処分を申し立てた（東京地方裁判所平成6年（ヨ）第6216号事件）。同年12月16日の同事件の審尋期日において，債務者（仮処分申請の相手方）であるY_1，韓国版の代理人Y_2，および出版元のY_3（新潮社）は，雑誌『新潮』に発表された本件小説をそのままの内容で単行本化し，あるいは上演，映画化など一切の方法による公表をしないこと，今後同小説を公表する場合には，次のような修正を加えたものとすることなどを陳述し，これに対して債権者（仮処分の申請者）であるXは仮処分の申請を取り下げた。修正版の要点は，「朴里花」の属性のうち，出身大学，進学先大学院，大学院での専攻がそれぞれ別のものに変えられており，さらに日本での居住時期が1年ずらされたほか，同人の顔の手術歴，父親の逮捕歴などが削除され，さらに同人の顔の障害については，その存在が暗示されるにとどまっている，などであった。

本件小説の単行本化等を危惧したXは，Y_1，Y_2，ならびにY_3に対し，損害賠償ならびに謝罪広告の掲載，および『新潮』掲載の本件小説ならびに修正版の出版，上演，映画化等一切の方法による公表の差止めを求めて本件訴えを提起した。

❖ 第1審＝東京地裁

東京地裁平成11年6月22日判決

❖ 当事者の主張（争点）

〈事実にかかる主張〉

当事者間に事実関係そのものについての対立はさほどない。

〈法的な根拠にかかる主張〉

原告……

(a) モデル小説的性格について

本件小説はモデル小説であり，小説中でY_1は自らをモデルとして主人公「梁秀香」を描き，また，数々の属性がXと共通する「朴里花」を登場させている。本件小説読者は，「朴里花」とXとを容易に同定（同一人物であると認識）することができる。

(b) 本件小説の虚構性について

本件小説においては，資料・取材等に基づく素材事実と，Y_1が創作した虚構事実とが渾然一体となって区別できない形で記述されているため，本件小説の読者をして，「朴里花」について記載された虚構事実があたかもXについて現実に存在する事実であるかのように誤解させる。

(c) プライバシー侵害について

父親がスパイ容疑で韓国で逮捕されたこと，そのため母親とXは韓国に帰国したこと，顔の腫瘍の手術を何度も受けてきたこと，さらなる手術の相談のために来日したが，効果が小さいわりに危険性が大きいということで断念したこと，日本人のとあるチェリストと文通していたが，実際に会うと一言も言葉を交わすことなく別れたことなどに触れた本件小説部分は，Xのプライバシーの侵害にあたる。なお，外貌（顔）に関する事実であっても，これを小説で発表することはプライバシーの侵害にあたる。

(d) 名誉毀損について

本件小説中の「朴里花」の父親の逮捕・服役の事実，G大大学院の合格者選考の過程で顔の障害のゆえに同人に有利な選考がなされたかのような印象を与える事実，同人が新興宗教に入信したかのごとき虚偽の事実の記載は，いずれもモデルであるXの名誉毀損に該当する。

(e) 名誉感情の侵害について

本件小説における「朴里花」に対する侮辱的な表現（「事実の概要」で引用した個所など）は，Xの名誉感情を侵害するものである。

なお，「表現のエチカ」（『新潮』1995年12月号）により，「朴里花」のモデルがXであることがさらに明確に特定されることになったことから，同稿の発表自体もXのプライバシー，名誉ならびに名誉感情を侵害する。

被告……（なお，Y_1，Y_2とY_3とでは主張に若干の相違があるが，ここでは一括して取り上げる）

(a) モデル小説的性格について

純文学である本件小説の一般読者のなかに，ことさら「朴里花」のモデルが誰であるかについて関心をもつものはいない。Xは一留学生にすぎず，著名人ではないから，Xを知らない一般読者がモデル的興味をもって本件小説を読むこともない。

(b) 本件小説の虚構性について

本件小説は，現実から想を得たにせよ，実在人物の行動や性格がデフォルメ（変容）され，現実の事実と意味や価値を異にするものとして表現されているうえ，実在しない想像上の人物をも登場させ，これらの人物との絡みのなかで主題が展開されている。

(c) プライバシー侵害について

Xが顔面に腫瘍を有する事実は外貌に関する事実であり，秘匿性を欠くから，プライバシー侵害の問題は生じない。

(d) 名誉毀損について

本件小説の内容によれば，Xの父親の逮捕の原因は南北朝鮮の政治課題にあることが推測されるから，Xの社会的評価を低下させる性質のものではない。「朴里花」の新興宗教入信の記述は，当該宗教の教義，組織がまったく不分明であることなどから，本件小説の読者は当該事実が虚構のものであることを容易に知りうる。

(e) 侮辱（名誉感情の侵害）について

本件小説の主題は，「困難に満ちた〈生〉をいかに生き抜くか」という人間にとって普遍的かつ重要なものであり，「朴里花」は「困難に満ちた〈生〉」と直面しながらも強く生きる人物として描かれており，本件小説はY_1がXに贈った生の讃歌である。

本件小説の全体としての作品意図，ストーリー展開，人物構成，戯曲形式として描く配慮等にかんがみると，Xが名誉感情を侵害すると主張する部分は，名誉感情の侵害には当たらない。

(f) 違法性・有責性について

表現の自由は，憲法の定める人権規定のなかでも優越的地位を占める重要な人権である。それ故，(イ)表現行為が社会の正当な関心事に関するものであり，(ロ)その内容および方法が不当なものでない場合には，仮に当該表現行為によってプライバシーが侵害された場合であっても，表現の自由との調整の法理により，当該表現行為は違法性ないし有責性を欠く。本件小説の主題は，「困難な〈生〉をいかに生き抜くか」という人間にとって普遍的であり重要なものであるから，社会の正当な関心事であり，また本件小説の内容および方法は不当なものではない。したがって，本件小説によりXのプライバシーが侵害されたとしても，表現の自由との調整の法理により，不法行為には当たらない。

(g) 差止請求について

プライバシーおよび名誉感情は排他性を有する権利ではないから，これらの侵害を理由として公表の差止めを求めることはできない。

名誉毀損を理由とする差止めは，名誉毀損が現実的悪意をもってなされた場合に限って認められるべきであるところ，本件小説の発行は現実的悪意をもってなされたものではないから，Xは本件小説の公表の差止めを求める権利を有しない。

❖ **法的構成**

(a) モデル小説的性格

本件小説中において「朴里花」にはXの生い立ち，出身大学，進学先大学院，専攻分野，ならびに顔の腫瘍の存在，その手術歴，父親のスパイ容疑での逮捕歴などの点で，Xの属性の全てが与えられている。これらの属性は，個々的に取り出した場合には，これを有する人物を特定するに足りないものであるが，これらを組み合わせた場合には，特にそれが具体的で際立ったものであるだけに，一人の人物すなわちXを特定するに十分なものである。Xと面識がある者または前述のXの属性のいくつかを知る者が本件小説を読んだ場合，かかる読者にとっては，「朴里花」とXとを同定することは容易に可能である。

(b) 本件小説の創作性・虚構性

Xと面識があり，またはXの属性のいくつかを知る読者は，本件小説の一部が現実の事実と一致することを認識しうるところ，本件小説ではこのような現実の事実とY_1が創作した虚構の事実とが織り交ぜられ，渾然一体となって記載されていると認められるから，読者はこれらの事実［現実の事実と虚構の事実］を容易に判別することができない。そのため，本件小説の読者は虚構の事実を現実の事実と誤解する危険性が高い。

(c) プライバシー侵害について

ある人にとって肉親が犯罪容疑で逮捕された事実は，通常公表を欲しない事実であるから，Xの父が講演先の韓国でスパイ容疑で逮捕されたとの事実については，Xのプライバシーを侵害する。外貌に関する事実であっても，Xの存在は知りながらXと面識はなく，その顔に腫瘍があることを知らない者が本件小説の読者となる可能性は否定できず，そのような読者との関係では，かかる事

実の公表はプライバシーの侵害となる。
　(d)　名誉毀損について
　およそ家族の一員が犯罪容疑により逮捕されたという事実は，通常，当該家族の他の構成員の社会的評価をも低下させるから，Xの父がスパイ容疑で逮捕されたという記述は，Xに対する名誉毀損にあたる。
　(e)　名誉感情の侵害について
　Xの顔の腫瘍についての，「異様」「ひん曲がっている」「蛆虫」「水死体」などの記述は，腫瘍がある者の名誉感情を傷つける。なお，Y_1は，「腫瘍についてひどく言えば言うほど，実は里花の魂に対する賛歌となるという意図で書きました」と陳述しているが，Y_1がXに対する真の友情の発露として，Xの顔面の腫瘍に言及するのであれば，それは本来Y_1とXとの全くプライベートな世界で行われるべきものである。
　(f)　違法性・有責性について
　「困難に満ちた〈生〉をいかに生き抜くか」という本件小説の主題にとり，Xのプライバシーを開示することが必要欠くべからざるものとまではいい難い。

❖ あてはめ

　慰謝料につき，本件小説の公表によりXが被った精神的苦痛を慰謝するには100万円の支払いをもってするのが相当であり，「表現のエチカ」の公表によりXが被った精神的苦痛を慰謝するには30万円の支払いをもってするのが相当である。
　修正版の差止めにつき，修正版の読者が「朴里花」とXとを同定することは，仮にXと面識がある者であっても困難であるから，その公表の差止めを求めるXの請求は理由がない。本件小説の公表差止につき，Xが出版中止の仮処分申請を取り下げた際に，本件小説を修正版のごとく修正することなく公表することはない，との合意がXとY_1，Y_2，Y_3との間で成立していたと認められるから，本件小説の公表の差止を求めるXの請求は，その余の点について検討するまでもなく，理由がある。

　原状回復につき，『新潮』平成6年9月号が発行されてから相当期間が経過していることなどから，謝罪広告の掲載，回収依頼広告の掲載，図書館宛通知書の送付の各処分の必要があるとは解されない。

❖ 第2審＝東京高裁

東京高裁平成13年2月15日判決
判タ106号289頁

❖ 当事者の主張（争点）

控訴人（Y_1，Y_2，Y_3）……以下のほか，ほぼ第1審における主張と同一である。
　(a)　同定可能性について
　一般読者の大多数は被控訴人Xの属性を知り得ないのであるから，同定可能性があるとはいえない。小説のなかで生命を与えられた人物は，現実に存在する人物とは異なる。
　(b)　顔の腫瘍の描写の意味
　「朴里花」の顔面の腫瘍についての描写は，本件小説において必要欠くべからざるものである。

❖ **法的構成**
(a) プライバシー侵害について
　私人が，その意に反して自らの私生活における精神的平穏を害するような事実を公表されることのない利益（プライバシー）は，いわゆる人格権として法的保護の対象となる。Xの父の逮捕歴については，その事情がどうあれ，一般的には本人及び家族が公開されることを欲しない事実であり，一旦公開された事実であっても，時間の経過等その後の事情によりその秘匿が法的保護の対象となることがある。
　秘匿できない外貌についての事実であっても，個人の障害や病気の事実は個人に関する情報のうちでも最も他人に知られたくない情報であり，顔に腫瘍のある者は，その障害の事実や手術歴等を殊更に公表されることを欲しない。これを無断で公表することは，他人の好奇の眼や差別によって苦しめられている者の精神的苦痛を倍加する不法な行為であって，人格権の著しい侵害として，当然にプライバシーの侵害にあたる。
　小説が現実に依拠して作成されたとしても，それはあくまで虚構の世界に属するものであるということができる。しかし，小説において，実在の人物のプライバシーをそのまま記述することが許されるわけではない。現実に題材を求めた場合も，これを小説的表現に昇華させる過程において，現実との切断を図り，他者に対する視点から名誉やプライバシーを損なわない表現の方法をとることができないはずはない。このような創作上の配慮をすることなく，小説の公表によって他人の尊厳を傷つけることになれば，その小説の公表は，芸術の名によっても容認されない。小説中の人物にモデルとされた実在の人物の属性が多く与えられていると，現実とは客観的に異なる行動・性格も，現実と同様又はこれに近いものと誤解されてしまう可能性がある。

(b) 名誉毀損について
　Xの父がスパイ容疑で逮捕された事実を記述することは，公共の利害に関する事実に係りもっぱら公益を図る目的に出た場合にあたるとは認められない。

(c) 名誉感情の侵害について
　本件小説中の「朴里花」の顔の腫瘍に関する記述は，いずれも顔に腫瘍の障害を負った者に対する配慮に欠けるもので，その表現は苛烈というべきであるから，Xの名誉感情を傷つける。

(d) 違法性及び有責性について
　小説を創作する際，他者の人格的価値，特に障害を有する者をモデルとする場合はその者の心の痛みにも思いを致し，モデルとの同定の可能性を排除することができないはずはない。

(e) 差止め等について
　人格的価値は極めて重要な保護法益であり，物権と同様の排他性を有する権利ということができる。侵害行為の事前差止めが認められるかは，侵害行為の対象となった人物の社会的地位や侵害行為の性質に留意しつつ，予想される侵害行為によって受ける被害者側の不利益と侵害行為を差し止めることによって受ける侵害者側の不利益とを比較衡量して決すべきである。

❖ **あてはめ**
　地裁が認定した損害額は少額にすぎるが，この点につきXは不服の申立てをしていないので，本件小説により100万円，「表現のエチカ」により30万円を支払え。
　人格権に基づく本件小説の出版等の差止請求はこれを肯認すべきである。

❖ **上告審＝最高裁**

（Y₁，Y₂とY₃は別に上告したが，同日に同一小法廷により，ほぼ同旨の判決が下されている）

❖ **上告理由および上告受理申立て理由**
下級審におけるY₁らの主張に同じ。

❖ **法的構成**
原審の確定した事実関係によれば，公共の利益に係わらない被上告人のプライバシーにわたる事項を表現内容に含む本件小説の公表により公的立場にない被上告人の名誉，プライバシー，名誉感情が侵害されたものであって，本件小説の出版等により被上告人に重大で回復困難な損害を被らせるおそれがあるというべきである。したがって，人格権としての名誉権等に基づく被上告人の各請求を認容した判断に違法はなく，この判断が憲法21条1項に違反するものでないことは，当裁判所の判例（夕刊和歌山時事事件最高裁昭和44年6月25日大法廷判決，北方ジャーナル事件最高裁昭和61年6月11日大法廷判決）の趣旨に照らして明らかである。

❖ **あてはめ**
上告棄却。

基本解説

(1) 表現の自由の意義と事前抑制

本件訴訟では，1審から最高裁まで一貫して表現行為（小説の単行本化）の差止めが認められた。このように表現行為をそれが行われる前の段階で禁止することを「表現の事前抑制」という。本件で争われたプライバシー侵害，名誉毀損，名誉感情の侵害という3点については，表現を本件差止判決のように事前抑制することが有効であり，とりわけプライバシー権の侵害は事後抑制では救済が困難であることは疑いない。しかしながら，他方で，表現の自由にとって事前抑制は甚大な影響を及ぼす。表現行為が受け手である社会公衆に伝わる以前の段階で表現行為を禁止する措置は，多様な意見に人々が触れる機会を奪う。その結果，本来なら民主的政治過程や「思想の自由市場」において反対側からの「対抗言論」と競い合うべき表現が，おおよそ世に出る可能性を断たれ，人々による真偽正邪の判定を受けることなく闇から闇に葬られることになる。

(2) 検閲の意義

このような事態を防ぐために，憲法は21条1項で表現の自由を保障すると同時に同2項で検閲を絶対的に禁止している。21条2項の検閲の定義としては，税関検査事件最高裁大法廷判決（昭和59年12月12日民集38巻12号1038頁）が，「行政権が主体となつて，思想内容等の表現物を対象とし，その全部又は一部の発表の禁止を目的として，対象とされる一定の表現物につき網羅的一般的に，発表前にその内容を審査した上，不適当と認めるものの発表を禁止すること」と述べている。この定義によれば，主体が行政機関である場合にのみ「検閲」ということになるのであるから，本件のように裁判所が主体として表現行為を差し止めるという場合には，「検閲」にはあたらないことになる。

(3) 人格権に基づく事前差止めの要件

以上のように裁判所による差止判決は，ただちに「検閲」には該当しない。しかしながら，それが「検閲」ではないとしても，表現の自由

の事前抑制の一種であることは変わらない。そこで，本件のように裁判所によって表現行為の差止判決を下すことにつき，どのような要件が求められるかが問題となる。この点につき，本件判決が引用する夕刊和歌山時事事件最高裁大法廷判決は，差止めが求められた事案ではないが，「刑法230条ノ2〔名誉毀損罪の免責要件＝平成7年刑法改正により230条の2〕の規定は，人格権としての個人の名誉の保護と，憲法21条による正当な言論の保障との調和をはかったもの」であるとしている。

また，いま一つの引用判例である北方ジャーナル事件最高裁大法廷判決は，知事選立候補者が自身の名誉毀損的な記事を掲載する予定であった雑誌の印刷・頒布等を差し止める仮処分を申請し裁判所により認められたことに対し，当該仮処分が違憲の不法行為であるとして雑誌社側が損害賠償を求めた事案であった。同判決は，「人格権としての名誉権に基づき，加害者に対し，現に行われている侵害行為を排除し，又は将来生ずべき侵害を予防するため，侵害行為の差止めを求めることができる」とした。具体的には同判決は，当該表現が(イ)表現内容が真実でなく，(ロ)又はそれが専ら公益を図る目的のものでないことが明白であって，(ハ)重大にして著しく回復困難な損害のおそれがあるとき，裁判所による事前差止めが許されるという。なお，同判決はさらに，(ニ)口頭弁論または債務者の審尋という慎重な手続を要求している。このうち(イ)(ロ)は，刑法230条の2が掲げる名誉毀損罪の免責要件そのものである。また，(ハ)(ニ)は北方ジャーナル事件で問題とされた仮処分命令に際して要求される要件（参照，民事保全法13条1項，23条1項・2項）のうちの厳格なものを要求しているともいえ，表現の自由であるがゆえの特則を判例として創造したものとまでいいうるかは疑問の余地もある（むしろ公人であれ選挙がらみの悪質なデマという点で，被害の回復困難性に着目したのであろう）。ともあれ憲法学説においては，同判決は表現行為に対する裁判上の事前差止めの一般的要件を，表現の自由の重要性に配慮して確立した画期的な判例と位置付けられている。

(4) 本件判決の意義
① 北方ジャーナル事件との異同
本件判決は，北方ジャーナル事件判決を引用して，プライバシー権，名誉権（名誉毀損法理で保護される法益をこう呼ぶことができる），名誉感情（名誉権ほど客観性はないがその侵害は不法行為に相当する）を包摂する「人格権」を根拠として表現行為の差止めを認めた。北方ジャーナル事件では前に引用したように「人格権としての名誉権」による差止めを一定の要件の下で認めたのであるが，本件判決は，プライバシー権及び名誉感情の侵害が原告側の主な主張であった事案についても，やはり人格権を根拠として表現行為の差止めを認めている。つまり，北方ジャーナル事件判決の一般論を踏襲しながら，プライバシー権ならびに名誉感情についても人格権でカバーし表現行為の差止めを認めた点に，本件判決の新しさがある（本件事案が小説表現であるという特殊性に由来する論点についてはPartⅢ「理論編」参照）。

② 外貌とプライバシー
なお，本件事案では外貌という人目にさらされた部分の障害が問題とされた。このような部位の障害がプライバシー権で保護される秘匿情報といいうるかについては異論もある。しかしながら，Xのように目立つ外貌の特徴を有しているがゆえに，小説中の「朴里花」とXの同定は容易であり，本件小説を読んだ人間がXを探し当て，その外貌に容赦ない観察を加えるとか，内面をのぞいたような気持ちになることは避けがたい。これらの事態は，「私生活の平穏」という古典的なプライバシー権の保護法益を犯すものである（プライバシー権の定義ならびに保護の要件につき，PartⅢ「理論編」1参照）。この点に関連して，やや離れるが，容貌をみだりに撮影されないことの保障としての肖像権が，プライバシー権と同様に憲法13条に含まれるといわれることが参照されるべきであろう。いわ

ゆる京都府学連事件最高裁大法廷判決（昭和44年12月24日刑集23巻12号1625頁）は、「個人の私生活上の自由の一つとして、何人も、その承諾なしに、みだりにその容ぼう・姿態……を撮影されない自由を有する」とした（「肖像権」という命名については留保している）。

③ 前科とプライバシー・名誉

また、本件ではXの父親の逮捕・服役などの前歴の公表もプライバシー侵害ならびに名誉毀損にあたるとされた。そもそも刑事事件（本件では韓国での事件であり、さらにスパイ事件という政治犯であるので特殊であるが）については、私事ではないからプライバシー権は問題とならず、その公表は公共の利害に関わり、通常は公益目的であることも推定され、逮捕・服役は真実なのであるから名誉毀損にもあたらないという見方も成り立つ。

しかしながら、いわゆる前科照会事件最高裁第三小法廷判決（昭和56年4月14日民集35巻3号620頁）は、「前科及び犯罪経歴……は人の名誉、信用に直接にかかわる事項であり、前科等のある者もこれをみだりに公開されないという法律上の保護に値する利益を有する」として、市区町村長が弁護士会からの照会に漫然と応じて前科を伝えたことが違法であるとした。さらにPart IV「もう1つの素材」で取り上げるノンフィクション『逆転』についての最高裁判決も、前科をみだりに公開することは不法行為にあたるとしている。

このように、犯罪に関する情報であっても、みだりに小説やノンフィクションその他の方法によって公表されれば、プライバシー権ならびに名誉権の侵害となる。このような観点は、過去に犯罪を犯した者の更生という点からも支持されるものである。

Part II 応用編

確認質問

1　プライバシー権侵害、名誉毀損、名誉感情の侵害の判定基準をそれぞれ述べよ。
2　プライバシー権、名誉権、名誉感情に基づく事前差止めの要件を述べよ。

応用問題

設問1 本件判決の考え方を前提とすれば、X側の事情が次のようなケースではどのような判断が下されると考えられるか。

(1) Xが本件と同様に無名の人物であるが、自らの顔の腫瘍をめぐる心の葛藤を告白した自叙伝を実名入りで自費出版したことがある場合。なお同書は市販されず、医療関係者など知人に無償で配っただけであり、一般の図書館にも収納されていないとする。

(2) Xがやはり作家であり、自分の顔の腫瘍をテーマとして本件小説と同様の作品を執筆中にY₁に先を越されたために悔しい思いを捨てきれずに本件訴訟を提起している場合。

(3) Xの腫瘍が顔でなく、背中にある場合。なおXの背中に小説で描かれたような腫瘍があることは、Xの小学校時代や現在の同級生の範囲では知れ渡っており、小説を読んだこの範囲の知人はモデルがXであることを容易に知ることができるものとする。

(4) Xの腫瘍についての具体的な描写はなく、ただ顔の特徴からXがモデルだということが知れるにとどまり、小説ではもっぱらXの心の葛藤が描かれているにすぎない場合。

(5) Xが心の葛藤を克服して有名な宗教家になっており，顔を隠すことなく伝道に全国をかけまわっている場合。
(6) Xがラジオの人生相談のパーソナリティとして，素顔は一般に知られていないが視聴者に絶大な支持を得ている場合。

設問2 本件判決の考え方を前提とすれば，Y_1側の事情が次のようなケースではどのような判断が下されると考えられるか。
(1) Y_1がノーベル賞受賞作家であり，本件小説も受賞の理由の1つに挙げられている場合。
(2) Y_1がノンフィクションライターであり，国が特殊な治療薬を認可しないために患者が苦しんでいることを告発するために本書がノンフィクションとして書かれている場合。
(3) Y_1がXの実の姉であり，顔に障害のある妹と美貌の自分との愛憎に満ちた姉妹関係を小説のテーマとしている場合。本件小説の発表につき，Y_1は妹Xの了解を得ていないとする。

設問3 本件判決の考え方を前提とすれば，本件小説でなく次のような作品をXが訴えた場合，どのような判断が下されると考えられるか。
(1) モデル小説だが戦時中の空襲で顔に傷を負った女性のその後の人生が描かれており，その心の葛藤の記述を読んだX周辺の人々が，主人公と同様の境遇にあるXの心のなかを覗き見たような気分になる場合。
(2) 小説でなく漫画でXがモデルとされており，傷の描写はXを知る人々にとってはありのままであるにすぎず，また漫画ゆえに心の葛藤の描写は行われず，もっぱらXがその容貌のゆえに波乱を巻き起こす特殊なキャラクターとして登場させられているにすぎない場合。
(3) Xの同意なく診察中に撮影された腫瘍の写真が，担当医の手によって医学部の講義用教科書に収録されており，その結果本人が教科書に出ていることを同じ大学のサークルの友人らが知り，さらに病名や治療の困難さ，心のケアが必要であることなどの知識をもつにいたっている場合。

Part III 理論編

展開問題

1 本件小説が文学の傑作という評価を確立している場合には，本件訴訟の帰趨は異なるか。

　本件事案の特徴として，いわゆるモデル小説という独特の表現形態の事案であったことが挙げられる。わが国では伝統的に私小説という手法が確立されており，自身や家族，あるいはまったくの第三者（有名人であれ一般人であれ）の日常や生涯を微細にわたり描写する作品が多くみられる。また心理描写が多いことも特徴である。こうしたある種のリアリズムは，作品に人間考察としての深みを与えるのと同時に，真実であれ虚構であれ，書かれたモデルのプライバシー権，名誉権ならびに名誉感情を侵害する可能性が高い。

　そこで，三島由紀夫の『宴のあと』でモデルとされた政治家（都知事選立候補者）の遺族が起こした損害賠償請求等の訴訟で東京地裁判決（昭和39年9月28日判時385号12頁。同訴訟は高裁段階で和解で終結している）は，プライバシーを「私事をみだりに公開されないという保

障」であり人格権に包摂されるが一個の独立した権利であるとし，公開された内容が(イ)私生活上の事実または私生活上の事実らしく受け取られるおそれのある事柄であり，(ロ)一般人の感受性を基準として当該私人の立場に立った場合公開を欲しないであろうと認められる事柄であり，(ハ)一般の人々に未だ知られていない事柄であること，というプライバシー保護の3要件を掲げた。

この判断基準には，モデル小説の側の表現の自由に特段の配慮をする姿勢はみられず，かえって同判決は，「文芸の前にはプライバシーの保障は存在し得ないかのような，また存在し得るとしても言論，表現等の自由の保障が優先されるべきであるという被告等の見解はプライバシーの保障が個人の尊厳性の認識を介して民主主義社会の根幹を培うものであることを軽視している点でとうてい賛成できない」としていたところである。このように，裁判例は書く側の自由（表現の自由）よりも書かれる側の権利（プライバシー権，名誉権，ならびにそれらを包摂する人格権）を基準として，書かれる側の権利が侵害されているか否かをもっぱら判断基準として，表現行為の適法違法を論じてきた。

例外として，高橋治『名もなき道を』のモデルの遺族がプライバシー権ならびに名誉権の侵害を争った事件の第1審東京地裁判決（平成7年5月19日判タ833号103頁）は，実在の人物や行動や性格がデフォルメ（変容）され，それが芸術的に表現された結果，一般読者をして小説全体が作者の芸術的想像力の生み出した創作であってフィクション（虚構）であると受け取らせるにいたっているなどという理由で請求を退け注目された（高裁段階で和解）。このような判断基準（小説全体が作者の芸術的想像力であると読者に受け取らせるにいたっているか）は，結局のところ裁判所が小説の芸術作品としての出来不出来を判断することを余儀なくされるから，そもそも司法権の守備範囲に収まらず適切ではない。加えて，同判決は作品の虚構性が実在の人物への読者の関心を丸ごと奪い去るかのようにいうが，現実には読者（の一部）は実在のモデルの実話と混同しながら読み，あるいは読後感としては虚構が現実の側に加えられることになるのである（造り話までも実話のように思えてしまう）。先にみた本件第1審判決が正当に指摘するとおりである。

『名もなき道を』判決で示された独自の判断基準がかの三島由紀夫の筆致にあてがわれたならば，『宴のあと』事件の東京地裁判決もまったく異なったものとなったであろうが，『宴のあと』が一般にどのような読まれ方をしたかを想起すれば，平均的読者の想定に際しては幻想は禁物であろう。

推理小説風であるがやはりモデル小説の例として，いわゆる甲山事件を素材とした清水一行の『捜査一課長』がある。『名もなき道を』事件第1審判決に時期的に近接する『捜査一課長』事件の第1審大阪地裁判決（平成7年12月19日判時1538号98頁），第2審大阪高裁判決（平成9年10月8日判時1631号80頁）ともに，むしろ事実と虚構との境界が曖昧であるがゆえにすべて事実であると一般読者に受け止められてしまうことを理由として，名誉権・プライバシー権の侵害を認めた（最判平成11年2月4日（判例集未登載）は上告棄却）。先の『名もなき道を』とこの『捜査一課長』の両事件で下された判決の方向性は，まったく逆向きのものである。本件判決はいうまでもなく，『捜査一課長』とならんで従来からの人格権保護を中心とする判断基準を踏襲したものといえる。

2 小説で虚構の人物やストーリーが実在する人物や実話と渾然一体として描かれている場合はどうか。

表現の自由のなかでも小説表現に固有の問題として，すでに1でも触れたが以下のような論

点がある。すなわち小説表現が実在の人物をモデルとしていても、それが小説である以上、作品の意図や主題は当該人物をノンフィクション的に描き出すことにあるのではなく、作家の何らかの芸術的インスピレーションを読者に伝えるための一手段として当該モデルを登場させているにすぎない。また、記述も実在の人物の属性をそのまま反映するばかりでなく、作品の意図や主題に応じて実在の人物とは異なる属性を与えたり、あるいは外側からは窺い知れない内面を作家の想像力と創造力で描写することは、小説の手法として当然になされる。このように作家の主観としては、モデルの名誉やプライバシーを侵害する意図は毛頭ない。むしろ作品中の人物としてのリアリティは自分の筆力のゆえに十分に強いはずだから、読者は仮にモデルとされた実在の人物を同定しうるとしてもなお当該作品の内容が実話であるなどという誤解はするはずがない、というのが作家側の思いのようである。

しかしながら実際には、作品としての芸術的昇華の度合いがいかなるレベルであれ、モデル小説はモデルとされた人物その人の内面を掘り起こし、あるいは内面描写が虚構であっても事実らしく受け取られてしまい、人に知られたくない内容であればプライバシー侵害となる。さらに、モデルを同定しうる読者との関係において同人に一定の社会的イメージを与えてしまう以上、それがマイナスのものであれば名誉毀損となる。

また、作品の芸術性で人格権の侵害を正当化しようとすれば、裁判所が芥川賞選考委員会のような役割を果たしてしまうことになる。芸術表現の自由を守ろうとするあまり、かえって国家機関である裁判所に芸術性の判定を委ねるという愚を犯してはならないだろう。

Part IV　もう１つの素材

ノンフィクション『逆転』事件

最高裁平成6年2月8日第三小法廷判決
平成元年（オ）第1649号慰籍料請求事件
民集48巻2号149頁
〔参照条文〕憲13, 21

❖ 事実の概要

ノンフィクション作家伊佐千尋氏の『逆転』は、1964年当時アメリカ合衆国の統治下にあった沖縄県宜野湾市普天間で発生した本件原告Xら4名と米兵との喧嘩が原因となって、米兵1名が死亡し、1名が負傷した事件につき、Xらが同年9月、アメリカ合衆国琉球列島民政府高等裁判所の起訴陪審の結果、米兵1名に対する傷害致死および他の1名に対する傷害の各罪で起訴され、陪審評議の結果、1名の傷害致死の公訴事実については無罪であるが、これに含まれる傷害の公訴事実については有罪、別の1名に対する関係では無罪であると答申され、Xほか2名が懲役3年の実刑判決を受けた裁判を素材とするものである。Xは上記裁判で服役し、仮出獄した後、沖縄でしばらく働いていたが、やがて沖縄を離れて上京し、都内のバス会社に運転手として就職した。Xはその後結婚したが、会社にも妻にも前科を秘匿していた。同事件および同裁判は、当時沖縄では大きく新聞報道されたが、本土では新聞報道もなく、東京で生活しているXの周囲には、その前科に関わ

る事実を知る者はいなかった。

　上告人Yは，上記裁判の陪審員の一人であったが，その体験に基づき『逆転』（本件著作）を執筆し，本件著作は1977年株式会社新潮社から刊行され，ノンフィクション作品として高い評価を受け，1978年には大宅賞を受賞した。その内容は，Xらが米兵1名についての傷害致死に関わっていた事実を疑い，陪審において他の陪審員を説得して傷害致死について無罪を勝ち取る過程を描いており，Yの不名誉な記述ではなかった。また著作の段階ではXは同書の存在すら知らなかった。ところが，本件著作をベースとしてNHKがノンフィクション番組を制作し，そこで実名が使用されていることを知ったXは，同書が広く読まれるようになったり，NHKでXの実名を使用して放映されることにでもなってその前科前歴が広く知られるようになれば，勤務先からは経歴詐称ということで解雇されるのではないかとの強い不安をもち，また，前科を知らせることなく結婚した妻からは離婚を申し出られるのではないかとの恐れを抱いた。そこでXはNHKを相手方として東京地裁にテレビ放映禁止の仮処分を申請し，NHKが『逆転』の放映にあたってその実名を用いず仮名を使用するということで和解した。

　以上のような一連の出来事に巻き込まれたのも，Yが『逆転』を著作し刊行したことが原因であり，さらにそれまでXの前科を知らなかった多くの人々にその事実を知られるにいたったことは，それ自体Xにとっては甚大な精神的苦痛をもたらすものであるとして，Xが慰謝料の支払いを求めて提起したのが本件訴訟である。第1審東京地裁昭和62年11月20日判決（判タ658号60頁）は，本件著作のXの前科に関する記述はその私生活上の事実であり，一般人がXの立場に立った場合に公開を欲しない事柄である，Xの前科は沖縄以外の人々にとっては未だ公表されていない事実であり，また，いったん公表された事実であるからといっていつまでも公表されてもよいというものではなく，時の経過によって再び法的保護の対象となる，本件著作の記述が公共の利害に関わり公益目的があるとしても，Xの実名を用いる必然性はないなどとしてXの請求を認めた。第2審東京高裁平成元年9月5日判決（判タ715号184頁）も第1審を基本的に支持したためYが上告した。

❖ 上告審＝最高裁

❖ 法的構成

　ある者が刑事事件につき被疑者とされ，さらには被告人として公訴を提起されて判決を受け，とりわけ有罪判決を受け，服役したという事実は，その者の名誉あるいは信用に直接にかかわる事項であるから，その者は，みだりに右の前科等にかかわる事実を公表されないことにつき，法的保護に値する利益を有するものというべきである。その者が有罪判決を受けた後あるいは服役を終えた後においては，一市民として社会に復帰することが期待されるのであるから，その者は，前科等にかかわる事実の公表によって，新しく形成している社会生活の平穏を害されその更生を妨げられない利益を有するというべきである。

　もっとも，ある者の前科等にかかわる事実は，他面，それが刑事事件ないし刑事裁判という社会一般の関心あるいは批判の対象となるべき事項にかかわるものであるから，事件それ自体を公表することに歴史的又は社会的な意義が認められるような場合には，事件の当事者についても，その実名を明らかにすることが許されないとはいえない。また，その者の社会的活動の性質あるいはこれを通じて社会に及ぼす影響力の程度などのいかんによっては，その社会的活動に対する批判あるいは評価の一資料として，右の前科等にかかわる事実が公表されることを受忍しなければならない場合もあるといわなければならない。さらにまた，その者が選挙によって選出される公職にある者あ

るいはその候補者など，社会一般の正当な関心の対象となる公的立場にある人物である場合には，その者が公職にあることの適否などの判断の一資料として右の前科等にかかわる事実が公表されたときは，これを違法というべきものではない。

そして，ある者の前科等にかかわる事実が実名を使用して著作物で公表された場合に，以上の諸点を判断するためには，その著作物の目的，性格等に照らし，実名を使用することの意義及び必要性を併せ考えることを要するというべきである。

❖ **あてはめ**

以上を総合して考慮すれば，本件著作が刊行された当時，Xは，その前科にかかわる事実を公表されないことにつき法的保護に値する利益を有していたところ，本件著作において，YがXの実名を使用して右の事実を公表したことを正当とするまでの理由はないといわなければならない。

基本解説

ノンフィクションの場合，小説表現のような虚構と現実の渾然一体化という問題はそもそもない。ノンフィクションは実在の人物をモデルとし，多くは実名で記述する。その価値はどこまで「真実」に迫っているかによって決まるのであって，人間存在を掘り下げたとか主題を追求したとかいった小説で求められる価値は本来問題とならない。そこで，小説のような心の襞をえぐり出す記述は少ないとしても，徹底した取材を通じて世間に知られていなかった事実が浮かび上がってくると，文字どおりのノンフィクション＝事実の重みを伴って記述内容が読者に迫ってくる。

そこで，ノンフィクションでは報道と同様に，プライバシー侵害ならびに名誉感情の侵害は許されず，名誉毀損についても免責3要件を満たさない場合にはその成立を肯定せざるを得ない。他方で，ノンフィクションは社会的に重要なテーマを追求することを目的として，その記述に説得力をもたせるために実話を収録するのであるから（たとえば少年犯罪の背景を追求するために，事件の被害者となった少年やその家族を詳細に描くこともあり得る），その意味では，実話そのものが究極の目的というよりは，むしろ著作全体のテーマを探究してゆくための手段として実話（ディテール）を登場させるともいえる。そうであれば，ストーリーを創作することは許されないことはいうまでもないが，実在の人物を仮名にすることはむしろテーマそのものにとっては何ら差し支えないことになろう。

本件では，書き手であるYは実名などのディテールまでも正確に再現することで，当該暴行事件ならびに陪審裁判の内実を描き，結果としていわばXの名誉回復までも図ろうとしたのであろう。しかしそのようなXの意図は，同時にYの前科という否定しがたい古傷に触ることになってしまった。そこで，本件判決は本件著作のテーマをYの名誉回復といった個別的な狙いでなく，陪審制の素晴らしさなどの一般的テーマにあったと捉えた上で，そのためにはXの実名を出す必然性はない，と結論付けたのである。

なお，犯罪に関わる事実は公共の利害に関わる事柄であり，逮捕時の実名報道には異論もあるが，起訴から有罪判決確定，刑の執行（服役）にいたるプロセスは，実名による報道やノンフィクションの発表になじむ。本件著作は事件発生から判決に至る時間帯を主に扱っているのであるから，その時点を基準に考えれば実名の公表が許されるはずであった。ところが，本件判決は時間の経過（刑期の終了）によってもはや公共の正当な関心事ではなくなっているという立場を採っている。刑に服したという事実が刑期の終了とともに公共の正当な関心事であることを止めるというのであれば，前科となっ

た段階では真実を描いても名誉毀損となり、さらにいえばそもそも社会的評価にさらされるべき事柄ではなくなるのだからプライバシー侵害ともいうる（第1審判決はプライバシー侵害性を強調している）。本件判決は「新しく形成している社会生活の平穏を害されその更生を妨げられない利益」というものが本件著作によって害されたとしたが、当該法益の正体は、「私生活の平穏」という古典的なプライバシー権よりは広く、個人の私的な有り様（本件でXは妻にも前科を伏せていた）から体外的な有り様（社会と関わる際に個人が見せている外観。本件では会社に前科を伝えていなかった）までをカバーし、こうした他者との関わりの空間において個人が示すイメージを、たとえそれが虚名であっても保護するというものであろう。

本人の現在の社会的イメージにとって不利な前歴を開示するかしないかを選択する自由は、基本的には本人のみに留保されるべきものである。このような「やり直し」のチャンネルがいつでも開かれていることが、大げさにいえば個人主義の理念に含まれている。

もっとも他方で、過去の犯罪歴が性犯罪など常習性があり、隣人に脅威を及ぼしうるタイプのものである場合、一律に前歴の開示を違法視すべきものではない。この点についても、本件判決は周到に例外を用意している（「事件それ自体を公表することに歴史的又は社会的な意義が認められるような場合には、事件の当事者についても、その実名を明らかにすることが許されないとはいえない」という部分を参照）。

設問1　ノンフィクションライターZが次のような著作において、無名の市民Pの実話を実名入りで記載した場合、本件判決の立場からはP本人やその家族にとって不法行為といえるか。

(1) 闇金融の悪をあばく目的で書かれた著作のなかで、零細企業の社長Pが自殺したのは闇金融に保険金による借金の清算を迫られたためであるという真相を明かす場合。

(2) 政治家と財界人との閨閥の根深さを告発する著作のなかで、有力政治家の長男であるが地味な研究職についているPが有名企業社長の娘と見合い結婚し、すぐ離婚したという事実を明かす場合。

(3) 幼児わいせつ事件の犯人に常習性があることを明らかにする目的で書かれた著作のなかで、過去に一度幼児わいせつ事件を起こして服役し現在はまじめに働いているPを含む前歴者の氏名・住所を公表する場合。

設問2　田中真紀子議員の長女の私事に関する暴露記事を掲載した『週刊文春』（2004年3月25日号）につき、長女側が出版社を相手どり提起した出版禁止の仮処分申請に対して東京地裁はこれを認める決定を下した（東京高裁で取消し）。この事件における裁判所の仮処分命令の是非を論じよ。

〔参考文献〕
大江健三郎「陳述書と二つの付記」世界665号（1999）217頁以下
紙谷雅子「小説による名誉毀損とプライヴァシィ侵害」法律時報73巻4号81頁
木村晋介「『石に泳ぐ魚』事件判決の評価をめぐって」同上72巻7号46頁
駒村圭吾『ジャーナリズムの法理』（嵯峨野書院、2001）262頁以下
渋谷秀樹『日本国憲法の論じ方』（有斐閣、2002）214頁以下
杉浦正典「モデル小説と名誉毀損・プライバシー侵害の成否」法律のひろば1999年12月号61頁以下
鈴木秀美「小説『石に泳ぐ魚』事件東京高裁判決」法学教室252号89頁
松井茂記「自伝的小説の公表とプライヴァシー侵害・名誉毀損・侮辱」法律時報72巻4号105頁以下

（棟居快行）

精神的自由

6 表現の自由と名誉保護

─［論　点］─────────────────────────
(1) **刑法 230 条の 2 による表現の自由と名誉保護との調整**
　刑法 230 条の 2 第 1 項に定められた免責要件のうち真実性について，行為者がそれを証明できない場合，行為者がそれを真実と誤信し，しかも誤信したことについて相当の理由がある場合に名誉毀損の免責を認めることができるか。
(2) **名誉毀損法の意義と限界**
　名誉毀損について，もっぱら公益を図る目的で真実を表現したか，真実と誤信する相当な理由が存在する場合に免責を認めることで，表現の自由と名誉保護の調整を図っている名誉毀損法は，表現の自由を十分に保護しているか。仮に不十分であるとすれば，どのように修正すべきか。
(3) **インターネット上の名誉毀損に対するプロバイダーの責任**
　インターネット上の名誉毀損について，いわゆるプロバイダーに削除義務を課し，これを怠った場合に損害賠償義務を負わせることには憲法上どのような問題があるか。
────────────────────────────────

Part I　基本となる素材

「夕刊和歌山時事」事件

最高裁昭和 44 年 6 月 25 日大法廷判決
昭和 41 年（あ）第 2472 号名誉毀損被告事件
刑集 23 巻 7 号 975 頁，判時 559 号 25 頁
〔参照条文〕　憲 21，刑 230，230 条の 2

Y＝被告人，控訴人，上告人

❖ **事実の概要**

　和歌山時事新聞社を経営し，「夕刊和歌山時事」を発行することを業としている被告人 Y は，暴露記事による名誉毀損や恐喝の前科をもつ同業者 S の新聞人としてのあり方を批判する記事を執筆し，これを掲載した夕刊和歌山時事を数千部，和歌山市内の定期購読者等に配達または郵送して頒布したことにより S の名誉を毀損したとして起訴された。問題の記事は，昭和 38 年 2 月 11 日から同月 18 日頃までの間に「街のダニ S の罪状」または「吸血鬼 S の罪業」と題し，Y が自ら執筆し

た7回にわたる連載の一部であった。第1審判決は，最近S本人または同人の指示のもとに，同人経営の「和歌山特だね新聞」の記者が，和歌山市役所土木部の某課長に向かって「出すものを出せば目をつむつてやるんだがチビリくさるのでやつたるんやと聞こえよがしの捨て科白を吐いたうえ，今度は上層の某主幹に向つてしかし魚心あれば水心ということもある，どうだお前にも汚職の疑いがあるが，一つ席を変えて一杯やりながら話をつけるかと凄んだ」旨が記載されていた記事について名誉毀損罪の成立を認めた。被告人側は，被告人の部下である編集長Jの証言とJの2つの取材メモ（A）と（B）によって真実性の立証に努めたが，判決は当該記事の真実性を認めなかった。第2審においても，「証明可能な程度の資料，根拠をもって事実を真実と確信したから，被告人には名誉毀損の故意が阻却され，犯罪は成立しない」との被告人側の主張は排斥された。

最高裁は，被告人側の憲法21条違反の主張を，「実質はすべて単なる法令違反の主張であって，適法な上告理由にあたらない」としたが，職権をもって検討した結果，原判決と第1審判決を破棄し，本件を和歌山地裁に差し戻した。

❖ 第1審＝和歌山地裁

和歌山地裁昭和41年4月16日判決

❖ 当事者の主張（争点）
〈法的な根拠にかかる主張〉

被告人……Yが公訴事実記載の記事を掲載した事実は認めるが，Yの本件行為は，YがSの編集発行にかかる新聞の悪徳性を徹底的に批判し，その姿勢を正させ，新聞の自主的倫理規範と品位を確立することを目指したもので，いずれも公共の利害に関する事実に係り，その目的はもっぱら公益を図ることに出たものであり，摘示事実は真実に符合するものであって，すべて刑法230条の2第1項の各要件を充足しているものであるから無罪である。

また，たとえ摘示事実の真実証明が果たされていないとしても，新聞の社会的使命と言論報道という正当な業務からみて，悪徳新聞を批判し，取材した限りにおいて新聞人の不当な行為を述べることは正当行為である。

❖ あてはめ

認定された摘示事実は，「土木部の某課長に向つて『出す物を出せば云々』の暴言を吐いた旨の事実（以下単に甲事実という）」と「上層の某主幹に向つて『しかし魚心あれば水心云々』と凄んだ旨の事実（以下単に乙事実という）」という2つの事実からなる。「これらは摘示としては特だね新聞関係者の一人がした一連の暴言であるが，内容的にはかように2個の事実を摘示するものである。……いずれにしても右両事実がSの名誉を毀損するものであることは否定し難い。

しかして，右両事実が端的に『未だ公訴の提起されていない人の犯罪行為に関する事実』とは云い難いけれども，これに準じて公共の利害に関する事実に係るものと認めるのが相当であり被告人が専ら公益を図る目的をもって，本件所為に及んだことは前記認定のとおりである」。

各事実（前記の甲，乙事実）の真実性については，「(1) 前掲各証拠のほか，押収してあるメモ2枚……によるも結局これを証明するに足る証拠がない。ただ，右各証拠によると，同38年1月20日ごろ特だね新聞のSが和歌山市監理課を訪れ，K課長に対し，前記Iの件を問い合わせ，同じくその頃特だね新聞の記者が同じ問題について同所を訪れた事実が認められ，これが前記甲事実と一応関連するものと推認されるけれども，その中核的部分である甲事実そのものである暴言内容について，これを認定するに足る証拠はなく，甲事実の真実の証明がないものというほかはない。

更に乙事実の記事の一つの素材となつたものと推測できないではない事実として，同35年8月頃特だね新聞が……H公園課長の土地売買問題を不当に取り上げ，その頃同課長を同市経済部公園課に訪れた特だね新聞の記者に対し，同課長が強く抗議したところ，同記者から『席を変えて話をしよう』と持ちかけられた事実が認められる。しかしながら，右事実と乙事実とはその日時において約2年半のひらきがあり，その場所，行為の相手方において著しい相違があり，特にその内容において単に『席を変えて話す』という点に類似するところがあるのみで，その余の脅迫的言動の程度種類に至つては乙事実のそれは右H課長に対する場合よりも著しく強度，かつ異質的なものであること等，その間には殆んど事実の同一性が認められないと云うべきである。かくては乙事実についても真実の証明があつたものとはとうてい云えないところである。

　(2)　なお，被告人が右甲乙両摘示事実を真実であると信ずるにつき相当の理由があつたか否か或は真実と信ずることにつき過失がなかつたか否かにつき検討するに，被告人が右両事実を執筆した際，その資料としたものは，自己の新聞社のJ編集長その他の従業員が取材し，同人らからメモ類……或は口頭報告によつて提供されたものである。甲事実についての資料は右が極めて根拠薄弱な伝聞によつて得た情報にすぎず，また同人作成と見られる前記メモ（B）には『あいつはしぶいからなア』との記載があるのみであつて，たとえ右Jが信頼し得る記者であるとしても，かかる資料のみに基いて，被告人が右甲事実を真実と信ずるにつき相当な理由があつたものと認めることはできない。また乙事実については，右JがHから直接取材した情報を前記メモ（A）として同記者から提供されたもののようであるが，被告人が右のような資料に基いて認定される事実を事実として摘示していたとすれば，証人Hの当公判廷における供述と相まつて，その事実の真実性の立証が容易に果されたであろうが，被告人が現実に摘示した事実は乙事実であり，右両事実の間には前記(1)のとおり同一性を欠くものであつて，この点において被告人はその資料の事実的判断及び価値判断を過失によつて誤つたものといわなければならない。

　(3)　更に本件は甲乙両摘示事実について真実の証明ができなくても新聞の社会的使命と言論報道という正当な業務から見て，正当業務行為としてその違法性が阻却される場合であろうか。既に説示しているとおり新聞が社会の公器として社会的使命を帯び言論報道という正当な業務をもち，被告人の本件批判活動の如きもすぐれてその一環をなすものではあるけれども，前記(2)に説示の如く，前記甲乙両事実の摘示に関する限り，その根拠となつた資料は薄弱であり，相当な根拠に基いたものとは云えないので，正当業務行為として，その違法性が阻却される場合にはあたらないであろう」。

❖ 第2審＝大阪高裁

大阪高裁昭和41年10月7日判決

❖ 当事者の主張（争点）

被告人……原裁判所が，証人Jの証言中検察官指摘の部分全部を伝聞証拠であるとして証拠排除決定をした点の訴訟手続に法令の違反がある。名誉毀損罪における真実であることの証明は，被告人の側に挙証責任が転換されている場合であつて，そこにも厳格に伝聞法則を適用していくのは，証拠の収集上検察官に比べて不利な立場にある被告人の立証活動を著しく困難にし，必要以上に被告人の立場を不利にするものであり，被告人にとつて直接証拠を法廷に顕出することが困難であるような事情がある場合，伝聞法則の適用を緩和し，伝聞証拠も許されると解さなければならない。

原判決認定のように被告人がSの名誉を毀損したとする2個の摘示事実は、「いずれもその事実の重要な骨子について真実であることの証明がある」。また、「仮に事実の証明が十分ではなかつたとしても、被告人は証明可能な程度の資料、根拠をもつて事実を真実と確信したから、被告人には名誉毀損の故意が阻却され、犯罪は成立しない」。

「本件記事はたとえその一部の記載に多少の不正確、錯誤があつたとしても、その公益性の強さ、重要性、新聞の社会的使命と言論報道という正当な業務からみて、刑法35条の規定あるいは実質的違法性阻却の法理により正当行為として容認さるべきものである」。

◈ 法的構成

「名誉毀損罪のばあいに刑法230条の2の規定する摘示事実の真実であることを立証するための証拠について、特に被告人側に伝聞法則の適用を緩和し伝聞証拠を許すと解すべき理由はない」。「名誉毀損罪においては、刑法230条の2の規定により、人の名誉を毀損する事実を公然摘示しても、それが公共の利害に関する事実にかかり、かつ、もつぱら公益を図る目的に出たものと認められ、しかも、その事実の真実であることが積極的に立証されたばあいに、初めて被告人に対し無罪の言渡がされるのであつて、取調の結果その事実が虚偽であることが明らかとなつたばあいはもちろん、真否不明のばあいにも、真実の証明がなかつたものとして、被告人は不利益な判断を受けることになつている」。

「被告人の摘示した事実につき真実であることの証明がない以上、被告人において真実であると誤信していたとしても、故意を阻却せず、名誉毀損罪の刑責を免れることができないことは、すでに最高裁判所の判例（昭和34年5月7日第一小法廷判決、刑集13巻5号641頁）の趣旨とするところであつて、これと見解を異にする論旨は採用できない」。

被告人が本件記事を掲載した動機目的は諒とすることができるとしても、「その手段として、相当な根拠もない事実を摘示して人の名誉を毀損する行為に出ることは、報道機関としても決して正当なものとはいえない」。

◈ あてはめ

「原審において取り調べたすべての証拠を詳細に検討しても、本件摘示事実のいずれについても真実の証明があつたとは認められないから、この点の論旨は理由がない」。

「本件記事が相当な根拠に基づくものといえないことは、原判決が正当に指摘するとおりであるから、被告人の行為が新聞報道として許容される正当行為の範囲を逸脱したものといわざるを得ない」。

✦ 上告審＝最高裁

◈ 当事者の主張（争点）

被告人……「もし刑法230条の2の解釈として、『真実であることの証明がない以上、被告人が真実であると誤信していたとしても、故意を阻却せず名誉毀損罪の刑責を免れ得ない』という見解を採用するならば、いかに公共の利害に関する事実であり、いかにその公表の目的が公益を図るに出たものであり、さらにその事実が真実であつた場合ですら、事実を公表した者は将来何等かの事情で（強制捜査権は勿論もちえず証人確保の困難なことは現実に屡々おこりうる。）その事実の真実性を証明出来ない場合がありうるという点で、常に名誉毀損罪の刑事責任を問われる危険性を負つていると言わざるを得ない。

他人の好ましくない事実を公表する者は、常に名誉毀損罪の刑責を負う危険性と同居し

ているというが如き結論を導く前記の如き原判決の刑法の解釈が，我々の真実を知る自由報道の自由を不当に制約し，言論の自由を必要以上に制限し，憲法 21 条に違反するものであること明白である。少くとも，行為者において事実の真実性の証明が可能な程度の資料根拠を有して，事実を真実と信じたのであれば，たとえそれが誤信であつたとしてもやはり故意を欠くものとして名誉毀損罪は成立せずと解すべきである。

よつて，原判決における刑法の解釈は憲法第 21 条の違反があるから破棄を免がれない」。

❖ 法的構成

「刑法 230 条ノ 2 の規定は，人格権としての個人の名誉の保護と，憲法 21 条による正当な言論の保障との調和をはかつたものというべきであり，これら両者間の調和と均衡を考慮するならば，たとい刑法 230 条ノ 2 第 1 項にいう事実が真実であることの証明がない場合でも，行為者がその事実を真実であると誤信し，その誤信したことについて，確実な資料，根拠に照らし相当の理由があるときは，犯罪の故意がなく，名誉毀損の罪は成立しないものと解するのが相当である。これと異なり，右のような誤信があつたとしても，およそ事実が真実であることの証明がない以上名誉毀損の罪責を免れることがないとした当裁判所の前記判例（昭和 33 年（あ）第 2698 号同 34 年 5 月 7 日第一小法廷判決，刑集 13 巻 5 号 641 頁）は，これを変更すべきものと認める」。

❖ あてはめ

(a) 真実性の証明について

「本件においては，被告人が本件記事内容を真実であると誤信したことにつき，確実な資料，根拠に照らし相当な理由があつたかどうかを慎重に審理検討したうえ刑法 230 条ノ 2 第 1 項の免責があるかどうかを判断すべきであつた」。

(b) 証拠排除決定について

「前記認定事実に相応する公訴事実に関し，被告人側の申請にかかる証人 J が同公訴事実の記事内容に関する情報を和歌山市役所の職員から聞きこみこれを被告人に提供した旨を証言したのに対し，これが伝聞証拠であることを理由に検察官から異議の申立があり，第 1 審はこれを認め，異議のあつた部分全部につきこれを排除する旨の決定をし，その結果，被告人は，右公訴事実につき，いまだ右記事の内容が真実であることの証明がなく，また，被告人が真実であると信ずるにつき相当の理由があつたと認めることはできないものとして，前記有罪判決を受けるに至つており，原判決も，右の結論を支持していることが明らかである。

しかし，第 1 審において，弁護人が『本件は，その動機，目的において公益をはかるためにやむなくなされたものであり，刑法 230 条ノ 2 の適用によつて，当然無罪たるべきものである。』旨の意見を述べたうえ，前記公訴事実につき証人 J を申請し，第 1 審が，立証趣旨になんらの制限を加えることなく，同証人を採用している等記録にあらわれた本件の経過からみれば，J 証人の立証趣旨は，被告人が本件記事内容を真実であると誤信したことにつき相当の理由があつたことをも含むものと解するのが相当である。

してみれば，前記 J の証言中第 1 審が証拠排除の決定をした前記部分は，本件記事内容が真実であるかどうかの点については伝聞証拠であるが，被告人が本件記事内容を真実であると誤信したことにつき相当の理由があつたかどうかの点については伝聞証拠とはいえないから，第 1 審は，伝聞証拠の意義に関する法令の解釈を誤り，排除してはならない証拠を排除した違法があり，これを是認した原判決には法令の解釈を誤り審理不尽に陥つた違法があるものといわなければならない」。

基本解説

(1) 刑法230条の2による免責の範囲

刑法230条の2第1項は、人の名誉を毀損する行為でも、それが「公共の利害に関する事実に係り、かつ、その目的が専ら公益を図ることにあったと認める場合には、事実の真否を判断し、真実であることの証明があったときには、これを罰しない」と定めている。刑法230条は、名誉毀損罪の成立には摘示した事実の真否を問わないものとしているが、同230条の2の規定によって「真実の摘示」を不処罰にすることにより、憲法21条が保障する表現の自由と、憲法13条によって保護されていると解されている名誉権との調整が図られている。

ただし、この規定には表現の自由と名誉保護との調整という観点からみて、なお検討を要する問題があった。それは、行為者が、摘示した事実の真実性を証明することはできないが、それを真実と誤信しており、しかも誤信したことについて相当な理由がある場合に名誉毀損の免責を認めることができるかという問題である。刑法の学説では、真実性を証明できない場合、①誤信も含めて処罰すべきとする見解、②誤信について相当な理由がある場合に限り無罪とする見解、③相当の理由の有無とは無関係に誤信は無罪とする見解が対立していた（前田後掲141頁）。

これについて最高裁は、被告人の摘示した事実につき真実であることの証明がない以上、真実であると誤信していたとしても、故意を阻却せず、名誉毀損罪の刑責を免れることはできないとしていた（最一小判昭和34年5月7日刑集13巻5号641頁）。ただし、下級審では、この最高裁判決の前だけでなく、その後にも、誤信について相当の理由がある場合は故意を阻却するとして処罰を否定したものがいくつかあった（大阪高判昭和25年12月23日高刑判特15号95頁、東京高判昭和31年2月27日高刑集9巻1号109頁、東京高判昭和36年12月14日下刑集3巻11・12号1019頁など）。

真実性の証明はしばしば困難を伴うため、①の見解に従って、真実性の誤信も処罰されるとなると、行為者は、真実性の証明に失敗した場合をおそれて表現行為を差し控えることになり、表現の自由に萎縮的効果を及ぼす。これに対して、③の見解に従う場合、行為者が軽率に誤信した場合も無罪となり、名誉保護を軽視することになる。そこで、真実であると誤信したことについて相当な理由がある場合に限り無罪とするという②の見解が支持を得るにいたる。最高裁も本判決によって判例を変更した（ただし、この結論をどのような解釈によって導くかについて刑法学では激しい見解の対立がある）。

(2) 本件における裁判所の判断

本件の場合、被告人側は、真実性の証明がない場合にも、悪徳新聞を批判する記事は正当行為として容認されるべきものであり（第1審・第2審）、また、真実性の証明が可能な程度の資料、根拠をもって事実を真実と信じたのであり、たとえそれが誤信であっても故意が阻却され、犯罪は成立しないと主張した（第2審・第3審）。この点、本件第1審判決は、誤信について相当の理由がある場合は故意を阻却するとの見解によったものの、結論においては故意の阻却を認めなかったのに対し、第2審は最高裁の昭和34年判決に従った。最高裁は、判例変更によって、表現の自由と名誉保護の調和と均衡を考慮するならば、真実性の証明がない場合でも、「行為者がその事実を真実であると誤信し、その誤信したことについて、確実な資料、根拠に照らし相当の理由があるときは、犯罪の故意がなく、名誉毀損の罪は成立しない」との判断を示し、本件を第1審に差し戻した。

ただし、最高裁は、この判決に先立って、民

法上の名誉毀損について「真実であることが証明されなくても、その行為者においてその事実を真実と信ずるについての相当の理由があるときには、右行為には故意もしくは過失がなく、結局、不法行為は成立しないものと解するのが相当である（このことは、刑法230条の2の規定の趣旨からも十分窺うことができる。）」との判断を示していた（最一小判昭和41年6月23日民集20巻5号1118頁）。本判決は、刑法上の名誉毀損にも民事判例と同様の解釈を採用することを明らかにしたものといえる。

本判決によって示された「相当の理由」論については、「なお言論に対して厳しすぎる感」があるとの批判もあり（浦部後掲145頁）、表現の自由の観点からの検討が必要である（この問題についてはPartⅢ「理論編」を参照）。

なお、本判決は、証人Jの証言のうち第1審により伝聞証拠であるとして証拠排除が決定された部分（第2審同旨）について、証人Jの立証趣旨は、被告人が記事の内容を真実であると誤信したことについて相当の理由があったことをも含むものと解し、第1審判決には排除してはならない証拠を排除した違法があると判示した。副次的ではあるが、本件の処理に大きな影響を与えた論点といえる。

(3) 「相当の理由」論に関する判例の展開

本判決は「相当の理由」について「確実な資料、証拠に照らし」としたが、特に刑法上の名誉毀損について要件を厳しくする趣旨とは考えられていない。判例は、その後の具体的事案において「相当の理由」の有無を厳格に判断しており、近年、その傾向が強まっている。最高裁判例としては、犯罪報道において、捜査当局がまだ公式発表をしていない段階では、捜査員から取材した場合にも、さらに裏付け取材と本人取材を必要とした事案（最一小判昭和47年11月26日民集26巻9号1633頁、最一小判昭和55年10月30日判時986号41頁）、通信社からの配信記事を地方紙・スポーツ紙が掲載した場合にも、配信記事であるということだけでは真実と信じたことについて相当の理由があるとは認められないとした事案（最三小判平成14年1月29日民集56巻1号185頁、最二小判平成14年3月8日判時1785号38頁）がある。また、最高裁が相当の理由を認めたものとして、刑事事件の第1審判決において罪となるべき事実として示された犯罪事実、量刑の理由中において認定された事実がある。この判決を資料として認定事実と同一性のある事実を真実と信じて摘示した場合、判決の認定に疑いを入れるべき特段の事情がない限り、後に控訴審においてこれと異なる認定判断がされたとしても、相当の理由があるとされた（最三小判平成11年10月26日民集53巻7号1313頁）。近時の下級審判例も、相当の理由について厳しい態度を示している（東京地判平成13年3月27日判時1754号93頁、東京高判平成13年7月5日判時1760号93頁、東京高裁平成15年2月26日判例集未登載など）。

PartⅡ　応用編

確認質問

1　刑法の名誉毀損罪の保護法益である「名誉」は、憲法上、どのように位置付けられているかのどの条文によって保護されているか。

2　本件による変更まで、最高裁の判例は、被告人が摘示した事実を真実であると誤信したことについて相当の理由があるときも名誉毀損の責任を免れることはできないとしており、学説は、

この判例が表現の自由を著しく制約すると批判していた。それはなぜか。

3 被告人が摘示した事実を真実であると誤信したことに相当の理由があったことを立証するためには、どのような証言または証拠が必要か。最高裁は、本件において被告人が摘示した事実を真実であると誤信したことに相当の理由があったかどうかを検討するために、具体的にどの証言または証拠を手がかりとすべきと考えているか。

応用問題

設問1 週刊誌に掲載された保険金殺人疑惑に関する記事がある人の名誉を毀損したとして編集長が刑事責任を問われているが、真実性を証明することができない場合、被告人は、次のような資料や根拠によって記事を執筆したことを主張することにより、同記事中で摘示した事実を真実であると誤信したことに相当の理由があったと認められるか検討せよ。

(1) 警察の公式発表のない段階で、担当刑事から記者が個人的に取材した情報のみに依拠して当該記事を執筆した。

(2) 警察の公式発表のみに依拠して当該記事を執筆した。

(3) 警察の公式発表のほか、独自に裏付け取材を行い、疑惑の渦中にある本人にも取材した上で当該記事を執筆した。

(4) 保険金殺人が地方で発生し、独自取材をすることができなかったため、通信社の配信記事をそのまま掲載した。

(5) 保険金殺人が外国で発生し、独自取材をすることができなかったため、外国の通信社の配信記事をそのまま掲載した。

設問2 週刊誌に掲載された有名スポーツ選手Xの借金問題に関する記事について、週刊誌を発行している出版社Yが、Xから名誉毀損を理由に損害賠償を請求されたが、記述内容の一部について真実性を証明することができない場合、次のような資料や根拠によって当該部分を執筆したと主張することにより、そこで摘示した事実を真実であると誤信したことについて相当の理由があったと認められるか検討せよ。

(1) 雑誌の発行日が迫っていたため2日間しか取材を行わず、情報提供者であるXの知人に対する取材も電話取材にとどまり、Xへの本人取材も電話で2回試みたが不在であったため、本人取材をしないまま当該記事を執筆した。

(2) Xが外国で暮らしているため本人取材を行わず、Xの暮らしぶりをよく知るXの家政婦から、電話や電子メールを通じて提供された情報のみに依拠して当該記事を執筆した。

(3) Xの元妻から情報提供の申し入れがあったが、元妻がXからも取材をする場合には情報を提供しないと条件を付けたことから、Xへの本人取材を行わず、元妻から提供された情報のみに依拠して当該記事を執筆した。

(4) 記者がXを直接にインタヴューし、その内容に依拠して当該記事を執筆したが、テープに録音されていたXの発言の趣旨は必ずしも明確ではない場合。

(5) 記者と情報提供者との信頼関係を保護するため、記事内容の信憑性を法廷において立証することが困難ないわゆるオフレコ情報に依拠して当該記事を執筆した。

設問3 テレビ局の報道番組を担当しているキャスターYが、ある薬害事件の被告人Xについて独自に調査を行い、その成果を著書として刊行したところ、Xから名誉毀損を理由に損害賠償を請求されたが、記述内容の一部について真実性を証明することができない場合、次のような資料や根拠によって当該部分を執筆したことを主張することにより、そこで摘示した事実

を真実であると誤信したことに相当の理由があったと認められるか検討せよ。
(1) Yが当該薬害事件の公判を傍聴し，法廷での取材に基づき当該部分を執筆した。
(2) 当該薬害事件で第1審のXに対する有罪判決が下され，同判決の事実認定に依拠して当該部分を執筆したところ，著書が刊行された後に，第2審でXに無罪判決が下され，これが確定した場合。
(3) 当該薬害事件についての雑誌記事や著作に依拠して当該部分を執筆した。
(4) 当該薬害事件が国会でも審議されたため，その審議資料を入手して当該部分を執筆した。

Part III 理論編

展開問題

　名誉毀損については，刑法も民法も，公共の利害に関わる事実について，もっぱら公益を図る目的で真実を表現したか，真実と誤信する相当の理由が存在する場合に免責を認めることで，表現の自由と名誉保護との調整を図っている。そして，これらの免責要件については，表現の自由を行使した側（被告人または被告）が立証すべきものとされている。このため，表現内容が真実であっても，表現行為をした者が真実性または相当の理由の存在を証明できない限り，名誉毀損の責任を負わなければならない。

　このような名誉毀損法は，表現の自由を十分に保護しているといえるであろうか。また，仮に不十分であるとすれば，名誉毀損法をどのように修正すべきか検討せよ。

(1) 刑法230条の2と表現の自由

　刑法230条の2の規定は，戦後の刑法改正（1947年）によって新設されたものである。基本解説で述べたとおり，刑法230条は，名誉毀損罪の成立には摘示した事実の真否を問わないものとしているが，同230条の2の規定によって「真実の摘示」を不処罰にすることにより，表現の自由と名誉権との調整が図られている。

　ただし，戦前の新聞紙法にも「新聞紙ニ掲載シタル事項ニ付名誉ニ対スル罪ノ公訴ヲ提起シタル場合ニ於テ其ノ私行ニ渉ルモノヲ除クノ外裁判所ニ於テ悪意ニ出テス専ラ公益ノ為ニスルモノト認ムルトキハ被告人ニ事実ヲ証明スルコトヲ許スコトヲ得其ノ証明ノ確立ヲ得タルトキハ其ノ行為ハ之ヲ罰セス（以下略）」という規定（45条）があり，出版法にも同じような規定（31条）があった。このため，戦前も，印刷メディアによる名誉毀損についてはこれらの法律が認める範囲内で真実性の証明によって免責が可能であった。ところが，戦後になって新聞紙法と出版法は廃止されることになり，刑法230条の2が新設された。

　刑法230条の2の新設については，一般に，日本国憲法による表現の自由の保障を受けてはじめて実現したと理解される傾向がある。なるほど，この規定には，新聞紙法と比べて，「其ノ私行ニ渉ルモノヲ除クノ外」という限定や，表現媒体についての限定はみられないなど，免責の範囲は戦前よりも拡大されている。しかし，この規定を新設した立法者の意識は，新聞紙法と出版法の廃止に伴う「旧法律規定の積みかえ」だったにすぎず，表現の自由のために「戦前にはなかったなにかを積極的に新しく創設するという意欲を持っていたとは思えない」との指摘もある（奥平後掲①168頁）。実際，刑法230条の2第1項は，「戦前の改正仮案412条

そのままであり，第2項，第3項だけが新しいものである」という（小野清一郎『名誉と法律』6頁以下）。

このような背景をもつ刑法230条の2の規定は，憲法の学説からみて，表現の自由と名誉保護の価値を類型的に衡量してその調整を企図したものであり，「アメリカ法に言う定義づけ衡量の考え方を法文に具体化しようという姿勢を示したと解される点で評価に値するが，真実性の証明をそのまま要求すれば，表現の自由に著しく不利になる」（強調は原文による）（芦部後掲351頁）という問題があった。

(2) 「現実の悪意」の法理

本判決が刑法上の名誉毀損について「相当の理由」論を採用したことは，「表現の自由に配慮した定義づけ衡量を明確にした」（芦部後掲353頁）ものであり，また，表現の自由を確立するために「はじめて新機軸を出した」（奥平後掲①168頁）ものと積極的な評価を受けた。ただし，「相当の理由」論には，「なお言論に対して厳しすぎる感」があるとの批判もある（浦部後掲145頁）。それによると，表現の自由と名誉保護の調整は，「公共性のある問題についての発言は自由であることを原則に，故意に，あるいは何の根拠もなく無責任に，虚偽の事実を摘示して他人の名誉を侵害した場合にのみ，名誉毀損の責めを負うという形で図られるべきである」という。これは，アメリカ合衆国最高裁が，1964年のニューヨーク・タイムズ対サリヴァン事件（New York Times v. Sullivan, 376 U.S.254）において採用した「現実の悪意」（actual malice）の法理に相当する考え方である。

この法理によれば，公職者がその職務行為に関する名誉毀損に対して損害賠償を請求するためには，その表現が，虚偽であることを知っていたか，または虚偽であるかどうかを気にかけることなくなされたこと，つまり表現の行為者が「現実の悪意」をもっていたことを証明しなければならない。「現実の悪意」についての挙証責任を負うのは公務員の側である。「現実の悪意」の有無は，報道機関の主観によって判定される。報道機関が不注意によってその内容を真実だと誤信した場合も，主観的にはそれを真実であると信じていたのであるから「現実の悪意」の存在は否定される（喜田村後掲28頁）。アメリカの報道機関は，不法行為における名誉毀損を表現の自由の観点から捉えなおしたこの判決以降，名誉毀損の損害賠償をおそれることなく自らが真実と信じた記事を公表することができるようになった。この法理は，その後の判例によって公職者に限らず公的人物（public figures）にも及ぶことが認められている。

アメリカとは異なり，日本の名誉毀損法は，表現の自由を行使した側に免責要件についての挙証責任を負わせている。このため，表現内容が真実であっても，表現の自由を行使した側が真実性または相当の理由の存在を証明できないかぎり，名誉毀損の責任を負わなければならない。日本でも，サンケイ新聞事件の下級審判決（東京地判昭和52年7月13日判時857号30頁，東京高判昭和55年9月30日判時981号43頁）や，北方ジャーナル事件最高裁判決（最大判昭和61年6月11日民集40巻4号872頁）の谷口裁判官の意見などに「現実の悪意」の法理の影響がみられるが，そこでも挙証責任は表現の行為者側が負うものとされている。そこで，「現実の悪意」の法理を日本にも導入し，挙証責任を検察側・原告側に負わせるべきとの主張がある（浦部後掲145頁，松井後掲①102頁，平川後掲107頁など）。具体的には，名誉毀損の被害者が公人（公職者または公的人物）と私人の場合を区別した上で，公人が原告となって名誉毀損を争う場合には，日本の法制における3つの免責要件，①摘示事実の公共性，②目的の公益性，③摘示事実の真実性と「相当の理由」のうち①の要件は充足されるとし，残る②と③の要件については，問題の表現行為がこれらの要件のうちのいずれかを欠いていたことを原告側の公人が立証しなければならないとすべきであるとの実務家からの提言がある（喜田村後掲193頁）。そ

の際，公人と私人の区別は，対象となる報道が公の議論といえるか，名誉毀損の被害者がこの議論にどのような形で，どの程度に関与しているかなどを勘案して判断される。

「現実の悪意」の法理を日本に導入することに対しては，それが日本の法体系になじむかという問題を指摘しつつも，「少なくとも，免責要件の挙証責任を表現者側に負わせている現行法制は見直す必要がある」と説かれている（長岡後掲106頁）。また，同様の問題意識から，公職者に限定して，真実性と相当の理由についての立証を転換するという提案も検討されている（駒村後掲205頁）。

近年，判例が表現の自由よりも名誉保護を優先する傾向を強めているだけに，「相当の理由」論や「現実の悪意」の法理などといった両者の調整ルールについては，今後とも議論を深める必要がある。

(3) 民事訴訟への一本化

表現の自由と名誉保護の調整の問題は，従来，刑法230条の存在を前提として，刑法230条の2の規定による調整のあり方を中心に論じられてきた。これに対して，名誉毀損に関する現行刑法の原則には違憲の疑いがあると指摘して，「名誉侵害行為に対する刑事制裁を廃止して，民事訴訟に一本化することを真剣に検討すべき」という提案もみられる（山元後掲。奥平後掲②140頁も同旨）。実際，名誉毀損罪による処罰はきわめて少なくなっている。

この提案に従って，名誉毀損を民事訴訟に一本化する場合には，被害者の救済について，民法723条に基づく名誉回復処分としての反論権の可能性など，刑事制裁以外の有効な法的手段を検討する必要性が高まることになる。

Part Ⅳ　もう1つの素材

ニフティサーブ事件

東京高裁平成13年9月5日判決
平成9年（ネ）2631号（甲事件）・2633号（乙事件）・2668号（丙事件）・5633号（丁事件）損害賠償・反訴各請求控訴（甲・乙・丙事件），附帯控訴（丁事件）事件

判時1786号80頁

〔参照条文〕　憲21　民709, 415

❖ 事実の概要

原告Xは，パソコン通信（ニフティサーブ）上の「現代思想フォーラム」に設けられた「フェミニズム会議室」におけるY_1の発言がXの名誉を毀損するものであるとして，発言者であるY_1，フォーラムのシスオペ（管理者）Y_2，パソコン通信ニフティサーブを主宰する会社Y_3を相手取り，損害賠償を請求した。

第1審は，Y_1の発言が名誉毀損にあたるとしY_1の不法行為責任を認めた上，Y_2についても，シスオペはフォーラム上の電子会議室に他人の名誉を毀損する発言が書き込まれたことを具体的に

知った場合，その者の名誉が不当に害されることがないよう必要な措置を採るべき条理上の作為義務があり，Y_2 はこれを怠ったとして不法行為の成立を認めた。Y_3 にも Y_2 の不法行為について使用者責任があるとした。

原告・被告双方からの控訴に対し，第2審は，Y_1（控訴人甲野）については名誉毀損と侮辱による不法行為責任を認めたが，Y_2（控訴人乙山）と Y_3（控訴人ニフティ）に対する X（被控訴人）の請求を棄却した（確定）。

❖ 第2審＝東京高裁

❖ 法的構成

(a) Y_2 の責任について

「シスオペは，会員規約に基づき，フォーラムの適切な運営及び管理を維持するため，誹謗中傷等の問題発言を削除する権限を与えられ，当該発言の削除により，完全ではないものの，他の会員の目に触れなくして，被害の拡大を防ぐことができる。標的とされた会員は，自らは問題発言を削除することができず，当該発言がフォーラムに記録され続けることによる被害の継続を防ぐには，シスオペに指摘した上でシスオペの行動に待つ他ない」。シスオペは，「それを業とする者でなく，他に職業を有する者から成る仕組みであった当時の実情から，問題発言を逐一点検し，削除の要否の検討を適時に実施することはできなかった。本件フォーラムは，フェミニズムという思想について議論することを標榜する以上，事後ではあっても，会員の発言内容を審査することをシスオペに求めるに帰することも，民主主義社会の議論の在り方とは背理する」。

「誹謗中傷等の問題発言は，標的とされた者から当該発言をした者に対する民事上の不法行為責任の追及又は刑事責任の追及により，本来解決されるべきものである」。「誹謗中傷等の問題発言は，議論の深化，進展に寄与することがないばかりか，これを阻害し，標的とされた者やこれを読む者を一様に不快にするのみで，これが削除されることによる発言者の被害等はほとんど生じない」。

「以上の諸事情を総合考慮すると，本件のような電話回線及び主宰会社のホストコンピュータを通じてする通信の手段による意見や情報の交換の仕組みにおいては，会員による誹謗中傷等の問題発言については，フォーラムの円滑な運営及び管理というシスオペの契約上託された権限を行使する上で必要であり，標的とされた者がフォーラムにおいて自己を守るための有効な救済手段を有しておらず，会員等からの指摘等に基づき対策を講じても，なお奏功しない等一定の場合，シスオペは，フォーラムの運営及び管理上，運営契約に基づいて当該発言を削除する権限を有するにとどまらず，これを削除すべき条理上の義務を負うと解するのが相当である」。

❖ あてはめ

「本件の事実経過及びシスオペの削除義務を前提とすると，本件において，控訴人乙山について，シスオペとしての削除義務に違反したと認めることはできない」。

なぜなら，「議論の積み重ねにより発言の質を高めるとの考えに従って本件フォーラムを運営してき」た控訴人乙山は，「会員からの指摘又は自らの判断によれば，削除を相当とする本件発言について，遅滞なく控訴人甲野に注意を喚起した他，被控訴人から削除等の措置を求められた際には，対象を明示すべきこと，対象が明示され，控訴人ニフティも削除を相当と判断した際は削除すること，削除が被控訴人の要望による旨を明示することを告げて削除の措置を講じる手順について了解を求め，被控訴人が受け入れず，削除するには至らなかったものの，その後，被控訴人の訴訟代理人から削除要求がされて削除し，訴訟の提起を受け，新たに明示された発言についても削除の措置

を講じており、この間の経過を考慮すると、控訴人乙山の削除に至るまでの行動について、権限の行使が許容限度を超えて遅滞したと認めることはできない」。

また、「控訴人甲野の本件発言中、名誉毀損及び侮辱の不法行為となるものは、議論の内容とはおよそ関わりがなく、これに対して反論するなどして対抗することを相当とするような内容のものではない。控訴人乙山は、シスオペとして、その運営方法についての前記考えに従い、このような発言についても、発言者に疑問を呈した他、会員による非難に晒し、会員相互の働きかけに期待し、これにより、議論のルールに外れる不規則発言を封じることをも期待したことが窺われ、このような運営方法についても不相当とすべき理由は見あたらない。殊に、控訴人甲野の発言中には、思想を扱うフォーラムにおいて、異見を排除したり、同控訴人についての個人的な情報を信条に悖る方法で得たりした被控訴人に対する非難が含まれており、被控訴人において弁明を要する事柄にも関係しており、一方的に控訴人甲野のみを責めることのできない事情が認められる。これらをも考慮すると、控訴人甲野の不法行為となる本件発言が議論の内容と関わりがなく、反論すべき内容を含まないからといって、控訴人乙山が削除義務に違反したと認めることもできない」。

基本解説

インターネットに代表される情報ネットワークが普及するにつれて、電子会議室や電子掲示板で発生する名誉毀損について、いわゆるプロバイダーの法的責任が問題となった。プロバイダーには、インターネット・サービス・プロバイダー（ISP）のほか、サーバーの管理者や運営者等も含まれている。

新聞の場合、新聞社は自社が発行する新聞の内容に法的責任を負う。これに対し、電気通信サービスを提供する電気通信事業者は、検閲の禁止（電気通信事業法3条）、通信の秘密の保護（同法4条）を要請されており、電話の内容を探知することは原則として許されない。電話を通じた会話の内容を決めるのは利用者であり、電気通信事業者が利用者間の会話に関与することはない。ではプロバイダーはどうか。

電子会議室や電子掲示板における発言は匿名で書き込まれるため、被害者にとって発言者の特定は簡単ではない。そこで被害者は、プロバイダーに発言の削除や損害賠償の支払いを請求することになる。ただし、インターネット上の電子会議室や電子掲示板の場合、そこでどのような発言をするかを決めるのは利用者であり、利用者の発言にプロバイダーが関わる程度はプロバイダーによってさまざまである。いわゆる対抗言論を重視して、発言削除に消極的な場合もあれば、利用規約に基づき、一定の不適切な発言を削除している場合もある。電子会議室の利用者の発言による名誉毀損について、発言者を特定できない場合、発言による名誉毀損の責任をプロバイダーにも問うことができないとすれば、被害者の救済を図ることが困難になる。そこで、プロバイダーに削除義務を課し、この義務を怠った場合には被害者への損害賠償を負わせるべきとの主張もあるが、そうなると、疑わしい発言はプロバイダーによってみな削除されることになりかねず、インターネット上の表現の自由に萎縮的効果を及ぼしかねない。

パソコン通信ではあるが、プロバイダーの責任について日本ではじめて裁判所の判断が示されたのが本件である。第1審（東京地判平成9年5月26日判時1610号22頁）は、Y_1の発言による名誉毀損の成立を認めた上で、この電子会議室を運営していたY_2も、その発言を具体的に知ったときから条理上の削除義務を負うとし、その義務を怠ったことについて損害賠償の支払いを命じた。これに対し、本判決は、第1審と同じくY_2の条理上の削除義務を認めたが、具

体的判断においては，「議論の積み重ねにより発言の質を高める」とのY₂の運営方法を重視し，Y₂がXからの発言削除の求めに応じず，会議における議論によってY₁の不規則発言を封じようとしたことについて削除義務違反は認められないとした。

その後の判例は，名誉を毀損する発言者が明らかな場合には，プロバイダーに法的責任を負わせることに慎重な態度をとっている。大学のシステム内に名誉毀損にあたるホームページが開設された事件では，ネットワークの管理者が被害者に対してその発信を妨げるべき義務を負うのは，名誉毀損文書が発信されていることを現実に認識しただけでなく，「名誉毀損文書に該当すること，加害行為の態様が甚だしく悪質であること及び被害の程度も甚大であることが一見して明白であるような極めて例外的な場合に限られる」とされた（東京地判平成11年9月24日判時1707号139頁）。

これに対し，「2ちゃんねる」というインターネット上の無料電子掲示板で発生した名誉毀損事件では管理者側が相次いで敗訴している。動物病院が「悪徳」であるなどとする発言による名誉毀損が争われた事件では，第1審（東京地判平成14年6月26日判時1810号78頁）・第2審（東京高判平成14年12月25日高民集55巻3号15頁）ともに，管理者の法的責任を認めた（管理者側が上告）。第2審は，2ちゃんねるの運営方針が匿名性を重視してきたため，発言者の特定が困難であり，発言を削除できるのは管理者のみであるという事情等から，控訴人には，「そのような発言が書き込まれたときには，被害者の被害が拡大しないようにするため直ちにこれを削除する義務がある」とした。この事件では，名誉毀損的発言をした利用者が特定されておらず，被害者は管理者のみを相手取って損害賠償を請求している。

2ちゃんねるという電子掲示板の特性への配慮が必要であるとしても，第2審が，削除義務違反による損害賠償について，プロバイダーに名誉毀損の免責要件である真実性と「相当の理由」についての調査確認義務を課したことには疑問がある。インターネット上の表現の自由を確保するためには，プロバイダーは，「クレームを受けた発言が法的に名誉毀損となることが明白であった場合を除き，削除義務違反による損害賠償義務を負わないと解すべき」（岡村久道編『サイバー法判例解説』59頁〔町村康貴〕）ではないだろうか（これと異なる見解として，橋本後掲23頁）。

なお，2001年11月に一定の条件下でプロバイダーの法的責任が成立する場合を制限する法律（いわゆるプロバイダー責任法）が制定されたが，この法律が期待された役割を果たすことができるかについてはこれを疑問視する声もあがっている（松井後掲②240頁）。

設問 次のような場合，名誉毀損発言に対するプロバイダーの責任についての本判決の判断をそのまま適用することはできるか。

(1) 国立大学の教育用のシステム内に開設された電子掲示板に名誉毀損的発言が掲載された場合。

(2) 利用者の自由な発言を尊重する方針を掲げ，会員規約の中で誹謗中傷等の問題発言の削除をはじめ，発言内容に対するコントロールを行わないことを明文化している民間の登録制の電子掲示板に名誉毀損的発言が書き込まれた場合。

(3) 誰でも自由に利用することができ，利用者のIPアドレス等のアクセスログを保存しない方針をとっているため発言者の特定が困難な民間の電子掲示板に名誉毀損的発言が書き込まれた場合。

〔参考文献〕

▽「基本となる素材」についての判例評釈
浦部法穂「言論の自由と名誉毀損における真実性の証明」憲法判例百選Ⅰ（有斐閣，第4版，2000）144頁
木村靜子「名誉毀損罪における事実の真実性に関する錯誤」刑法判例百選Ⅱ（有斐閣，第5版，2003）40頁
鬼塚賢太郎「事実を真実と誤信したことにつき相当の理由ある場合と名誉毀損罪の成否」最高裁判所判例解説刑事篇昭和44年度242頁
藤木英雄「事実の真実性の錯誤と名誉毀損罪」法協86巻10号（1969）1103頁

▽「もう1つの素材」についての判例評釈
第1審判決について──
山口いつ子「パソコン通信における名誉毀損──ニフティサーブ事件」法律時報69巻9号（1997）92頁
手嶋豊・判例評論470号（1998）27頁
加藤新太郎「パソコン通信における名誉毀損──ニフティサーブ事件訴訟第1審判決」判タ965号（1998）68頁
松本恒雄「ニフティサーブ事件──インターネットの光と影」法学教室248号（2001）21頁
第2審判決について──
潮見佳男「パソコン通信での名誉毀損等とシステムオペレーターの発言削除義務」コピライト489号（2002）38頁
山下幸夫「サイバースペースにおける名誉毀損とプロバイダーの責任」NBL723号（2001）34頁
橋本佳幸・判例評論530号（2003）16頁
大谷和子「ニフティサーブ『現代思想フォーラム』事件」岡村久道編『サイバー法判例解説』別冊NBL79号（2003）98頁

▽名誉毀損について
芦部信喜『憲法学Ⅲ』（有斐閣，増補版，2000）
奥平康弘①『憲法裁判の可能性』（岩波書店，1995）
奥平康弘②『ジャーナリズムと法』（新世社，1997）
松井茂記①『マス・メディア法入門』（日本評論社，第3版，2003）
松井茂記②『インターネットの憲法学』（岩波書店，2002）
松井茂記「変貌する名誉毀損法と表現の自由」ジュリスト1222号（2002）77頁
駒村圭吾『ジャーナリズムの法理』（嵯峨野書院，2001）
山元一「真実性の抗弁」法学教室236号（2000）12頁
長岡徹「表現の自由と名誉毀損」憲法の争点（有斐閣，第3版，1999）106頁
喜田村洋一『報道被害者と報道の自由』（白水社，1999）
前田雅英『刑法各論講義』（東京大学出版会，第3版，1999）
平川宗信『名誉毀損罪と表現の自由』（有斐閣，1983）

（鈴木秀美）

精神的自由

7 表現の自由と青少年保護

〔論 点〕

(1) 少年法 61 条の身元推知報道禁止と表現の自由
　少年法 61 条に違反する報道について不法行為責任が問われた場合，違法性阻却を認める余地があり得るか。違法性阻却が認められるとすれば，その範囲は成人の犯罪報道によるプライバシー侵害の場合とどこが異なるか。

(2) 少年法 61 条によって禁止された身元推知報道の判断基準
　ある報道が身元推知報道にあたるか否かはどのような基準によって判断されるべきか。

(3) 少年の成長発達権
　少年法 61 条の保護法益として主張されている少年の成長発達権を少年に固有の人権として認めることはできるか。

(4) 有害図書規制と表現の自由
　①青少年保護育成条例による有害図書規制には，規制を支える立法事実が存在するか，②有害図書の指定は検閲に該当するか，③有害図書の定義は明確か。

Part I 基本となる素材

少年通り魔実名報道損害賠償請求事件

大阪高裁平成 12 年 2 月 29 日判決
平成 11 年 (ネ) 第 2327 号損害賠償請求控訴事件
判時 1710 号 121 頁
〔参照条文〕憲 13，21　少 61

X＝原告，被控訴人
Y＝被告，控訴人

❖ 事実の概要

　原告 X（犯行時 19 歳）は，1998 年，大阪府堺市内において，シンナー吸引中幻覚に支配された状態で自宅から文化包丁を持ち出し，登校途中の女子高校生を刺して重症を負わせた後，幼稚園の送迎バスを待っていた母子らを襲い，逃げまどい転倒した 5 歳の幼女を殺害し，さらに娘を守ろうとした母親の背中にも重症を負わせた（いわゆる堺通り魔殺人事件，以下「本件事件」という）。X は，

被告Y出版社の発行する月刊誌に，Xの実名，顔写真等によりX本人であることが特定される内容の記事（以下「本件記事」という）が掲載されたため，プライバシー権，氏名肖像権，名誉権等の人格権ないし実名で報道されない権利が侵害されたとして，本件記事の執筆者，雑誌の編集長およびYに対し，不法行為による損害賠償と謝罪広告を求めた。

第1審判決は，Yらに250万円の損害賠償の支払いを命じた。これに対してYらにより控訴がなされ，第2審は，原判決を取り消し，Xの請求を棄却した。Xは上告したが，後にこれを取り下げ，第2審判決が確定した。

❖ 第1審＝大阪地裁

大阪地裁平成11年6月9日判決
判時1679号54頁

◈ 当事者の主張（争点）

〈法的な根拠にかかる主張〉

原告…人は，憲法13条によって保障されたプライバシー権，氏名肖像権，名誉権等の人格権から派生する人格的利益として「実名報道されないという人格的利益」を有する。この人格的利益は，「家庭裁判所の審判に付された少年」については，少年法61条が存在することにより，「実名で報道されない権利」にまで特別に高められていると解すべきである。Xは，本件記事の掲載によりこの権利を侵害された。

被告…少年法61条は，その適用範囲を限定すべきであり，同条にいう少年の「推知報道」の禁止は，少年の保護よりも国民の「知る権利」という社会的利益の擁護が強く優先するような場合，たとえば少年事件が実質的にみれば成人の犯罪と同視できる場合や社会防衛の必要がある場合については除外されるというべきである。本件事件は，社会一般に大きな不安を与えた事件であり，明らかに「少年」の保護よりも「社会的利益が強く優先する場合」に該当するケースといえ，被疑者たるXの推知報道は少年法61条に反するものではない。

◈ 法的構成

少年法61条の趣旨は，「推知報道を禁止することにより，非行を犯したとされる少年について，氏名，年齢，職業，住居，容ぼう等がみだりに公表されないという法的保護に値する利益を保護するとともに，公共の福祉や社会正義の観点から，少年の有する利益の保護や少年の更生につき優越的な地位を与え強い保障を与えようとするものと解される。

したがって，同規定に反し，本人であることが分かるような方法で，一般人がその立場に立てば公開を欲せず一般の人には未だ知られていない事項や顔写真等が，新聞紙その他の出版物に掲載され広く公表された場合，それが例外なく直ちに被掲載者に対する不法行為を構成するとまでは解しえないものの，成人の場合と異なり，本人であることが分かるような方法により報道することが，少年の有する利益の保護や少年の更生といった優越的な利益を上廻るような特段の公益上の必要性を図る目的があったか否か，手段・方法が右目的からみてやむを得ないと認められることが立証されない以上，その公表は不法行為を構成し，被掲載者は右公表によって被った精神的苦痛の賠償を求めることができるというべきである。」

◈ あてはめ

本件事件は，悪質重大な事件であり，「被疑者として逮捕された原告がシンナー吸引中で，被害者らとは何の因縁もない者であったこともあいまって」，「社会一般に大きな不安と衝撃を与えた事

件であることは被告が主張するとおりであり，社会一般の者にとっても，いかなる人物が右のような犯罪を犯し，またいかなる事情からこれを犯すに至ったのであるかについて強い関心があったものと考えられる。しかしながら，原告は犯行後現行犯逮捕されており，更なる被害を防ぐために社会防衛上実名及び顔写真を公表する必要があるような場合ではなく，本件事件の態様の悪質性，程度の重大性や社会一般の関心をもってしても，原告の犯罪を犯したこと等にかかわる事実を実名及び顔写真とともに公表されない法的利益等を上廻るような特段の必要性があったということはできない。……本件記事において実名及び顔写真等原告を特定しうる表現がなかったとしても，他の報道が少年法 61 条の精神に従い原告の匿名報道を行っている状況の下であえて同条に反し実名及び顔写真等を掲載したことそれ自体の持つ衝撃性は失われるものの，その記事内容の価値に変化が生じるものとは解されず，被告らが本件記事のあとがきで述べるように，本件事件の本質が隠されてしまうものとは到底考えられない。」

「原告が犯行時において少年法の適用されない成人となるまで半年を残すだけの年齢にあったことについても，わが国が少年法において一律に 20 歳未満の者を少年と定め，犯罪行為を行った少年については成人とは異なる処遇を行うという施策を採っている以上，成人に近い年齢であったからといって，少年に該当する年齢であった原告を他の少年と区別すべき理由となしうるものではな」い。

❖ 第 2 審＝大阪高裁（確定）

❖ 当事者の主張（争点）
第 1 審と同じ。
❖ 法的構成
(a) 表現の自由とプライバシー権等の侵害との調整

「表現の自由とプライバシー権等の侵害との調整においては，表現行為が社会の正当な関心事であり，かつその表現内容・方法が不当なものでない場合には，その表現行為は違法性を欠き，違法なプライバシー権等の侵害とはならないと解するのが相当である。

そして，社会の正当な関心事であるか否かは，対象者の社会的地位や活動状況と対象となる事柄の内容によって決まるものというべきところ，犯罪容疑者については，犯罪の内容・性質にもよるが，犯罪行為との関連においてそのプライバシーは社会の正当な関心事となり得るものであり，また逆に，正当な関心事であっても，表現行為がその内容・方法において不当なものであれば，その表現行為は違法性を欠くとすることはできない。」

「実名報道されない人格的利益ないし実名報道されない権利について検討するに，人格権には，社会生活を営む上において自己に不利益な事実に関し，みだりに実名を公開されない人格的利益も含まれているということができる。しかし，プライバシー権等の侵害，特に人に知られたくない私生活上の事情や情報の公開については，実名報道ないしそれに類する報道を前提としているから，人格権ないしプライバシーの侵害とは別に，みだりに実名を公開されない人格的利益が法的保護に価する利益として認められるのは，その報道の対象となる当該個人について，社会生活上特別保護されるべき事情がある場合に限られるのであって，そうでない限り，実名報道は違法性のない行為として認容されるというべきである。」

少年法 61 条の「規定は，少年の健全な育成を期し，非行のある少年に対して性格の矯正及び環境の調整に関する保護処分を行うことを目的とする少年法の目的に沿って，将来性のある少年の名

誉・プライバシーを保護し，将来の改善更生を阻害しないようにとの配慮に基づくものであるとともに，記事等の掲載を禁止することが再犯を予防する上からも効果的であるという見地から，公共の福祉や社会正義を守ろうとするものである。すなわち，少年法 61 条は，少年の健全育成を図るという少年法の目的を達成するという公益目的と少年の社会復帰を容易にし，特別予防の実効性を確保するという刑事政策的配慮に根拠を置く規定であると解すべきである。

したがって，少年法 61 条が，新聞紙その他の出版物の発行者に対して実名報道等を禁じていることによって，その報道の対象となる当該少年については社会生活上特別保護されるべき事情がある場合に当たることになるといえるにしても，そもそも同条は，右のとおり公益目的や刑事政策的配慮に根拠を置く規定なのであるから，同条が少年時に罪を犯した少年に対し実名で報道されない権利を付与していると解することはできないし，仮に実名で報道されない権利を付与しているものと解する余地があるとしても，少年法がその違反者に対して何らの罰則も規定していないことにもかんがみると，表現の自由との関係において，同条が当然に優先するものと解することもできない。

少年法 61 条の違反者に対して何らの罰則も規定されていないことは，憲法における『言論出版等の自由』の規定への顧慮及び少年法の社会的機能に照らして，このような規定の遵守をできる限り社会の自主規制に委ねたものであり，新聞紙その他の出版物の発行者は，本条の趣旨を尊重し，良心と良識をもって自己抑制することが必要であるとともに，表現行為を享受する受け手の側にも，本条の趣旨に反する新聞紙その他の出版物ないしそれらの発行者に対しては厳しい批判が求められているものというべきである。

なお，新聞協会の報道の準則として，『20 歳未満の非行少年の氏名，写真などは，紙面に掲載すべきではない。ただし，㈠ 逃走中で，放火，殺人などの凶悪な累犯が明白に予想できる場合，㈡ 指名手配中の犯人捜査に協力する場合など，少年保護よりも社会的利益の擁護が強く優先する特殊な場合については，氏名，写真の掲載を認める除外例とするように当局に要望し，かつ，これを新聞界の慣行として確立したい』旨の定めがあることは一般的に知られていることであり，新聞界がこの準則を守り，新聞紙上に少年の実名を記載しない報道をしてきた自主的姿勢は貴重ではあるが，少年法 61 条の解釈として，右のような例外を認め得るか疑問が呈されているほか，逆に例外が右のような場合に限られるとも直ちにはいえない。」

したがって，「表現の自由とプライバシー権等の侵害との調整においては，少年法 61 条の存在を尊重しつつも，なお，表現行為が社会の正当な関心事であり，かつその表現内容・方法が不当なものでない場合には，その表現行為は違法性を欠き，違法なプライバシー権等の侵害とはならないといわなければならない。」

(b) 表現内容・方法

「本件記事の表現内容・方法が不当なものでないか否かについて検討する」と，「一般に，犯罪の被疑者ないし被告人の姓名が市民の知る権利の対象であるか否かについては争いがあるが，犯罪の被疑者ないし被告人は未だ犯人とは決まっていないという推定無罪の原則と，犯人であったとしても家族などに影響があり，本人のスムーズな社会復帰の妨げになるという理由から，犯罪事実の報道においては，匿名であることが望ましいことは明らかであり，これは犯人が成人であるか少年であるかによって差異があるわけではない。

他方，社会一般の意識としては，右報道における被疑者等の特定は，犯罪ニュースの基本的要素であって犯罪事実と並んで重要な関心事であると解されるから，犯罪事実の態様，程度及び被疑者ないし被告人の地位，特質，あるいは被害者側の心情等からみて，実名報道が許容されることはあり得ることであり，これを一義的に定めることはできないが，少なくとも，凶悪重大な事件におい

て，現行犯逮捕されたような場合には，実名報道も正当として是認されるものといわなければならない。」

 ❖ あてはめ

(a) 本件事件は，悪質重大な事件であり，「被疑者として逮捕された被控訴人がシンナー吸引中で，被害者らとは何の因縁もない者であったこともあいまって」，「社会一般に大きな不安と衝撃を与えた事件であり，社会一般の者にとっても，いかなる人物が右のような犯罪を犯し，またいかなる事情からこれを犯すに至ったのであるかについて強い関心があったものと考えられるから，本件記事は，社会的に正当な関心事であったと認められる。」

(b) 「本件犯罪事実は，前記のとおり極めて凶悪重大な事犯であり，被控訴人が右犯罪事実について現行犯逮捕されていることと，被控訴人とは何の因縁もないにもかかわらず無残にも殺傷された被害者側の心情をも考慮すれば，実名報道をしたことが直ちに被控訴人に対する権利侵害とはならないといわなければならない。」

「確かに，事件関係者以外ほとんど知られていない犯罪事実について，実名及び写真等で少年と特定される報道がされると，いずれ地域に帰り地域の中で生活することになる少年にとっては，犯罪報道により『非行少年』又は『犯罪者』であるとのレッテルを貼られると，更生の妨げになることがあり得ることは被控訴人の主張のとおりである。

しかしながら，本件犯罪事実は，前記のとおり，極めて凶悪重大であり，実名での報道はなかったものの，被控訴人の犯行事実を目撃した者も多く，しかも新聞やテレビ等のマスコミに連日報道されており，口コミで伝えられることも多いと思われるから，少年の居住する地域住民にとっては，本件記事が出る前から被控訴人の実名や本件犯罪事実を知悉しているとみるのが相当である。また，地域住民以外の一般市民は，本件記事によって被控訴人の実名を知ったと思われるが，仮にそうであるとしても，被控訴人を知らない一般市民が被控訴人の実名を永遠に記憶しているとも思えないし，仮に一部の市民が被控訴人の名前を記憶していたとしても，そのことによって直ちに被控訴人の更生が妨げられることになるとは考え難い。……本件記事に被控訴人の実名が記載されたことによって，被控訴人が社会復帰した後の更生の妨げになる可能性が抽象的にはあるとしても，そして更生の妨げになる抽象的な可能性をも排除することが少年法61条の立法趣旨であるとしても，そのことをもって控訴人らに対する損害賠償請求の根拠とすることはできないといわなければならない。」

「被控訴人も本件記事の内容が虚偽であってそのため被控訴人の名誉が傷つけられた旨の主張をしていないから，本件記事の内容は事実に反するものではないと認められ，また，本件記事には被控訴人の親族に関する記載もあるが，それらの者に対するプライバシーの侵害があるか否かはさておくとして，こと被控訴人に関する限りは，その成育歴，境遇，家族や周辺との関係を自らの足で取材した材料に基づいて記されたものであって，表現方法において特に問題視しなければならないところも見受けられない。」

「本件記事は，表現行為が社会の正当な関心事であり，その表現内容・方法も不当なものとはいえないから」，Xのプライバシー権は侵害されていない。

基 本 解 説

(1) 少年法61条と表現の自由　　　　　　少年法は，少年審判を非公開とする（22条）

とともに，61条において「家庭裁判所の審判に付された少年」または「少年のときに犯した罪により公訴を提起された者」について，「氏名，年齢，職業，住居，容ぼう等によりその者が当該事件の本人であることを推知することができるような記事又は写真を新聞紙その他の出版物に掲載してはならない」として，身元推知報道を禁止している。ただし，少年法には61条違反に対する罰則が設けられていないことから，報道機関が意図的に身元推知報道を行った場合も，法務省としてとりうる措置は是正勧告くらいである。そこで，本件事件の実名報道および長良川リンチ殺人の仮名報道について，少年の側が出版社を相手取り損害賠償を求めて提訴するにいたった。本件では高裁判決が確定したのに対し，長良川リンチ殺人仮名報道については，出版社敗訴の高裁判決が最高裁で破棄差戻しとなった（名古屋地判平成11年6月30日判時1688号151頁，名古屋高判平成12年6月29日判時1736号35頁，最二小判平成15年3月14日民集57巻3号229頁）。

　ここでは，少年法61条の制度趣旨に立ち返り，身元推知報道に民事の責任を負わせることが表現の自由と矛盾しないか否かを検討する必要がある（棟居後掲15頁）。具体的には，少年法61条に違反する身元推知報道は直ちに不法行為責任を負うのか，それとも違法性阻却を認める余地があり得るかという点のほか，違法性阻却が認められるとすれば，その範囲が成人の犯罪報道の場合と同じか否かも問題となる。このほか，長良川リンチ殺人事件の報道については，仮名報道の「身元推知性」も議論されている（身元推知報道の判断基準についてはPartⅢ「理論編」を参照）。

　少年法61条の保護法益についてはこれまで，「少年及びその家族の名誉・プライバシーを保護するとともに，そのことを通じて過ちを犯した少年の更生を図ろうとするもので，広く刑事政策的な観点に立った規定である」と解されてきた（田宮裕＝広瀬健二編『注釈少年法〔改訂版〕』431頁）。また，最近では，少年法61条の

背後に憲法や国際人権法に基づく人権としての少年の成長発達権があるとの見解も有力に主張されている（少年の成長発達権についてはPartⅢ「理論編」を参照）。少年法61条が，少年の名誉権・プライバシーの権利だけでなく，少年の成長発達権を保護することを目的としていると解する立場は，両者の調整において表現の自由の保障よりも少年の権利保護に力点を置き，少年法61条は身元推知報道を絶対的に禁止しており，違法性が阻却されるのは少年が逃亡中などの特別な場合に限られるとする（山口後掲104頁以下）。これに対し，少年法61条を少年の権利保護よりも，少年の更生を図るという刑事政策的目的の規定と解する立場は，やむにやまれない利益を達成するために必要不可欠な場合に限り，表現の自由の制約が許され，身元推知報道についての損害賠償請求が認められるとする（松井後掲175頁以下）。

　なお，実務では，本判決にあるとおり，日本新聞協会の報道準則が一定の範囲で実名報道も可能であるとする報道準則を設けている。また，2003年には政府の「青少年育成施策大綱」に少年事件の公開手配のあり方を検討することが盛り込まれたことを受けて，警察庁は，同年12月，連続殺人などの凶悪事件で逃走した容疑者を指名手配する場合，少年でも例外的に写真や似顔絵，住所，氏名などの捜査資料を公開する方針を決めた。警察庁は，指名手配した容疑者が少年の場合，「少年自身の保護と社会的利益との均衡，捜査の必要性などを総合的に勘案し」，「必要かつ適切と認められる場合には例外的に公開が許される」と考えている。

(2) 本件における裁判所の判断

　本件の場合，Xは，第1審・第2審のいずれにおいても成長発達権を直接の根拠とはしていなかったものの，少年犯罪の身元推知報道について，「少年の将来の更生を阻害するものであって常に許されず，少年は，実名等で報道されない法的権利を有することが少年法61条で明確に規定されている」と主張した。これに対し

Yは，被疑者の氏名・顔写真による特定が「犯罪ニュースを構成する基本的要素」であることは少年の場合も同様であり，「少年の保護よりも社会的利益の擁護が強く優先する場合」には身元推知報道も認められるべきであると反論した。

本件第1審判決は，Xの主張を認め，少年法61条の趣旨について，少年の氏名等をみだりに公表されないという法的保護に値する利益を保護するとともに，「少年の有する利益の保護や少年の更生につき優越的な地位を与え強い保障を与えようとするものと解」した。そして，身元推知報道は「例外なく直ちに被掲載者に対する不法行為を構成するとまでは解しえないもの」，それが少年の利益保護や少年の更生という「優越的な利益を上廻るような特段の公益上の必要性を図る目的があったか否か，手段・方法が右目的からみてやむを得ないと認められることが立証されない以上，その公表は不法行為を構成」するとした。こうした法律構成によれば，本件事件が悪質重大で，社会一般に大きな不安と衝撃を与えた事件であったとしても，Xが現行犯逮捕され，さらなる被害を防ぐために実名・顔写真を公表する必要は認められないことなどを考慮すれば，Xの犯罪に関わる事実を「実名及び顔写真を使用して公表されないことについての法的保護に値する利益を上廻る公益上の特段の必要性があったとも，公益を図る目的の下で必要かつ相当な手段・方法において行われたものとも認めることができない」とされた。

これに対し，第2審判決はYの主張を認めた。それによると，少年法61条は「少年の健全育成を図るという少年法の目的を達成するという公益目的と少年の社会復帰を容易にし，特別予防の実効性を確保するという刑事政策的配慮に根拠を置く規定」である。「同条が少年時に罪を犯した少年に対し実名で報道されない権利を付与していると解することはできないし」，仮にそのように解する余地があるとして，少年法が違反者に対する罰則を規定していないことも考えると，「表現の自由との関係において，同条が当然に優先するものと解することもできない」。「表現の自由とプライバシー権等の侵害との調整においては，少年法61条の存在を尊重しつつも，なお，表現行為が社会の正当な関心事であり，かつその表現内容・方法が不当なものでない場合には，その表現行為は違法性を欠き，違法なプライバシー権等の侵害とはならないといわなければならない」。

第2審のこうした法律構成によれば，本件事件は悪質重大で，「社会一般に大きな不安と衝撃を与えた事件であり，社会一般の者にとっても，いかなる人物が右のような犯罪を犯し，またいかなる事情からこれを犯すに至ったのかについて強い関心があった」と考えられるから，本件記事は社会的に正当な関心事であったといえる。また，被疑者・被告人にとって犯罪報道が匿名であることが望ましいことは明らかであるが，社会一般の意識としては，犯罪報道における被疑者等の特定は，「犯罪ニュースの基本的要素であって犯罪事実と並んで重要な関心事である」から，犯罪事実の態様や程度，被疑者・被告人の地位や特質，被害者側の心情等からみて実名報道が許容されることはあり得ることで，「少なくとも，凶悪重大な事件において，現行犯逮捕されたような場合には，実名報道も正当として是認される」とし，本件はそのような場合にあたるとされた。また，Xも本件記事の内容が虚偽であったとは主張していないため，本件記事の内容は事実に反するものではなく，本件記事はXについて「成育歴，境遇，家族や周辺との関係を自らの足で取材した材料に基づいて記されたものであって，表現方法において特に問題視しなければならないところも見受けられない」と判断された。なお，第2審は，身元推知報道が少年の将来の更生を阻害するものであって常に許されないとのXの主張について，少年法61条の立法趣旨が実名記載によって将来の更生が妨げられる抽象的な可能性を排除することにあるとしても，それを損害賠償請求の根拠とすることはできないとし，本件

記事による実名記載が更生を妨げることについての立証をXに求めた。

身元推知報道の違法性阻却について，第1審がそのために少年の利益保護を上廻る「特段の公益上の必要性」を求めたのに対し，第2審は少年法61条の存在を尊重すべきとしながらも，違法性阻却については成人の犯罪報道と同じ一般的基準を採用した。近年，判例において表現の自由の保障よりも名誉権・プライバシー権の保護が重視される傾向が強まるなか，第2審判決が表現の自由の優越的地位に触れ，プライバシー権等との調整においても表現の自由のそうした憲法上の地位を考慮に入れて慎重に判断すべきとしたことは注目に値する。ただし，第2審判決は，本件事件が凶悪重大で，Xが現行犯逮捕されており，さらに被害者側の心情を考慮すれば実名報道も許されるとするだけで，少年事件の犯罪報道がどのような場合に社会の正当な関心事となるのか，またそれはなぜかについて十分な説明をしていない（笹田後掲34頁）。

犯罪報道における表現の自由とこれと対立する法益との比較衡量について，被疑者・被告人が成人の場合と少年事件の場合とではどのような点が異なるのか，考慮すべき具体的な要素をより詳細に示す必要があったと思われる。

(3) 長良川リンチ殺人仮名報道事件

長良川リンチ殺人仮名報道事件では，週刊誌が少年事件を仮名で報道するにあたり，少年の実名と類似した仮名を用いたことが争われ，第1審・第2審では出版社側が敗訴した。このうち，第2審の名古屋高裁判決は，その4カ月前に下された本件第2審の大阪高裁判決とは異なり，少年法61条の保護法益として「成長発達の過程にある少年が健全に成長するための権利」を認めて注目を集めた。ただし，最高裁は，週刊誌の仮名報道による身元推知可能性（少年法61条違反）を否定したため，少年法61条の保護法益についての判断には踏み込まなかった。

| Part II | 応用編 |

確認質問

1 少年法61条が少年事件について実名報道を禁止しているのはなぜか。
2 少年法61条に違反した報道機関は，どのような制裁を受けるか。
3 プライバシー権を侵害する表現行為について，違法性阻却が認められるのはどのような場合か。
4 日本新聞協会の報道準則は，どのような場合に少年法61条の例外が認められるとしているか。
5 本判決は，どのような場合に犯罪の被疑者・被告人の実名報道が許されるとしているか。
6 本判決は，どのような場合に少年法61条の例外が認められるとしているか。また，これについて，第1審判決はどのような判断を示しているか。

応用問題

設問1　本判決によれば，少年事件について，次のような時点における実名報道は許されるか。
　(1) 17歳の少年らが，集団で帰宅途中のサラリーマンを襲い金品を奪っているところで現行犯逮捕された時点。

(2) 17歳の少年が，銀行を襲い，行員を殺害して現金を奪ったが，かけつけた警察官に現行犯逮捕された時点。

(3) 17歳の少年が，銀行を襲い，行員を殺害して現金を奪った上，凶器をもって逃走しており，累犯の可能性も予想される時点。

(4) 17歳の少年が，母親を殺害し，自宅に放火し逃走しており，自殺の可能性も予想される時点。

(5) 17歳の3人の少年が，11日間に，偶然出くわした通行人4人に暴行を加え，金品を奪っただけでなく，犯行を隠すために被害者を殺害し，その死体を山中に捨てて逮捕された時点。

(6) 上記(1)～(5)の事件で，少年の年齢が13歳だった場合，または19歳だった場合はどうか。

(7) (5)の事件で，少年らが検察官送致となり起訴されて，公開の法廷で裁判を受けている時点。

(8) (5)の事件で，事件発生から10年後に被告人の死刑判決が確定した時点。

設問2 本判決と異なり，少年法61条に違反する実名等の推知報道について，「保護されるべき少年の権利ないし法的利益よりも，明らかに社会的利益を擁護する要請が強く優先されるべきであるなど特段の事情が存する場合に限って違法性が阻却され，免責される」（長良川リンチ殺人仮名報道事件第2審判決）と考える場合，**設問1**(1)～(8)の各時点における実名報道は許されるか。

設問3 本判決によれば，次のような場合について，実名を報道された本人が報道機関を相手取って損害賠償を請求した場合，その請求は認められるか。

(1) 精神科に入院していた者（成人）が一時帰宅中に自宅を抜け出し，たまたま通りがかった通行人を衝動的に殺害し，逮捕された事件について，事件発生の時点において実名で報道された場合。

(2) 精神科への入院歴があるものの，現在は精神科に通院していない者（成人）が，たまたま通りがかった通行人を衝動的に殺害し，逮捕された事件について，事件発生の時点において実名で報道された場合。

(3) たまたま通りがかった通行人を衝動的に殺害した事件の被疑者（成人）について，逮捕から起訴にいたるまで実名で報道されていたところ，裁判で刑事責任能力のない心神喪失者と認められて無罪となった場合。

(4) 29歳の時点で性犯罪を繰り返したことにより有罪判決を受け服役していた者が刑期を終えてまもなく出所するという時点で，出所の事実について実名で報道された場合。

(5) 19歳の時点で性犯罪を繰り返したことにより少年院に収容されていた者が，まもなく退院するという時点で，退院の事実について実名で報道された場合。

(6) 戦後日本の重大事件を特集するテレビ番組で，20年前に有罪が確定した強盗殺人事件について，犯行時に成人であった犯人が，服役後，現在では前科を知られることなく平穏な生活を送っていたにもかかわらず，その事件について実名で報道された場合。

Part III　理 論 編

展開問題

少年法 61 条に関連して，以下の 2 点について検討せよ。
① ある報道が少年法 61 条によって禁止された身元推知報道にあたるか否かはどのような基準によって判断されるべきか。
② 少年法 61 条の保護法益として主張されている少年の成長発達権を少年に固有の人権として認めることはできるか。

(1) 身元推知報道の判断基準

Part I「基本解説」で前述したとおり，長良川リンチ殺人仮名報道事件では，仮名報道の「身元推知性」が争われた。この事件では，原告 A が 18 歳当時に犯したとされる殺人罪等を公訴事実として起訴され，審理を受けていたところ，B 発行の週刊誌に，容易に A と推知することができる仮名を用いて，A の犯行態様，非行歴，交友関係などを記載した記事が掲載されたことから，A が B に対し損害賠償を求めた。第 1 審と第 2 審は，この仮名報道が身元推知報道にあたるとした上で，B の不法行為責任を認めたが，B による上告がなされたところ，最高裁によって仮名報道の身元推知性が否定されたため，事件は第 2 審に差し戻され，名誉毀損・プライバシー侵害について改めて審理されることとなった。

仮名報道の身元推知性について，第 2 審判決は，記事で使用された仮名「乙埜他朗」（おつのほかろう）が，A の実名「甲野它郎」（こうのたろう）と類似しており，社会通念上，その仮名の使用により同一性が秘匿されたと認めることは困難である上，記事中に，出生年月，出生地，非行歴や職歴，交友関係等，A の経歴と合致する事実が詳細に記載されていることから，A と面識を有する特定多数の読者および A が生活基盤としてきた地域社会の不特定多数の読者は，「乙埜他朗」と A との類似性に気付き，それが A を指すことを容易に推知できるものと認めるのが相当と判断した。

これに対し最高裁は，「少年法 61 条に違反する推知報道かどうかは，その記事等により，不特定多数の一般人がその者を当該事件の本人であると推知することができるかどうかを基準にして判断すべきところ，本件記事は，被上告人について，当時の実名と類似する仮名が用いられ，その経歴等が記載されているものの，被上告人と特定するに足りる事項の記載はないから，被上告人と面識等のない不特定多数の一般人が，本件記事により，被上告人が当該事件の本人であることを推知することができるとはいえない。したがって，本件記事は，少年法 61 条の規定に違反するものではない」とした。

ただし，最高裁も，「被上告人と面識があり，又は犯人情報あるいは被上告人の履歴情報を知る者は，その知識を手がかりに本件記事が被上告人に関する記事であると推知することが可能であり，本件記事の読者の中にこれらの者が存在した可能性を否定することはできない。そして，これらの読者の中に，本件記事を読んで初めて，被上告人についてのそれまで知っていた以上の犯人情報や履歴情報を知った者がいた可能性も否定することはできない」として，仮名報道による名誉毀損・プライバシー侵害が成立する可能性を認めている（仮名による表現行為についてプライバシー侵害を認めた最近の事件と

して，東京高判平成13年7月18日判時1751号75頁，最三小判平成14年9月24日判時1802号60頁〔「石に泳ぐ魚」事件〕がある）。

最高裁が，身元推知性について，「被上告人と面識を有する特定多数の読者及び被上告人が生活基盤としてきた地域社会の不特定多数の読者」による身元推知性で足りるとした第2審判決を覆し，「その記事等により，不特定多数の一般人がその者を当該事件の本人であると推知することができるかどうかを基準にして判断すべき」と限定的に解したことについては，少年の成長発達あるいは更生を阻害しないことを目的としたはずの少年法61条を機能不全に陥らせるという批判もみられる。なぜなら，「この基準では，少年が生活してきたコミュニティの不特定多数の人々あるいは少年の身元を特定する意図を持って調査する人が身元の特定に容易に辿り着けるような報道が，規制の対象から外されてしまうおそれがあるからである」（渕野後掲①120頁）。しかし，第2審判決の判断基準によれば，たとえ「少年X」という仮名であっても，Aを知る特定多数の読者との関係では，推知報道にあたるとされて，少年事件の報道自体が相当に困難になることを考えるならば，最高裁が示した身元推知性の判断基準は，「少年事件報道について報道の自由の観点から一定の配慮を示したもの」（右崎後掲55頁。廣瀬後掲56頁も同旨）としてむしろ肯定的に評価されるべきであろう。

(2) 少年の成長発達権？

少年法61条の背後に憲法や国際人権法に基づく人権としての少年の成長発達権があるとの見解が最近になって有力に主張されている（山口，渕野，平川，葛野，服部の後掲論文など）。その根拠とされているのは，憲法13条前段の個人の尊重と後段の幸福追求権，25条の生存権，26条の教育を受ける権利，児童（子ども）の権利に関する条約6条の生命に対する権利である。少年事件との関係では，国際人権規約B規約14条4項に「少年の場合には，手続は，その年齢及びその更生の促進が望ましいことを考慮したものとする」と規定されていること，児童（子ども）の権利に関する条約40条に「刑法を犯したと申し立てられ，訴追され又は認定されたすべての児童」が「社会に復帰し及び社会において建設的な役割を担うことがなるべく促進されることを配慮した方法により取り扱われる権利」が規定されていること，「少年司法運営に関する国連最低基準規則」（北京ルール）に「原則として，少年犯罪者の特定に結びつきうるいかなる情報も公表されるべきではない」と規定されていること（規則8）なども根拠とされている。子ども特有の人権としての「成長権」や「発達権」を認める見解は，刑事法学に加えて，教育学・教育法学でも唱えられており，憲法学にもこれを支持する積極説（戸波後掲204頁）がある。

ただし，憲法学では，子どもの人権保障についての理念論や運動論において発達権を主張する意義を認めつつも，子どもの人権侵害の認定と救済という観点からは，子どもの人権を特別視するより，「子どもの扱い方が憲法上のどの個別人権といかに抵触するかを問題にすれば，とりあえず十分」であるとする消極説（赤坂後掲52頁）も唱えられている。子どもの人権享有主体性を認めるとしても，子どもの成長発達権を新しい人権として認めることに消極的な立場は，その理由として成長発達権が新しい人権を憲法上の権利として認めるための要件（①質的限定の要件，②明確性・特定性・独自性の要件，③憲法上の根拠付けの要件，④憲法13条の補充的適用説に伴う要件）を充足していないことを挙げている（竹中後掲148頁。松井後掲178頁も成長発達権の具体的内容が定かではないと批判している）。筆者も消極説が妥当であると考える。

そこで，少年事件の身元推知報道が憲法上のどの個別人権といかに抵触するかが問題となる。少年の成長発達権を認めることができないとしても，少年法61条のおもな保護法益が可塑性に富む少年の社会復帰であることに異論はないであろう。

成人による犯罪の場合，新聞社は逮捕時から原則として実名で報道する。刑事裁判の被告人としても実名で報道されるほか，有罪判決を受けて服役後，仮出所を報道する際にも，敬称または肩書はつくものの実名が用いられる（読売新聞社後掲92頁以下）。判例は，いわゆる「実名・呼び捨て報道訴訟」において，「社会一般の意識」からみて，犯罪報道における被疑者の特定は，「犯罪ニュースの基本的要素であって，犯罪事実自体と並んで公共の重要な関心事であると観念されている」ことを認めた上で，「被疑者を実名にするかどうかを含めてその特定の方法，程度の問題は，一義的には決められず，結局は，犯罪事実の態様，程度及び被疑者の社会的地位，特質（公人たる性格を有しているか），被害者側の被害の心情，読者の意識，感情等を比較考量し，かつ，人権の尊重と報道の自由ないし知る権利の擁護とのバランスを勘案しつつ，慎重に決定していくほかない」としている（名古屋高判平成2年12月13日判時1381号51頁）。

なお，前科の公表については，「前科及び犯罪経歴（以下『前科等』という）は人の名誉，信用に直接にかかわる事項であり，前科等のある者もこれをみだりに公開されないという法律上の保護に値する利益を有する」とされている（最三小判昭和56年4月14日民集35巻3号620頁）。ノンフィクション作品による前科公表の不法行為責任が問われた「逆転」事件においても，前科等がある者も「有罪判決を受けた後あるいは服役を終えた後においては，一市民として社会に復帰することが期待されるのであるから，その者は，前科等にかかわる事実の公表によって，新しく形成している社会生活の平穏を害されその更生を妨げられない利益を有する」とされた。最高裁は，実名による前科の公表が一定の範囲で許されるとしても，ノンフィクション作品「逆転」の場合，事件・裁判からそれを取り上げた著作が刊行されるまでに12年が経過しており，この間，仮出所して社会復帰に努め，新たな生活環境を形成していた人物について，実名で前科等を公表されない法的保護に値する利益があり，実名での前科の公表は正当化されないと判断した（最三小判平成6年2月8日民集48巻2号149頁〔「逆転」事件〕）。

少年事件の身元推知報道による不法行為の成否を判断するにあたっては，成人の実名報道および実名による前科の公表についての判例の考え方に依拠しつつ，特に社会復帰の利益について，少年と成人の異同を具体的に検討することが必要となろう。

Part IV　もう1つの素材

岐阜県青少年保護育成条例事件

最高裁平成元年9月19日第三小法廷判決
昭和62年（あ）第1462号岐阜県青少年保護育成条例違反被告事件
刑集43巻8号785頁，判時1327号9頁
〔参照条文〕　憲21　岐阜県青少年保護育成条例

❖ 事実の概要

岐阜県青少年保護育成条例（以下「本条例」という）によれば，知事は，図書の内容が「著しく

性的感情を刺激し，又は著しく残忍性を助長するため，青少年の健全な育成を阻害するおそれがある」と認めるとき，当該図書を，緊急を要する場合を除き，県青少年保護育成審議会の意見を聴いた上で（9条），個別に有害図書として指定することができる（6条1項）。また，有害図書として指定すべきもののうち，「特に卑わいな姿態若しくは性行為を被写体とした写真又はこれらの写真を掲載する紙面が編集紙面の過半を占めると認められる刊行物」については，個別指定に代えて，当該写真の内容をあらかじめ規則で定めるところにより，包括的に指定できる（6条2項）。これを受けて，本条例施行規則2条は，本条例6条2項の写真の内容について「一　全裸，半裸又はこれに近い状態での卑わいな姿態」，「二　性交又はこれに類する性行為」と定め，さらに，岐阜県告示がその具体的内容についてより詳細な指定を行っていた。

自動販売機（以下「自販機」という）により図書を販売することを業とする株式会社Y_1とその代表取締役Y_2は，1985年に5回にわたって，岐阜県内の2カ所の自販機に，岐阜県知事があらかじめ指定（包括指定）した有害図書に該当する雑誌を収納したことについて，本条例に違反したとして起訴され，第1審（岐阜簡判昭和62年6月5日）で罰金6万円の有罪判決を受けた。第2審（名古屋高判昭和62年11月25日）もこれを支持して控訴を棄却したため，Yらは本条例の憲法違反を主張して上告したが，最高裁は上告を棄却した。Yらは，第1審から第3審を通じて，①本条例による有害図書規制は憲法21条に違反する，②有害図書の定義が不明確であり，憲法31条に違反する，③有害図書指定要件，罰則などについて都道府県間に格差があり，憲法14条に違反するとの3点を理由に憲法違反を主張した。なお，Y_2は1988年11月死亡のため公訴棄却となり，本判決はY_1のみについて下された。

❖ 上告審＝最高裁

❖ 法的構成

「本条例の定めるような有害図書が一般に思慮分別の未熟な青少年の性に関する価値観に悪い影響を及ぼし，性的な逸脱行為や残虐な行為を容認する風潮の助長につながるものであって，青少年の健全な育成に有害であることは，既に社会共通の認識になっているといってよい。さらに，自動販売機による有害図書の販売は，売手と対面しないため心理的に購入が容易であること，昼夜を問わず購入ができること，収納された有害図書が街頭にさらされているため購入意欲を刺激し易いことなどの点において，書店等における販売よりもその弊害が一段と大きいといわざるをえない。しかも，自動販売機業者において，前記審議会の意見聴取を経て有害図書としての指定がされるまでの間に当該図書の販売を済ませることが可能であり，このような脱法的行為に有効に対処するためには，本条例6条2項による指定方式も必要性があり，かつ，合理的であるというべきである。そうすると，有害図書の自動販売機への収納の禁止は，青少年に対する関係において，憲法21条1項に違反しないことはもとより，成人に対する関係においても，有害図書の流通を幾分制約することにはなるものの，青少年の健全な育成を阻害する有害環境を浄化するための規制に伴う必要やむをえない制約であるから，憲法21条1項に違反するものではない。」

基本解説

日本では，長野県を除くすべての都道府県で　青少年（18歳未満の者）を保護するための条例

が制定され，それにより青少年に有害な図書に対する規制が設けられている。本判決は，従来から議論されてきた有害図書規制の合憲性に関する最高裁の初めての判断である。

本判決は，Yらの違憲の主張をすべて退けた。そのうち，本条例による有害図書の自販機への収納禁止が憲法21条1項に違反しないことについては，刑法175条のわいせつ文書頒布罪に関する2つの判決（最大判昭和32年3月13日刑集11巻3号997頁〔チャタレー事件〕，最大判昭和44年10月15日刑集23巻10号1239頁〔「悪徳の栄え」事件〕と，性行為の自由に関する福岡県青少年保護条例事件判決（最大判昭和60年10月23日刑集39巻6号413頁）の趣旨から明らかであるし，本条例による有害図書の指定が憲法21条2項前段の検閲にあたらないことは，税関検査事件判決（最大判昭和59年12月12日民集38巻12号1308頁）と「北方ジャーナル」事件判決（最大判昭和61年6月11日民集40巻4号872頁）の趣旨から明らかであり，有害図書の定義が不明確であるということはできないとしつつ，本判決はさらに「法的構成」の部分に引用した説明を付け加えた。

とはいえ，法廷意見をみる限り，21条1項違反について先例として引用された各判決が本件の争点とどのように関連しているのかは示されておらず，その「判例援用はまったく当を得ていない」との批判を受けている（手島後掲50頁）。なお，伊藤正己裁判官の補足意見は，青少年の知る自由の保障の程度は成人の場合に比較して低く，その制約の憲法適合性については厳格な基準は適用されないとの立場から，本判決が合憲判断を下したことについてより詳細な理由付けを試みているが，「すべての論点について規制目的としての『青少年保護』を最大限利用して合憲の結論を導いて」おり，法廷意見と大きな差はみられない（芹沢後掲85頁）。

学説は，本条例による有害図書規制の①立法事実の存在，②検閲該当性，③法文の明確性について，本判決の問題点を指摘している。

まず，本判決は，「本条例の定めるような有害図書が一般に思慮分別の未熟な青少年の性に関する価値観に悪い影響を及ぼし，性的な逸脱行為や残虐な行為を容認する風潮の助長につながるものであって，青少年の健全な育成に有害であることは，既に社会共通の認識になっているといってよい」という説明によって，あっさりと有害図書規制の必要性を肯定した。これに対し，表現の自由を重視する立場は，青少年への悪影響を理由に表現の自由を規制するためには，そのような事実が存在するという科学的証明が必要であると主張している（横田後掲94頁）。ただし，その科学的証明は容易ではないため，この立場に従う限り有害図書規制は許されないことになる。伊藤補足意見は，本条例の合理性を支える立法事実について，「青少年保護のための有害図書の規制が合憲であるためには，青少年非行などの害悪を生ずる相当の蓋然性のあることをもって足りる」としているが，学説には「立法事実論の趣旨から考えると『相当の蓋然性』は，具体的な事実認識を踏まえた厳格な意味のものと解されなければならない」との指摘がある（芦部信喜『憲法学Ⅲ［増補版］』340頁）。

次に，有害図書の指定の検閲該当性について，本判決は，先例を援用して検閲にあたらないとした。判例によれば，検閲とは「行政権が主体となって，思想内容等の表現物を対象とし，その全部又は一部の発表の禁止を目的として，対象とされる一定の表現物につき網羅的一般的に，発表前にその内容を審査した上，不適当と認めるものの発表を禁止すること」である。この定義によれば，有害図書の指定は，発表後の図書を対象とするものであるから検閲にはあたらない。これに対し，検閲をより広義に解して，「思想・情報の受領時」を基準にその前の段階の抑制も検閲の問題になりうると考えれば，有害図書の指定制度が検閲にあたる可能性も出てくる。また，有害図書の指定が検閲にあたらないとしても，本条例による自販機への収納禁止は，自販機による流通を事前の内容判断によって全面的に禁止するものであり，他の販売方法

だけでは販売目的を達することができず，実質的には発表禁止の効果をもつことから，事前抑制として許容されないとの指摘もある（横田後掲94頁）。

このほか，本条例の「著しく性的感情を刺激し，又は著しく残忍性を助長する」という個別指定基準が，法文の明確性の要件を充足するといえるかという問題がある。表現の自由を規制する場合，法文が漠然不明確であると表現行為に対して萎縮的効果を及ぼすことから，合理的な限定解釈によってその漠然不明確性が除去されない限り，文面上無効となる。本判決の法廷意見は，理由を示すことなく本条例が定める基準の明確性を認めた。これに対し，伊藤補足意見は，本条例のみでは「必ずしも明確性をもつとはいえない面がある」ことを認めつつも，岐阜県青少年対策本部次長通達により審査基準が具体化され，それによって一つの限定解釈が示されているので，青少年保護という社会的利益を考え合わせるなら（明確性の要求も緩和されるので），「基準の不明確性を理由に法令としてのそれが違憲であると判断することはできない」とした（芦部信喜『憲法学Ⅲ［増補版］』344頁も同旨）。ただし学説には，「下位の規範による明確化は法律（条例）自体による事前告知の趣旨に反するのではなかろうか」との指摘もある（芹沢後掲85頁）。

学説はおおむね，表現の自由よりも青少年保護を重視した本判決に批判的である。日本が1994年に批准した児童（子ども）の権利に関する条約が，「こどもの自己決定能力の可能性を前提としたうえでそれを育成し増進させる方向」がとられるべきとの考えに立脚しており，日本の青少年観にも変化がみられることを指摘して，青少年の一般的未熟性を前提としている本判決は再構成を迫られているとの主張もある（奥平康弘『ジャーナリズムと法』307頁）。ただし，判例には，その後も宮崎県青少年保護条例に基づくフロッピーディスクの有害図書の指定を本判決に依拠して合憲としたもの（最判平成11年12月14日判例集未登載）のほか，年齢識別装置を取り付けた自販機による有害図書の販売を有罪としたもの（東京高判平成12年2月16日判タ1035号278頁）もある。

近年では，インターネットや携帯電話などの普及に伴う青少年保護対策として，風営法の改正（1998年），児童買春・児童ポルノ禁止法の制定（1999年），出会い系サイト規制法の制定（2003年）などが相次いでいるほか，自民党と民主党はそれぞれに青少年に有害なメディアを規制するための法案を準備している。青少年を保護するために法律や条例で表現の自由を規制する必要性や規制の態様・程度について，さらなる検討が必要とされている。

設問 本判決によれば，青少年を保護するために「著しく性的感情を刺激し，又は著しく残忍性を助長する」表現を青少年にとって有害な表現と定めた法律を制定し，次のような方法によりこの有害表現を規制することは憲法21条に反するか。
(1) 内閣総理大臣は，青少年保護育成審議会の意見を聴いた上で，有害表現を含む図書（書籍・雑誌のほか，ビデオ，DVD，ゲーム・ソフト等のパッケージメディアを含む）を個別に有害図書として指定することができることとし，有害図書として指定された図書の自販機への収納を禁止して，これに違反した場合には処罰されるとすること。
(2) (1)で有害図書として指定された図書について，これを自販機で販売するためには運転免許証による年齢識別装置を自販機に取り付けなければならないこととし，それに違反した場合には処罰されるとすること。
(3) 青少年が利用する図書館やインターネットカフェ等のインターネットに接続されたすべてのコンピュータに対して，有害表現を受信者側で遮断することができるフィルタリングソフトの設置を義務付け，これに違反した場合には処罰されるとすること。

〔参考文献〕
▽「基本となる素材」についての判例評釈
浜田純一「少年犯罪の実名報道と表現の自由」ジュリスト平成12年重要判例解説12頁
斉藤小百合「少年の実名掲載と少年法61条──少年通り魔実名報道名誉毀損害賠償事件」(法学教室判例セレクト'00) 7頁
田島泰彦「少年の実名掲載と少年法61条──『新潮45』少年実名報道事件」法律時報72巻9号 (2000) 93頁
飯室勝彦「妥当なジャーナリズム論と法律論の分離」新聞研究586号 (2000) 36頁
木村哲也「『新潮45』少年実名掲載記事訴訟」子どもの人権と少年法に関する特別委員会等編『少年事件報道と子どもの成長発達権』(現代人文社, 2002) 110頁
棟居快行「出版・表現の自由とプライバシー」ジュリスト1166号 (1999) 12頁

▽長良川リンチ殺人仮名報道事件上告審判決についての判例評釈
右崎正博「報道の自由に一定の配慮──『週刊文春』少年報道めぐる最高裁判決」新聞研究622号 (2003) 52頁
飯室勝彦「事件報道に大きな影響を与える長良川事件・最高裁判決──少年の身元推知をめぐって」法学セミナー582号 (2003) 106頁
渕野貴生①「少年法61条による推知報道の禁止と仮名報道」法学セミナー583号 (2003) 120頁
廣瀬健二「少年法61条で禁じられる推知報道の判断基準──長良川リンチ殺人報道訴訟事件」法学教室277号 (2003) 103頁
山下幸夫「最高裁が示した『推知性』のダブルスタンダード──少年法61条の解釈をめぐって」刑事弁護35号 (2003) 24頁

▽少年事件報道について
山口直也「子どもの成長発達権と少年法61条の意義」山梨学院大学法学論集48号 (2001) 75頁
渕野貴生②「少年事件における本人特定報道禁止の意義」静岡大学法政研究5巻3・4号 (2001) 297頁
平川宗信「少年推知報道と少年の権利」廣瀬健二ほか編『田宮裕博士追悼論集　上巻』(信山社, 2001) 505頁
葛野尋之「犯罪報道の公共性と少年事件」立命館法学271・272号上巻 (2000) 317頁
服部朗「少年事件報道と人権」澤登俊雄古稀祝賀『少年法の展望』(現代人文社, 2000) 249頁
山田健太「少年事件報道と人格権侵害」『新・裁判実務体系9　名誉・プライバシー保護関係訴訟法』(青林書院, 2001) 339頁
松井茂記『少年事件の実名報道は許されないのか』(日本評論社, 2000)
田島泰彦ほか編『少年事件報道と法』(日本評論社, 1999)
読売新聞社『新・書かれる立場　書く立場』(読売新聞社, 1995)
髙山文彦編著『少年犯罪実名報道』(文藝春秋, 2002)

▽成長発達権について
戸波江二「人権論としての子どもの『成長発達権』」子どもの人権と少年法に関する特別委員会等編『少年事件報道と子どもの成長発達権』(現代人文社, 2002) 204頁
竹中勲「演習　憲法1」法学教室274号 (2003) 148頁
赤坂正浩「必要なのは子ども扱い？大人扱い？──子どもの人権」法学教室265号 (2002) 49頁
服部朗「成長発達権の生成」愛知学院大学論叢法学研究44巻1・2号 (2002) 129頁

▽青少年保護と表現の自由について
笹田栄司「青少年保護」法学教室236号 (2000) 32頁
植村勝慶「表現の自由と青少年保護」憲法の争点 (有斐閣, 第3版, 1999) 108頁
安部哲夫『青少年保護法』(尚学社, 2002) 145頁

▽「もう1つの素材」についての判例評釈

高見勝利「『有害図書』指定と表現の自由」憲法判例百選Ⅰ（有斐閣，第4版，2000）116頁

芹沢斉「自販機によるポルノ販売と『有害図書』規制」法学教室114号（1990）84頁

戸松秀典・判タ717号（1990）40頁

手島孝・判例評論376号（1990）49頁

横田耕一「有害図書規制による青少年保護の合憲性──岐阜県青少年保護育成条例違憲訴訟最高裁判決をめぐって」ジュリスト947号（1989）89頁

（鈴木秀美）

精神的自由

8　集会の自由とその限界

〔論　点〕
(1) **集会の自由と地方公共団体の施設管理権との関係**
　　施設の使用許可条件を定める条例の規定と，これに基づく不許可処分は，いかなる場合に憲法21条の集会の自由を侵害することになるか。
(2) **集会の自由と公安条例との関係**
　　集会・デモ行進について公安委員会の許可を必要とする条例は，いかなる場合に憲法21条の集会の自由を侵害することになるか。

Part I　基本となる素材

泉佐野市民会館事件

最高裁平成7年3月7日第三小法廷判決
平成元年（オ）第762号損害賠償請求事件
民集49巻3号687頁，判時1525号34頁
〔参照条文〕憲21　市立泉佐野市民会館条例7

X＝原告，控訴人，上告人
Y＝被告，被控訴人，被上告人

❖ 事実の概要

　Xらは，1984年6月3日に市立泉佐野市民会館ホールで「関西新空港反対全国総決起集会」を開催することを企画し，4月2日に市長宛に使用許可申請を行った。しかし，市側は，本件集会の主体がこれまで空港建設反対闘争で爆破事件や対立団体との衝突を起こしてきた中核派であることから本件集会でも混乱が予想され，本件集会は市立泉佐野市民会館条例7条1号の「公の秩序をみだすおそれがある場合」，および同3号の「その他会館の管理上支障がある場合」にあたるとして，4月23日に不許可の処分を行った。そこでXらは，本件条例の違憲・違法性と，不許可処分の違憲・違法性を理由としてY市を相手に国家賠償請求訴訟を提起した。しかし，Xらは第1審・控訴審・上告審のいずれにおいても敗訴した。

❖ 第 1 審＝大阪地裁

大阪地裁昭和 60 年 8 月 14 日判決
民集 49 巻 3 号 872 頁

❖ 当事者の主張（争点）

〈事実にかかる主張〉

原告……本件集会は主催者の統制下で行われる屋内集会であって，会館内や会館周辺が混乱するおそれは全くなかった。中核派と対立グループの双方が参加した関西新空港反対総決起集会でも，混乱は一切生じなかった。

被告……中核派は，三里塚闘争・関西新空港反対闘争において，昭和 59 年の連続爆破事件など過激な行動を繰り返してきた「過激派集団」である。昭和 58 年に大阪中之島中央公会堂で，対立する集団が主催した集会の際，中核派の実力行使で付近一帯が大混乱に陥ったこともある。本件集会でも同様の大混乱が生じ，付近住民の生命・身体・財産に重大な影響を及ぼすおそれが十分にあった。

〈法的な根拠にかかる主張〉

原告……本件条例は，許可制を採用し，きわめて抽象的・包括的な許可基準を定めている点で集会の自由を不当に制限しており，「漠然性による無効」の理論により違憲である。仮に条例が違憲でないとしても，本件不許可処分は，中核派の参加する集会が混乱するという抽象的な危惧感のみを理由とするもので，合理的な根拠がなく違法である。

被告……集会の自由も無制限ではなく，特に公の施設を利用する場合には，管理主体の定めた利用条件に従うこともやむをえない。本件条例は，施設の維持・管理・利用関係の調整等のため，許可制を採用し一定の相当な不許可基準を設けたものであるから違憲ではない。本件処分は，本件の事情を総合考慮した結果，条例 7 条 1 号・3 号に該当すると判断してなされたものであるから違法ではない。

❖ 法的構成

集会の自由は，民主主義社会存立の基盤をなす最も重要な人権の 1 つである。しかし，地方公共団体が設置した公の施設については，設置者は，設置目的を達成するため，施設の維持・管理・利用関係の調整等の管理権を有する。したがって，公の施設で集会を行おうとする者は，設置者の定めた利用条件が合理的なものである限り，この条件に服さなければならない。

本件条例の許可制は，公共財産たる本件会館の管理の必要によるもので，何ら不合理ではない。本件条例 7 条 1 号ないし 3 号の不許可条件は，その内容も設置の目的・構造・管理の必要に照らして不合理・不必要とはいえず，趣旨も不明確とはいえないから，違憲・違法ではない。条例 7 条 1 号の「公の秩序をみだす」とは，人々の生命・身体・財産の安全を侵害することを意味し，そのおそれとは，侵害行為が直接惹起されるおそれのみならず，侵害行為を助長するおそれを含むと解される。

❖ あてはめ

中核派は，関西新空港反対闘争において，連続爆破事件等，人の生命・身体・財産を侵害する違法な実力行使を行っている。中核派は，本件集会の主体をなすか，少なくとも重要な地位を占める。したがって，本件集会に本件会館を利用させることは，中核派の闘争に寄与し，この闘争に基づく生命・身体・財産の侵害行為を助長するおそれが多分にある。よって本件は，条例 7 条 1 号に該当

する。

　本件集会参加予定者は，本件会館ホールの定員をはるかに超える可能性が高く，本件会館の管理に支障を来すことは明らかである。よって本件は，条例7条3号に該当する。

　なお，本件集会は中核派自体が主催するものであるから，過去に他団体の主催する集会に対して中核派が実力行使に及んで混乱が生じたことを根拠に，本件集会も対立団体との抗争によって本件会館の内外に混乱を生じさせるおそれが高いとはかならずしもいえない。したがって，この点に関する被告の主張は採用できない。

❖ 第2審＝大阪高裁

大阪高裁平成元年1月25日判決
民集49巻3号885頁

❖ 当事者の主張（争点）

　第2審での当事者双方の主張は，若干の訂正・付加があるほかは「原判決事実摘示と同一」である。

❖ 法的構成

　本件条例7条1号にいう「公の秩序をみだすおそれがある場合」とは，他の人々の生命・身体・財産の安全を不当に侵害するおそれのある場合である。このような事由で集会の自由，表現の自由を制限できるのは，公共の安全に対する明白かつ現在の危険が存在する場合に限られる。

❖ あてはめ

　中核派は，関西新空港反対闘争の一環として連続爆破事件を起こし，人の生命・身体・財産を侵害する違法な実力行使によって一般市民に畏怖の念を抱かせていた。中核派は，本件集会の主体ないし重要な地位を占める団体である。中核派が他の団体と対立抗争中であることは公知の事実であり，同派が他団体の集会に乱入する事件を起こしたことからも，本件集会に他団体が介入して本件会館内外に混乱を生ずることも多分に考えられた。市民の間からも不安の声が上がり，こうした極左暴力集団に本件会館を貸さないようにとの要望がなされていた。このような状況の下で，被控訴人市長が，本件集会には一般市民の生命・身体・財産に対する安全を侵害するおそれ，すなわち公共の安全に対する明白かつ現在の危険があると判断したことは，「真に無理からぬ」ことというべきである。

❖ 上告審＝最高裁

❖ 上告理由

　被上告人は，本件集会が大混乱に陥るおそれの有無など，明らかに集会の内容にわたる調査を行っており，憲法21条2項の検閲禁止に違反している。こうした被上告人の行為を是認する原判決も，検閲禁止規定に触れるものである。

　原判決は，きわめて杜撰に本件条例を合憲と判示しているが，本件会館の設置目的を効率的に達成し，適正な管理を行うためには届出制で十分であって，許可制を正当化する合理的な根拠は存在しない。したがって本件条例は違憲である。

　原判決は中核派の活動，言動，敵対集団との抗争を理由に本件不許可処分を正当化しているので，

主催団体の性格を理由とする事前抑制の禁止の原則に反する。

原判決がよって立つ「明白かつ現在の危険」の理論は，元来表現行為の事後処罰を定める法令の合憲性判断基準として確立したものであるから，本件のような事前抑制のケースに適用することは適切ではない。

〈多数意見〉

◈ **法的構成**

「集会の用に供される公共施設の管理者は，当該公共施設の種類に応じ，また，その規模，構造，設備等を勘案し，公共施設としての使命を十分達成せしめるよう適正にその管理権を行使すべきであって，これらの点からみて利用を不相当とする事由が認められないにもかかわらずその利用を拒否し得るのは，利用の希望が競合する場合のほかは，施設をその集会のために利用させることによって，他の基本的人権が侵害され，公共の福祉が損なわれる危険がある場合に限られるものというべきであり，このような場合には，その危険を回避し，防止するために，その施設における集会の開催が必要かつ合理的な範囲で制限を受けることがあるといわなければならない。そして，右の制限が必要かつ合理的なものとして肯認されるかどうかは，基本的には，基本的人権としての集会の自由の重要性と，当該集会が開かれることによって侵害されることのある他の基本的人権の内容や侵害の発生の危険性の程度等を較量して決せられるべきものである。本件条例 7 条による本件会館の使用の規制は，このような較量によって必要かつ合理的なものとして肯認される限りは，集会の自由を不当に侵害するものではなく，また，検閲に当たるものではなく，したがって，憲法 21 条に違反するものではない」。

「そして，このような較量をするに当たっては，集会の自由の制約は，基本的人権のうち精神的自由を制約するものであるから，経済的自由の制約における以上に厳格な基準の下にされなければならない」。

「本件条例 7 条 1 号は，『公の秩序をみだすおそれがある場合』を本件会館の使用を許可してはならない事由として規定しているが，同号は，広義の表現を採っているとはいえ，右のような趣旨からして，本件会館における集会の自由を保障することの重要性よりも，本件会館で集会が開かれることによって，人の生命，身体又は財産が侵害され，公共の安全が損なわれる危険を回避し，防止することの必要性が優越する場合をいうものと限定して解すべきであり，その危険性の程度としては，前記各大法廷判決の趣旨によれば，単に危険な事態を生ずる蓋然性があるというだけでは足りず，明らかな差し迫った危険の発生が具体的に予見されることが必要である……。そう解する限り，このような規制は，他の基本的人権に対する侵害を回避し，防止するために必要かつ合理的なものとして，憲法 21 条に違反するものではなく，また，地方自治法 244 条に違反するものでもないというべきである。

そして，右事由の存在を肯認することができるのは，そのような事態の発生が許可権者の主観により予測されるだけではなく，客観的な事実に照らして具体的に明らかに予測される場合でなければならないことはいうまでもない。

なお，右の理由で本件条例 7 条 1 号に該当する事由があるとされる場合には，当然に同条 3 号の『その他会館の管理上支障があると認められる場合』にも該当するものと解するのが相当である」。

◈ **あてはめ**

「本件不許可処分のあった昭和 59 年 4 月 23 日の時点においては，本件集会の実質上の主催者と目される中核派は，関西新空港建設工事の着手を控えて，これを激しい実力行使によって阻止する

闘争方針を採っており，現に同年 3 月，4 月には，東京，大阪において，空港関係機関に対して爆破事件を起こして負傷者を出すなどし，6 月 3 日に予定される本件集会をこれらの事件に引き続く関西新空港建設反対運動の山場としていたものであって，さらに，対立する他のグループとの対立緊張も一層増大していた。このような状況の下においては，それ以前において……上告人らによる関西新空港建設反対のための集会が平穏に行われたこともあったことを考慮しても，右時点において本件集会が本件会館で開かれたならば，対立する他のグループがこれを阻止し，妨害するために本件会館に押しかけ，本件集会の主催者側も自らこれに積極的に対抗することにより，本件会館内又はその付近の路上等においてグループ間で暴力の行使を伴う衝突が起こるなどの事態が生じ，その結果，グループの構成員だけでなく，本件会館の職員，通行人，付近住民等の生命，身体又は財産が侵害されるという事態を生ずることが，客観的事実によって具体的に明らかに予見されたということができる」。

「もとより，普通地方公共団体が公の施設の使用の許否を決するに当たり，集会の目的や集会を主催する団体の性格そのものを理由として，使用を許可せず，あるいは不当に差別的に取り扱うことは許されない。しかしながら，本件において被上告人が上告人らに本件会館の使用を許可しなかったのが，上告人らの唱道する関西新空港建設反対という集会目的のためであると認める余地のないことは，……被上告人が，過去に何度も，上告人……が運営委員である『泉佐野・新空港に反対する会』に対し，講演等のために本件会館小会議室を使用することを許可してきたことからも明らかである。また，本件集会が開かれることによって前示のような暴力の行使を伴う衝突が起こるなどの事態が生ずる明らかな差し迫った危険が予見される以上，本件会館の管理責任を負う被上告人がそのような事態を回避し，防止するための措置を採ることはやむを得ない」。

「また，主催者が集会を平穏に行おうとしているのに，……他のグループ等がこれを実力で阻止し，妨害しようとして紛争を起こすおそれがあることを理由に公の施設の利用を拒むことは，憲法 21 条の趣旨に反するところである。しかしながら，本件集会の実質上の主催者と目される中核派」が，「他のグループから報復，襲撃を受ける危険があったことは前示のとおりであり，これを被上告人が警察に依頼するなどしてあらかじめ防止することは不可能に近かったといわなければなら」ない。

「したがって，本件不許可処分が憲法 21 条，地方自治法 244 条に違反するということはできない」。

〈補足意見〉

園部逸夫裁判官……「公の施設の利用を拒否できる『正当な理由』は，さきに述べた公の施設の一般的な性格から見て，専ら施設管理の観点から定めるべきものであることはいうまでもない。しかし，本件会館のような集会の用に供することを主な目的とする施設の管理規程については，その他の施設と異なり，単なる施設管理権の枠内では処理することができない問題が生ずる」。

「この種の会館の使用が，集会の自由ひいては表現の自由の保障に密接にかかわる可能性のある状況の下において」，本件条例 7 条 1 号の「要件により，広範な要件裁量の余地が認められ，かつ，本件条例のように右要件に当たると判断した場合は不許可処分をすることが義務付けられている場合は，条例の運用が，右の諸自由に対する公権力による恣意的な規制に至るおそれがないとはいえない」。

「本件条例は，公物管理条例であって，会館に関する公物管理権の行使について定めるのを本来の目的とするものであるから，公の施設の管理に関連するものであっても，地方公共の秩序の維持

及び住民・滞在者の安全の保持のための規制に及ぶ場合は……，公物警察権行使のための組織・権限及び手続に関する法令（条例を含む。）に基づく適正な規制によるべきである。右の観点からすれば，本件条例7条1号は，『正当な理由』による公の施設利用拒否を規定する地方自治法244条2項の委任の範囲を超える疑いがないとはいえない」。

基本解説

(1) 憲法上の集会の概念

憲法21条1項にいう「集会」とは，複数人が共通の目的をもって特定の場所に集合する行為，および集合している状態を意味する。しかし，何らかの共通の目的をもった人々の集まりは，すべて憲法で保障された集会に含まれるのか，それとも意見の表明や形成を目的とする集まりだけが憲法上の集会なのか。この点についての学説の理解は不明瞭である。前者であればスタジアムでの野球やサッカーの観戦とか，エアロビクスの集まりや結婚披露宴も憲法上の集会に含まれるが，後者の理解ではこれらは憲法21条1項が保護する集会ではないことになるだろう。

ふつう公権力による規制が問題となるのは，政治的・社会的なテーマについて，自分たちの意見をアピールすることを目的とする集まりであるから，こういう概念論議にはたいした実益はないともいえる。しかし，とりわけ屋内集会は，目的の如何を問わず施設管理者の管理に服することになるので，たとえば，「東京都青年の家事件」のように，意見の表明を目的とするわけではない単なる親睦合宿が公権力側の宿泊拒否を受けるようなケースでは，憲法上の集会概念の理解が改めて問題となりうる。

本件最高裁判決も，集会の概念論には触れていない。いずれにせよ，本件で問題となったのは，関西新空港建設に反対するための集まりだから，憲法21条1項の保護を受ける集会であることに疑問の余地はない。

(2) 本件条例の違憲審査の枠組み——利益衡量論と二重の基準論

本件最高裁判決は，公共施設の管理者が利用を拒否できる場合を，次の3つに限定した。すなわち，①当該公共施設の種類・規模・設備等からみてその集会が不相当な場合，②複数の集会の利用希望が競合する場合，③その集会によって他者の基本的人権が侵害され，公共の福祉が損なわれる危険がある場合，である。

その上で最高裁は，本件のような③の場合については，集会の自由と集会によって侵害されうる他の基本的人権との利益衡量によって，条例の合憲性を審査することを明らかにした。公共施設の利用について従来の下級審判決は，主として地方自治法244条2項の「正当な理由」の解釈問題として事案を処理することが多かった。したがって，本件最高裁判決が，条例とそれに基づく公共施設の利用拒否を憲法問題として取り扱った点が，まず注目される（塚田後掲）。

また，最高裁は，条例の合憲性を判断するための利益衡量にあたって，精神的自由の規制立法の合憲性を経済的自由の規制立法の合憲性よりも厳格に審査するという，いわゆる二重の基準論に立つことを確認した。精神的自由の規制が争われている事案で，最高裁が二重の基準論に明示的かつ肯定的に言及したことも評価されている。

(3) 本件における利益衡量の対象——人権対人権

本件最高裁判決の利益衡量論は，明確に人権対人権の衡量という構成を採っている点でも特徴的である。1960年代半ば以降の最高裁は，博多駅テレビフィルム事件決定，猿払事件判決，

本件判決でも引用されている税関検査事件判決，北方ジャーナル事件判決，成田新法事件判決など，精神的自由の規制に関する訴訟において利益衡量の手法を採ってきたが，その際，規制される人権との衡量対象は公共の利益であることが強調されてきた。

たとえば，いわゆる「過激派集団」の参加する屋内集会の規制という側面をもつ点では，本件と共通性を有する成田新法事件判決では，最高裁は次のような利益衡量を行っている。成田新法（新東京国際空港の安全確保に関する緊急措置法）「3条1項1号に基づく工作物使用禁止命令により保護される利益は，新空港若しくは航空保安施設等の設置，管理の安全の確保並びに新空港及びその周辺における航空機の航行の安全の確保であり，それに伴い新空港を利用する乗客等の生命，身体の安全の確保も図られるのであって，これらの安全の確保は，国家的，社会経済的，公益的，人道的見地から極めて強く要請されるところのものである。他方，右工作物使用禁止命令により制限される利益は，多数の暴力主義的破壊活動者が当該工作物を集合の用に供する利益にすぎない」（民集46巻5号443－444頁）。ここでは，新空港等の設置管理の安全確保という公共の利益が強調され，乗客の生命・安全という他者の人権は付随的に言及されているにすぎない。その上で最高裁は，成田新法3条1項が「多数の暴力主義的破壊活動者の集合」による当該工作物の使用自体を，実害の有無にかかわらず禁止していることも，憲法21条1項違反ではないとした。

こうした衡量手法に対する学説の批判も強かっただけに，本件では規制の合憲性審査にあたって，最高裁が人権対人権の衡量という構成を明確化した点が注目された（塚田後掲）。しかし，もちろん本件判決は，人権を規制できるのは他者の人権を保護する場合だけだという立場をとったわけではない。

(4) 条例の合憲限定解釈と「明白かつ現在の危険」の基準

上述のように，本件で最高裁は，「二重の基準論」に立って条例による規制の必要性および合理性をより厳格に審査する態度をとった。この観点から最高裁は，本件条例7条1号に定められた「公の秩序を乱すおそれがある場合」という利用の拒否要件は，当該集会によって人の生命・身体・財産が害され，公共の安全が損なわれる危険を回避・防止する必要性が，集会の自由に優越する場合だけを意味するという合憲限定解釈を行った。

本件のこうした合憲限定解釈は，おおむね好意的に受け止められている。しかし，最高裁の合憲限定解釈の手法には次のような疑問もある。すなわち，規制の萎縮効果が問題となる徳島市公安条例事件・税関検査事件や本件のような表現規制の領域で，安易に合憲限定解釈を選択する傾向に問題はないか。その一方で公務員の争議禁止・あおり行為処罰については，いったん行った合憲限定解釈を短期間で覆したこと（全農林警職法事件判決）に整合性はあるのか，という疑問である。

ともあれ，本件判決は，条例をこのように限定解釈した上で，人の生命・身体・財産が侵害され，公共の安全が損なわれる危険性の程度としては，危険発生の単なる蓋然性ではなく，「明らかな差し迫った危険の発生が具体的に予見されることが必要」だとした。判決自身が引用しているように，「明らかな差し迫った危険」という言い回しは，直接には新潟県公安条例事件判決（最大判昭和29年11月24日刑集8巻11号1866頁）を踏襲したものだが，アメリカ合衆国最高裁の判例理論に由来する「明白かつ現在の危険」の法理を受容したものだと理解されている（近藤後掲・市川後掲①）。ただし，本件判決は，「明白かつ現在の危険」の法理を利益衡量の場面で適用しようとするものであるから，学説が考える「定義的衡量」基準としての「明白かつ現在の危険」の法理ほど厳格な審査基準とはいえないという指摘もある（塚田後掲）。

(5) 不許可処分の違憲・違法性——本件事実へ

のあてはめ

　最高裁は，上の意味での「明白かつ現在の危険」の基準を本件事実関係にあてはめた上で，利用不許可処分に違憲・違法な点はないとした。しかし，本件集会の開催には他者の生命・身体・財産を侵害する「明らかな差し迫った危険」があったとする最高裁の判断には，異論も提起されうる。

　まず，本件集会の中心勢力と認定された中核派が，本件集会で暴力行為に及ぶことは，はたして「客観的な事実に照らして明らかに具体的に予測された」事実といえるかという問題である。最高裁は，中核派が成田闘争・関西新空港反対闘争の一環として連続爆破事件を引き起こしたことを主要な根拠として挙げているが，同時に上告人らの関西新空港建設反対集会が，平穏に開催された例もあることを認めている。自分たちが中心となって開催する本件屋内集会で，中核派自身が暴力行為に及ぶ可能性は小さかったと判断する方が，おそらく合理的であろう。

　むしろ判決が実際に重視したのは，中核派と対立する他の団体が本件集会の妨害行動に出ることによって，会館の内外で中核派と他の「過激派集団」との衝突が起き，参加者のみならず近隣住民など第三者の生命・身体・財産が侵害されるおそれがあった点である。しかし，これに対しても，以下のような疑問を提起することができる。第1は，第1審と控訴審の事実認定が対立している点である。すなわち前述のように，控訴審とは異なって第1審は，過去に大阪中之島中央公会堂での関西新空港建設反対集会で，対立グループ間の衝突により混乱が生じたのは，中核派が実力行使に及んだためであり，逆に中核派が主催する集会が対立グループによって妨害される可能性は低いと認定している。

　第2は，仮に他の団体による妨害の可能性が具体的かつ明確に予想できたとしても，これをただちに利用不許可の理由とすることができるかという点である。本件最高裁判決も，一般論としては，他の団体の妨害によって紛争が起こるおそれがあることを理由として平穏な集会の利用を拒否することは憲法21条の趣旨に反するとして，アメリカ合衆国最高裁の「敵意ある聴衆」の法理を連想させる考え方を示している。ちなみに，全日本鉄道労働組合総連合会の総務部長の殺人事件が，セクトの内ゲバ事件と疑われたため，市側が同総務部長の合同葬の利用を拒否した上尾市福祉会館事件では，最高裁は次のように述べて処分を違法と判断した。「主催者が集会を平穏に行おうとしているのに，その集会の目的や主催者の思想，信条等に反対する者らが，これを実力で阻止し，妨害しようとして紛争を起こすおそれがあることを理由に公の施設の利用を拒むことができるのは，……警察の警備等によってもなお混乱を防止することができないなど特別な事情がある場合に限られる」（最判平成8年3月15日民集50巻3号556頁）。

　最高裁は本件の場合，他のグループによる妨害を，市側が「警察に依頼するなどしてあらかじめ防止することは不可能に近かった」としている。しかし，こうした判断の根拠が特に示されているとはいえない。ここには，なぜ公権力が，暴力事件を起こしてきた「過激派集団」の集会を対立グループから保護してやる必要があるのかという，裁判所の「本音」が透けて見えなくもない。人気のない少数者の平和的な意見表明を「敵意ある聴衆」の妨害から守るという，集会の自由に由来する公権力の義務を，最高裁がどこまで真摯に受け止めているかという点には疑問もある（紙谷後掲①）。二重の基準論を前提とした「明白かつ現在の危険」のテストという最高裁の審査手法を受容しつつ，「敵意ある聴衆」からの保護という観点も含めて，「危険」の具体的な存在について最高裁よりも厳密な判断を試みる選択肢もあり得ると考えられる。

Part II 応用編

確認質問

1 判決は，条例が定める市民会館の使用不許可要件を合憲違憲のいずれと判断したか。その根拠は何か。
2 判決は，本件不許可処分を合憲違憲のいずれと判断したか。その根拠は何か。

応用問題

設問1 最高裁判決のように，「明らかな差し迫った危険」の有無によって不許可処分の合憲性を判断するとすれば，以下の場合はどのように考えるべきか。
(1) 使用を申請したグループが，空港建設実力阻止闘争を計画していることが事前に判明した場合。
(2) 対立グループが当該集会を妨害することを予告している場合。
(3) 集会予定当日，他の都道府県で開催される行事の警備に警察が動員され，十分な警察力が確保できないと予想される場合。

設問2 集会による公共施設の利用を，その内容を理由として不許可とする条例（に基づく処分）は，憲法21条2項が禁止する検閲にあたり許されないが，内容中立的な理由で不許可とする条例（に基づく処分）は許されることもあるという立場に立つとすれば，以下の場合にはどのように違憲審査が行われることになるか。
(1) 市が，市議会による空港誘致決議の趣旨に反するとして，空港建設反対集会の使用を許可しなかった場合。
(2) 市が，空港建設問題をテーマとする集会による市民会館の使用を一律に不許可とした場合。
(3) 市が，空港建設反対集会による利用予定日を市民会館の臨時休館日とした場合。

設問3 本件と同様の空港建設反対集会の開催を目的として，以下の施設等への利用申込みがあった場合，これらの施設のパブリック・フォーラムとしての性格の相違に応じて，条例の許否要件とその適用が合憲となる条件は変化するか。
(1) 多目的の市民会館。
(2) 市営グラウンド。
(3) 市立図書館の集会室。
(4) 駅前広場。
(5) 市立大学内の広場。

Part III 理論編

展開問題

表現行為の内容中立的規制の違憲審査は，どのようになされるべきか。

(1) 事前抑制の法理

基本解説で確認したように，最高裁は二重の基準論を前提として利益衡量を行うとし，その上で，本件条例の不許可要件について，当該集会によって他者の人権が侵害される「明らかな差し迫った危険」が存在する場合に限って，不許可が許されるという合憲限定解釈を行った。しかし，本件における「明らかな差し迫った危険」の認定に対しては異論もあり得る。そこでここでは，別な手法による違憲審査の可能性を探ってみたい。

集会の許可制が表現行為の事前抑制にあたることから，まず考えられるのは，事前抑制禁止の法理に基づく違憲審査の可能性である。「公の秩序を乱すおそれがある場合」に市民会館の使用を不許可にできるとする本件条例の集会規制は，集会が伝達しようとするメッセージの内容ではなく，集会の態様ないし結果を問題にしているという意味で，内容中立的規制の一種と考えることができるだろう（もっとも，上告理由のように，実質的には内容規制だという主張もある）。こうした「事前の内容中立的規制」の違憲審査のあり方については，以下のような見解がある。

「事前抑制が肯定されるためには，まず，それが行政権による表現内容の審査を伴わないものでなければならないことは，検閲の絶対的禁止の観点から当然であるが，表現の時・所・方法についての規制であっても，第一に，行政権に許否の裁量権を与えるものであってはならない。……許否権限を伴う場合には，許否の基準が明確に法定されなければならず，かつ，単なる届出制によっては目的を達成しえないことが示されなければならない。この場合の明確性は，事後抑制の法令に要求される明確性よりも一層厳格に考えなければならず，裁量の余地を残さないものでなければならない。第二に，……事前抑制が許されるのは，事後抑制によっては，制限の目的を達成しえない場合にかぎられる……。以上の条件を満たさない場合には，事前抑制を定める法令は，文面上無効とされるべきものと解される」（浦部後掲）。

仮にこのような違憲審査基準を立てるならば，本件条例7条1号は，使用の許否について管理者の広範な裁量を認める文言となっている点からみて，文面上違憲とみなされるべきことになろう。現に上告理由にはこうした主張が含まれている（民集49巻3号804－818頁）。しかし，事前の内容規制の場合とは異なって，事前の内容中立的規制については，このような違憲審査手法に学説のコンセンサスが成立しているとはかならずしもいえない。

(2) パブリック・フォーラム論
①パブリック・フォーラムの法理

もう1つの可能性は，パブリック・フォーラム論による違憲審査である。パブリック・フォーラムとは，本来の利用目的は別であっても，同時に表現活動にも利用できるような，一般公衆が出入りできる公共的な場所を意味する。パブリック・フォーラム論は，こうした場所での表現活動を最大限保護しようという意図の下に，アメリカ合衆国最高裁によって展開されてきた。合衆国最高裁のパブリック・フォーラム論は，公道・公園等における集会の許可制を定める条例を違憲とした1939年の「ヘイグ対CIO」判決に遡るといわれるが，とりわけ1983年のペリー判決は，公共的な場所の類型化と，類型ごとの違憲審査基準を示して，パブリック・フォーラム論をいっそう明確化したとされる。

この判決によると，公共の場所は，「本質的ないし伝統的パブリック・フォーラム」「政府の指定によるパブリック・フォーラム」「非パブリック・フォーラム」の3つに分類される。「本質的ないし伝統的パブリック・フォーラム」とは，その管理権が誰にあろうとも，「記憶にないほど遠い昔から」公衆の集会や討論に利用されてきた場所で，道路・公園がこれに含まれる。「政府の指定によるパブリック・フォーラム」とは，政府が表現活動の場所として特に設

けた公共施設を意味し，合衆国最高裁の判例では，市立劇場，一般市民に開放された学校委員会の公聴会，登録学生団体の利用を認める州立大学施設が，これに該当すると判断されたことがあるという。「非パブリック・フォーラム」とは，いうまでもなくこれら以外の公共施設を指す。

ペリー判決は，この3類型ごとに集会規制法の合憲性審査基準も異なるべきだとした。すなわち，「本質的ないし伝統的パブリック・フォーラム」では，表現の内容または主題に基づく表現規制は原則として許されない。こうした規制は，やむにやまれぬ政府利益に仕える目的をもち，規制手段もこの目的を達成するような限定されたものである場合にだけ，合憲と判断される。これに対して，時・場所・方法の規制は，「本質的パブリック・フォーラム」における表現活動についても，その規制が内容中立的で，重大な政府利益に仕えるように限定されており，代替的なコミュニケーションのチャンネルが十分残されている場合には許される。

合衆国最高裁によれば，政府には「指定的パブリック・フォーラム」を維持し続ける義務はないが，「指定的パブリック・フォーラム」についても，表現規制の合憲性審査には「本質的パブリック・フォーラム」の場合と同様の審査基準が妥当する。ただし，「指定的パブリック・フォーラム」のなかには，政府が特定グループや特定主題のために特に設けた「限定的パブリック・フォーラム」という類型も含まれるとされ，この場合には，グループやテーマを限定する表現規制も許されるという。

第3の範疇である「非パブリック・フォーラム」の場合にも，表現者の見解の内容に基づく規制は許されない。しかし，表現の主題・主体・時・場所・方法に関する規制については，規制が合理的であれば合憲だとする，いわゆる合理性の審査が行われるべきだとされる（市川後掲②・大沢後掲）。

パブリック・フォーラム論に対しては批判もあるが，少なくとも「政府は自らが表現行為用に設置した公共施設における表現行為をみだりに制限することはできず，裁判所はそうした公共施設における表現行為の制約についてその合憲性を厳密に審査しなければならないとする点は，わが国の同種の問題についても妥当するのではないかと思われる」（市川後掲②，紙谷後掲②も参照）。

②本件とパブリック・フォーラム論

ペリー判決の考え方に立てば，本件施設のような多目的の市民会館は「指定的パブリック・フォーラム」に分類され，不許可処分の合憲性は，内容規制であれば「やむにやまれぬ政府利益」の審査，内容中立的規制であれば「重大な政府利益」との実質的関連性の審査を受けるべきだということになるだろう。

本件不許可処分は内容中立的規制だという理解に立ったとして，この処分は重大な政府利益を守ることと実質的関連性をもつといえるだろうか。この点の判断は，実質的主催者とされる中核派が，本件集会によって他人の生命・身体・財産を侵害する現実的可能性は存在したか，対立グループが本件集会を実力をもって妨害することで，警察の警備等によっても防止できないような他人の生命・身体・財産侵害が生じる高度の蓋然性が存在したか，これらの事実問題の評価に依存することになると思われる。したがって，パブリック・フォーラム論に立った場合にも，最高裁的な「明らかな差し迫った危険」の審査と，実質的にはさほど変わらない審査がなされることになる。すでに述べたように（PartⅠ「基本解説」(5)），本件事実関係の下では，不許可処分が他人の生命・身体・財産に対する加害行為の防止と実質的関連性をもつと判断することはむずかしいであろう。また，当該施設の所有権・管理権の主体が誰であれ，パブリック・フォーラムであれば広く市民の表現活動に開かれるべきだというパブリック・フォーラム論の基本的発想からは，園部補足意見と同様，公物管理権に基づく条例で，公物警察権を行使することにも疑念が提起されることになろう。

Part IV　もう1つの素材

東京都公安条例事件

最高裁昭和35年7月20日大法廷判決
昭和35年（あ）第112号昭和25年東京都条例第44号集会，集団行進及び集団示威運動に関する条例違反被告事件
刑集14巻9号1243頁，判時229号6頁
〔参照条文〕憲21　東京都公安条例

❖ 事実の概要

1958年9月15日に全日本学生自治会総連合会主催のデモ行進において，東京都公安委員会の許可条件に違反して蛇行進・渦巻行進が行われた際，Xらは行進の先頭に立って許可条件違反の行進を誘導した。また，同年11月5日に学生約3000名が，東京都公安委員会の許可を受けずに警察官職務執行法改悪反対集会を行った際，Xらはその主催者となり，隊列の先頭に立って集団行進を指導した。

Xらは東京都公安条例違反を理由に起訴されたが，第1審（東京地判昭和34年8月8日刑集14巻9号1281頁）は，規制対象となる集会等が十分に限定されておらず，許否要件も明確ではなく，公安委員会の許否の通知がなされなかった場合には許可されたものとみなすいわゆる「許可推定条項」も存在しないことなどを理由として，東京都公安条例を違憲と判断し，Xらに無罪を言い渡した。

そこで検察側が控訴したが，刑事訴訟規則247条，248条に基づいて，事件は高裁から最高裁に移送された。最高裁は本件公安条例を合憲と判断し，原判決を破棄して地裁に差し戻した。

❖ 上告審＝最高裁

❖ 法的構成

「集団行動による思想等の表現は，単なる言論，出版等によるものとはことなつて，現在する多数人の集合体自体の力，つまり潜在する一種の物理的力によつて支持されていることを特徴とする。……平穏静粛な集団であつても，時に昂奮，激昂の渦中に巻きこまれ，甚だしい場合には一瞬にして暴徒と化し，勢いの赴くところ実力によつて法と秩序を蹂躪し，集団行動の指揮者はもちろん警察力を以てしても如何ともし得ないような事態に発展する危険が存在すること，群集心理の法則と現実の経験に徴して明らかである。従つて地方公共団体が，……検閲が憲法21条2項によつて禁止されているにかかわらず，集団行動による表現の自由に関するかぎり，いわゆる『公安条例』を以て……法と秩序を維持するに必要かつ最小限度の措置を事前に講ずることは，けだし止むを得な

い次第である。

しからば如何なる程度の措置が必要かつ最小限度のものとして是認できるであろうか。これについては，公安条例の定める集団行動に関して要求される条件が『許可』を得ることまたは『届出』をすることのいずれであるかというような，概念乃至用語のみによつて判断すべきでない。またこれが判断にあたつては条例の立法技術上のいくらかの欠陥にも拘泥してはならない。我々はそのためにすべからく条例全体の精神を実質的かつ有機的に考察しなければならない」。

❖ あてはめ

本条例では「許可が義務づけられており，不許可の場合が厳格に制限されている。従つて本条例は規定の文面上では許可制を採用しているが，この許可制はその実質において届出制とことなるところがない」。

「公共の安寧を保持する上に直接危険を及ぼすと明らかに認められる場合」には不許可とされることとなっているが，地方公共団体が法と秩序の維持について住民に責任を負っていることから，これはやむをえない。また，「かような場合に該当する事情が存するかどうかの認定が公安委員会の裁量に属することは，それが諸般の情況を具体的に検討，考量して判断すべき性質の事項であることから見て当然である」。いわゆる許可推定条項が存在しないことを理由として，本条例をただちに違憲無効とすることもできない。

原判決は，本条例が集会については「道路その他公共の場所」，集団示威運動については「場所のいかんを問わず」適用されることを定めているため，制限が具体性を欠き不明確だと批判するが，「いやしくも集団行動を法的に規制する必要があるとするなら，集団行動が行われ得るような場所をある程度包括的にかかげ，またはその行われる場所の如何を問わないものとすることは止むを得ない次第」である。

基本解説

(1) 第二次世界大戦前には，政治団体・政治集会を規制する統一的な治安立法として治安警察法（1900年）が存在したが，敗戦直後の1945年に占領軍によって廃止された。しかし，戦後の混乱と食糧難・生活難のなかで，大衆運動・労働運動が活発化すると，占領軍総司令部は集会・結社規制の動きを強め，その要請の下に1948年7月の大阪市公安条例を皮切りとして，全国各地の自治体で公安条例が制定された。これらの公安条例は，主として屋外集会を対象とし，「公共の安全と秩序に対して直接危険が及ぶことが明らかな場合」といった要件を掲げて，公安委員会に不許可権限を与える許可制をとり，無許可集会・許可条件違反集会の主催者・指導者を処罰する規定を置いている。公安条例は，単に交通秩序を維持するにとどまらない治安立法の性格をもつ。

(2) 条例違反を理由として，集会やデモ行進の主催者等が起訴された刑事事件で，公安条例の合憲性が争われたケースはおびただしい数に上るが，最高裁が初めてこの問題に対する態度を示したのは，新潟県公安条例事件判決（最大判昭和29年11月24日刑集8巻11号1866頁）である。この判決で最高裁は，公安条例の合憲性に関する次のような判断基準を示した。①「単なる届出制を定めることは格別，そうでなく一般的な許可制を定めて，これ〔集会〕を事前に抑制することは，憲法の趣旨に反し許されない」。②しかし，「公共の秩序を保持し，又は公共の福祉が著しく侵されることを防止するため，特定の場所又は方法につき，合理的かつ明確な基準の下に，予め許可を受けしめ，又は届出を

なさしめ」ることは許される。③「公共の安全に対し明らかな差し迫った危険を及ぼすことが予見されるときは、これを許可せず又は禁止することができる旨の規定を設けることも」、ただちに不当な制限とはいえない。

新潟県条例が許可推定条項を伴っていたこともあって、最高裁はこの基準に基づいて新潟県条例は合憲と判示した。

(3) この判決の後、下級審は最高裁判決の基準をあてはめて公安条例の合憲性審査を行うが、結論はケースによって分かれた（違憲判断として、東京地判昭和34年10月13日など）。そこで、東京都公安条例事件の最高裁判決は、再び判例の統一を図る意味ももったが、何といっても国会周辺での10万人デモなど、安保反対運動が国民的な高まりを見せた1960年7月の判決という時代状況も影響して、きわめて治安重視の色彩が強いものとなった。判決は、集会が表現行為としては特殊なもので、いつ暴徒化するともかぎらないとするいわゆる「集団行動暴徒化論」を基底にすえ、理由らしい理由も述べずに許可推定条項も合憲性の判断には無関係だとするなど、事実上新潟県条例判決を変更したに等しく、学説の厳しい批判を浴びてきた（芦部・植村）。なお、判決には、新潟県条例判決の基準を適用して、東京都条例を違憲と判断する藤田八郎・垂水克巳両裁判官の反対意見が付されている。

設問 ①東京都公安条例事件最高裁判決、②新潟県公安条例事件最高裁判決、③パブリック・フォーラム論のそれぞれの立場から、以下の場合について東京都公安条例の合憲性を審査してみよ。
(1) 無許可だが平穏に実施されたデモ行進の主催者が、条例違反で起訴された場合。
(2) 通行人がたまたま集まってきた自然発生的集会で演説した者が、条例違反で起訴された場合。

〔参考文献〕

芦部信喜『憲法学Ⅲ』（有斐閣，増補版，1998）
市川正人①「集会の自由」法学教室207号（1997）42頁
市川正人②『表現の自由の法理』（日本評論社，2003）
植村勝慶「公安条例と集団示威運動」憲法判例百選Ⅰ（有斐閣，第4版，2000）
浦部法穂「21条」樋口陽一=佐藤幸治=中村睦男=浦部法穂『注解法律学全集・憲法Ⅱ』（青林書院，1998）
大沢秀介「パブリック・フォーラム」芦部信喜編『アメリカ憲法判例』（有斐閣，1998）129頁
紙谷雅子①『判例評論』442号21頁
紙谷雅子②「パブリック・フォーラム」公法研究50号（1988）103頁
川岸令和「集会の自由と市民会館の使用不許可」憲法判例百選Ⅰ（有斐閣，第4版，2000）
近藤崇晴「時の判例」ジュリスト1069号（1995）82頁
齊藤芳浩「集会の自由と公共施設の利用(1)(2)」福岡県立大学紀要9巻1号（2000）17頁，9巻2号（2001）1頁
渋谷秀樹『日本国憲法の論じ方』（有斐閣，2002）216頁
塚田哲之「最高裁判例理論の『新展開』?」法学セミナー510号（1997）30頁
橋本基弘「公共施設管理権と集会規制」法学新報103巻2・3号（1997）257頁

（赤坂正浩）

9 職業の自由と規制目的

経済的自由

〔論 点〕

①職業の自由に対する規制には消極目的によるものと積極目的によるものとがある。規制目的によって、裁判所による違憲審査のあり方はどのように異なるか。
②規制二分論の意義は何か。また、規制二分論の限界について考えよ。

Part I　基本となる素材

薬事法違憲判決

最高裁昭和50年4月30日大法廷判決
昭和43年（行ツ）第120号行政処分取消請求事件
民集29巻4号572頁

X＝原告，被控訴人，上告人
Y＝被告，控訴人，被上告人

❖ 事実の概要

　昭和38年7月に改正された薬事法6条2項は、配置の適正を欠く場合には薬局開設の許可を与えないことができるとし、同4項は適正配置基準を都道府県の条例によって定めるとした。原告X（被控訴人・上告人）は、同年6月に薬局開設の許可申請を行ったが、広島県知事Yは、翌年1月に、「薬事法第26条において準用する同法第6条第2項および薬局等の配置の基準を定める条例第3条の薬局等の配置の基準に適合しない」との理由で不許可の処分をした。そこでXは、①薬局開設の距離制限を定める薬事法および県条例は憲法22条に違反し、また、②申請受理後の新基準に基づく本件不許可処分は違法であると主張し、処分の取消しを求めて出訴した。
　第1審は、処分は申請時の許可条件によるべきであるとして、憲法判断に立ち入らずに本件不許可処分を取り消したが、第2審は、許可基準を処分時の基準とし、さらに薬事法6条2項等は憲法22条に違反するものではないとして、第1審判決を破棄したためXが上告。

❖ 第 1 審＝広島地裁

広島地裁昭和 42 年 4 月 17 日判決
行集 18 巻 4 号 501 頁

❖ 当事者の主張（争点）

〈法的な根拠にかかる主張〉

原告……①薬事法 6 条 2 項および「薬局等の配置の基準を定める条例」（昭和 38 年広島県条例第 29 号，以下単に県条例と略称する）は憲法 22 条に違反する。②本件不許可処分はすでに発生した事実に対し事後の法を遡って適用したものであって，いわゆる法律不遡及の原則に反し違法である。法改正前の許可申請に対しては，たとえ法改正後に処理する場合でも申請者の利益を考慮して改正前の法（許可基準）を適用すべきである。

被告……①薬事法 6 条 2 項および薬局等の配置の基準を定める条例は憲法 22 条に違反しない。②行政処分は，特別の経過規定のない限り，その処分当時の法令に基づいて行うべきであって，申請当時の法令に基づいて行うべきではない。

❖ 法的構成

本件の場合のように，許可基準の変更前にした申請をその変更後に処理する場合，いかなる許可基準を適用すべきかについて経過規定がない場合には，「社会情勢の変化等に基づき，個々人の既得の権利もしくは地位が侵害されてもやむを得ないと思量されるほどの，特に強い公益上の必要性が認められないかぎり，処分時たる改正後の許可基準によるべきではなく，申請時たる改正前のそれによるのが相当である」。

❖ あてはめ

「前記の改正薬事法および県条例によつて新たに加えられた薬局等の設置場所が配置上適正を欠くか否かの基準は……その基準の定立前になされた許可申請にも適用すべきほどの公益上の必要性があるものとは認め難い。」

❖ 第 2 審＝広島高裁

広島高裁昭和 43 年 7 月 30 日判決

❖ 当事者の主張（争点）

〈法的な根拠にかかる主張〉

被控訴人……第 1 審における主張と同じ。

控訴人……第 1 審における主張と同じ。

❖ 法的構成

「行政処分は処分時の法律に準拠してなさるべきが原則である。本件の如く，警察許可の申請受理後処分時までに，許可の基準を定める法規がより厳格に改正された場合であつても，この原則に変りはなく，行政庁は，旧法によれば許可基準に適合していたものを，新法によれば適合しないものとして不許可処分をなし得る。」

❖ あてはめ

「相当の期間内に処理すれば旧法によつて許可をなし得たものを，徒らに処分を伸ばし，その間許可基準が変更になつたため，これを理由に不許可処分をしたような特別な場合」には本件は該当

しない。

「医薬品を調剤し供給することにより，これを直接国民に結びつける役割をしている薬局や販売業の店舗なども，多分に公共性を有する施設ということができる。もしその開設を業者の自由に委せて，何らその偏在および濫立を防止するなど配置の適正を保つために必要な措置を講じないときは，その偏在により，調剤の確保と医薬品の適正な供給は期し難いことになり，また，その濫立により，濫売，廉売等の過当競争を生じてその経営を不安定ならしめ，ひいては，その施設に不備欠陥を生じ，品質の低下した医薬品の調剤供給等好ましからざる影響をきたす虞がないでもない。……薬局などは医薬品の生産そのものを担当するものではないが，医薬品は管理が十分でなければ品質を低下するのみならず，却つて人体に有毒になることもあるのであつて，流通部門のみを担当するから右のように論結できぬとはいえない。……したがつて，薬局などの設置の場所が配置の適正を欠き，その偏在ないし濫立をきたすに至るが如きは，公共の福祉に反するものであつて，このような理由から，薬局の開設などに許可を与えないことができる旨の右改正薬事法およびこれに基く右広島県条例は，憲法第22条に違反するものではない」。

❖❖ 上告審＝最高裁

❖ 当事者の主張（争点）

〈法的な根拠にかかる主張〉

上告人……①薬事法6条2項，4項（これらを準用する同法26条2項）およびこれに基づく広島県の「薬局等の配置の基準を定める条例」を合憲とした原判決には，憲法22条，13条の解釈，適用を誤った違法がある。②本件許可申請につき，昭和38年改正後の薬事法の規定によって処理すべきものとした原審の判断は，憲法31条，39条，民法1条2項に違反し，薬事法6条1項の適用を誤ったものである。

被上告人……（上告理由①に関係する部分のみ）：薬事法6条2項等は憲法に違反しない。①薬局等の偏在はかねてから問題とされていたが，昭和32年頃から一部大都市における薬局等の偏在による過当競争の結果として，医薬品の乱売競争による弊害が問題となるにいたった。これらの弊害の対策として行政指導による解決の努力が重ねられたが，それには限界があり，立法措置が要望されるにいたった。②過当競争や乱売により一部業者の経営が不安定となり，その結果，設備，器具等の欠陥を生じ，医薬品の貯蔵その他の管理がおろそかとなって，良質な医薬品の供給に不安が生じ，また，消費者による医薬品の乱用を助長したり，販売の際における必要な注意や指導が不十分になる等，医薬品の供給の適正化が困難となった。これを解消するためには薬局等の経営の安定をはかることが必要である。③医薬品の品質の良否は，専門家のみが判定しうるところで，一般消費者にはその能力がないため，不良医薬品の供給の防止は一般消費者側からの抑制に期待することができず，また，法規違反に対する行政上の監視体制は，その対象の数がぼう大であることに照らしてとうてい完全を期待することができず，これによっては不良医薬品の供給を防止することが不可能である。

❖ 結論

最高裁は，上告理由②については理由なしとしたが，①について上告人の主張を認め，「原判決を破棄する。被上告人の控訴を棄却する。」と判決した。

❖ **法的構成**
一 憲法 22 条 1 項の職業選択の自由と許可制

㈠ 「憲法 22 条 1 項は，何人も，公共の福祉に反しないかぎり，職業選択の自由を有すると規定している。職業は，人が自己の生計を維持するためにする継続的活動であるとともに，分業社会においては，これを通じて社会の存続と発展に寄与する社会的機能分担の活動たる性質を有し，各人が自己のもつ個性を全うすべき場として，個人の人格的価値とも不可分の関連を有するものである。……そして，このような職業の性格と意義に照らすときは，職業は，ひとりその選択，すなわち職業の開始，継続，廃止において自由であるばかりでなく，選択した職業の遂行自体，すなわちその職業活動の内容，態様においても，原則として自由であることが要請されるのであり，したがって，右規定は，狭義における職業選択の自由のみならず，職業活動の自由の保障をも包含しているものと解すべきである。」

㈡ もっとも，職業は，その性質上，社会的相互関連性が大きいため，「職業の自由は，それ以外の憲法の保障する自由，殊にいわゆる精神的自由に比較して，公権力による規制の要請がつよ」い。「このように，職業は，それ自身のうちになんらかの制約の必要性が内在する社会的活動であるが，その種類，性質，内容，社会的意義及び影響がきわめて多種多様であるため，その規制を要求する社会的理由ないし目的も，国民経済の円満な発展や社会公共の便宜の促進，経済的弱者の保護等の社会政策及び経済政策上の積極的なものから，社会生活における安全の保障や秩序の維持等の消極的なものに至るまで千差万別で，その重要性も区々にわたる」。これに対応して，現実に職業の自由に対して加えられる制限も，国家または公共団体の専業から職業の遂行の方法または態様についての規制にいたるまで，それぞれの事情に応じて各種各様の形をとる。「それ故，これらの規制措置が憲法 22 条 1 項にいう公共の福祉のために要求されるものとして是認されるかどうかは，これを一律に論ずることができず，具体的な規制措置について，規制の目的，必要性，内容，これによつて制限される職業の自由の性質，内容及び制限の程度を検討し，これらを比較考量したうえで慎重に決定されなければならない。この場合，右のような検討と考量をするのは，第一次的には立法府の権限と責務であり，裁判所としては，規制の目的が公共の福祉に合致するものと認められる以上，そのための規制措置の具体的内容及びその必要性と合理性については，立法府の判断がその合理的裁量の範囲にとどまるかぎり，立法政策上の問題としてその判断を尊重すべきものである。しかし，右の合理的裁量の範囲については，事の性質上おのずから広狭がありうるのであつて，裁判所は，具体的な規制の目的，対象，方法等の性質と内容に照らして，これを決すべきものといわなければならない。」

㈢ 職業の許可制が設けられる理由は多種多様で，それが憲法上是認されるかどうかも一律の基準をもって論じることはできないが，「一般に許可制は，単なる職業活動の内容及び態様に対する規制を超えて，狭義における職業の選択の自由そのものに制約を課するもので，職業の自由に対する強力な制限であるから，その合憲性を肯定しうるためには，原則として，重要な公共の利益のために必要かつ合理的な措置であることを要し，また，それが社会政策ないしは経済政策上の積極的な目的のための措置ではなく，自由な職業活動が社会公共に対してもたらす弊害を防止するための消極的，警察的措置である場合には，許可制に比べて職業の自由に対するよりゆるやかな制限である職業活動の内容及び態様に対する規制によつては右の目的を十分に達成することができないと認められることを要する……。そして，この要件は，許可制そのものについてのみならず，その内容についても要求されるのであつて，許可制の採用自体が是認される場合であつても，個々の許可条件については，更に個別的に右の要件に照らしてその適否を判断しなければならない」。

❖ **あてはめ**
　二　薬事法における許可制について
㈠　薬事法は，医薬品等の供給業務に関して広く許可制を採用している。「医薬品は，国民の生命及び健康の保持上の必需品であるとともに，これと至大の関係を有するものであるから，不良医薬品の供給（不良調剤を含む。以下同じ。）から国民の健康と安全とをまもるために，業務の内容の規制のみならず，供給業者を一定の資格要件を具備する者に限定し，それ以外の者による開業を禁止する許可制を採用したことは，それ自体としては公共の福祉に適合する目的のための必要かつ合理的措置として肯認することができる（最高裁昭和38年（あ）第3179号同40年7月14日大法廷判決・刑集19巻5号554頁，同昭和38年（オ）第737号同41年7月20日大法廷判決・民集20巻6号1217頁参照）。」

㈡　そこで進んで，許可条件に関する基準をみると，薬事法6条は，1項において薬局の構造設備，薬事業務に従事すべき薬剤師の数，許可申請者の人的欠格事由につき許可の条件を定め，2項においては，設置場所の配置の適正の観点から許可をしないことができる場合を認め，4項においてその具体的内容の規定を都道府県の条例に譲っている。「これらの許可条件に関する基準のうち，同条1項各号に定めるものは，いずれも不良医薬品の供給の防止の目的に直結する事項であり，比較的容易にその必要性と合理性を肯定しうるものである……のに対し，2項に定めるものは，このような直接の関連性をもって」いない。それ故，以下において適正配置条項の趣旨，目的を明らかにし，「このような許可条件の設定とその目的との関連性，及びこのような目的を達成する手段としての必要性と合理性を検討し，この点に関する立法府の判断がその合理的裁量の範囲を超えないかどうかを判断することとする。」

　三　薬局及び医薬品の一般販売業（以下「薬局等」という。）の適正配置規制の立法目的及び理由について
㈠　薬事法6条2項，4項の適正配置規制に関する規定は，昭和38年の法改正により追加されたものであるが，その提案理由は，「一部地域における薬局等の乱設による過当競争のために一部業者に経営の不安定を生じ，その結果として施設の欠陥等による不良医薬品の供給の危険が生じるのを防止すること，及び薬局等の一部地域への偏在の阻止によつて無薬局地域又は過少薬局地域への薬局の開設等を間接的に促進することの2点を挙げ」ている。「その中でも前者がその主たる目的をなし，後者は副次的，補充的目的であるにとどまると考えられる。」

　これによると，適正配置規制は，「主として国民の生命及び健康に対する危険の防止という消極的，警察的目的のための規制措置であり，そこで考えられている薬局等の過当競争及びその経営の不安定化の防止も，それ自体が目的ではなく，あくまでも不良医薬品の供給の防止のための手段であるにすぎないものと認められる。すなわち，小企業の多い薬局等の経営の保護というような社会政策的ないしは経済政策的目的は右の適正配置規制の意図するところではな〔い〕（この点において，最高裁昭和45年（あ）第23号同47年11月22日大法廷判決・刑集26巻9号586頁で取り扱われた小売商業調整特別措置法における規制とは趣きを異にし，したがつて，右判決において示された法理は，必ずしも本件の場合に適切ではない。）」。また，本件適正配置規制には，当該役務のもつ高度の公共性を理由とした強力な規制の反面として既存の薬局等にある程度の独占的地位を与えるという趣旨，目的はなんら含まれていない。
㈡　……

　四　適正配置規制の合憲性について
㈠　地域的な配置基準を定めた目的はいずれも公共の福祉に合致するものであり，かつ，それ自体としては重要な公共の利益ということができるから，「右の配置規制がこれらの目的のために必要

かつ合理的であり，薬局等の業務執行に対する規制によるだけでは右の目的を達することができないとすれば，許可条件の一つとして地域的な適正配置基準を定めることは，憲法22条1項に違反するものとはいえない。問題は，果たして，右のような必要性と合理性の存在を認めることができるかどうか，である。」

(二) 薬局等の設置場所について地域的制限が設けられない場合，薬局等が都会地に偏在し，これに伴ってその一部において業者間に過当競争が生じ，その結果として一部業者の経営が不安定となるような状態を招来する可能性があることは容易に推察しうる。「しかし，このことから，医薬品の供給上の著しい弊害が，薬局の開設等の許可につき地域的規制を施すことによつて防止しなければならない必要性と合理性を肯定させるほどに，生じているものと合理的に認められるかどうかについては，更に検討を必要とする。」

(1)「薬局の開設等の許可における適正配置規制は，設置場所の制限にとどまり，開業そのものが許されないこととなるものではない。しかしながら，薬局等を自己の職業として選択し，これを開業するにあたつては，経営上の採算のほか，諸般の生活上の条件を考慮し，自己の希望する開業場所を選択するのが通常であり，特定場所における開業の不能は開業そのものの断念にもつながりうるものであるから，前記のような開業場所の地域的制限は，実質的には職業選択の自由に対する大きな制約的効果を有する」。

(2) 被上告人の主張を検討するに，

(イ) 現行法上国民の保健上有害な医薬品の供給を防止するために，薬事法および薬剤師法は，薬事関係各種業者の業務活動に対する規制を定めており，「刑罰及び行政上の制裁と行政的監督のもとでそれが励行，遵守されるかぎり，不良医薬品の供給の危険の防止という警察上の目的を十分に達成することができるはずである。」もっとも，これによって違反そのものを根絶することは困難であるから，さらに進んで違反の原因となる可能性のある事由をできるかぎり除去する予防的措置を講じる必要性が全くないとはいえない。「しかし，このような予防的措置として職業の自由に対する大きな制約である薬局の開設等の地域的制限が憲法上是認されるためには，単に右のような意味において国民の保健上の必要性がないとはいえないというだけでは足りず，このような制限を施さなければ右措置による職業の自由の制約と均衡を失しない程度において国民の保健に対する危険を生じさせるおそれのあることが，合理的に認められることを必要とするというべきである。」

(ロ) 被上告人は，薬局等の偏在に伴う一部地域における過当競争の結果として生じる一部業者の経営上の不安定が，良質な医薬品の供給をさまたげる危険を生じさせると論じている。確かに，観念上はそのような可能性を否定することができないが，果たして実際上どの程度にこのような危険があるかは，必ずしも明らかにされてはいない。被上告人の指摘する大都市の一部地域における医薬品乱売も，主として現金問屋又はスーパーマーケットによる低価格販売を契機として生じたものであり，一般に医薬品の乱売については，一部の過剰生産とこれに伴う激烈な販売合戦，流通過程における営業政策上の行態等が有力な要因であると想定されることを考えると，「不良医薬品の販売の現象を直ちに一部薬局等の経営不安定，特にその結果としての医薬品の貯蔵その他の管理上の不備等に直結させることは，決して合理的な判断とはいえない。……このようにみてくると，競争の激化—経営の不安定—法規違反という因果関係に立つ不良医薬品の供給の危険が，薬局等の段階において，相当程度の規模で発生する可能性があるとすることは，単なる観念上の想定にすぎず，確実な根拠に基づく合理的な判断とは認めがたいといわなければならない。」

(ハ)(ニ)(ホ)……省略

(ヘ)「以上(ロ)から(ホ)までに述べたとおり，薬局等の設置場所の地域的制限の必要性と合理性を裏

づける理由として被上告人の指摘する薬局等の偏在―競争激化―一部薬局等の経営の不安定―不良医薬品の供給の危険又は医薬品乱用の助長の弊害という事由は，いずれもいまだそれによつて右の必要性と合理性を肯定するに足りず，また，これらの事由を総合しても右の結論を動かすものではない。」

(3) 被上告人が主張する，設置場所の制限による無薬局地域または過少薬局地域への進出の促進についても，「そのような効果をどこまで期待できるかは大いに疑問であり，むしろその実効性に乏しく，無薬局地域又は過少薬局地域における医薬品供給の確保のためには他にもその方策があると考えられるから，無薬局地域等の解消を促進する目的のために設置場所の地域的制限のような強力な職業の自由の制限措置をとることは，目的と手段の均衡を著しく失するものであつて，とうていその合理性を認めることができない。」

「本件適正配置規制は，右の目的と前記(2)で論じた国民の保健上の危険防止の目的との，2つの目的のための手段としての措置であることを考慮に入れるとしても，全体としてその必要性と合理性を肯定しうるにはなお遠いものであり，この点に関する立法府の判断は，その合理的裁量の範囲を超えるものであるといわなければならない。」

五 結論

「以上のとおり，薬局の開設等の許可基準の一つとして地域的制限を定めた薬事法6条2項，4項（これらを準用する同法26条2項）は，不良医薬品の供給の防止等の目的のために必要かつ合理的な規制を定めたものということができないから，憲法22条1項に違反し，無効である。」

基本解説

(1) 本判決の意義

本判決は，その3年前の小売市場事件大法廷判決とあわせて，職業の自由・営業の自由を制限する法律についての「規制二分論」を確立したことで知られている。

すなわち，小売市場事件判決は，「個人の経済活動に対する法的規制は，個人の自由な経済活動からもたらされる諸々の弊害が社会公共の安全と秩序の維持の見地から看過することができないような場合に，消極的に，かような弊害を除去ないし緩和するために必要かつ合理的な規制である限りにおいて許される」のみならず，「憲法は，国の責務として積極的な社会経済政策の実施を予定しているものということができ，個人の経済活動の自由に関する限り，個人の精神的自由等に関する場合と異なつて，右社会経済政策の実施の一手段として，これに一定の合理的規制措置を講ずることは，もともと，憲法が予定し，かつ，許容するところ」であると説示していた。この説示は，一方において精神的自由と経済的自由の差異を強調するものとして読まれ，いわゆる「二重の基準」論を支持する学説によって，歓迎された。しかしながら，その後の最高裁判例は，学説が期待した精神的自由の厳格審査という方向へは進まず，経済活動の自由に対する規制の二分論として結実した。

本判決および小売市場事件判決から明らかになったのは，基本的人権に対する規制には消極目的によるものと積極目的によるものがあり，①精神的自由については消極目的による規制のみが許され積極目的による規制は許されないこと，②経済的自由については消極目的のほか積極目的による規制も可能であるが，規制目的の差異に応じて異なる違憲審査基準が用いられる，ということである。

(2) 規制目的と違憲審査

具体的には，消極目的による規制と積極目的

(1) 積極目的の場合

まず、積極目的による規制について、小売市場事件判決は、「個人の経済活動に対する法的規制は、決して無制限に許されるべきものではなく、その規制の対象、手段、態様等においても、自ら一定の限界が存する」、とする一方、「社会経済の分野において、法的規制措置を講ずる必要があるかどうか、その必要があるとしても、どのような対象について、どのような手段・態様の規制措置が適切妥当であるかは、主として立法政策の問題として、立法府の裁量的判断にまつほかない」とした。

では、裁判所が立法府の裁量的判断を尊重しなければならない理由は何か。同判決は、「法的規制措置の必要の有無や法的規制措置の対象・手段・態様などを判断するにあたつては、その対象となる社会経済の実態についての正確な基礎資料が必要であり、具体的な法的規制措置が現実の社会経済にどのような影響を及ぼすか、その利害得失を洞察するとともに、広く社会経済政策全体との調和を考慮する等、相互に関連する諸条件についての適正な評価と判断が必要であつて、このような評価と判断の機能は、まさに立法府の使命とするところであり、立法府こそがその機能を果たす適格を具えた国家機関である」としている。そこから帰結された違憲審査基準が、「裁判所は、立法府の右裁量的判断を尊重するのを建前とし、ただ、立法府がその裁量権を逸脱し、当該法的規制措置が著しく不合理であることの明白である場合に限つて、これを違憲として、その効力を否定することができる」という基準である（明白の原則）。

(2) 消極目的の場合

一方、薬事法判決は、消極目的による薬局の距離制限は「小売商業調整特別措置法における規制とは趣きを異にし、したがつて、右判決において示された法理は、必ずしも本件の場合に適切ではない」とし、明白の原則を用いるべきではないとした。薬事法判決は、立法目的達成の手段の必要性・合理性につき、立法府の主張をそのまま受け入れるのではなく、これを支える「立法事実を詳細に検討した上で結論を導いている」（米沢後掲）ことが特徴であるとされる。この審査基準は、《厳格な合理性の基準》と呼ばれているが、具体的には、①より緩やかな規制手段である職業活動に対する規制によっては立法目的を達成できない場合にのみ、許可制という職業選択に対する強力な制限を採ることができること、②さらに許可制自体が肯定される場合であっても、個々の許可条件について、個別に必要性と合理性が認められなければならないこと、を要求する。

(3) 規制二分論の射程

このような規制二分論は、学説においても基本的に歓迎された。その一方で、①積極目的の範囲が不明確であること、②立法目的の分類が困難な場合や、一つの立法が積極・消極の両方の目的を追求する場合のあること、③立法目的に加えて規制の強さも考慮する必要があることなどが指摘されており、また、判例についても、④酒類販売免許制事件判決のように、営業許可にかかわる事例であったのに規制目的二分論が用いられなかった判例や、⑤財産権について規制二分論が用いられなかった森林法判決のような事例が登場するにいたり、規制二分論は万能ではなく、その射程にはおのずから限界があるのではないか、という疑問が出てきた。

(1) 「積極目的」の射程

消極目的、すなわち「社会生活における安全の保障や秩序の維持」（本判決）が何であるかは、警察法・危険防禦法によってその輪郭が比較的はっきりしている。一方、積極目的の輪郭は、かならずしも自明ではない。本判決では、積極目的は「国民経済の円満な発展や社会公共の便宜の促進、経済的弱者の保護等の社会政策及び経済政策上の積極的なもの」と定義されているが、「国民経済の円満な発展や社会公共の便宜の促進」に重点を置くのか、それとも「経済的弱者の保護」に重点を置くのかによって、

その範囲は著しく異なることがわかろう。学説では、積極目的を弱者保護、生存権に直結した規制に限定する見解も有力であるが（浦部後掲）、おそらく最高裁は、社会・社会経済政策一般を指す広い意味で積極目的を捉えていると思われる。

なお、積極目的を狭義に捉える立場からすれば、種々の社会経済的政策のうち、弱者保護を直接の目的とした規制のみが積極規制とみなされることになり、たとえば国民経済全体の成長（パイの拡大）を指向する政策的規制は、たとえパイの拡大によって弱者に恩恵が及ぶとしても、ここでいう積極目的ではないことになる。また、より厳格な立場からすれば、弱者の保護のために強者に規制を加える場合のみが消極目的であり、たとえ弱者保護のためであっても、他の弱者に負担やしわ寄せを与える規制は（たとえば同じく零細な生糸輸入業者や織物業者の犠牲のもとに零細な生糸業者を保護する立法）、積極目的ではない。

(2) 規制目的を常に二分できるか

小売市場事件判決および薬事法違憲判決は、いずれも、規制目的が積極または消極のいずれかにきれいに分類できるものであった。しかしながら、規制目的の二分が常に可能であるとは限らない。

(a) その1つは、規制目的が積極・消極のどちらにも該当しない（と思われる）場合である。最高裁のように積極目的を広く「国民経済の円満な発展や社会公共の便宜の促進」を含むものとして捉える場合でも、酒類販売免許制で問題となった税収確保のように、立法目的を積極とも消極とも特定しがたい場合がある（詳しくはユニット10を参照）。さらに、財産権であるが、森林法違憲判決は、「（財産権に対する規制は）財産権の種類、性質等が多種多様であり、また、財産権に対し規制を要求する社会的理由ないし目的も、社会公共の便宜の促進、経済的弱者の保護等の社会政策及び経済政策上の積極的なものから、社会生活における安全の保障や秩序の維持等の消極的なものに至るまで多岐にわたるため、種々様々でありうる」と説示しながら、規制二分論には進まなかった。

(b) 規制目的の二分ができないもう1つの場合は、1つの規制が複数の目的をもつ場合である。たとえば、大気汚染物質・水質汚濁物質の規制は、周辺住民の生命・健康保護のために要請される最低限度にとどまる限りでは消極目的であるが、それを超えた部分を含む場合には、別の積極目的を同時に追求することになる。公衆浴場の距離制限についても、次にみるように、当初は消極目的規制と考えられていたが、事情の変化により、積極目的の規制と考えられるようになった。

公衆浴場の開設に適正配置を要求する公衆浴場法2条およびそれに基づく条例の合憲性が争われた事件で、最高裁は、1955年の最大判昭和30年1月26日刑集9巻1号89頁では、公衆浴場の「設立を業者の自由に委せて、何等その偏在及び濫立を防止する等その配置の適正を保つために必要な措置が講ぜられないときは、その偏在により、多数の国民が日常容易に公衆浴場を利用しようとする場合に不便を来たすおそれなきを保し難く、また、その濫立により、浴場経営に無用の競争を生じその経営を経済的に不合理ならしめ、ひいて浴場の衛生設備の低下等好ましからざる影響を来たすおそれなきを保し難い」と説示し、規制目的を薬事法とほぼ同様の消極目的であると捉えたが、その規制は憲法22条に反しない、と判示した（薬事法違憲判決より以前の判例であることに注意）。しかし、最二小判平成元年1月20日刑集43巻1号1頁は、「公衆浴場が住民の日常生活において欠くことのできない公共的施設であり、これに依存している住民の需要に応えるため、その維持、確保を図る必要のあることは、立法当時も今日も変わりはない。むしろ、公衆浴場の経営が困難な状況にある今日においては、一層その重要性が増している。そうすると、公衆浴場業者が経営の困難から廃業や転業をすることを防止し、健全で安定した経営を行えるように種々の立法上の手段をとり、国民の保健福祉を維持

することは，まさに公共の福祉に適合するところであり，右の適正配置規制及び距離制限も，その手段として十分の必要性と合理性を有していると認められる。もともと，このような積極的，社会経済政策的な規制目的に出た立法については，立法府のとつた手段がその裁量権を逸脱し，著しく不合理であることの明白な場合に限り，これを違憲とすべきである」と説示し，その規制の目的を積極的・社会経済政策的なものであると捉えている。また，最三小判平成元年3月7日判時1308号111頁では，「適正配置規制の目的は，国民保健及び環境衛生の確保にあるとともに，公衆浴場が自家風呂を持たない国民にとって日常生活上必要不可欠な厚生施設であり，入浴料金が物価統制令により低額に統制されていること，利用者の範囲が地域的に限定されているため企業としての弾力性に乏しいこと，自家風呂の普及に伴い公衆浴場業の経営が困難になっていることなどにかんがみ，既存公衆浴場業者の経営の安定を図ることにより，自家風呂を持たない国民にとって必要不可欠な厚生施設である公衆浴場自体を確保しようとすることも，その目的としている」として，積極目的・消極目的を併有するものであると解している。

(4) 規制二分論の意義

このように判例を概観すると，「規制の目的を積極・消極のいずれかに割り切り，違憲審査の基準をそれに対応させることができない場合もある」（芦部後掲208頁）ことを認めなければならない。また，規制二分論は，第3の規制目的の登場を締め出すものではなく，酒類販売免許制事件判決における園部裁判官補足意見が説くように，《財政目的》による職業の自由の制限も可能であると解すべきであろう。

このような意味で，規制二分論は「合憲性判断の基準の適用の目安の問題」（市川後掲）であり，違憲審査基準決定の絶対的で排他的な指標ではないと考えるべきである。本判決については，《消極目的》→《厳格な合理性の審査》という理解が定着しているが，おそらく本判決には，より重要な説示が含まれていたように思われる。

本判決は，冒頭において，職業の自由の意義を「人が自己の生計を維持するためにする継続的活動であるとともに，……これを通じて社会の存続と発展に寄与する社会的機能分担の活動たる性質を有し，各人が自己のもつ個性を全うすべき場として，個人の人格的価値とも不可分の関連を有する」ものであり，その一方で，職業は，「その性質上，社会的相互関連性が大きい」と説示している。このように，最高裁は，個人の人格的価値と社会的相互連関性のせめぎ合いのなかに職業の自由に対する規制の根拠と限度を求めているのであり，規制二分論は，このことを前提に，「単なる職業活動の内容及び態様に対する規制を超えて，狭義における職業の選択の自由そのものに制約を課するもので，職業の自由に対する強力な制限である」（本判決）許可制についても「立法府こそがその機能を果たす適格を具えた国家機関」（小売市場事件判決）であるのかどうかを判断する指標を提供するにすぎない。

「職業は，……その種類，性質，内容，社会的意義及び影響がきわめて多種多様であるため，その規制を要求する社会的理由ないし目的も，……積極的なものから，……消極的なものに至るまで千差万別で，その重要性も区々にわたる」。これに対応して，現実に職業の自由に対して加えられる制限も，それぞれの事情に応じて各種各様の形をとる。規制二分論が，一定の合理性をもった指標であるとしても，これによって種々の具体的規制の違憲審査のあり方を一元的に説明しうるものでないことは，むしろ当然であろう。

Part II 応用編

確認質問

1 本判決は，職業の自由の意義・性格および保障の対象についてどのように説示しているか。
2 表現の自由と比べて，職業の自由およびこれに対する規制には，どのような特色があるとされているか。
3 「許可制」には，「職業活動の内容及び態様に対する規制」と比べて，どのような特徴があるとされているか。
4 積極目的・消極目的は，それぞれどのように定義されているか。
5 三㈠では「この点において，……小売商業調整特別措置法における規制とは趣きを異にし，したがって，右判決において示された法理は，必ずしも本件の場合に適切ではない。」と説示されている。
　　ⅰ　「右判決において示された法理」とは何か。
　　ⅱ　「右判決において示された法理」が適切ではないとされた理由は何か。
　　ⅲ　それでは，どのような「法理」が適切とされたのか。

応用問題

設問1　職業の自由に対する次の規制（措置）は積極目的か，消極目的か。
⑴　中小商店の保護のために大規模スーパーの出店を規制すること。
⑵　周辺の住環境の保護のために大規模スーパーの出店を規制すること。
⑶　零細農家の保護のために米の輸入をミニマム・アクセスに限定すること。
⑷　国内自動車産業を保護育成するために輸入車に高額の関税を課すこと。
⑸　外国政府の申入れにより，にせブランド品の製造・販売を取り締まること。

設問2　職業の自由に対する次の規制（措置）は職業選択に対する規制か，それとも職業活動に対する規制か。
⑴　「保険医」の制度を設け，一定の要件を満たした医師だけを保険医として認定すること。
⑵　「専門医」制度を設け，一定の要件を満たした医師のみを専門医として認定すること。
⑶　薬局の株式会社化・チェーン店化を禁止すること。

設問3　次の理由で薬局の開設または経営に規制を加えることは憲法22条等に反しないか。
⑴　低価格で医薬品を販売する現金問屋やスーパーとの競争から小規模な薬局の経営を保護するために距離制限を復活させること。
⑵　薬局のもつ高度の公共性を理由として，既存の薬局に地域における独占的地位を与えるために距離制限を復活させること。
⑶　薬局の偏在防止を目的として，「その地域に十分な需要が見込まれる場合に限り」薬局開設を許可する旨，法律で定めること。
⑷　住民の緊急の必要に応じるために，地区ごとに持ち回りで休日営業を義務付けること。
⑸　医薬品の適正な提供を目的として，各薬局に薬剤師1名の常駐を義務付けること。

(6) 医薬品の適正な提供を目的として，薬局の広告を所在地・営業時間等に制限すること。
(7) 薬局・薬剤師の職業倫理の確立を目的として，医薬品以外の商品（シャンプー等）の販売を禁止すること。

設問 4 次の規制は憲法 22 条等に反しないか。
(1) 公衆浴場の距離制限。
(2) JR 貨物の競争力を強化するために各都道府県において登録することができる長距離貨物トラックの総量に上限を設けること。また，これが環境保護を目的として行われた場合。
(3) たばこ小売業の適正配置規制。
(4) 「塩」や「タバコ」について専売制を復活させること。
(5) 管理売春を禁止すること。
(6) 古物営業について許可制をとること。
(7) 各地域におけるタクシー料金の均一化を命じること。
(8) 「白タク」を禁止すること。

Part III 理論編

展開問題

「職業の自由を制限する法律の違憲審査基準は，規制の目的を重要な一つの指標としつつ，規制の態様をもあわせ考える必要がある」（芦部）との見解を論評せよ。

1 規制目的二分論は，積極目的による職業の自由の規制については立法府の裁量を尊重した緩やかな審査を行い，消極目的による規制については当該規制手段の必要性・合理性を立法事実に立ち入って厳格に審査する，というものである。学説は，総じて規制二分論を支持しているとされるが，その一方で，設問の見解のように，規制の態様を考慮した審査基準の区分を要請する見解も有力である。芦部教授によれば，「規制の目的を一つの重要な指標としつつ，それだけではなく，いかなる行為がどのように規制されているのかなど，規制の態様をあわせ考える必要」がある（芦部後掲 208 頁）。具体的には，「同じ消極目的であっても，職業へ新たに参入することの制限（職業選択の自由そのものの制限）は営業行為（選択した職業遂行の自由）に対する制限よりも一般に厳しく審査されるべき」であり，同じ参入制限であっても，一定の資格を要求する要件ではなく，本人の能力に関係しない競争制限的規制による制限である場合には，厳格にその合理性を審査する必要がある，とされる（芦部後掲 208 頁）。

このような主張が有力となった背景には，規制目的の複合化の傾向がある。すなわち，「従来，消極目的の規制とされてきたものでも，積極的規制をも同時に目的とする立法が増加しつつある」（野中ほか後掲 437 頁）とされ，各種の建築規制や公害規制がその例として挙げられる（なお，外圧のような特殊事情を伴うものについては，大規模小売店舗法が大規模小売店舗立地法に変わったように，反対に積極目的の規制が消極目的に衣替えして残存する場合がある）。このような規制目的の複合化が進めば，一方において規制二分論の機械的当てはめが困難な場合が増えるであろうし，他方において違憲審査基準が，全体として緩やかになる傾向をとることになろ

う。

　2　規制の態様に応じた違憲審査が要請されるもう1つの背景が，ドイツの薬局法違憲判決である。職業の自由は，ドイツの憲法判例においても，自己が生活を行う基盤であることに加え，第一次的に人格と結びついた，人格発展の自由であると解されている。その制限の違憲審査について，日本でも注目されたのが，薬局の新規開設はその地域に十分な需要が見込まれる場合にのみ許可するというバイエルン薬事法の競争制限的規定を違憲とした1958年の薬局判決である（覚道後掲，野中後掲などを参照）。そこでは，職業の自由に対する制限を，①職業遂行（職業活動）に対する制限，②許可の主観的要件による参入制限，③許可の客観的要件による競争制限的な参入制限に分け，それぞれの規制の態様に応じて，異なる違憲審査が妥当すると説示した。

　具体的には，①職業遂行の自由については，「過剰な負担となったり，要求しえない法律上の義務のように，それ自体が憲法に違反した法律上の義務」でなければ合憲である。②職業開始に対して特定の資格等を要求する許可の「主観的」要件による制限については，「所定の主観的前提条件が，職業活動の秩序ある実現という目的に対して均衡を失してはならない」。③最後に，当人の資格・能力とかかわりのない「客観的」要件による制限については，「そのような自由の制限が必要であることについて，とくに厳格な証明が要求される……。一般に，きわめて重要な共同体法益に対する，証明可能ないしは高度に蓋然的な重大な危険の防禦のみが，自由な職業選択に対するそのような侵害を正当化できる。その他の共同体利益の促進を目的としたり，構成員の数を制限してある職業の社会的信望に配慮するのは，たとえそれが他の点では立法者の措置を正当化するものであったとしても，不十分である」。

　3　このように，ドイツの薬局判決は，職業の自由に対する制限をその強さに応じて3段階に分け，より強い制限に対してはより厳格な審査を要請することに特徴がある。

　一方，日本の薬事法違憲判決もまた，実は規制目的だけを違憲審査基準の指標としているわけではなかった。すなわち，最高裁は，職業の自由が「各人が自己のもつ個性を全うすべき場として，個人の人格的価値とも不可分の関連を有する」ことを冒頭で説示し，許可制についても，「一般に許可制は，単なる職業活動の内容及び態様に対する規制を超えて，狭義における職業の選択の自由そのものに制約を課するもので，職業の自由に対する強力な制限であるから，その合憲性を肯定しうるためには，原則として，重要な公共の利益のために必要かつ合理的な措置であることを要し」としていた。許可の主観的要件と客観的要件の区別についても，最高裁は，前者については薬事法6条1項の定める薬局の構造設備，薬事業務に従事すべき薬剤師の数，許可申請者の人的欠格事由につき許可の条件について，「これらの許可条件に関する基準のうち，同条1項各号に定めるものは，いずれも不良医薬品の供給の防止の目的に直結する事項であり，比較的容易にその必要性と合理性を肯定しうるものである」とし，簡単にその合憲性を肯定している。そして，薬事法6条2項の定める適正配置についてのみ，厳格な審査を加えているのである。

　したがって，規制の態様に応じた違憲審査という設問の見解の要請は，すでに薬事法違憲判決のなかでも自覚されていることになる。

　4　もっとも，職業が人格発展と結びついた自由であるという理解を前提とする限り，論理的には，ドイツの薬局判決のように規制の態様のみに着目して違憲審査基準を決定することの方が理解しやすい。最高裁は，おそらくはそのことを自覚した上で，厳格な審査が客観的要件を用いた許可制のすべてに及ぶことを回避するために，規制二分論という別の視点を導入したのであろう（石川後掲131頁は，人格的アプローチのバイアスを修正するものとして規制二分論を理解している）。規制二分論を導入した結果，公衆浴場や小売市場について，規制を容易に合憲

とすることが可能となった反面，規制目的の積極目的化や複合化によって違憲審査が空回りしたり，旧来の業界保護的規制が違憲審査の網を潜り抜ける危険を背負い込むことになり，設問見解のような指摘につながってゆくのである。

Part IV　もう１つの素材

西陣ネクタイ事件

最高裁平成 2 年 2 月 6 日第三小法廷判決
昭和 62 年(オ)第 168 号損害賠償請求事件
訟月 36 巻 12 号 2242 頁

❖ 事実の概要

　Xらは，いずれも京都の西陣織工業組合に加入し，西陣において生糸を原料として絹ネクタイ生地を生産している織物業者である。国会が制定したいわゆる生糸の一元輸入措置および生糸価格安定制度を内容とする法律により，Xらは，自由に外国産生糸を輸入したり，生糸を国際糸価と同水準の価格で購入する途を閉ざされ，国際糸価の約 2 倍というきわめて高い国内価格で生糸を購入せざるを得なくなった。他方，国会は，外国産の絹ネクタイおよび絹ネクタイ生地のわが国への輸入については，これを自由化し，その輸入を抑制する手段をとらなかったため，Xらの製造する絹ネクタイ生地の国際競争力が低下し，原告らは，国内においてその製造する絹ネクタイ生地をヨーロッパ共同体加盟諸国から輸入されるネクタイやネクタイ生地に対抗できず，適正価格より安い価格で販売せざるを得ず，利潤が低下して莫大な損害を被り，倒産，またはその危険にさらされた。そこでXらは，上記法律は憲法 22 条 1 項，25 条 1 項，29 条 1 項に違反するものであり，その違憲の法律を制定した国会の行為は違法であるとして，国家賠償法 1 条 1 項により，その損害の賠償を請求した。

❖ 上告審＝最高裁

❖ 法的構成

　「国会議員の立法行為は，立法の内容が憲法の一義的な文言に違反しているにもかかわらずあえて当該立法を行うというように，容易に想定し難いような例外的な場合でない限り，国家賠償法 1 条 1 項の適用上，違法の評価を受けるものでないことは，当裁判所の判例とするところであり（昭和 53 年（オ）第 1240 号同 60 年 11 月 21 日第一小法廷判決・民集 39 巻 7 号 1512 頁），また，積極的な社会経済政策の実施の一手段として，個人の経済活動に対し一定の合理的規制措置を講ずることは，憲法が予定し，かつ，許容するところであるから，裁判所は，立法府がその裁量権を逸脱し，当該規制措置が著しく不合理であることの明白な場合に限って，これを違憲としてその効力を否定することができるというのが，当裁判所の判例とするところである（昭和 45 年（あ）第 23 号同 47 年 11 月 22 日大法廷判決・刑集 26 巻 9 号 586 頁）。」

◈ あてはめ

「そして，昭和51年法律第15号による改正後の繭糸価格安定法12条の13の2及び12条の13の3は，原則として，当分の間，当時の日本蚕糸事業団等でなければ生糸を輸入することができないとするいわゆる生糸の一元輸入措置の実施，及び所定の輸入生糸を同事業団が売り渡す際の売渡方法，売渡価格等の規制について規定しており，営業の自由に対し制限を加えるものではあるが，以上の判例の趣旨に照らしてみれば，右各法条の立法行為が国家賠償法1条1項の適用上例外的に違法の評価を受けるものではないとした原審の判断は，正当として是認することができる。所論は，違憲をも主張するが，その実質は原判決の右判断における法令違背の主張にすぎない。論旨は，採用することができない。」

基本解説

(1) 立法内容の違憲性と立法行為の違法性

本判決は，立法行為の違憲性を国家賠償訴訟という形式で争ったものである（以下では違憲国賠訴訟と呼ぶ）。最一小判昭和60年11月21日民集39巻7号1512頁は，立法行為の国賠法上の違法性は立法内容の違憲性とは別個に判断されるとし，仮にある法律が違憲であっても，当該法律を制定した国会議員の立法行為（これを改廃しなかった立法不作為を含む）が直ちに国賠法上違法となるわけではないとした。すなわち，立法行為が国賠法上違法と評価されるのは，「立法の内容が憲法の一義的な文言に違反しているにもかかわらず国会があえて当該立法を行うというごとき，容易に想定し難いような例外的な場合」に限定される，とした。

違憲国賠訴訟においては，立法内容の違憲性と立法行為の違法性の2つが要件となるため，請求を棄却する場合，裁判所としては，①当該法律が憲法に反しないという理由付けを行うことも，②当該立法行為には国賠法上の違法性が認められない，という理由付けを行うことも可能である。本判決は，立法内容の違憲性の判断には立ち入らず，違法性のレベルで請求を退けている（昭和60年最判も同じ）。

すなわち，昭和60年最判は，「憲法には在宅投票制度の設置を積極的に命ずる明文の規定が存しないばかりでなく，かえって，その47条は「……」と規定しているのであって，これが投票の方法その他選挙に関する事項の具体的決定を原則として立法府である国会の裁量的権限に任せる趣旨である」ことを理由に，在宅投票制度を廃止しその後これを復活しなかった立法行為は，上記の例外的場合にあたるものではないとしていた。また，本判決は，小売市場事件判決を引用して「積極的な社会経済政策の実施の一手段として，個人の経済活動に対し一定の合理的規制措置を講ずることは，憲法が予定し，かつ，許容するところ」であるとし，立法府に広い裁量を認めることにより，本件立法行為には国賠法上の違法性は認められないとしている。

(2) 職業の自由に関わる論点

では，どのように争うかは別として，立法内容の違憲性だけを考えた場合に，本件の規制はどのように判断されるか。最高裁の論理に従えば，本件規制は積極目的のものであるとされ，立法府の裁量を尊重した明白の基準による審査が行われることになろう。一方，PartⅢ「理論編」において解説したドイツ型の違憲審査基準（職業の自由に対する制限を，①職業遂行（職業活動）に対する制限，②許可の主観的要件による参入制限，③許可の客観的要件による競争制限的な参入制限，に分ける考え方）に従えば，本件規制は織物業を許可制にし，これに一定の資格や競争制限的規制を導入するものではないため，職業選択ではなく職業活動に対する規制である

とみなされ、同じく緩やかな違憲審査基準が用いられることになろう。もっとも、ドイツにおいても職業選択と職業活動の振り分けは機械的に行われているのではなく、仮に本件規制によって廃業の危機にさらされ、当該職業を継続することが事実上不可能になるような場合には、これを職業選択に対する規制であるとみなして、厳格な違憲審査を行う余地が残されている。

(3) 違憲国賠訴訟をめぐる下級審の動向

補足として、違憲国賠訴訟をめぐる下級審の動向に言及しておくことにしたい。

まず、ハンセン病熊本地判平成13年5月11日判時1748号30頁判タ1070号151頁は、ハンセン病患者の隔離政策を定めた昭和28年の「らい予防法」が平成8年まで存続したことが、「人権被害の重大性とこれに対する司法的救済の必要性にかんがみれば、他にはおよそ想定し難いような極めて特殊で例外的な場合」に該当するとして、これを改廃しなかった国会議員の立法上の不作為につき、国家賠償法上の違法性を認めた。同判決の特徴は、《昭和60年最判は選挙制度に関するものであり、患者の隔離という極めて重大な自由の制限が問題となった本件とは、全く事案を異にする》として、事案の差別化を図っていることである。

また、公職選挙法の定める自書主義によってALS患者が選挙権を行使できないことの違憲性が争われた東京地判平成14年11月28日判タ1114号93頁は、「昭和60年……判決が示した『立法の内容が憲法の一義的な文言に違反する』場合は、前記判決内容からも明らかなとおり、あくまで例示である」として、昭和60年最判の意図的な読み替えを行っていることが注目される。なお、この東京地判は、請求棄却の判決であるが、公選法の規定が憲法に違反するという確認を行っていることが特徴的である。

設問

(1) 本件の輸入規制の目的は積極目的といいうるか。
(2) 積極目的の輸入規制の例を挙げよ。また、消極目的の輸入規制の例を挙げよ。
(3) 本件において原告(上告人)側が、《国の主張する立法事実に反して生糸業者の平均年収は過去数年、一貫して上昇していた》という資料を示したとする。この場合に裁判所は、どのような審査を行うべきか。
(4) 薬事法違憲判決の事例で業者が国賠訴訟を提起したとする。その場合に、裁判所はどのような理論構成でいかなる判決を下すべきか。
(5) 本件は、零細な生糸業者を支援するために同じく零細な織物業者に負担を課した事例であるが、巨大な航空会社の経営を安定させるために零細な安売りチケット業者に規制を加える措置がとられたとする。この措置は憲法に反しないか。また、仮に違憲であるとした場合、裁判所は、国家賠償請求を認めるべきか。
(6) ある議員が国会において、「国内の織物業者が肥える一方で、零細な生糸業者が廃業の危機に瀕している。特に西陣の織物業者は輸入生糸を使いながら高い値段で製品を販売し、祇園で遊んでいる」という事実に反する発言をし、この発言による風評被害の結果、製品の販売が著しく減少したと仮定する。この場合に織物業者は、当該議員および国を相手どり国家賠償を求めることができるか。

〔参考文献〕

浦部法穂『全訂憲法学教室』(日本評論社、2000) 219頁
市川正人「経済規制と違憲審査」『ケースメソッド憲法』(日本評論社、1998) 160頁

石川健治「営業の自由とその規制」憲法の争点（有斐閣，第3版，1999）128頁
覚道豊治「薬事法による薬局の配置規制と憲法22条1項」民商法雑誌74巻2号（1976）301頁
芦部信喜『憲法』（岩波書店，第3版・高橋和之補訂，2002）
野中俊彦ほか『憲法Ⅰ・Ⅱ』（有斐閣，第3版，2001）
米沢広一「薬局開設の距離制限」憲法判例百選Ⅰ（有斐閣，第4版，2000）
野中俊彦「薬事法距離制限条項の合憲性」『ドイツの憲法判例』（信山社，第2版，2003）272頁
棟居快行／小山剛「経済的自由権と規制」法学セミナー579号（2003）44頁

（小山　剛）

経済的自由

10 経済活動と租税立法

〔論　点〕

(1) **職業の自由に対する規制の合憲性**
　職業の自由に対する公権力の規制についての合憲性は，どのような基準に基づいて判定されるべきか。

(2) **租税法の立法についての立法裁量**
　租税法の立法裁量については，裁判所はどのような態度をとるべきか。

(3) **酒類販売業の免許制の必要性および合理性**
　酒類販売業について免許制を採ることに，必要性および合理性が存在するか。

(4) **憲法と規制緩和政策の関係**
　憲法は，規制緩和についてどのような態度をとっていると考えられるかについて，検討せよ。

(5) **所得税の徴収方法と立法裁量**
　所得税の徴収に対する立法裁量については，裁判所はどのような態度をとるべきか。

Part I　基本となる素材

酒類販売業免許制違憲訴訟

最高裁平成4年12月15日第三小法廷判決
昭和63年（行ツ）56号酒類販売業免許拒否処分取消
請求事件
民集46巻9号2829頁，判時1464号3頁
〔参照条文〕　憲22Ⅰ　酒税9，10

X＝原告，被控訴人，上告人
Y＝被告，控訴人，被上告人

❖ **事実の概要**

　酒税法は，同法9条で酒類販売業について所轄税務署長による免許制を採用している。そして，同法10条が免許の要件についての規定を置き，10号後段で「その経営の基礎が薄弱であると認められる場合」には免許を与えないことができる，としている（いわゆる「経営基礎要件」）。1974年7月，上告人Xは酒類販売業を行うため，同法9条1項の規定に基づき所轄税務署長Yに対して免

許申請を行ったが、YはXが「経営基礎要件」に該当するとして、1976年11月免許申請の拒否処分を行った。

❖ 第1審＝東京地裁

東京地裁昭和54年4月12日判決

❖ 当事者の主張（争点）
〈事実にかかる主張〉
原告……本件申請は酒税法10条10号の規定に該当しないから、本件処分は違法である。
被告……本件申請は、本件処分時における諸事由を総合して判断すれば、「経営基礎要件」に該当する。

❖ 判　決
処分取消。本件処分時において、原告が酒類販売業を営むために必要な資金を調達することが十分可能であったと認められるから、「経営基礎要件」に該当せず、本件処分は違法である。

❖ 第2審＝東京高裁

東京高裁昭和62年11月26日判決

❖ 当事者の主張（争点）
〈事実にかかる主張〉
被控訴人……本件申請は酒税法10条10号の規定に該当しないから、本件処分は違法である。
控訴人……本件申請は、本件処分時における諸事由を総合して判断すれば、「経営基礎要件」に該当する。
〈法的な根拠にかかる主張〉
被控訴人……酒類販売業につき所轄税務署長による免許制度を採用し、その要件を定めた酒税法9条1項、10条各号の規定は憲法22条1項による職業選択の自由の保障に違反し無効である。
控訴人……酒類販売業の免許制度は、憲法22条に違反しない。

❖ 法的構成
「国は、国民に対し、経済の発展、福祉の充実や、社会生活の安定、秩序の維持等各種の公共サービスを提供することを任務とし、そのためには膨大な資金を要するところ、租税はその財政的基盤を形成するものである。従って、一般に、租税収入の保全は、公共の福祉のための財政政策に係るものということができ、職業選択の自由への制約を可能ならしめる」酒類の販売業者についての免許制度は、「酒類販売業者の堅実な経営、酒類の需給の均衡を通じて、酒税収入の保全を図ることにあるということができる。」

「酒税保全という財政政策によって酒販免許制を採ったことは、重要な公共の利益のために必要かつ合理的な措置といえるか」について検討すると、①「酒税は、我が国の租税中、税率において高率であり、かつ、税額において高額であることは顕著な事実であり、酒税収入は、戦後とくに直接税中心の税制のもとで酒税の税収に占める割合が漸次低減しつつあるといっても、酒税収入が依然国の重要な財源をなしていることは明らかである。」、②「酒税は間接消費税の一種に属し、担税者である消費者に最終的に転嫁されることを予定して、納税義務者である酒類製造者に賦課される

のであって，この両者の間にあって，右の転嫁，賦課をいわば仲介し，消費者から酒類製造者への納税資金の還流を円滑ならしめる酒類販売業者の地位は極めて重要であり，その経営の安定は，酒税保全の上で不可欠であるとさえいい得る。」，③「酒販免許制は，右にみた酒類販売業者の重要不可欠な地位に鑑み，それが適正に運用されるならば，酒類販売業者の数と質とを適切ならしめて，業者の乱立や過当競争から生ずる共倒れその他逋脱ないし粗悪品の流通を未然に防止する役割を果すであろうこと，そして，国民の健康，衛生，風紀にかかわる致酔飲料としての酒類の需給調整に役立つであろうことは，見易い道理というべきであろう。」

「以上にみてきたところからすれば，酒販免許制が酒税保全を目的として採用されたことは，重要な公共の利益のため，必要かつ合理的な立法措置であったということができる。」

なお，立法府が，本制度導入の際に，「既存の酒類販売業者の経営安定という利益を慮ったであろうことは……容易に窺えるところであるが，これらは各種各層の利害の調整を宿命とする立法の性質上格別異とするに足りるものではなく，問題は，それにもかかわらず，なお酒販免許制なる立法に，全体として合理性が認められるかということでなければならぬ。」

「酒税保全という財政政策上の目的は，果して，国民経済の円満な発展や経済的弱者の保護等の経済政策ないし社会政策上のいわゆる積極的なものなのか，それとも，社会生活の安全の保証や自由な職業活動が社会公共に対してもたらす弊害の防止等のいわゆる消極的なもの」か，については，「酒税保全という財政政策上の目的は，右の積極的なものでもあり消極的なものでもあって，そのいずれか一に帰せしめるのは相当でない」。

酒販免許制が，「著しく不合理であることが明白とはいえないからといって，直ちにこの立法府の裁量を是認すべきではなく，やはり，必要最小限度の規制でなければならないとはいえないにしても，免許制に比してよりゆるやかな制限である職業活動の内容及び態様に対する規制によっては右の目的を達成するに十分でないかどうかを一応検討しなければならない。」「そうして，右の立法府の広範な裁量権と免許制以外のよりゆるやかな規制の有効性との両者の視点をふまえて，立法府のとった裁量的措置である酒販免許制が，その内容をも含めて，凡そ基本的人権の一である職業選択の自由に対する重すぎる規制であるということができるときは，立法府の広範な裁量権にもかかわらず，その合理的範囲を逸脱したものとして右の規制措置を違憲無効」としなくてはならない。この点を検討しても，「酒税の保全上，酒販免許制以外のよりゆるやかな規制の有効性はいまだ十分とはいえず，これを前述した立法府の裁量権に照らして勘案してみると，酒税保全という財政政策上の目的が先のいわゆる積極的なものと消極的なものとにまたがるとはいえ，酒税法が酒販免許制を採ったことが，その内容をも含めて，立法府の裁量権の合理的な範囲を逸脱し，職業選択の自由に対し重すぎる規制を課したものとして，違憲無効であるとまではいえない。」

東京高裁は，以上のように酒類販売免許制を合憲とした上で，本件申請について改めて検討し，「本件処分当時，酒類販売店経営のために必要な資金的要素に相当の欠陥があり……被控訴人には酒税法10条10号後段の経営の基礎が薄弱であると認められる事由」があったので，本件処分は違法ではない，とした。

❖ 上告審＝最高裁

❖ 上告理由

酒類販売業免許制を定めた酒税法9条，10条10号の規定を合憲とした第2審判決は，憲法22条1項に違反する。

〈法廷意見〉

❖ **法的構成**

(a) 職業の自由に対する規制について

「憲法22条1項は，狭義における職業選択の自由のみならず，職業活動の自由の保障をも包含しているものと解すべきであるが，職業の自由は，それ以外の憲法の保障する自由，殊にいわゆる精神的自由に比較して，公権力による規制の要請が強く，憲法の右規定も，特に公共の福祉に反しない限り，という留保を付している。しかし，職業の自由に対する規制措置は事情に応じて各種各様の形をとるため，その憲法22条1項適合性を一律に論ずることはできず，具体的な規制措置について，規制の目的，必要性，内容，これによって制限される職業の自由の性質，内容及び制限の程度を検討し，これらを比較考量した上で慎重に決定されなければならない。そして，その合憲性の司法審査に当たっては，規制の目的が公共の福祉に合致するものと認められる以上，そのための規制措置の具体的内容及び必要性と合理性については，立法府の判断がその合理的裁量の範囲にとどまる限り，立法政策上の問題としてこれを尊重すべきであるが，右合理的裁量の範囲については，事の性質上おのずから広狭があり得る。ところで，一般に許可制は，単なる職業活動の内容及び態様に対する規制を超えて，狭義における職業選択の自由そのものに制約を課するもので，職業の自由に対する強力な制限であるから，その合憲性を肯定し得るためには，原則として，重要な公共の利益のために必要かつ合理的な措置であることを要するものというべきである（最高裁昭和43年（行ツ）第120号同50年4月30日大法廷判決・民集29巻4号572頁参照）〔→薬事法薬局開設距離制限規定違憲判決〕。」

(b) 租税法の定立における立法裁量について

「憲法は，租税の納税義務者，課税標準，賦課徴収の方法等については，すべて法律又は法律の定める条件によることを必要とすることのみを定め，その具体的内容は，法律の定めるところにゆだねている（30条，84条）。租税は，今日では，国家の財政需要を充足するという本来の機能に加え，所得の再分配，資源の適正配分，景気の調整等の諸機能をも有しており，国民の租税負担を定めるについて，財政・経済・社会政策等の国政全般からの総合的な政策判断を必要とするばかりでなく，課税要件等を定めるについて，極めて専門技術的な判断を必要とすることも明らかである。したがって，租税法の定立については，国家財政，社会経済，国民所得，国民生活等の実態についての正確な資料を基礎とする立法府の政策的，技術的な判断にゆだねるほかはなく，裁判所は，基本的にはその裁量的判断を尊重せざるを得ないものというべきである（最高裁昭和55年（行ツ）第15号同60年3月27日大法廷判決・民集39巻2号247頁参照）〔→サラリーマン税金訴訟判決（PartⅣ「もう1つの素材」）〕」「以上のことからすると，租税の適正かつ確実な賦課徴収を図るという国家の財政目的のための職業の許可制による規制については，その必要性と合理性についての立法府の判断が，右の政策的，技術的な裁量の範囲を逸脱するもので，著しく不合理なものでない限り，これを憲法22条1項の規定に違反するものということはできない。」

❖ **あてはめ**

「酒税が，沿革的に見て，国税全体に占める割合が高く，これを確実に徴収する必要性が高い税目であるとともに，酒類の販売代金に占める割合も高率であったことにかんがみると，酒税法が昭和13年法律第48号による改正により，酒税の適正かつ確実な賦課徴収を図るという国家の財政目的のために，このような制度を採用したことは，当初は，その必要性と合理性があったというべきであり，酒税の納税義務者とされた酒類製造者のため，酒類の販売代金の回収を確実にさせることによって消費者への酒税の負担の円滑な転嫁を実現する目的で，これを阻害するおそれのある酒類

販売業者を免許制によって酒類の流通過程から排除することとしたのも，酒税の適正かつ確実な賦課徴収を図るという重要な公共の利益のために採られた合理的な措置であったということができる。その後の社会状況の変化と租税法体系の変遷に伴い，酒税の国税全体に占める割合等が相対的に低下するに至った本件処分当時の時点においてもなお，酒類販売業について免許制度を存置しておくことの必要性及び合理性については，議論の余地があることは否定できないとしても，前記のような酒税の賦課徴収に関する仕組みがいまだ合理性を失うに至っているとはいえないと考えられることに加えて，酒税は，本来，消費者にその負担が転嫁されるべき性質の税目であること，酒類の販売業免許制度によって規制されるのが，そもそも，致酔性を有する嗜好品である性質上，販売秩序維持等の観点からもその販売について何らかの規制が行われてもやむを得ないと考えられる商品である酒類の販売の自由にとどまることをも考慮すると，当時においてなお酒類販売業免許制度を存置すべきものとした立法府の判断が，前記のような政策的，技術的な裁量の範囲を逸脱するもので，著しく不合理であるとまでは断定し難い。」「もっとも，右のような職業選択の自由に対する規制措置については，当該免許制度の下における具体的な免許基準との関係においても，その必要性と合理性が認められるものでなければならないことはいうまでもないところである」が，酒税法10条10号の定める「基準は，酒類の販売免許制度を採用した前記のような立法目的からして合理的なものということができる。また，同号の規定が不明確で行政庁のし意的判断を許すようなものであるとも認め難い。」したがって，「酒税法9条，10条10号の規定が，立法府の裁量の範囲を逸脱するもので，著しく不合理であるということはできず，右規定が憲法22条1項に違反するものということはできない。」

〈反対意見〉

坂上壽夫裁判官

酒税法9条が憲法22条1項に違反する。

❖ 法的構成

「許可制による職業の規制は，職業の自由に対する強力な制限であるから，その合憲性を肯定し得るためには，原則として，それが重要な公共の利益のために必要かつ合理的な措置であることを要するというべきであり，租税の適正かつ確実な賦課徴収を図るという国家の財政目的のための許可制による職業の規制についても，その必要性と合理性についての立法府の判断は，合理的裁量の範囲にとどまることを要し，立法府の判断が政策的，技術的な裁量の範囲を逸脱するものでないかどうかで，裁判所は，その合憲性を判断すべき」である。「右の合理的裁量の範囲については，多数意見が引用する職業の自由についての大法廷判決が説示するとおり，『事の性質上おのずから広狭がありうるのであって，裁判所は，具体的な規制の目的，対象，方法等の性質と内容に照らして，これを決すべきもの』であって，国家の財政目的のためであるとはいっても，許可制による職業の規制については，事の軽重，緊要性，それによって得られる効果等を勘案して，その必要性と合理性を判断すべき」である。

❖ あてはめ

酒類製造者に対して免許制を採用したのは，「重要な公共の利益のために必要かつ合理的な措置」であるが，「酒類販売業までを免許制にしなければならない理由は，それほど強くない」。制度導入から40年近く経過し，「酒税の国税全体に占める割合が相対的に低下するに至ったという事情があり，社会経済状態にも大きな変動があった本件処分時において（今日においては，立法時との状況のかい離はより大きくなっている。），税収確保上は多少の効果があるとしても」，今日ではむしろ，

「酒類販売業の免許制度の採用の前後において，酒税の滞納率に顕著な差異が認められないことからすれば，私には，憲法22条1項の職業選択の自由を制約してまで酒類販売業の免許（許可）制を維持することが必要であるとも，合理的であるとも思われない。そして，職業選択の自由を尊重して酒類販売業の免許（許可）制を廃することが，酒類製造者，酒類消費者のいずれに対しても，取引先選択の機会の拡大にみちを開くものであり，特に，意欲的な新規参入者が酒類販売に加わることによって，酒類消費者が享受し得る利便，経済的利益は甚だ大きいものであろうことに思いを致すと，酒類販売業を免許（許可）制にしていることの弊害は看過できないものであるといわねばならない。」このように見てくると，「酒類販売業を免許（許可）制にしている立法府の判断は合理的裁量の範囲を逸脱していると結論せざるを得ない」。

〈補足意見〉

園部逸夫裁判官

❖ あてはめ

「私は，酒類販売業の許可制について，大蔵省の管轄の下に財政目的の見地からこれを維持するには，酒税の国税としての重要性が極めて高いこと及び酒税の確実な徴収の方法として酒類販売業の許可制が必要かつ合理的な規制であることが前提とされなければならないと考える（私は，財政目的による規制は，いわゆる警察的・消極的規制ともその性格を異にする面があり，また，いわゆる社会政策・経済政策的な積極的規制とも異なると考える。一般論として，経済的規制に対する司法審査の範囲は，規制の目的よりもそれぞれの規制を支える立法事実の確実な把握の可能性によって左右されることが多いと思っている。）。」「酒税法上の酒類販売業の許可制は，専ら財政目的の見地から維持されるべきものであって，特定の業種の育成保護が消費者ひいては国民の利益の保護にかかわる場合に設けられる，経済上の積極的な公益目的による営業許可制とはその立法目的を異にする。したがって，酒類販売業の許可制に関する規定の運用の過程において，財政目的を右のような経済上の積極的な公益目的と同一視することにより，既存の酒類販売業者の権益の保護という機能をみだりに重視するような行政庁の裁量を容易に許す可能性があるとすれば，それは，酒類販売業の許可制を財政目的以外の目的のために利用するものにほかならず，酒税法の立法目的を明らかに逸脱し，ひいては，職業選択の自由の規制に関する適正な公益目的を欠き，かつ，最小限度の必要性の原則にも反することとなり，憲法22条1項に照らし，違憲のそしりを免れない」。「本件は，許可申請者の経済的要件に関する酒税法10条10号の規定の適用が争われている事件であるところ，原審の確定した事実関係から判断する限り，右のような見地に立った裁量権の行使によって本件免許拒否処分がされたと認めることはできない」。「致酔飲料としての酒類の販売には，警察的な見地からの規制が必要であることはいうまでもないが，これは，酒税法による規制の直接かかわる事項ではない」。

基本解説

(1) 判例における経済的自由に対する規制の違憲審査基準の基本的枠組み

本判決は，酒税法について初めて最高裁判所が下した判決である。本件で問題となった酒類販売業の免許制の合憲性を検討する前に，最高裁の経済的自由に対する規制の合憲性審査の基本的枠組みについて簡単に整理しておこう。

そもそも，経済的自由の領域，とりわけ憲法

22条1項の規定する「職業選択の自由」による保障を受けると考えられてきた「営業の自由」との関係が問題となる許可制ないし免許制に関して大きな議論を呼んだのは、公衆浴場開設距離制限合憲判決（最大判昭和30年1月26日刑集9巻1号89頁）であった。この判決に厳しく応接した学説は、その具体的な問題点として、(1)規制方式の類型化の欠如、(2)違憲審査基準の不明確、(3)立法事実論の不徹底を指摘した。このうち、特に、(1)と(2)に関して、最高裁の考える経済的自由権に対する規制についての違憲審査基準の基本的枠組みを明らかにしたのが小売市場判決（最大判昭和47年11月22日刑集26巻9号586頁）であり、ついで、(1)〜(3)までの問題点に対して、小売市場判決を前提としつつ最高裁の考えをさらに展開したのが、薬事法判決（最大判昭和50年4月30日民集29巻4号572頁）であった。

まず、小売市場判決は、同じ個人の経済的活動に対する規制をその目的によって分類して、(a)その弊害が社会公共の安全と秩序の維持の見地から問題となる消極的規制（内在的規制）と(b)憲法の理念を実現するためになされる社会経済政策を実現するための積極的規制（政策的規制）の2種類があることを明らかにし、(b)についての違憲審査基準として「明白性の原則」を明示した。そして、薬事法判決は、小売市場事件判決ではいかなる違憲審査基準を用いるべきかが明らかにされていなかった(a)の規制類型について、①重要な公共の利益を達成する上で必要かつ合理的な措置といえるか（「厳格な合理性の基準」）、②より緩やかな制限によっては立法目的を十分に達成することができないかどうか、について検討するべきであることを明らかにした。

(2) 目的二分論の動揺化

判例の示した職業の自由の規制類型に関する消極・積極目的二分論について、公衆浴場法判決とは全く対照的に学説からはかなり好意的な反応が寄せられたが、その後の判例の展開に伴ってこのような態度は次第に見直されるようになっていった。そのような契機を与えたのが、森林法分割制限違憲判決（最大判昭和62年4月22日民集41巻3号408頁）であった。本判決は、財産権に対する規制について、薬事法違憲判決の参照を求めつつ、「財産権の種類、性質等が多種多様であり、また、財産権に対し規制を要求する社会的理由ないし目的も、社会公共の便宜の促進、経済的弱者の保護等の社会政策及び経済政策上の積極的なものから、社会生活における安全の保障や秩序の維持等の消極的なものに至るまで多岐にわたるため、種々様々でありうる」とし、必ずしも規制の目的による明確な規制類型論に立脚することなく、立法府による比較考量に基づく判断を尊重しつつ、小売市場判決および薬事法判決で提示された違憲審査基準との関係で明確に位置付けることの容易ではない、「立法の規制目的が前示のような社会的理由ないし目的に出たとはいえないものとして公共の福祉に合致しないことが明らかであるか、又は規制目的が公共の福祉に合致するものであつても規制手段が右目的を達成するための手段として必要性若しくは合理性に欠けていることが明らかであつて、そのため立法府の判断が合理的裁量の範囲を超えるものとなる場合」という基準を示した。

これを受けて学説では、最高裁の態度について、基本的には目的二分論を維持しながらも森林法の当該規定ではどちらかに位置付けることがむずかしいので、中間的なアプローチをあえて採用したと考える立場（芦部信喜）と、本判決は、判例において目的二分論がもはや維持することが困難になってきたことのあらわれであり、そもそも消極目的にせよ積極目的にせよ経済的規制については、「合理性の基準」によって一元的に審査するべきだとする立場（戸波江二）を両極として、多様な分岐をみせている。このような対立の核心は、経済的自由についてのみ政策的制約を認める二重の基準論の見地および裁判所の能力論の見地からみて、「規制の態様」や「規制の対象」の検討も重要だとはい

え，なお目的二分論が経済的自由に関する種々多様な規制についての違憲審査基準にとっての有益な思考枠組みを提供していると考えるか，それとも積極的規制より消極的規制の方が厳しく審査される点からみて不当な基準であったのであり多種多様な経済活動に対する規制を二分論で整理することは不適切だ，と考えるかにある。

(3) 目的二分論と酒類販売業免許制合憲判決

このような状況の下で，酒類販売業免許制合憲判決は，小売市場判決は引用せず，薬事法判決とサラリーマン税金訴訟判決を引用しつつ，租税立法の多面的機能，その政策判断的性質，専門技術的性質を強調し，その立法裁量の広範性を導き出し，きわめて緩やかな基準——「著しく不合理なものでない限り」違憲にならない——によって，いわば《租税問題の法理》に基づいて合憲であると判断した（ただし，「明白」という語句が削られている点で，「著しく不合理であることの明白である場合に限って」違憲となるとする小売市場判決と全く同一ではなく，わずかながら厳しい基準が採用されている，とみられる）。第2審判決では，本規制の目的は，消極的であると同時に積極的なものとされていた（この判決は，徴収された租税が，消極的行政にも用いられることを根拠に消極目的性を認定しているが，このような論法は疑問である）のに対して，本判決は，そのいずれの目的にも位置付けることなく違憲審査へと進んでいる。この点，本判決・調査官解説（綿引万里子）は，すべての経済的規制を2つの規制類型に分類・還元しようとする目的二分論は不適切であり，「当該規制立法が，どこまで立法事実に踏込んだ司法判断がなされるべき分野に属するのか，換言すれば，立法事実の把握，ひいては規制措置の必要性と合理性について立法裁量をどの程度尊重すべき分野に属するのかを検討することこそが重要である」と指摘して目的よりも「分野」の重要性を示唆して，本判決は目的二分論のアプローチを採らなかったとの位置付けが示されている。租税立法の特質から立法裁量の広範性を導き出す主張については，学説は一般に，坂上反対意見への共感を示しつつ，①本規制は単に酒税賦課徴収を確実ならしめて「酒税の保全」を図るものにすぎず課税政策そのものではなく，源泉徴収制度の合理性が問われたサラリーマン税金訴訟を引用するのは筋違いであり，むしろ裁判所の判断によくなじむ問題である，②課税のために新規参入規制までを行うのは職業の自由に対するきわめて強い制約を伴うので合憲性の疑わしい措置である，③免許制導入当時と今日では立法事実に顕著な変化がみられる，等の理由から，より厳しく違憲審査が行われなければならない（「厳格な合理性のテスト」・「LRAのテスト」等），等の批判がなされ，さらには，④より根本的な批判として，酒税保全目的は消極目的とも積極目的ともいえないから憲法上正当な目的ではなく免許制は違憲ではないか，等の批判が寄せられている。これに関連して，本件免許制の目的そのものを立法事実に基づいて批判的に点検して，既存業者の利益の確保という効果が存在すれば，「不当な立法意思」があることが推認されるという見解もある（釜田泰介）が，仮にそのような効果が存在するとして，このような目的追求それ自体の合憲性をどのように評価するかについては，議論のあるところである（PartⅢ「理論編」参照）。

なお，第2審判決と本判決が酒類の致酔性を免許制採用の根拠の1つとして援用し，それを園部補足意見が批判していたが，無免許販売による酒税法違反が問われた刑事事件についての後の合憲判決（最三小判平成10年3月24日刑集52巻2号150頁）では言及が差し控えられていることが注目される。確かに，酒類販売について規制をなお維持しようとすれば，酒類の致酔性に着目した消極規制の観点からの規制再構築の可能性があり得るが，その場合には現行酒税法による規制とは全く違う別のシステムでなくてはならないだろう。

Part II 応用編

確認質問

1 講学上の「許可制」観念について説明せよ。
2 本判決によれば、職業の自由についてどのような違憲審査を行わなければならないか。
3 本判決によれば、現代国家において租税にはどのような特質があるとされているか。
4 現行法における酒類販売免許制の歴史的背景、狙い、仕組みについて説明せよ。

応用問題

設問1　本判決では酒類の販売が問題となっているが、販売業免許制を以下のような別の物品において行った場合に、合憲性の判断についてどのような変化が生じるか。それぞれ想定される立法目的に照らして検討せよ。
  (1) たばこ。
  (2) 石油。
  (3) 塩。
  (4) 米。

設問2　本判決では当該規制が租税の分野に属することが大きな意味をもったが、本判決の考え方を前提とした場合、以下の分野における規制であることが、違憲審査基準の上で意味をもつか検討せよ。
  (1) 選挙制度。
  (2) 宗教活動の規制。
  (3) 先端的科学技術開発の規制。
  (4) 大学の組織と運営についての制度設計。

設問3　本判決の考え方を前提とするとき、将来さらに酒税の国税に占める地位が低下していった場合どのような判断がなされるか、検討せよ。

Part III 理論編

展開問題

規制緩和に対して憲法のもつ意義について検討せよ。

(I) 規制緩和の意義とその背景

「市場原理の復権による小さな政府の実現」という世界的な号令の下で、日本も公共事業批判と規制緩和の波に洗われてきている。規制緩和については、1980年代に国鉄・電電公社・専売公社の民営化が行われたのを嚆矢として、

産業のさまざまな分野（労働・教育・医療・福祉・交通等々）で従来型規制の大幅な見直しが行われている。このような動向には，国家財政の破綻，「官僚支配」批判，経済のグローバル化に伴う国際的な圧力の他，個人のライフスタイルの変化に伴う消費の多様化，産業構造の変化など多種多様な要因が複合的に関与している。本件で問題となった酒税法における酒類販売免許制においても，「規制緩和推進3カ年計画」（閣議決定・1998年3月31日）において，「酒類小売業免許に係る需給調整規制について，人口基準については平成10年（1998年）9月から段階的に緩和を着実に行い，平成15年（2003年）9月1日をもって廃止し，また，距離基準については平成12年（2000年）9月1日をもって廃止する」とされ，新規参入規制の実質的な解体が実行に移された（後者については，のちに実施が2001年1月1日からに変更された）。これに対する激変緩和措置として，量販店に押されて淘汰されつつある小売業者保護のために，「緊急調整地域における酒類小売業免許の付与の制限」を行う「酒類小売業者の経営の改善等に関する緊急措置法」が2003年7月7日に施行された。なお，以上の規制緩和と引換えに，2003年9月1日から各酒類販売場ごとに，「酒類販売管理者」を置くことが義務付けられることになった（酒税法86条の9）。

　以上のような酒税法にもみられる産業に対する政府の強度な保護・協働・規制関係は，直接的には第二次世界大戦期に進行した戦時期統制経済に由来し，戦後巷間「日本株式会社」「護送船団方式」と呼ばれる日本に特徴的な官民の緊密な関係に根ざしている（最も典型的なのは，自動車産業といわれる）。たとえば，経済学者・青木昌彦は，これを「官僚制多元主義国家」と表現した。それによると，日本では，ヨーロッパでみられる「社会民主的コーポラティズム国家」とは異なり，企業所有者と労働者の利益対立の調停は経営者の裁定によって行われ，各企業は各生産物市場で競争するとともに，業界団体を組織して，分権化された官僚機構の担当部局と恒常的な接触を保つ。このような構図のなかで，業界の利益は，政党政治家の関与を通じて立法・行政における政策形成に大きな影響力を与え，また「天下り」を媒介として官僚と業界は権益の共同体を形成してきた。このようなあり方は，幼稚産業保護政策等を通じて戦後日本社会の経済的復興・発展および国民生活の向上に大きな役割を果してきたと指摘されるが，同時に政財官の癒着構造について強い批判を招いてきた。このようななかで，最高裁の公衆浴場法距離制限規定合憲判決（最大判昭和30年1月26日刑集9巻1号89頁）が，競争制限的立法に司法的にお墨付きを与える結果となり，そのような立法の制定を促進する推進力となったことも，看過することができない（1956年百貨店法による百貨店業許可制の導入，1960年改正薬事法における距離制限規定の創設——その後，1975年に違憲判決）。

(2) 「営業の自由」論争と独占禁止法の位置付け

　以上みた「官僚制多元主義国家」において網の目のようにはりめぐらされた各産業における規制について，法律学の見地から批判を行うポテンシャルを有するのは，憲法の保障する「職業選択の自由」に根拠を置く「営業の自由」に立脚する権利論にほかならない。「営業の自由」の観点からすれば，とりわけ既存業者を保護し新規参入を規制する許可制度に対しては強い疑念が向けられ，それを正当化するためにはきわめて強い根拠付けが要求されることになる。

　ところで，「営業の自由」については，その基本的性質をどのように理解するかについて，相異なる2つの立場がある。通常の法律学の考え方——したがって，憲法学の通説的な立場——（A説）からいえば，私有財産制を前提として，国家の規制を受けることなく財産権を行使し自由に取引を行うことが「営業の自由」の意義であるとされる。これに対して，経済学者・岡田与好から，「営業の自由」は，歴史的に見た場合，国家による営業・産業規制からの自由であるだけではなく，営業の独占と制限から

の自由であって，人権というよりも「公序」として追求されたものであった，という批判がなされた。この対立が大きな意味をもつのは，独占禁止法による独占規制が，「営業の自由」とどのような関係に立つか，について大きな違いを生じるからである。A説の立場からすれば，独占規制は，それ自体経済的弱者である一般的消費者の保護を狙いとして行われる「営業の自由」に対する積極目的に基づく政策的制約の一種であり，それを行うかどうかは本来立法裁量の問題であって，もし行き過ぎた規制が行われれば違憲となる，と論ぜられることになる。これに対して，岡田説の提示する歴史認識を重視するB説の立場に立てば，独占規制は競争促進的規制であるから，産業育成や経済的弱者保護等のために行われる競争阻止的な積極目的に基づく規制とは，性質上全く異なった規制であり，この場合にはむしろ適切な独占規制を行わないことが「営業の自由」——ということは，経済的自由——に対する侵害となりかねない，と論ぜられることになる。こうして，B説の議論にある国家による自由競争実現という論理を現在の状況の中で先鋭化されると，憲法はこの意味での公正な競争を促進し規制緩和をより実効的なものとすることを基本的に支持しており，独禁法は「経済憲法」であって，それによる規制は強化されなければならない，という憲法レベルの主張を導き出すことも可能になる（C説）。A説の議論からは，その後，「一般的消費者」の有する「消費者の権利」の実体的構成が試みられてきた（A₁説 藤井俊夫）。それによると，「消費者の権利」には，独占的状況が生じている場合には，国がそれらを規制することを通じて実質的に「自由競争市場」を実現して消費者の選択自由の回復を図ることを，国に対して消費者たる国民が求めることができることが，その内容の一部をなす。このような解釈論的構成をとれば，やはり同様に競争促進規制は憲法によって基礎付けられることになる。このようにして，A₁説やB説においては，「営業の自由」は，国家における市場の役割についての積極的な評価と結びついてきた。したがって，「経済的弱者保護」のための国家の市場に対する能動的介入がどのような評価を受けるべきか，という問題が特に深刻に問われるのである。

(3) 「経済的弱者保護」と違憲審査基準

小売市場事件では，過当競争を回避して「経済的基盤の弱い小売商」を保護するための政策が問題となっていたし，酒税法も，小売業者の健全経営を実現するために，酒類販売免許付与の消極要件として「酒類の需給の均衡を維持すること」を挙げている（11条）。それでは，上の議論を踏まえた場合，現在の規制緩和論で全面的な見直しの対象とされている，このような「経済的弱者保護」とされてきた競争阻止的規制である積極目的規制等について，憲法上どのように評価されるべきであろうか。A説の考え方を前提として，その上で先鋭的な「消費者の権利」論に立つ（A₁説）と，「市場の失敗」の事例における政府のさまざまの介入は許されるとしても，「需給の均衡の維持，設備投資の競合の防止，業者の既得権の保護の必要性」そのものをその目的として掲げる立法については，結局消費者が，自由競争があれば享受できるはずの価格やサービスを受けることができなくなる点で実際的な損害を被ることに鑑みると，小売市場判決で採用された「明白性の原則」を適用することは妥当ではなく，むしろ厳格な審査基準を適用するべきことが示唆され（平松毅。阪本昌成や棟居快行もまた同様の傾向の議論を展開している），生存権理念に応える政策は，それ相応の所得税政策や社会保障分野の充実が期待される。このような理解に立てば，憲法はかなり徹底した規制緩和を政府に対して求めており，それを厳格にチェックするのが裁判所の役割だということになる（この場合憲法の名の下で「経済的規制」の原則的違憲が説かれよう）。C説も同様の主張に結びつく。これに対して，A説の考え方を前提としながらも「消費者の権利」も考慮されるべき多様な利益の1つとしてカウントするにとどめて，その取扱いについて

は基本的に立法府の利害調整に委ねる立場（A_2説）やＢ説からすると，競争促進規制以外の「経済的弱者保護」立法については，生存権理念に基礎付けられた経済的ないし社会的「弱者保護」であるとの説明が可能である限りにおいては，明白性の原則の名の下に議会における公開の討論を経て実現された民主的決定＝立法裁量に委ねることが求められる。したがって，このような理解に立てば，少なくとも社会国家の理念を掲げる憲法の下で展開される「経済的弱者保護」を目的とする諸規制（ただし，従来の憲法解釈論では，どこまでの政策が積極目的に包摂されうるか，そしてそもそもそれをどのように認定するのかについてかならずしも共通の理解は成立していなかった）の緩和如何についての憲法・裁判所の態度は非干渉的・価値中立的であるべきである，すなわち立法府および政府の決定に対してオープンであるべきことになる（「二重の基準」論および「民主主義プロセス」論）。

(4) 若干の検討

以上の考え方について，若干の検討を行ってみよう。

まず，A_1説に対しては，そのような仕方で「権利」として定式化することについては，政策的指導理念としてはともかく，法律論として法的権利論として維持しうるかどうかについて疑問が向けられよう。たとえば，主婦連ジュース事件最高裁判決（最三小判昭和53年3月14日民集32巻2号211頁）は，「国民一般が共通してもつにいたる抽象的，平均的，一般的利益」は，「反射的利益ないし事実上の利益」にすぎず行政訴訟法上の訴えの利益とは認めない，と判示している。

なお，Ａ説の考え方から上の方向とは逆に，「日本経済の二重構造」論を背景に現在の規制緩和論では弱肉強食社会が招来されてしまう，という批判的認識を前提としつつ，そのような立場から立法裁量を——したがって，現在進行中の規制緩和を——憲法ないし人権価値論の立場から規範的に枠付けようとする試みも行われ

ている（A_3説）。すなわち，市場ないし社会の権利利益を，価値序列に基づいて並べて，この優先順位を国家権力は尊重しなければならない，とする議論がそれである（土田和博。そこでは，人間の生命・健康＞小零細の農林漁業従事者および商工自営業者の営業の自由，一般消費者の財産権＞中小企業の営業の自由＞大規模な株式会社の営業の自由＞企業集団等々の序列図式が示されている）。この議論は，かつて財産権論において説かれた「大きな財産」「小さな財産」論の考え方を現在に継承しようとする議論であると受けとめることができるが，そうであるがゆえにその問題点を引きずる議論となっている（仕分けの仕方が不分明・主観的であって，法律論としては維持し難いのではないか）。

次に，A_2説やＢ説に対しては，A_1説的見地から次のような批判がなされている。各業界における利益団体は関係政策分野についてはきわめて敏感に反応し，一般に市場競争を回避するために政治過程に直接働きかけて，政府に競争阻止的規制を行わせようとする傾向がある（レント・シーキング）。これに対して，消費者の利益は分散的であり，彼らは情報収集意欲に欠ける。このような状況の下では，立法府における政策決定は，必然的に多種多様な業界利益によって引きずり回され，一般公益的見地から行われることは期待できない。そうだとすれば，「二重の基準」という考え方は不適切であり，たとえ「経済的弱者保護」と結びつけられた政策であっても，そのような利益活動からは切り離されたところにいる裁判所ができるだけ積極的な審査を行うべきだ，とされる（宇佐美誠）。このような批判に対しては，「裁判所の任務は経済規制立法が適切な情報の下で公正かつ透明に行われる環境を整えることに尽きる」とする立場から特定の業界・業者の保護立法は，「国会が本来果すべき交渉と妥協による利害調整の結果」であるとして受けとめるより他なく故に緩やかな審査が妥当する，とする判例法理の擁護論が示されている（長谷部恭男。長谷部は，このような観点から，租税法も「利益集団の抗争と

妥協の場」であるから、最高裁の酒類販売業免許制合憲判決は支持される、とする。また、松井茂記は、たとえそのような立法であっても、レント・シーキング現象を国民はその事実を知っているはずであるから厳格な審査は正当化できない、という）。

このようにして、規制緩和と憲法との関係をどのように考えるかについては、各論者の立場や価値判断に応じて驚くほどきわめて多様な方向性が提示されている。そして、その対立の根源が、おもに、①現代国家における議会の自律的公共規範の創出の能力に対する信頼度、②憲法を特定の経済社会のあり方の実現に向けられた法規範プログラムとして理解するかどうか、の2点にあることが明らかになる。

Part Ⅳ　もう1つの素材

サラリーマン税金訴訟

最高裁昭和60年3月27日大法廷判決
昭和55年（行ツ）第15号所得税決定処分取消請求事件

民集39巻2号247頁
〔参照条文〕　憲14Ⅰ　旧所税9Ⅰ⑤

❖ 事実の概要

A大学教授X_1は、所得税法が給与所得者に対して他の所得者との比較においてきわめて不利な制度を定めていることが憲法14条の保障する法の下の平等に反するとして、課税処分の取消しを求めて国を相手に提訴した。具体的には、①給与所得者については必要経費の実額控除が認められていないこと、②所得の捕捉率が、とりわけ事業所得者との間で著しい格差があること、③他の所得者に対して租税優遇措置が認められているのは、合理的根拠を欠くこと、等を主張した。第1審京都地裁、第2審大阪高裁とも原告の訴えを退けたため、最高裁に上告したのが本件である。なお、上告中にX_1が死亡後相続人X_2らが訴訟を継承した。

上告棄却。

❖ 上告審＝最高裁

❖ 法的構成

(a) 租税立法の特質について

「租税は、国家が、その課税権に基づき、特別の給付に対する反対給付としてでなく、その経費に充てるための資金を調達する目的をもつて、一定の要件に該当するすべての者に課する金銭給付であるが、およそ民主主義国家にあつては、国家の維持及び活動に必要な経費は、主権者たる国民が共同の費用として代表者を通じて定めるところにより自ら負担すべきものであり、我が国の憲法も、かかる見地の下に、国民がその総意を反映する租税立法に基づいて納税の義務を負うことを定

め（30条），新たに租税を課し又は現行の租税を変更するには，法律又は法律の定める条件によることを必要としている（84条）。それゆえ，課税要件及び租税の賦課徴収の手続は，法律で明確に定めることが必要であるが，憲法自体は，その内容について特に定めることをせず，これを法律の定めるところにゆだねている」。

(b) 租税立法における立法裁量について

「租税は，今日では，国家の財政需要を充足するという本来の機能に加え，所得の再分配，資源の適正配分，景気の調整等の諸機能をも有しており，国民の租税負担を定めるについて，財政・経済・社会政策等の国政全般からの総合的な政策判断を必要とするばかりでなく，課税要件等を定めるについて，極めて専門技術的な判断を必要とすることも明らかである。したがつて，租税法の定立については，国家財政，社会経済，国民所得，国民生活等の実態についての正確な資料を基礎とする立法府の政策的，技術的な判断にゆだねるほかはなく，裁判所は，基本的にはその裁量的判断を尊重せざるを得ないものというべきである。」

(c) 租税立法における違憲審査基準について

「租税法の分野における所得の性質の違い等を理由とする取扱いの区別は，その立法目的が正当なものであり，かつ，当該立法において具体的に採用された区別の態様が右目的との関連で著しく不合理であることが明らかでない限り，その合理性を否定することができず，これを憲法14条1項の規定に違反するものということはできない」。

❖ あてはめ

(a) 給与所得者の特質について

「給与所得者は，事業所得者等と異なり，自己の計算と危険とにおいて業務を遂行するものではなく，使用者の定めるところに従つて役務を提供し，提供した役務の対価として使用者から受ける給付をもつてその収入とするものであるところ，右の給付の額はあらかじめ定めるところによりおおむね一定額に確定しており，職場における勤務上必要な施設，器具，備品等に係る費用のたぐいは使用者において負担するのが通例であり，給与所得者が勤務に関連して費用の支出をする場合であつても，各自の性格その他の主観的事情を反映して支出形態，金額を異にし，収入金額との関連性が間接的かつ不明確とならざるを得ず，必要経費と家事上の経費又はこれに関連する経費との明瞭な区分が困難であるのが一般である。その上，給与所得者はその数が膨大であるため，各自の申告に基づき必要経費の額を個別的に認定して実額控除を行うこと，あるいは概算控除と選択的に右の実額控除を行うことは，技術的及び量的に相当の困難を招来し，ひいて租税徴収費用の増加を免れず，税務執行上少なからざる混乱を生ずることが懸念される。また，各自の主観的事情や立証技術の巧拙によつてかえつて租税負担の不公平をもたらすおそれもなしとしない。」

(b) 概算控除制度の正当性について

「旧所得税法が給与所得に係る必要経費につき実額控除を排し，代わりに概算控除の制度を設けた目的は，給与所得者と事業所得者等との租税負担の均衡に配意しつつ，右のような弊害を防止することにあることが明らかであるところ，租税負担を国民の間に公平に配分するとともに，租税の徴収を確実・的確かつ効率的に実現することは，租税法の基本原則であるから，右の目的は正当性を有するものというべきである。」

「右目的との関連において，旧所得税法が具体的に採用する前記の給与所得控除の制度が合理性を有するかどうかは，結局のところ，給与所得控除の額が給与所得に係る必要経費の額との対比において相当性を有するかどうかにかかるものということができる。」

「旧所得税法が必要経費の控除について事業所得者等と給与所得者との間に設けた……区別は，

合理的なものであり，憲法 14 条 1 項の規定に違反するものではない」。

(c) 捕捉率の格差について

「所論は事業所得等の捕捉率が給与所得の捕捉率を下回つていることを指摘するが，その趣旨は，捕捉率の著しい較差が恒常的に存する以上，それは単に徴税技術の巧拙等の事実上の問題であるにとどまらず，制度自体の欠陥を意味するものとして，本件課税規定を違憲ならしめるものである，という」。

確かに，「事業所得等の捕捉率が相当長期間にわたり給与所得の捕捉率を下回つていることは，本件記録上の資料から認められないではなく，租税公平主義の見地からその是正のための努力が必要であるといわなければならない」が，「このような所得の捕捉の不均衡の問題は，原則的には，税務行政の適正な執行により是正されるべき性質のものであつて，捕捉率の較差が正義衡平の観念に反する程に著しく，かつ，それが長年にわたり恒常的に存在して租税法制自体に基因していると認められるような場合であれば格別（本件記録上の資料からかかる事情の存在を認めることはできない。），そうでない限り，租税法制そのものを違憲ならしめるものとはいえないから，捕捉率の較差の存在をもって本件課税規定が憲法 14 条 1 項の規定に違反するということはできない。」

なお，本判決には伊藤正己裁判官の補足意見（木下忠良裁判官・長島敦裁判官一部同調），矢口正孝裁判官の補足意見，島谷六郎裁判官の補足意見が付されている。

基本解説

一般に「サラリーマン税金訴訟」，あるいは原告の名前を取って「大島訴訟」と呼ばれる本件は，長年鬱積されてきたサラリーマンの税制に対する強い不公平感を結晶化させる機能を果たし，法学界のみならずメディアや労働組合においてもたいへん大きな注目を集めた裁判である。

本判決の意義について，憲法学の観点から以下の 2 点を指摘することができる。

第 1 に，以前の判例が租税立法に関して，租税法律主義を定める憲法 84 条を援用しつつ完全に立法府の裁量に委ねるかのような論法を取っていたのに対して，憲法論からの一定の歯止めをかけたことを指摘できる。すなわち，最大判昭和 30 年 3 月 23 日判決（民集 9 巻 3 号 336 頁）は，「日本国憲法の下では，租税を創設し，改廃するのはもとより，納税義務者，課税標準，徴税の手続はすべて前示のとおり法律に基いて定められなければならないと同時に法律に基いて定めるところに委せられていると解すべきである。それ故地方税法が地租を廃して土地の固定資産税を設け，そして所有権の変動が頻繁でない土地の性格を考慮し，主として徴税の便宜に着眼してその賦課期日を定めることとしても，その当否は立法の過程において審議決定されるところに一任されているものと解」される，としていたのに対して，本判決は，立法目的の正当性や具体的な租税立法における措置が「著しく不合理であることが明らか」である場合には憲法違反の可能性が生じるとして，緩やかな基準ではあれ立法裁量を枠付けた。しかしながら，租税立法の高度な専門技術性や政策性は否定できないとしても，納税者に一方的に義務を課す侵害行政の典型である租税賦課・徴収について，一律的に緩やかな違憲審査基準を適用するという態度については疑問があり得る。この点，伊藤補足意見が，「例えば性別のような憲法 14 条 1 項後段所定の事由に基づいて差別が行われるときには，合憲性の推定は排除され，裁判所は厳格な基準によってその差別が合理的であるかどうかを審査すべきであり，平等原則に反すると判断されることが少なくないと考えられる。

性別のような事由による差別の禁止は，民主制の下での本質的な要求であり，租税法もまたそれを無視することを許されない」，と指摘していることが注目される。

第2は，本判決は，その後租税法が問題となった訴訟において，裁判所によって問題となった法令の合憲性を論証するために積極的に援用されてきたことである。酒類販売業免許制が問題となった上記判決のほか，酒税法7条が禁じている無免許の酒類製造行為が問題となった「どぶろく裁判」の最高裁判決（最一小判平成元年12月14日刑集43巻13号841頁）でも，自己消費のための酒類製造の自由の規制について，酒税徴収確保の観点から製造目的の如何にかかわらず酒類製造について一律免許制を採用したことについて本判決が引用された上で，立法裁量について「著しく不合理であることが明白である」かどうかを基準に判断して合憲判決が下された。本件では自己消費のための酒類製造行為が，財産権と区別されるところの幸福追求権（13条）によって保障を受ける自己決定権に包摂して観念されるかどうかについては議論があるが，少なくとももっぱら酒税法の規制する範囲に属する行為であるからという理由により，個人のささやかな楽しみを否定しかねない当該行為に対する厳しい規制についての合憲性の判断が緩やかな基準によって行われてもやむをえない，という論法にはかならずしも説得力がない。本件規制は，LRA等のより厳しい違憲審査基準によって判定されるべきであったといえよう（三木義一は，立法事実論の観点からみて，免許制の後自由化された自家醸造の醬油と酒類をケース区別することができるかの検討が必要だ，という）。

このようにみてくると，本判決で展開された「租税立法の特質」論は一般論としては承認できるし，また租税法における課税体系が社会各層の利害の厳しい対立の妥協の結果生み出された1つのシステムをなしていることは否定し得ないとしても，憲法によって保障される個人の権利・自由の性質やその規制の態様を精査することなく，租税問題を一律に広範な立法裁量に委ねようとする議論は不当である，といわなくてはならない（戸松後掲）。

設問1 もっぱら間接税の税収確保の目的のために，以下の行為について許可制を採用した場合に生じる憲法上の問題点について論ぜよ。
 (1) 葉タバコの自己消費目的の栽培。
 (2) ハーブティー用の茶葉の自己消費目的の栽培。
 (3) 高級料理にのみ用いられる希少種野菜の自己消費目的の栽培。

設問2 少子化対策の一環として，18歳までの子どもを養育する世帯において収入を得ている者の所得税率を，子どものいない世帯の者に比べて一律5％引き下げる特別措置を実施することは憲法に違反するか，検討せよ。

〔参考文献〕

青木昌彦「官僚制多元主義国家と産業組織の共進化」青木他編著『市場の役割 国家の役割』（東洋経済新報社，1999）

芦部信喜『人権と憲法訴訟』（有斐閣，1994）

宇佐美誠「利益集団民主制下の公的規制」公法研究60号（1998）

馬川千里「憲法と経済活動の自由」駿河台法学16巻2号（2003）

碓井光明「所得税の不平等」憲法判例百選Ⅰ（有斐閣，第4版，2000）

浦部法穂「営業の自由と独禁法制」奥平＝杉原編『憲法学3』（有斐閣，1977）

浦部法穂「営業の自由と許可制」憲法の争点（有斐閣，新版，1985）

浦部法穂「財産権制限の法理」公法研究51号（1989）

岡田与好『独占と営業の自由』（木鐸社，1975）
釜田泰介「酒販免許制の合憲性」月刊法学教室92号（1988）
阪本昌成『憲法理論III』（成文堂，1995）
佐藤幸治「職業選択の自由規制と司法権」芝池他編『租税行政と権利保護』（ミネルヴァ書房，1995）
高井裕之「自己消費目的の酒造の処罰と憲法13条・31条」『平成二年度重要判例解説』（有斐閣，1991）
玉国文敏「酒類販売業免許制度と酒税法」ジュリスト755号（1981）
土田和博「市場と規制改革の基礎理論に向けての一試論」法律時報75巻1号（2003）
土井真一「酒類製造免許制と酒をつくる権利」憲法判例百選I（有斐閣，第4版，2000）
戸波江二「職業の自由」芦部信喜編『憲法の基本問題』（有斐閣，1988）
戸波江二「税金と憲法」月刊法学教室154号（1993）
戸波江二「職業の自由と違憲審査」同上174号（1995）
戸松秀典『立法裁量論』（有斐閣，1993）
長谷部恭男『憲法』（新世社，第2版，2001）
樋口陽一『司法の積極性と消極性』（勁草書房，1978）
樋口陽一『憲法』（創文社，改訂版，1998）
平松毅「職業の自由」佐藤＝初宿編『人権の現代的諸相』（有斐閣，1990）
藤井俊夫『経済規制と違憲審査』（成文堂，1996）
前田徹生「経済的自由規制立法の違憲審査基準」佐藤功喜寿『現代憲法の理論と現実』（青林書院，1993）
松井茂記『日本国憲法』（有斐閣，第2版，1999）
三木義一『現代税法と人権』（成文堂，1992）
棟居快行『人権論の新構成』（信山社，1992）
棟居快行『憲法学再論』（信山社，2001）
米沢広一「酒類販売業免許制最高裁判決」ジュリスト1023号（1993）
綿引万里子「最高裁判所判例解説民事編」法曹時報46巻5号（1994）

（山元　一）

経済的自由

11 財産権と正当な補償

[論 点]

(1) **損失補償の根拠**
　　損失補償（憲法29条3項）はどうして必要とされるのか。
(2) **損失補償の要否**
　　財産権の規制にはさまざまなものがある。どのような規制には補償が必要で、どのような規制ならば補償は不要なのか。
(3) **損失補償の内容（程度）**
　　どのような補償なら「正当な補償」といえるのか。市場における取引価格を全額補償すべきか、それとも、諸般の事情を考慮して相当といえる程度であれば、それを下回る金額でもよいのか。
(4) **補償金額の算定基準時**
　　補償金額を算定する基準となるのは、事業認定の告示の時か、裁決の時か。前者を基準として補償金額を決定することは、「正当な補償」といえるか。

Part I　基本となる素材

土地収用補償金請求事件

最高裁平成14年6月11日第三小法廷判決
平成10年（行ツ）第158号土地収用補償金請求事件
民集56巻5号958頁、判時1792号47頁、判タ1098号104頁
〔参照条文〕　憲29Ⅲ　収用71

X＝原告、控訴人、上告人
Y＝被告、被控訴人、被上告人

❖ 事実の概要

　関西電力株式会社Yは、昭和43年4月25日、変電所の建設につき事業認定を受け、収用地の損失補償についてXらと協議したが不調に終わったので、裁決申請をしたところ、収用委員会は、昭和44年3月31日、Xらに対する補償金額を決定し、収用裁決を行った。これに対して、Xらは、

補償額は不当であるとして適正な補償を求めて出訴したが，昭和62年4月30日，第1審（大阪地裁）は請求を棄却。この段階では，主に収用される土地の範囲や価格などが争われており，憲法上の争点はまだ存在しない。

❖❖ 第2審＝大阪高裁

大阪高裁平成10年2月20日判決
民集56巻5号1000頁

❖ 当事者の主張（争点）

控訴人……本件収用地の範囲及び補償金の不当性，また，残地や果樹等の補償の必要性などを説いたが，そのうち，補償金の算定基準時について次のように述べた。

「昭和43年から同44年にかけては土地価格の上昇傾向が顕著で，かつ，それが継続的に存在していたから，このような場合の収用補償金額は，収用裁決時を基準に算定すべきであり，事業認定時とするのは，憲法29条3項に定める正当な補償とはいえず，そのような収用は同条に違反する。」

被控訴人……「土地収用法71条が補償金額算定に当たり事業認定時を基準として価格決定につき時点修正の規定を設けていることからすれば，本件収用における補償金が憲法に違反するとする理由はなく，本件収用裁決は正当であって，この点からも，追加補償の必要性は認められない。」

❖ 裁判所の判断＝控訴棄却

「憲法29条3項に定める『正当な補償』とは，完全な補償，すなわち，収用の前後を通じて被収用者の財産価値を等しくならしめるような補償を意味し，土地の収用において金銭補償をする場合には，被収用者が近傍において被収用地と同等の代替地を取得することをうるに足りる金銭の補償を要するものというべきである（最高裁昭和46年（オ）第146号同48年10月18日第一小法廷判決・民集27巻9号1210頁）。土地収用法71条の『相当な価格』もこの趣旨に解すべきであるから，近傍において被収用地と同等の代替地を取得することをうるに足りる価格をいうものと解されるが，土地収用の被収用者は，事業認定の告示後は，権利取得裁決前においても，補償金の支払いを請求することができ（同法46条の2），右請求があった場合，起業者は請求日から原則として2か月以内にその見積額を支払わなければならず（同法46条の4），右見積額を支払時期に応じて修正した額が裁決による補償額より低いときや支払期限を遅延したときは，後に収用委員会が権利取得裁決において正当な補償額を裁決する際に，右差額や遅滞額について6.25パーセントないし18.25パーセントの割合による加算金を付加するものとされており（同法90条の3），また，事業認定告示の時における相当な価格に，権利取得裁決の時までの物価変動に応じる修正率を乗じた額とするものとされている（同法71条）ことなどからして，被収用者は近傍において被収用地と同等の代替地を取得するに足りる金銭の補償を得ることができるものというべきである。事業認定告示後は，一般の取引がなくなるのが通常であるから，当該収用対象地の地価上昇率を確定するのは困難であり，近傍類似地の地価上昇率についても，認定を受けた事業の実施による開発利益やこれを期待しての投機的要素が加って上昇することが多いから，近傍の土地の価格の上昇率を加えて算定するのは相当でなく，その他土地の価格形成要因は多岐にわたるものであることなどを考慮すると，事業認定告示の時を基準にして物価の上昇率を乗じて修正して補償額を決定する方法にもそれなりの合理性があるというべきである。

したがって，事業認定告示の時を基準として補償金額を算定することが憲法29条3項に違反するとの控訴人らの主張は採用できない。」

❖ 上告審＝最高裁

❖ 上告理由
「第一点，土地収用法第71・72条が収用価格を事業認定時に固定し，更に物価の変動に応じた修正率を政令にゆだね，政令はこれを一般物価の変動率によったことは，当時の長期の傾向として地価と一般物価の変動率との間に顕著な格差のあったことに鑑みると憲法29条3項の『正当な補償』の規定に反するものであって，これを適用した原判決も亦同条に反するものである。即ち甲60号証の地価統計によると，事業認定のあった43年4月25日……から，採決のあった44年3月31日まで1年，市街地でみると地価は約20％……上昇している。ところが裁決書記載の修正率は1.0193％に過ぎない。この様な取り扱いは土地所有者に対し，著しく不利なものである。この様な土地価格の上昇過程において，事業認定時の価格が補償されるなら，採決時には原判決自ら引用する最高裁判例にいう『近傍において同等の代替地を取得しうる金額』にはなり得ず，正当な補償になりえないことは明白である。」「原判決の誤りは地価は物価統計にふくまれておらず，従ってこれとは全く関係がないにかかわらず（公知の事実），物価統計を基礎とした修正率を乗ずることによって妥当な結果を得ることができるという詭弁に基づいている。」「需給関係による一般物価の変動と地価の変動はまったく別のものであって，地価の変動を需給関係の全く異なる物価変動によって補正することはできない。」「原判決は法46条の2・4や，90条の3を引用して弁解するが」，事業認定時の補償金額を容認するよう土地所有者を強要するもので，裁判を受ける権利（憲法32条）の侵害である。

❖ 法的構成
(a)　「正当な補償」の意味

「1　上告代理人赤木淳の上告理由書（総論部分）記載の上告理由第一点のうち憲法29条3項の違反をいう部分について

(1)　憲法29条3項にいう『正当な補償』とは，その当時の経済状態において成立すると考えられる価格に基づき合理的に算出された相当な額をいうのであって，必ずしも常に上記の価格と完全に一致することを要するものでないことは，当裁判所の判例（最高裁昭和25年（オ）第98号同28年12月23日大法廷判決・民集7巻13号1523頁）とするところである。土地収用法71条の規定が憲法29条3項に違反するかどうかも，この判例の趣旨に従って判断すべきものである。」

(b)　土地収用法71条の合憲性

「(2)　土地の収用に伴う補償は，収用によって土地所有者等が受ける損失に対してされるものである（土地収用法68条）ところ，収用されることが最終的に決定されるのは権利取得裁決によるのであり，その時に補償金の額が最終的に決定される（同法48条1項）のであるから，補償金の額は，同裁決の時を基準にして算定されるべきである。その具体的方法として，同法71条は，事業の認定の告示の時における相当な金額を近傍類地の取引価格等を考慮して算定した上で，権利取得裁決の時までの物価の変動に応ずる修正率を乗じて，権利取得裁決の時における補償金の額を決定することとしている。

(3)　事業認定の告示の時から権利取得裁決の時までには，近傍類地の取引価格に変動が生ずることがあり，その変動率は必ずしも上記の修正率と一致するとはいえない。しかしながら，上記の近

傍類地の取引価格の変動は，一般的に当該事業による影響を受けたものであると考えられるところ，事業により近傍類地に付加されることとなった価値と同等の価値を収用地の所有者等が当然に享受し得る理由はないし，事業の影響により生ずる収用地そのものの価値の変動は，起業者に帰属し，又は起業者が負担すべきものである。また，土地が収用されることが最終的に決定されるのは権利取得裁決によるのであるが，事業認定が告示されることにより，当該土地については，任意買収に応じない限り，起業者の申立てにより権利取得裁決がされて収用されることが確定するのであり，その後は，これが一般の取引の対象となることはないから，その取引価格が一般の土地と同様に変動するものとはいえない。そして，任意買収においては，近傍類地の取引価格等を考慮して算定した事業認定の告示の時における相当な価格を基準として契約が締結されることが予定されているということができる。

なお，土地収用法は，事業認定の告示があった後は，権利取得裁決がされる前であっても，土地所有者等が起業者に対し補償金の支払を請求することができ，請求を受けた起業者は原則として2月以内に補償金の見積額を支払わなければならないものとしている（同法46条の2，46条の4）から，この制度を利用することにより，所有者が近傍において被収用地と見合う代替地を取得することは可能である。

これらのことにかんがみれば，土地収用法71条が補償金の額について前記のように規定したことには，十分な合理性があり，これにより，被収用者は，収用の前後を通じて被収用者の有する財産的価値を等しくさせるような補償を受けられるものというべきである。」

❖ あてはめ

「(4) 以上のとおりであるから，土地収用法71条の規定は憲法29条3項に違反するものではない。そのように解すべきことは，前記大法廷判決の趣旨に徴して明らかである。論旨は，採用することができない。」

基本解説

(1) 損失補償の内容と根拠

私有財産を公共のために用いるには，「正当な補償」が条件である（29条3項）。これを損失補償という。たとえば，鉄道を敷設するために，誰かの財産を取り上げたとする。誰かの憲法上の権利を侵害するものであるが，みんなが使い，みんなの役に立つ事業のためなのだから，侵害される権利が財産権である限り，その公権力の行使は適法である。けれども，現に財産を失った人がいるのだから，その財産の価値を保障してやらなければならない，というのがこの制度である。

では，どの程度の補償であれば「正当な補償」といえるのか。学説は完全補償説と相当補償説に分かれる。完全補償説が当該財産の100％の市場価格を補償すべきだとするのに対して，相当補償説は，諸般の事情を考慮して合理的に算出された相当な額であれば，市場価格を下回ってもよいとするのである。

この学説の対立は，損失補償の根拠に遡る。損失補償の根拠は2つ考えられる。まず第1は財産権の保障（憲法29条1項）である。公権力の行使が適法であるとしても，財産権の剥奪が放任されるのでは，財産権が憲法上の権利として保障された意味が失われる。収用される財産が個人の生活の基盤である財産の場合には，特にそういえる。損失補償は財産権の保障から当然に派生すると考えられる。根拠の第2は平等原則（憲法14条1項）である。公共事業によって，特定の人が犠牲になり，他のみんなが利益

を得ている。これを放置するのは不平等である。個人の不平等な負担を全体の平等な負担に転換するための手段が損失補償であると考えることができる。

これと正当な補償の関連を考えると、補償の根拠が財産権の保障なら、相当補償説と結びつきやすい。日本国憲法は25条以下で社会権を保障し、国が人々の人間らしい生活に配慮するよう義務付けている。このような社会国家においては、財産権は社会的拘束を強く受ける権利であり、保障の程度も他の権利と比べると弱いことになるから、財産権が収用されても100％の市場価格を補償する必要はないことになるからである。これに対して、平等原則を損失補償の根拠だと考えれば、完全補償説と結びつきやすい。というのは、平等は、個人の権利としても憲法上の原則としてもきわめて重要なものであり、恣意的な差別は許されず、異なる取扱いが許されるのは厳格な例外とされるから、補償の額も収用の前後を通じて等しくなければならないと解されるからである。ただし、財産権の価値を精神的自由等よりも劣位におくことに対しては異説もあり、また、平等についても「合理的区別」を広く認める考え方もあり得る。さらに、今日の学説は、財産権の保障と平等原則の2つを損失補償の根拠とするのが普通であり、保障の程度との関連ははっきりしなくなっている。

(2) 完全補償説と相当補償説——対立の消滅

完全補償説と相当補償説は、互いに相容れない考え方のようにみえる。ところが、具体的な事例において両説が対立することはまれである。なぜなら、今日の相当補償説は、いかなる場合でも補償額が市場価格を下回ってよいとするのではなく、完全補償が原則であることは承認しているからである。相当補償で足りるのは例外である。では、いかなる場合が例外なのか。代表的な学説は、既存の財産法秩序の枠内で財産権に個別的な侵害が行われた場合には完全補償が必要であるのに対して、既存の財産法秩序を構成する特定の財産権に対する社会的評価が変化したことに基づき、その権利関係の変革を目的として行われる侵害行為は相当補償で足りるとする（今村後掲74頁）。そうであるとすれば、相当補償で足りるのは（次の農地改革事件のような）例外中の例外であって、現在では常に完全補償と考えてもまず問題は生じない。他方では、完全補償説も、農地改革が違憲であったとするものはまずみあたらない。同事件を特殊な事例として脇へ置き、判例としての価値を認めないのである。こうしてみると、学説の対立は、今日では事実上消滅しているということができる。現在では、完全補償説を前提に、生活を再建するための補償（生活権補償）まで憲法上の要請かどうかが争点なのである。

判例はどうか。学説が対立するきっかけとなった農地改革事件（最大判昭和28年12月23日民集7巻13号1523頁）では、自作農創設特別措置法が農地買収価格を賃貸価格の40倍以内とした（田の場合）のは正当な補償とはいえないと争われたが、最高裁は、「正当な補償とは、その当時の経済状態において成立することを考えられる価格に基き、合理的に算出された相当な額をいうのであつて、必しも常にかかる価格と完全に一致することを要するものでないと解するを相当とする」と述べて、相当補償説の立場に立った。ところが、最高裁は、土地収用法上の損失補償について、「土地収用法における損失の補償は、特定の公益上必要な事業のために土地が収用される場合、その収用によつて当該土地の所有者等が被る特別な犠牲の回復をはかることを目的とするものであるから、完全な補償、すなわち、収用の前後を通じて被収用者の財産価値を等しくならしめるような補償をなすべきであり、金銭をもつて補償する場合には、被収用者が近傍において被収用地と同等の代替地等を取得することをうるに足りる金額の補償を要するものというべく、土地収用法72条（昭和42年法律第74号による改正前のもの。以下同じ。）は右のような趣旨を明らかにした規定と解すべきである」として完全補償説をと

っている（最一小判昭和48年10月18日民集27巻9号1210頁。以下，「48年判決」と呼ぶ）。確かに，これは特定の法律の解釈論で，憲法論とはいえないようにも思われる。しかし，Part IV「もう1つの素材」でみる河川付近地制限令事件で，最高裁は憲法29条3項に基づき直接補償を請求することも可能であるとした。これは憲法規定から直接請求権が発生し，裁判所が補償額を決定できることが前提である。そのためには，補償額が憲法上一義的に定まっていなければならない。国会が諸般の事情を考慮して政策的に相当な補償額を決めることができるのなら，裁判所で補償額を決めることはできないはずである。つまり，憲法規定から直接請求権が発生すると考えるなら，完全補償説を前提とするしかない（宇賀後掲433頁。なお，相当補償説を前提に直接請求権を採るなら，裁判所に違憲確認判決を求めることになるが，このような訴訟を判例・通説は未だ認めていない）。とすると，48年判決も，完全補償説を土地収用法の解釈として述べてはいるが，それが憲法上の要請であること前提としているものと思われる。つまり，最高裁も，学説と同じく，相当補償で足りるのは農地改革だけの例外とし，現在では完全補償説を採るものと考えられるのである。

(3) 本判決の位置付け

ところが本判決は，相当補償説を採る農地改革事件を先例として引用している。最高裁は一貫して相当補償説を維持していたのであろうか。それとも暗黙のうちに判例変更を行ったのであろうか。

48年判決の先の引用部分にあるように，現在の土地収用法は1967（昭和42）年に改正されたものである。旧71条は「損失は，収用委員会の収用又は使用の裁決の時の価格によって補償しなければならない」として，補償金額の算定基準時を「裁決の時」としていた。収用されることが決まれば，開発の期待で周りの土地の価格が上昇することが多いが，補償金額はそれと連動して上昇するのである。旧72条は，これを前提として，「収用する土地に対しては，近傍類地の取引価格を考慮して，相当な額をもって補償しなければならない」と定め，取引価格によることにしたので，最高裁も，同条の趣旨は完全補償の要請であり，完全補償とは，「被収用者が近傍において被収用地と同等の代替地等を取得することをうるに足りる金額の補償」だと解することができたのである。

ところが，これらの規定は改正され，「収用する土地又はその土地に関する所有権以外の権利に対する補償金の額は，近傍類地の取引価格等を考慮して算定した事業の認定の告示の時における相当な価格に，権利取得裁決の時までの物価の変動に応ずる修正率を乗じて得た額とする」という現71条となった。取引価格が基準となる点は変わらないが，補償金の算定基準時は「事業認定の告示の時」である。告示以降，周辺の土地の価格が上昇しても，被収用地の価格は固定されている（価格固定制）。物価変動に対応した修正率を乗じても，周辺の土地の価格の上昇には及ばないのが通常である。これを合憲とした本判決は，どう理解すべきか。

まず第1に，現行の土地収用法の規定は，完全な補償といえるだろうか。裁決時の周辺の土地の市場価格と比べれば，補償金額は明らかに低い。この点では完全補償であるとはいえない。だから，最高裁は相当補償説に立ち返ったのだと考えることもできる。相当補償説では，「合理的に算定された相当な額」であれば完全補償でなくてもよいのだから，現行法が合憲であることは簡単に導き出せる。現行71条は，事業認定がなされれば，その土地が収用されることは決まったのだから，もはや一般取引の対象とならなくなると考えて，価格固定制をとったのである。周辺の地価は上昇するが，これは起業者が作り出した開発利益で，そこまで起業者が補償するのは不合理であり，土地所有者のゴネ得を防止して事業を円滑に実施することができるので，事業認定告示の時を算定基準時にすることにも一応の（または十分な）合理性があるというべきだろう（阿部後掲301頁以下）。し

がって，相当補償説では，問題なく合憲の結論にいたる（なお，藤田後掲262頁も参照）。

ただし，こう考えた場合は，完全補償説の48年判決とは矛盾することになる。48年判決は変更されたのか。

この点，48年判決は土地収用法が改正される前の判決で，法改正があった以上，そもそも現行の土地収用法の解釈の先例とはならないと考えることもできる。しかし，実は，最高裁は，改正後の71条の内容についても，48年判決を引用して，「完全な補償」でなければならない（したがって，補償金額は客観的に決まり，収用委員会に裁量権はない）と述べていたのである（最三小判平成9年1月28日民集51巻1号147頁。本件の原審も同様である。ただし，青野・後掲49頁は，この最高裁判決は補償金額の算定方法が変更されたことに配慮せず，漫然と48年判決を踏襲した可能性があるという）。しかも，本判決は，現行の土地収用法によっても，「所有者が近傍において被収用地と見合う代替地を取得することは可能であ」り，「被収用者は，収用の前後を通じて被収用者の有する財産的価値を等しくさせるような受けられる」ことを同法71条が合憲であることの理由としているのである。これは完全補償説を採った48年判決の言い回しである。つまり，最高裁は現在でもなお48年判決を捨てていないことになる。そうでなければ，補償金の算定基準時は裁決時であるのが原則であると述べる必要もなければ，補償金の支払い請求制度を用いれば近傍において同等の代替地を取得できるという必要もなかったであろう。つまり，最高裁は，現行の制度でも補償金支払制度を用いれば完全補償といえるのだと述べているのだから，実は今でも完全補償説なのだということになる。

このように考えた場合は，しかし，本判決がなぜはじめに農地改革事件を判例として掲げているのかが問題となる。相当補償説は完全補償を排除するものではないが，48年判決を維持するのであれば，相当補償説に基づく農地改革事件を判例とすることはできないからである。

この点を農地改革事件の判決に遡ってみると，同判決はこう述べていた。「正当な補償とは，その当時の経済状態において成立することを考えられる価格に基き，合理的に算出された相当な額をいうのであつて，必しも常にかかる価格と完全に一致することを要するものでないと解するを相当とする。けだし財産権の内容は，公共の福祉に適合するように法律で定められるのを本質とするから（憲法29条2項），公共の福祉を増進し又は維持するため必要ある場合は，財産権の使用収益又は処分の権利にある制限を受けることがあり，また財産権の価格についても特定の制限を受けることがあつて，その自由な取引による価格の成立を認められないこともあるからである」。財産権の内容が法律によって制限を受け，自由な取引価格が成立しない場合には，制限によって低下した価格を補償するのでも正当な補償といえるというのである。自由な取引が認められず，使用・収益についても統制されている農地については，公定価格に基づいて買収価格が決定されても，自由な取引価格があり得ないのだから，それで完全な補償だということも不可能ではなかったのである（阿部後掲300頁，宇賀後掲433頁）。完全補償や相当補償という言葉の内容は，きわめて曖昧なのである。完全補償といい，相当補償といった場合，具体的にどのような内容の補償であればそういえるのか。これを明らかにしなければ，言葉の上の対立にすぎない。

そうであるならば，最高裁が相当補償説を維持していたのか，完全補償説から相当補償説に変わったかを詮索してもあまり有益ではない。最高裁の判例によれば，どのような補償であれば合憲といえるのかが重要なのである。それを完全補償説と呼ぶか，相当補償説と呼ぶかは，二次的な問題である。

Part II 応用編

確認質問

1 本判決は,「正当な補償」(憲法29条3項)の内容をどのように説明しているか。
2 土地収用法は,補償金額をどのように算定するものと定めているか。
3 事業認定の告示の時と権利取得裁決の時で,土地の価格は通常どのように変動すると考えられるか。その理由は何か。
4 本判決は,どうして現行制度でも「所有者が近傍において被収用地と見合う代替地を取得することは可能である」と判断したのか。

応用問題

設問1 本判決と農地改革事件判決の関係はどう解されるか。
 (1) 農地改革事件が相当補償説をとったとすると,その判決文中では何が完全補償であると考えられるか。その理由は何か。
 (2) 農地改革事件における補償金額は「正当な補償」とはいえない(完全な補償ではない,あるいは相当な補償にもならない)とした場合,農地改革は違憲無効ということになるか。それとも,次のような説明で正当化することができるか。
  (a) 農地改革の対象とされた封建的な土地所有は,憲法で保障された財産ではない。
  (b) 農地改革は,被占領下で,最高司令官の命令に基づいて行われたものである。
  (c) 自己の労働や能力に基づかずに手に入れた財産は,日本国憲法上,価値の低い財産である。
 (3) 農地改革事件の判決によれば,農地以外の土地について,次のような改革は可能か。
  (a) 「労働者にも持ち家を」という政策を実現するため,法人所有の土地・建物のうち,現在使用していないものを強制的に買い取ること。
  (b) 上の設問で,強制的に買収する前の段階で,土地・建物の自由売買を禁止し,賃貸価格についても法律で統制すること。
  (c) 上の強制買収で,対価の計算について,(b)のように統制された賃貸価格を基準として買収価格を決定すること。
 (4) 本判決からみると,農地改革事件における補償金額は「正当な補償」といえるか。その理由は何か。

設問2 本判決と48年判決の関係はどう解されるか。
 (1) 48年判決がいう「完全な補償」とはどのようなものか。
 (2) 48年判決からみて,土地収用法71条の補償は「完全な補償」といえるか。
 (3) 本判決にとって,土地収用法の補償金支払制度(同法46条の2,46条の4)の存在はどのような意味をもっているか。

設問3
 (1) 本判決によれば,事業認定告示後,周辺の地価が低下した場合にはどう解されるか。

(2) 本判決によれば，事業認定告示後，一般の物価の上昇率が地価の上昇率を上回っていた場合にはどう解されるか。
(3) 本判決によれば，いわゆる生活権補償は憲法上の要請か。

Part III 理論編

展開問題

1 補償の要否はどのように判断すべきか。
——「公共のために用ひる」の意味——

　財産権に対する規制は，今日いわば無数に存在する。そのすべてに「正当な補償」を要するわけではない。補償が必要なのは，「私有財産を公共のために用ひる」場合だけである。鉄道・道路・空港などの公共事業のために特定の人の財産を取り上げる場合が典型例である。これを公用収用という。「公共のために用ひる」が，このような直接公共の用に供するための公用収用だけをさすのであれば，2項の制限と3項の収用の区別は明瞭である。したがってまた，2項の制限は補償不要で，3項の収用は補償が必要である。ところが，今日では，「公共のために用ひる」とは，公用収用に限らず，公共の利益のために強制的に財産権を収用したり類似の制限を加える場合を広く含むと考えられている。そうすると，3項も広い意味では制限だから，2項と3項の区別がむずかしくなる。それでは，同じく財産権の制限でありながら，どのような場合には補償が不要で，どのような場合には必要なのか。これは，「正当な補償」(補償の内容)に先行する問題である。

　従来の通説(田中後掲214頁以下)は，侵害行為が広く一般人を対象としたものか，それとも特定人を対象としたものかという形式的基準と，財産権侵害の強度が，財産権の内在的制約として受忍すべき程度のものか，財産権の本質的内容を侵すほどのものかという実質的基準の双方を勘案して，「特別の犠牲」といえる場合に補償が必要である，とする。ここでは，①侵害の対象が形式的基準，②侵害の強度が実質的基準である。同説はさらに続けて，より具体的には，「公共の安全・秩序の保持とか社会的共同生活の安全の確保というような消極的な目的のため最小限度において必要な比較的一般的な財産権の制限」は補償を要せず，「産業・交通その他公益事業の発展とか，国土の総合利用・都市の開発発展というような積極的な目的のためのために必要な特定の財産権の収用その他の制限」には補償が必要だとする。ここでは，③規制の目的が基準に付け加わっている。したがって，これら3要素を総合的に考慮すべきであるというのであろう。

　しかしながら，これらの基準はいずれも明確とはいえない。侵害対象が一般的か個別的か，侵害の程度が弱いか強いか，侵害目的が消極的か積極的か，その判断がまず必要とされる。さらに，①一般的，②最小限度，③消極目的の制限の組み合わせの場合は補償を要せず，①特定的，②収用その他，③積極目的の制限の組み合わせの場合は補償が必要であるとするが，①〜③の要素の組み合わせは，これだけではない。これらの要素の他の組み合わせの場合にはどうなるのか，はっきりとしない。一般的な制限でも収用がなされる場合には補償は必要だろうし，積極目的の制限でも補償が不要な場合もあろう。これらが明らかにならなければ，総合的な判断

も，直観的な判断になってしまいかねない。

これに対して，ある学説（今村後掲21頁以下）は，形式的基準は曖昧であるから実質的基準によるべきであるという。それによれば，財産権の剥奪や本来の効用の発揮を妨げる侵害は当然に補償を要し，その程度に至らない財産権の規制は，①当該財産の存在と社会的共同生活の調和を保つためである場合は，財産権に内在する社会的拘束として補償は不要であるが，②他の特定の公益目的のために，当該財産の本来の社会的効用とは無関係に偶然に課せられる制限であるときは補償を必要とする，というのである。両説が本当に対立するものであるか，疑問視するものもあるが（塩野後掲313頁），今日では後者が次第に有力になっている。

今日新たに問題になっているのは，補償さえすれば，いかなる目的でも収用可能なのか，という点である。もちろん，そうではなく，「公共のために用ひる」場合に限られることは当然である。けれども，その概念が次第に拡張してきたのは否めない。

この問題はすでに農地改革事件にも登場していた。判決のなかで，栗山裁判官は，「憲法29条3項にいう『公共のために用ひる』というのは，……公共の利益の必要があれば権利者の意思に反して収用できる趣旨と解すべきである。……同項にいう公共の用というのは公共の利益をも含む意味であつて何も必しも物理的に公共の使用のためでなければならないと解すべきではない。又収用した結果具体的の場合に特定の個人が受益者となつても政府による収用の全体の目的が公共の用のためであればよいのである」と広く解していたのに対して，井上・岩松裁判官は，「本来からいえば憲法29条3項は例えば鉄道の敷設等公共事業の為めに，これに必要な局部的に限定された個々の土地を買収する様な場合に関する規定であり，汎く全国の地主から農地を取上げてこれを小作人に交付することを目的とする本法買収の如き革命的な場合を考えて居るものとは思えない。（買収した土地も特定の小作人に交付されるのであつて公共の為めに用いられるのではない，この点から見ても29条3項に適確に当てはまるものではない，『公共の為めに用いる』というのは『公の福祉の為め』というのよりは狭い観念である）」と狭く捉えていた。今日の判例も学説も，栗山裁判官の意見の線上に位置付けられる。

日本は社会国家であるべきであると考えれば，広義の解釈は有益であるが，現実には私企業による宅地開発まで「公共のために用ひる」こととされている。これでは，補償さえすればいかなる目的でも収用可能だというのと大差ないのではないか。土地収用の公共性を再検討することによって，「公共のために用いる」の外延を確定する必要性があるのではあるまいか（参照，棟居＝宇賀後掲205頁）。

2 憲法29条3項は「私有財産」以外の権利にも使えるか。

損失補償は，「適法」な公権力の行使によつて生じた「財産」上の損失を埋め合わせる制度である。違法な公権力の行使によって損害を被った場合は，「補償」ではなく「賠償」の問題である（憲法17条，国家賠償法1条1項を参照）。また，すべての損失が補償されるわけではなく，憲法上は損失補償（29条3項）と刑事補償（40条）に限られている。それでは，公務員に故意・過失がなく（適法行為），財産権の侵害でもない（生命・健康の被害）の場合はどうなるのか。これが補償と賠償の谷間と呼ばれる問題である。

この問題がさかんに議論されることになったのは，予防接種ワクチン禍訴訟がきっかけである。予防接種事故は，接種担当者が注意義務を尽くしても予見することができないため，過失の認定ができないのが通常であった。そこで，東京地裁（東京地判昭和59年5月18日判時1118号28頁）は，予防接種事故により死亡その他の身体障害を受けた被害児を「特別の犠牲」と

捉えた上で，次のように述べた。

「一般社会を伝染病から集団的に防衛するためになされた予防接種により，その生命，身体について特別の犠牲を強いられた各被害児及びその両親に対し，右犠牲による損失を，これらの個人の者のみの負担に帰せしめてしまうことは，生命・自由・幸福追求権を規定する憲法13条，法の下の平等と差別の禁止を規定する同14条1項，更には，国民の生存権を保障する旨を規定する同25条のそれらの法の精神に反するということができ，そのような事態を等閑視することは到底許されるものではなく，かゝる損失は，本件各被害児らの特別犠牲によって，一方では利益を受けている国民全体，即ちそれを代表する被告国が負担すべきものと解するのが相当である。」「憲法29条3項は，……公共のためにする財産権の制限が社会生活上一般に受忍すべきものとされる限度を超え，特定の個人に対し，特別の財産上の犠牲を強いるものである場合には，これについて損失補償を認めた規定がなくても，直接憲法29条3項を根拠として補償請求をすることができないわけではないと解される（昭和43年11月27日最高裁大法廷判決・刑集22巻12号1402頁，昭和50年3月13日最高裁第一小法廷判決・裁判集民114号343頁，同年4月11日最高裁第二小法廷判決・裁判集民114号519頁参照）。」「憲法13条後段，25条1項の規定の趣旨に照らせば，財産上特別の犠牲が課せられた場合と生命，身体に対し特別の犠牲が課せられた場合とで，後者の方を不利に扱うことが許されるとする合理的理由は全くない。」「従って，生命，身体に対して特別の犠牲が課せられた場合においても，右憲法29条3項を類推適用し，かゝる犠牲を強いられた者は，直接憲法29条3項に基づき，被告国に対し正当な補償を請求することができると解するのが相当である。」

この判決は，憲法29条3項の「私有財産」に生命や身体が含まれるとしたものでもなければ，同条項を生命や身体に一般的に類推適用できるとしたわけでもない。もしそうだとすれば，補償さえすれば，国民の生命や身体を国が収用することができることになってしまうだろう。本判決は，国の行為によって生命や身体に被害が生じた場合には，憲法13条，14条，25条の規定から国に補償義務が生じることを前提に，具体的な補償請求権を憲法29条3項から引き出したのである。同条項はいわば解釈技術上のよりどころとして用いられたものというべきである。いいかえれば，25条から直接請求権が引き出せるなら，25条を根拠としてもよかったのである。

ただし，予防接種ワクチン禍訴訟について，憲法29条3項の文言に即して補償請求権を導き出す学説との違いを過大に評価すべきではない。というのは，憲法の個別の条文を解釈しているだけのようにみえても，その条文だけを切り離して解釈しているのではなく，憲法全体の中でその条文の意味づけがなされているはずだからである。生命・身体への侵害を認めることになるわけではない。

この判決の構成は，他の地裁判決でも基本的に受け入れられた（大阪地判昭和59年5月18日判時1255号45頁，福岡地判平成元年4月18日判時1313号17頁）。学説も好意的なものが多かった。けれども，最近の判例は国家賠償で救済するようになっている。というのは，最高裁（最二小判平成3年4月19日民集45巻4号367頁）が，予防接種によって後遺障害が発生した場合には，特段の事情のない限り，被接種者が禁忌者に該当すると推定されるとして，厳格な予診義務を課したため，国家賠償で救済される可能性が高まったからである。この判決は，損失補償による救済方法を暗黙に否定する意味をもつものと考えられるが（東京高判平成4年12月18日判時1445号3頁参照），国家賠償で救済できなかった場合に被害を放置しておくことが憲法上許されないとすれば，29条3項の「類推」適用の余地はなお存続するというべきである。

Part IV　もう1つの素材

河川附近地制限令事件

最高裁昭和43年11月27日大法廷判決
昭和37（あ）第2922号河川附近地制限令違反被告事件
刑集22巻12号1402頁，判時538号12頁
〔参照条文〕　憲29Ⅲ　河川付近地制限令4，10

❖ 事実の概要

　河川付近地制限令は，旧河川法の委任を受け，「河川付近ノ土地ノ掘鑿其ノ他土地ノ形状ノ変更」には「都道府県知事ノ許可ヲ受クヘシ」とし（4条），違反者には刑罰を定めていた（10条）。被告人は，砂利の採取販売業者で，名取川の堤外民有地を賃貸して砂利を採取していたが，昭和34年12月11日，宮城県知事により同地域が河川付近地に指定されたため，許可を要することになった。被告人は知事に砂利採取の許可を申請したが認められなかったので，無許可のまま砂利採取を続けていたところ，河川付近地制限令違反として起訴された。第1，2審とも有罪。
　被告人は，特定の人に特別の犠牲を強いながら補償規定を有しない河川付近地制限令は違憲無効であると主張した。これに対し，第1審（仙台簡裁）は，河川付近地制限令「第4条の制限に対してはこれを補償すべき規定がないのであるが，これは一定の行為をすることに知事の許可を要することを定めたもので，不作為の義務を内容とするものであって原則として補償は認められないのである。なんとなればこの制限の内容は公益上必要な河川管理事業に支障を及ぼすべき行為の禁止又は制限であって，およそ公益上必要な事業に対し支障を及ぼす行為をしてはならないことは総ての権利に当然に存在する制約と考えられるためである」と述べた。
　また，第2審（仙台高裁）は，第1審の判断を正当とした上で，「なお，憲法29条は，1項において財産権の不可侵を宣言すると共に，2項および3項によつて財産権を制限しうることが明らかであるが，その制限は常に損失補償を伴うものではない。すなわち，同条3項は『公共のために』特定人に対し，特別に財産上の犠牲を強いる場合に限り『正当な補償』を要件としているのであつて，同条2項による，法律をもって財産権を一般的に制約した場合は，当然損失補償を伴うということはないのである。」河川地付近制限令は一般的な制限で，同令4条も「知事の許可を必要とするに止まり，特定の人に対し，特別の財産上の犠牲を強いたものではない」から補償は不要である。「被告人は原判示名取川の堤外民有地の各所有者に対し賃借料を支払い，労務者を雇い入れ，従来から同所の砂利を採取してきたところ，昭和34年12月11日前記宮城県告示により右地域が河川付近地に指定されたため，河川付近地制限令4条により知事の許可なくしては砂利を採取することができなくなつたことは認められるが，右は河川付近地制限令適用による当然の効果であって特に被告人に限つたわけではなく，仮にこれがため被告人に損失があつたとしても当然補償すべきものであるとする論旨は当らない」とした。

被告人が上告。

❖ 上告審＝最高裁

❖ 法的構成
(a) 上告理由の内容

「所論は，河川付近地制限令4条2号，10条は，次の理由により，憲法29条3項に違反する違憲無効の規定であるという。すなわち，同令4条2号の制限は，特定に人に対し，特別に財産上の犠牲を強いるものであり，したがつて，この制限に対しては正当な補償をすべきであるのにかかわらず，その損失を補償すべき何らの規定もなく，かえつて，同令10条によつて，右制限の違反者に対する罰則のみを定めているのは，憲法29条3項に違反して無効であり，これを違憲でないとした原判決は，憲法の解釈を誤つたものであるというのである。」

(b) 補償の要否

「よつて按ずるに，河川付近地制限令4条2号の定める制限は，河川管理上支障のある事態の発生を事前に防止するため，単に所定の行為をしようとする場合には知事の許可を受けることが必要である旨を定めているにすぎず，この種の制限は，公共の福祉のためにする一般的な制限であり，原則的には，何人もこれを受忍すべきものである。このように，同令4条2号の定め自体としては，特定の人に対し，特別に財産上の犠牲を強いるものとはいえないから，右の程度の制限を課するには損失補償を要件とするものではなく，したがつて，補償に関する規定のない同令4条2号の規定が所論のように憲法29条3項に違反し無効であるとはいえない。これと同趣旨に出た原判決の判断説示は，叙上の見地からいつて，憲法の解釈を誤つたものとはいい得ず，同令4条2号，10条の各規定の違憲無効を主張する論旨は，採用しがたい。」

(c) 直接憲法に基づく補償請求の可能性

「もつとも，本件記録に現れたところによれば，被告人は，名取川の堤外民有地の各所有者に対し，賃借料を支払い，労務者を雇い入れ，従来から同所の砂利を採取してきたところ，昭和34年12月11日宮城県告示第643号により，右地域が河川付近地に指定されたため，河川付近地制限令により，知事の許可を受けることなくしては砂利を採取することができなくなり，従来，賃借料を払い，労務者を雇い入れ，相当の資本を投入して営んできた事業が営み得なくなるために相当の損失を被る筋合いであるというのである。そうだとすれば，その財産上の犠牲は，公共のために必要な制限によるものとはいえ，単に一般的に当然受忍すべきものとされる制限の範囲をこえ，特別の犠牲を課したものとみる余地が全くないわけではなく，憲法29条3項の趣旨に照らし，さらに河川付近地制限令1条ないし3条および5条による規制について同令7条の定めるところにより損失補償をすべきものとしていることとの均衡からいつて，本件被告人の被つた現実の損失については，その補償を請求することができるものと解する余地がある。したがつて，仮りに被告人に損失があつたとしても補償することを要しないとした原判決の説示は妥当とはいえない。しかし，同令4条2号による制限について同条に損失補償に関する規定がないからといつて，同条があらゆる場合について一切の損失補償を全く否定する趣旨とまでは解されず，本件被告人も，その損失を具体的に主張立証して，別途，直接憲法29条3項を根拠にして，補償請求をする余地が全くないわけではないから，単に一般的な場合について，当然に受忍すべきものとされる制限を定めた同令4条2号およびこの制限違反について罰則を定めた同令10条の各規定を直ちに違憲無効の規定と解すべきではない。」

(d) 結　論

「したがつて，右各規定の違憲無効を口実にして，同令4条2号の制限を無視し，所定の許可を受けることなく砂利を採取した被告人に，同令10条の定める刑責を肯定した原判決の結論は，正当としてこれを支持することができる。」

基本解説

(1) 補償規定を欠く法令の効力

　財産権のあらゆる制限が補償を要するわけではない。補償が必要な場合と不要な場合がある。けれども，その基準はかならずしも明確とはいえない。そこで，財産権を制限する法令であっても，補償規定を有しないものがある。憲法上補償が必要であるにもかかわらず補償規定のない法令の効力はどのように考えられるべきか。

　従来，学説は次の3つに分類されてきた。
　①立法指針説
　②違憲無効説
　③直接請求説

　このうち，①は，29条3項は立法上の指針にすぎず，法律がなければ補償請求はできないとするものである。これは，財産権を保障しながら損失補償の規定を欠いていた明治憲法27条には適合的であるが，明文の憲法規定があるにもかかわらず，その法的拘束力を否定して，すべてを立法裁量にゆだねることはできないから，日本国憲法上は妥当ではない。現在では支持者はいなくなっている。

　②③は29条3項の法的拘束力を認める点では共通であるが，②が補償規定を欠く法令は違憲無効であるとするのに対して，③は29条3項から直接具体的な補償請求権が生じるから，保障規定を欠く法令も無効とすべきではない，というのである。

　最高裁は全員一致で③を採用した。学説上も③が多数説である。確かに③は財産権の権利性を最も強く認めるものである。社会生活上必要な規制が無効とされてしまうのも不都合である。

　けれども，②説もなお有力である。というのは，今日では両説の長短を比較すると，常に③がすぐれているというわけではないことが明らかになったからである（阿部後掲262頁以下，塩野後掲312頁以下）。たとえば，財産権を制限する法令が②説によって違憲無効とされた場合，立法者は，損失補償を行って制限を続けるか，制限自体を断念するか，選択の余地がある。これに対して③説では，立法者の意図にかかわらず，国は常に財政上の支出を義務付けられるのである。したがって，違憲無効とした方が立法者を尊重することになり，立法者と裁判所の憲法上の権限配分にもふさわしいとも考えられるのである。

　ただし，両説は互いに排他的ではないように思われる。②説でも，その法令の規制はほとんどの部分で補償は不要で，ごく一部でのみ補償を要するという場合に，法令全体を違憲無効とすることは行き過ぎとも思われるし，また，当該法令は損失補償を否定する趣旨であると解釈される場合には，③説でも法令を違憲無効とすることは可能であろう。そうであるとすれば，事案に応じて両説を使い分けることも許されるであろう。

(2) 補償の要否

　最高裁は本件で補償の可能性を認めた。河川付近地制限令が，知事の許可制がなければ一定の行為をすることができないとしたことは，一般的な制限で補償はいらないが，従来の事業を営むことができなくなった損失は，特別の犠牲にあたる可能性がある，というのである。

　この点は，奈良県ため池条例事件判決（最大判昭和38年6月26日刑集17巻5号521頁）との関係が問題となる。奈良県ため池条例は，ため

池を保全するため，提とうに竹木や農作物を植えるなど，ため池の破損または決壊の原因となる行為を禁止した。先祖代々ため池の提とうで茶などを栽培していた被告人らに対し，最高裁はこう述べた。

本条例は「ため池の提とうを使用する財産上の権利の行使を著しく制限するものではあるが，結局それは，災害を防止し公共の福祉を保持する上に社会生活上已むを得ないものであり，そのような制約は，ため池の提とうを使用し得る財産権を有する者が当然受忍しなければならない責務というべきものであって，憲法29条3項の損失補償はこれを必要としないと解するのが相当である。」

従来からの耕作が認められなくなった点は，本件と同様である。にもかかわらず，補償は否定された。両者の相違はどこにあるのか。奈良県ため池条例は，災害防止という消極目的の規制であるのに対して，河川付近地制限令は，「河川の公利を増進し，又は公害を除却若は軽減する必要のため」になされるもので，消極目的と積極目的が混在しているようにみえる。しかし，目的の相違だけで補償の要否が左右されるとは思われない。学説も目的の相違を重視しない。

それでは，損失の程度であろうか。2つの事案の相違を強いてさがせば，河川付近地制限令事件では，従来の事業が禁止されたにとどまらない。「賃借料を支払い，労務者を雇い入れ，相当の資本を投入して」いたにもかかわらず，それらが回収できなくなってしまう。この点は，先祖代々からの耕作が禁止されたというだけの奈良県ため池条例事件と比較して，若干大きな損失といえるだろう。しかし，これも従来の事業または耕作が禁止されたことと決定的な相違であるともいい難い。原審はそれでも補償不要と考えたのである。そうであるならば，本件で補償が必要なら，奈良県ため池条例事件でも補償が必要であるのではないか，と考えられるのである。

設問

(1) 本判決は，補償の要否の基準について，どのように説明しているか。
(2) 本件で補償は必要か。
 (a) 本判決は，どのような場合には保障が必要であるというのか。
 (b) 奈良県ため池条例事件判決との関係はどのように解すことができるか。
(3) 本判決が違憲無効説をとっていたら，どのような判決が下されたか。それは妥当か。
(4) 本件で最高裁は，違憲無効説を全面的に退けたのか。その法律が補償について沈黙している場合と，補償しないことを明確にしている場合とで違いはあるか。

〔参考文献〕
田中二郎『新版行政法（上）』（弘文堂，全訂第2版，1974）
今村成和『損失補償制度の研究』（有斐閣，1968）
阿部泰隆『国家補償法』（有斐閣，1988）
藤田宙靖『西ドイツの土地法と日本の土地法』（創文社，1988）
宇賀克也『国家補償法』（有斐閣，1997）
塩野宏『行政法II』（有斐閣，第3版，2004）
青野洋士「土地収用法71条と憲法29条3項」ジュリスト増刊『最高裁時の判例I 公法編』（有斐閣，2003）
棟居快行＝宇賀克也「損失補償」宇賀克也＝大橋洋一＝高橋滋『対話で学ぶ行政法』（有斐閣，2003）

（工藤達朗）

12 行政手続における適正手続の保障

〔論　点〕

(1) **憲法 31 条にいう「法律の定める手続」の意味**
　　憲法 31 条は，およそ刑罰を科すには「法律の定める手続」によることを要請している。かかる法定手続の保障については，一般に，どのように説かれているか。

(2) **憲法 31 条以下に定める手続保障と行政手続**
　　憲法 31 条以下に定める手続保障は，直接的には刑事手続に関わるものといえる。とすれば，たとえ国民に不利益を及ぼすようなものであっても，行政手続には適用されないのか。

(3) **行政手続における適正の意義**
　　行政手続と刑事手続とでは，適正手続保障の要請は異なるのか。そもそも，行政作用において適正手続の保障が要請されるのは，どのような理由からか。

(4) **行政手続における適正手続の具体的内容**
　　行政手続における適正の要請の内容としては，どのようなことが挙げられるか。

Part I　基本となる素材

成田新法事件

最高裁平成 4 年 7 月 1 日大法廷判決
昭和 61 年（行ツ）第 11 号工作物等使用禁止命令取消等請求事件
民集 46 巻 5 号 437 頁，判時 1425 号 45 頁
〔参照条文〕　憲 31, 35　新空港安全 3 I・III

X＝原告，控訴人，上告人
Y＝被告，被控訴人，被上告人

❖ **事実の概要**

　新東京国際空港（以下では，新空港という）は，1966（昭和 41）年 7 月，千葉県成田市三里塚地区ほか近隣地域に設置されることが閣議決定され，建設に着手されたが，これに対しては，当初より，上記建設予定地内の農民らを中心とする根強い反対運動が継続することになった。それとともに，これを支援するいわゆる過激派による実力闘争が展開され，1978（昭和 53）年 3 月の新空港供用開始期日の直前には，管制塔乱入事件が発生し，上記供用開始の延期を余儀なくされる事態となった。

このため，政府および国会は，かかる暴力主義的破壊活動を排除し，新空港の平穏と安全を確保することが必要であるとの認識で一致し，同年5月には，議員提案による「新東京国際空港の安全確保に関する緊急措置法」（昭和53年法律第42号。以下では，成田新法ないし本法という）が制定され，即日施行されるにいたった。本法によれば，規制区域（2条3項参照）内に所在する建築物その他の工作物が暴力主義的破壊活動等に供用され，または，そのおそれがあるとき，運輸大臣は，当該工作物の所有者等に対して，期限付きの供用禁止命令を発し（3条1項），その違反に刑事罰を科しうる（9条1項）ほか，当該工作物等の封鎖（同条6項），除去（同8項）の措置をとることができる。

1979（昭和54）年2月，Y（運輸大臣。当時）は，規制区域内に所在する鉄骨鉄筋コンクリート地上3階，地下1階建の建築物（以下では，本件工作物という）の所有者Xならびにその管理者・占有者に対して，本法3条1項1号の「多数の暴力主義的破壊活動者の集合の用」または同項2号の「暴力主義的破壊活動等に使用され，又は使用されるおそれがあると認められる爆発物，火炎びん等の物の製造又は保管の場所の用」に供することを禁止する命令を1年の期限を付して発した。そして，その後も毎年2月に，同一内容の命令を発するところとなった。

そこで，Xは，Yによって1979年から1983（昭和58）年までになされた各命令処分（以下では，本件各処分という。なお，控訴にあたり，1985（昭和60）年の命令処分が追加された）の取消しならびに慰謝料の支払いを求めて提訴した。

❖ 第1審＝千葉地裁

千葉地裁昭和59年2月3日判決
訟月30巻7号1208頁

❖ 当事者の主張（争点）

〈事実にかかる主張〉

原告……本件工作物は，居住，宿泊および新空港建設反対運動の集会のための事務連絡等に使用していたものであり，1978（昭和53）年3月，捜査当局による別件の捜索・差押以後，使用された事実はない。

被告……本件各処分は，本件工作物について，本法3条1項1号・2号所定の供用を禁止するにとどまり，その余の使用については何ら妨げるものではない。また，いわゆる過激派による破壊活動は止まず，かつ，依然としてこれを継続する意思が明らかにされている。

〈法的な根拠にかかる主張〉

原告……本法は，工作物等の所有者等に対して告知，弁解，防御の機会を与える規定を欠き，適正手続を保障する憲法31条に違反する。また，本法3条1項の供用禁止命令は，同条3項の工作物への立入りの規定とともに，憲法35条に定める令状主義に違反し無効である（このほかにも，憲法21条1項の集会の自由，22条1項の居住の自由，29条1項・2項の財産権の保障違反を主張しているが，ここでは取り上げない）。

被告……憲法31条の精神は行政手続についても尊重されるべきであるが，刑事手続と行政手続とはその性質に差異があり，本法のごとく，まさに異常かつ緊急な事態にかんがみ，新空港等の安全を確保するための必要かつ合理的な規制である場合には，事前の弁明や防御の機会を保障していなくとも同条の精神には反しない。また，憲法35条は，もっぱら刑事手続に関するものであり，行政手続には直接の適用はなく，その精神が行政作用の性質に応じて生

かされていればそれで足りる。

❖ **法的構成**

(a) 憲法 31 条の適正手続保障と行政手続について

「憲法第 31 条の適正手続の保障は，直接的には刑事手続に関するものであるが，行政手続においてもできる限りその精神が尊重されるべきであり，単に行政手続であるとの理由のみで適正手続の保障原理が無視されてよいとすることはできない。しかしながら，行政手続といつても処分の目的，性格は多種多様であり，必ずしもすべての行政手続においてその行政処分によつて不利益を被る者に対し告知，弁解，防禦の機会を与えることを必要とするものではなく，行政処分によつて達しようとする公共の福祉の度合い，緊急性，行政処分によつて制約を受ける国民の権利の内容，制約の程度等を総合考慮して，行政処分の種類，内容に応じた必要かつ相当な手続によれば足り，常に必ずしもすべての行政手続につき適正手続の保障が絶対的に要請されるものではないというべきである。」

(b) 憲法 35 条の令状主義と行政手続について

「憲法第 35 条の規定は，本来，主として刑事責任追及の手続における強制について，それが司法権による事前の抑制の下におかれるべきことを保障した趣旨であるが，行政手続であるからといつてその手続における一切の強制が当然に憲法第 35 条の保障を全く受けないとすることは妥当でなく，行政手続の性質に応じてその精神は尊重されるべきである」が，「刑事処分と行政処分との相違にかんがみれば，憲法上，行政手続における一切の立入りがすべて裁判官の令状を必要とすると解することは相当でなく，とくに立入り目的の重大性，緊急性によつては，令状を要求したのでは公共の福祉の維持という行政目的をとうてい達しえないこともあることは明らかである。」

❖ **あてはめ**

本法 3 条 1 項に基づく行政処分の結果，被処分者には，同項各号所定の 3 態様の財産権の行使が制限されるのみであり，上記行政処分によって達しようとする公共の福祉の度合い，その達成の緊急性とを考え合わせれば，上記条項が，同項各号にかかる供用禁止命令を発するにあたり告知，弁解，防御の機会を被処分者に与える手続を置いていないとしても，憲法 31 条に違反するということはできない。

本法 3 条 3 項に定める立入りは同条 1 項の供用禁止命令の履行を確保するため必要な限度で認められ（同条 5 項参照），本件では立入りの必要性および緊急性は高く，さらに，上記立入りには職員の身分証明証の携帯・提示が要求されている（同条 4 項）点などを総合判断すると，上記立入りにつき裁判官の発する令状が一般的要件とされていなくても，憲法 35 条の法意に反するとはいえない。

♦ **第 2 審＝東京高裁**

東京高裁昭和 60 年 10 月 23 日判決
民集 46 巻 5 号 483 頁

❖ **控訴理由**

本ユニットのテーマに関わる限り，第 1 審における主張と同一。

❖ **法的構成およびあてはめ**

第 1 審判決と同一。

❖ 上告審＝最高裁

◈ 上告理由
本ユニットのテーマに関わる限り，第 1 審における主張と同一。

〈法廷意見〉

(a) 憲法 31 条の適正手続保障と行政手続について

「憲法 31 条の定める法定手続の保障は，直接には刑事手続に関するものであるが，行政手続については，それが刑事手続ではないとの理由のみで，そのすべてが当然に同条による保障の枠外にあると判断することは相当ではない。」もっとも，「同条による保障が及ぶと解すべき場合であっても，一般に，行政手続は，刑事手続とその性質においておのずから差異があり，また，行政目的に応じて多種多様であるから，行政処分の相手方に事前の告知，弁解，防御の機会を与えるかどうかは，行政処分により制限を受ける権利利益の内容，性質，制限の程度，行政処分により達成しようとする公益の内容，程度，緊急性等を総合較量して決定されるべきものであって，常に必ずそのような機会を与えることを必要とするものではない」。

(b) 憲法 35 条の令状主義と行政手続について

「憲法 35 条の規定は，本来，主として刑事手続における強制につき，それが司法権による事前の抑制の下に置かれるべきことを保障した趣旨のものであるが，当該手続が刑事責任追及を目的とするものではないとの理由のみで，その手続における一切の強制が当然に右規定による保障の枠外にあると判断することは相当ではない（最高裁昭和 44 年（あ）第 734 号同 47 年 11 月 22 日大法廷判決・刑集 26 巻 9 号 554 頁）。しかしながら，行政手続は，刑事手続とその性質においておのずから差異があり，また，行政目的に応じて多種多様であるから，行政手続における強制の一種である立入りにすべて裁判官の令状を要すると解するのは相当ではなく，当該立入りが，公共の福祉の維持という行政目的を達成するため欠くべからざるものであるかどうか，刑事責任追及のための資料収集に直接結び付くものであるかどうか，また，強制の程度，態様が直接的なものであるかどうかなどを総合判断して，裁判官の令状の要否を決めるべきである。」

◈ あてはめ
本法 3 条 1 項に基づく工作物使用禁止命令により制限される権利利益の内容，性質は，同項各号所定の 3 態様における当該工作物の使用であり，「右命令により達成しようとする公益の内容，程度，緊急性等は，……新空港の設置，管理等の安全という国家的，社会経済的，公益的，人道的見地からその確保が極めて強く要請されているものであって，高度かつ緊急の必要性を有するものであることなどを総合較量すれば，右命令をするに当たり，その相手方に対し事前に告知，弁解，防御の機会を与える旨の規定がなくても，本法 3 条 1 項が憲法 31 条の法意に反する」とはいえない。

本法 3 条 3 項に定める立入り等は，同条 1 項に基づく使用禁止命令の履行を確保するために必要な限度においてのみ認められ，その立入りの必要性は高く，当該立入りには職員の身分証明書の携帯・提示が要求されている（同条 4 項）ほか，「右立入り等の権限は犯罪捜査のために認められたものと解釈してはならないと規定され（同条 5 項），刑事責任追及のための資料収集に直接結び付くものではないこと，強制の程度，態様が直接的物理的なものではないこと（9 条 2 項）を総合判断すれば，本法 3 条 1，3 項は，憲法 35 条の法意に反するものとはいえない。」

なお，本判決には，2 つの意見が付されている。

〈意　見〉

❖ **法的構成**

(a) 憲法31条の適正手続保障と行政手続について

園部逸夫裁判官……「行政庁の処分のうち，少なくとも，不利益処分……については，法律上，原則として，弁明，聴聞等何らかの適正な事前手続の規定を置くことが，必要であ」り，かかる法整備の憲法上の根拠は，「いわゆる法治主義の原理（手続的法治国の原理），法の適正な手続又は過程……の理念その他行政手続に関する法の一般原則」に求められるべきである。しかし，「一般に，行政庁の処分は，刑事上の処分と異なり，その目的，種類及び内容が多種多様であるから，不利益処分の場合でも，個別的な法令について，具体的にどのような事前手続が適正であるかを，裁判所が一義的に判断することは困難というべきであり，この点は，立法当局の合理的な立法政策上の判断にゆだねるほかはないといわざるを得」ず，「不利益処分を定めた法令に事前手続に関する規定が全く置かれていないか，あるいは事前手続に関する何らかの規定が置かれていても，実質的には全く置かれていないのと同様な状態にある場合は，……当該法令の立法趣旨から見て，右の法令に事前手続を置いていないこと等が，右の〔行政手続に関する法の〕一般原則に著しく反すると認められない場合は，立法政策上の合理的な判断によるものとしてこれを是認すべき」である。

可部恒雄裁判官……「憲法31条による適正手続の保障は，ひとり刑事手続に限らず，行政手続にも及ぶと解されるのであるが，行政手続がそれぞれの行政目的に応じて多種多様である実情に照らせば，同条の保障が行政処分全般につき一律に妥当し，当該処分につき告知・聴聞を含む事前手続を欠くことが直ちに違憲・無効の結論を招来する，と解するのは相当でない」が，「私人の所有権に対する重大な制限が行政処分によって課せられた事案を想定すれば，……憲法31条の保障が及ぶと解すべきことは，むしろ当然の事理に属し，かかる処分が一切の事前手続を経ずして課せられることは，原則として憲法の許容せざるところというべく，これが同条違反の評価を免れ得るのは，限られた例外の場合」だけであって，その「例外の最たるものは，消防法29条に規定する場合のごときである」。

❖ **あてはめ**

園部逸夫裁判官……本法3条1項に定める工作物使用禁止命令は，その名宛人に対し不作為義務を課する典型的な行政上の不利益処分に当たり，上記命令については，その性質からして，「緊急やむを得ない場合の除外規定を付した上で，事前手続の規定を置くことが望ましい場合ではあるけれども，本法は，法律そのものが，高度かつ緊急の必要性という本件規制における特別の事情を考慮して制定されたものであることにかんがみれば，事前手続の規定を置かないことが直ちに前記の一般原則に著しく反するとまでは認められないのであって，右のような立法政策上の判断は合理的なものとして是認することができる」。

可部恒雄裁判官……本件工作物の構造は「異様の一語に尽き，通常の居住用又は農作物等の格納用の建物とは著しく異なり，何びともその使用目的の何たるかを疑問とせざるを得ない」。他方，本件工作物に対する行政処分は，本法3条1項1号および2号所定の2態様の財産権行使を禁止するにすぎない。両者を「総合勘案すれば，前記にみるような態様の財産権行使の禁止が憲法29条によって保障される財産権に対する重大な制限に当たるか否か，疑問とせざるを得ないのみならず，これを強いて『重大な制限』に当たると観念するとしても，当該処分につき告知・聴聞を含む事前手続を経ない限り，31条を含む憲法の法条に反するものとはたやすく断じ難いところである。」

基本解説

(1) 憲法31条以下の手続的保障の意味

憲法31条の法定手続の保障が，手続の法定のみならず，手続の適正をも要請することは，学説・判例の一般的な理解となっている。そして，その適正手続の内容としては，特に事前の告知・聴聞（notice and hearing）が重要になるが，そうした事前手続の要請が31条の法意であることは，最高裁によっても，関税法第三者所有物没収事件においてすでに確認されているところである（最大判昭和37年11月28日刑集16巻11号1593頁）。

31条のこのような適正手続の要請は，32条以下に定める手続的保障によって，さらに詳細かつ個別に具体化されているが，これらの条項が，その沿革，法文の内容からして，直接的には刑事手続に向けられていることは明らかである。とはいえ，その趣旨がもともと国民の権利・自由を手続的保障によって確保する点にあることからすれば，国民の権利・利益の侵害をもたらしうる行政処分についても，刑事手続と同様の適用が考えられてよいはずである。

最高裁は，川崎民商事件において，先に35条，38条といった個別の規定の行政手続への適用可能性を肯定した（本ユニット PartIV「もう1つの素材」参照）が，本件最高裁判決は，その判旨をも踏まえつつ，31条そのものについて初めて正面から取り上げ，これを判断したものである。

(2) 31条の法定手続の保障と行政手続

法廷意見は，31条の法定手続の保障が行政手続に及ぶかについて，次のように立論する。すなわち，第1に，「行政手続については，それが刑事手続ではないとの理由のみで，そのすべてが当然に同〔31〕条による保障の枠外にあると判断することは相当ではな」いとし，行政手続であっても，その保障の枠内に入るものがあることを肯認する。しかし，法廷意見の含意は，あくまでもそこにとどまる。その説示からすれば，行政手続については，保障の枠外に置かれたままのものと，その枠内に入るものとに分かれるが，枠の内・外のいずれを原則とするのか，また，それをどのように振り分けるのかについては，何も言及されていないからである。

その点で，2つの意見は，一定の行政処分に関するものとはいえ，憲法上の原則論を提示しようとする。すなわち，園部意見の場合は，行政処分のうち，少なくとも不利益処分については，法律上，事前手続規定を置くことが原則である（緊急やむを得ない場合の除外規定はあり得る）とし，また，可部意見にあっては，より直截的に，私人の所有権に対する重大な制限に限定すれば，かかる行政処分に憲法31条の保障が及ぶことは「当然の事理」といえ，それが憲法上の要請であり，かつ，原則である（消防法29条のごとき「極限状況」は例外にあたる）と明言しているからである。

とすれば，両意見によるとき，法廷意見とは異なる結論が導き出されてもよさそうに思えるが，かならずしもそうではない。前者の場合，行政処分の多種多様性を前提にしつつ，個別の法令ごとに置かれるべき事前手続の内容は「立法当局の合理的な立法政策上の判断にゆだねるほかはな」く，たとえ事前手続規定を欠いても，それが行政手続に関する法の一般原則に著しく反しない限り是認されると説き，結局は立法裁量論の問題として処理しているからである。また，後者の場合には，本件事案の事実認定およびその評価が大きく作用し，本件は例外にあたると判断したことによる。

第2に，法廷意見は，31条の保障の枠内に入る行政手続であっても，刑事手続の場合とは異なり，行政処分の相手方に事前の告知，弁解，防御の機会を常に付与することが必要となるわ

けではないとし，その論拠を，行政手続と刑事手続との性質上の相違，行政目的に応じた行政手続の多種多様性に求めている。上記枠内に入るものとして，行政庁による不利益処分が想定されているとすれば，その限りで，法廷意見と園部意見は結論的に一致することになる。これに対して，可部意見は，法廷意見が掲げる論拠を，むしろ「同条の保障が行政処分全般につき一律に妥当」するか否かの次元で持ち出しており，出発点における双方の認識の違いを見いだすことができる。

そこで第3に，事前手続を要するか否かの判断の仕方が問題となるが，法廷意見は，(イ)行政処分により制限を受ける権利利益の内容，性質，(ロ)その制限の程度，(ハ)行政処分によって達成しようとする公益の内容，程度，緊急性等を総合較量して決定されるべきであるとし，いわば比較考量論に依拠する姿勢を示している。この点は，園部意見および可部意見にあっても，前述したように，それを用いる次元を異にするにせよ，法廷意見と同様の比較考量論が前提にされているとみてよい。

法廷意見のこのような立論を踏まえれば，その趣旨は，行政手続のうちで，上述の(イ)ないし(ハ)に関する判断要素を総合較量した場合，結果的に，31条の保障する事前手続が要請される場合があり得る，ということに尽きる。そして，本件の場合，(イ)・(ロ)については，本法3条1項各号に定める当該工作物の使用に限られ，(ハ)については，「新空港の設置，管理等の安全という国家的，社会経済的，公益的，人道的見地からその確保が極めて強く要請され」，しかも，「高度かつ緊急の必要性を有する」旨，認定され，同条項の憲法31条違反の主張が退けられることになったわけである。もっとも，(ハ)で持ち出された内容はあまりに抽象的・概括的にすぎ，それゆえ，このような比較考量がどこまで実効的か，疑問の余地を残している。

(3) 35条の令状主義と行政手続

35条の令状主義と行政手続の関係について，法廷意見は，上述の川崎民商事件最高裁判決を援用しつつ，「当該手続が刑事責任追及を目的とするものではないとの理由のみで，その手続における一切の強制が当然に右規定による保障の枠外にあると判断することは相当ではない」と説くものの，行政手続と刑事手続の性質上の差異，行政手続の多種多様さからすれば，すべての行政手続に令状主義は要請されるわけでなく，種々の要素を総合判断してこれを決定すべきであるとする。

この論旨は，31条に関するものと同様であり，その意味では，最高裁は，条項の如何を問わず，31条以下の手続的保障について同じ論理構成によって判断する意向を示したものといえよう。もっとも，それをいうならば，むしろ本件最高裁判決の31条に関する論理構成が，川崎民商事件最高裁判決によって形づけられたと評してよいように思われる。その意味では，上記最高裁判決に対して寄せられていた疑問ないし批判は，そのまま本件最高裁判決に向けられることになる。

法廷意見は，さらに，上記判断要素として，当該手続が，(イ)公共の福祉の維持という行政目的を達成するために不可欠か，(ロ)刑事責任追及のための資料収集に直接結びつくものか，(ハ)強制の程度，態様が直接的なものか，の3つを例示している。これらは，先例として援用する上記最高裁判決の流れに沿うものと受け止めることができ，格別に目新しい判示というわけではない。

Part II 応用編

確認質問

1　本判決は，憲法31条にいう手続的保障が行政手続にも原則的に及ぶと判断しているのか。
2　行政手続に要請される手続的保障とは，どのようなものか。それは，刑事手続の場合と異なるのか。異なるとすれば，なぜか。
3　本判決によれば，2に述べた手続的保障が当該行政手続に必要とされるか否かの判断は，どのように行われることになるのか。
4　3に照らした場合，成田新法が合憲とされたのは，なぜか。

応用問題

設問1　本法が違憲であるとする見解に立った場合，次のような趣旨の規定が本法に加えられるとすればどうか。
(1)　緊急やむをえないときは別にして，使用禁止命令が発せられる前に告知・聴聞を行うこと。
(2)　本件工作物ないし土地の所有者に対してのみ，問(1)のような事前手続を行うこと。
(3)　使用禁止命令の期限について，一定の上限を明示すること。
(4)　使用禁止命令を発するか否かについて，その判断基準を明示すること。
(5)　使用禁止命令を再度発出する場合には，一定の間隔を開けること。
(6)　使用禁止命令に対する不服申立制度を用意すること。

設問2　十分な事前手続の規定を欠く本法類似の法律が，次のような事情の下で立法されたとすればどうか。
(1)　新空港に対する暴力的な破壊活動が一度も生じていなかった場合。
(2)　政府の方針転換により，政府および新空港反対派の話合いによる決着がつくまで，新空港の供用は行わないこととされていた場合。
(3)　新空港がもっぱら一部国内線向けのコミューター空港として供用されることになっていた場合。
(4)　原子力施設の建設・供用に際してであった場合。
(5)　産業廃棄物等のゴミ焼却場の建設・供用に際してであった場合。

設問3　本件最高裁判決が下されたのち，行政手続法（平5法88）が制定され，不利益処分をしようとする場合には事前手続をとることが定められた（13条）が，同法では，種々の観点に照らして適用除外を認めている。本判決の立場からすれば，以下のような処分につき，およそ一切の事前手続を不要とすることは憲法上許されるか。
(1)　公立学校における学生の退学処分。
(2)　国家公務員に対する懲戒免職処分。
(3)　外国人に対する強制退去処分。
(4)　被生活保護者に対する生活保護停止処分。
(5)　司法試験の合否判定結果についての処分。

設問4 本判決の基準からすれば，行政庁は，事前の手続的保障がないまま，次のような処分を行うことができるか。
(1) 伝染病患者の収容・隔離を行うこと。
(2) 消防団員等が，災害発生時に，近隣住民の土地・家屋を使用し，または，その使用制限を命ずること。
(3) 違法建築物の工事停止・改廃を命じること。
(4) 自動車運転免許の取消し・停止を行うこと。
(5) 酒類販売免許の拒否・取消しを行うこと。

Part Ⅲ 理論編

展開問題

1 行政手続における適正手続として，どのようなことが要請されるか。また，その意義は何か。

　行政手続における適正手続という場合，その内容として，①告知・聴聞，②文書閲覧，③理由付記，④処分基準の設定・公表を挙げるのが通例である（塩野後掲参照）。①は，行政処分に先立ち，その相手方に当該処分の内容・理由を通知し，異論がある場合にはそれを聴取する手続である。かかる手続の要請は，処分を受ける側からすればむしろ当然のことといえるが，行政庁にとっては，処分の前提をなす情報の正確さを追求することができ，また，利害関係人がある場合には，これらの者が手続過程に参加しうるメリットも指摘されている（棟居後掲）。

　②は関係文書等の記録の閲覧を指し，これによって当該処分の前提までが明らかなものとなる。その意味で，この手続は，聴聞のさらなる実効化に役立つ。③は当該処分の理由を処分書に付記することをいうが，判例は，ここに恣意抑制機能・不服申立便宜機能を認め（最三小判昭和60年1月22日民集39巻1号1頁），学説からは，これに加えて，説得機能・決定過程公開機能が指摘されている（塩野後掲参照）。さらに，④が関係当事者の予見可能性の確保とともに，恣意的ないし独断的な行政決定の防止のためであることは，いうまでもない。

　こうしてみてくると，これらの手続的保障はいずれも，行政庁の決定が，公正かつ透明な過程のなかで，より正確でかつ過不足ない情報をもとになされることを要請し確保するためのものであるといえる。それがまた，行政決定の内容そのものの適正を担保し，行政処分の相手方の権利・利益を保護することになるのである。しかも，行政にあっては，その性質上，行政庁の裁量的判断を要する場合も少なくない。とすれば，これによって不利益を受ける相手方に対してはなおのこと，手続的保障の必要性・重要性が高まるはずである。

　もとより，行政権による国民の権利・利益の侵害については，実体法の定立や裁判的救済を通じたコントロールによって対処しえないわけではない。しかし，それらのコントロール，とりわけ事後的な救済手続に限界があることは，つとに指摘されているところである（塩野後掲参照）。それだけに，今日の行政活動の専門化・高度化，国民生活との密接性およびその影響力を踏まえるとき，法律による行政の原理，さらにいえば，法治国家の原理を貫徹していく上でも，行政手続の適正化は重要な意義をもっている。

2　行政手続における適正手続保障は，憲法上の要請といえるか。

　日本国憲法には，行政手続における適正手続を保障する明文の規定はない。しかし，その保障の重要性はいうまでもなく，行政手続の適正化を憲法上の要請として受け止める必要がある。もっとも，行政手続は，その目的・性質・内容などに照らすとき，刑事手続とは異なり，一括りで論じにくいほどに多種多様である。それだけに，刑事手続を主眼とする31条以下の手続保障規定によってこれを考えることができるのか，行政手続の多種多様性を踏まえつつ，行政手続にはどのような保障が要請されていると考えるのか，問題となる。

　学説にあっては，行政手続の多種多様性を認識し，行政手続の適正手続保障が刑事手続の場合とは異なりうることを是認しつつも，憲法上の要請と解する点では一致をみる。ただし，その論拠によって，31条の法文を素直に読み，同条よりも13条に根拠を求める見解（杉村後掲），31条の法文にはこだわらず，行政手続への同条の適用ないし準用を説く見解，行政の実体・手続の適正性は13条が理念とする人格の尊厳原理から導かれるが，刑事罰に匹敵するような行政処分等については31条が準用されるとする併用説的な見解（佐藤幸後掲），あるいは，31条を根拠とすることには解釈論的・立法論的にも限界があるとして，日本国憲法における手続的法治国の原理に求める見解（塩野後掲）などに分かれる。適用ないし準用説が多数といえるが，後二者の見解も有力である。

　これに対して，判例は，行政手続における適正手続保障の必要性にそれなりの理解を示しているが，これをどこまで憲法上の要請と解しているのか，かならずしも定かではない。すなわち，最高裁は，川崎民商事件では35条，38条，成田新法事件では31条，35条をそれぞれ根拠条文として，行政手続への適用可能性こそ肯認するものの，適用を原則とした上で，その保障の及ぶ範囲を導き出す，といった手法を採用しているようには思われないからである。むしろ，そこで用いられているのは，行政手続と刑事手続との相違，行政手続の多種多様性を論拠に据えつつ，利益考量を通じて個々の行政手続ごとに適正手続の要否を判断しようとする手法であるといってよい。

　確かに，行政手続の適正手続保障について，憲法条項から一義的な要請を読み取ることは容易でなく，「適正手続の実現をまず立法者に期待」するという最高裁の「制定法準拠主義」（塩野後掲）も理解できないわけではない。また，適正手続規定を欠く法律についても，直ちに法令違憲とするのではなく，適用違憲ないし運用違憲の問題として処理することも，一方途として大いに考えうる（成田新法事件においてこれを示唆するものとして，手島後掲，木佐後掲。法令違憲を説くものとして，野中後掲）。しかし，立法裁量に対する憲法上の限界付けが何らかの形で示されない限り，行政手続の適正手続保障は，結局のところ画餅にすぎないことになろう。

　成田新法事件最高裁判決に対して，「利益考量のしかた次第で結論が左右される本判決のような考え方は，行政処分の事前手続について憲法上何がどこまで要求されているのかの判断基準をほとんど明らかにしていないのと同然」（田村後掲），「具体的な行政処分につき憲法の要求している最低限の基準を最高裁が示し，これに照らして合憲性を判定することは可能であり，それは一義的な判断とならないのではないか」（渋谷後掲）といった批判が寄せられているのも，故なしとしない。なるほど，行政手続における適正手続の要請は，もともと「比較考量によって容易に目減りされうるものではない」はずである（棟居後掲）。

3　行政手続法の適用除外規定は，憲法31条に違反しないか。

成田新法最高裁判決の後，かねてからの懸案であり，上記判決の個別意見でも言及されていた行政手続法（平成5年法律88号。以下では，手続法という）が制定された。同法は，「行政運営における公正の確保と透明性……の向上を図り，もって国民の権利利益の保護に資すること」を目的に掲げ（1条1項），上述の①ないし④といった事項を取り込みつつ，処分，行政指導および届出に関する手続について共通する事項を定めるものである。

このうち，不利益処分については，原則として，その相手方に聴聞・弁明の機会を付与し（13条1項），理由を提示しなければならないものとされている（14条）。もっとも，すべての行政処分がその対象となるわけではない。一定の行政分野については，当該分野の特殊性などを理由として，同法に定める諸規定の適用が除外される（3条）ほか，個別法による適用除外も認められている（1条2項）。成田新法も，手続法第3章の規定は適用しないと定め（8条の2），後者の1例にあたる。さらに，聴聞・弁明手続についても，適用除外が認められている（13条2項）。

したがって，行政手続における適正手続保障が憲法原則であると解する立場からすれば，これらの適用除外規定が憲法に適合するか否かは，大いに議論の余地がある。もちろん，その問題は個々の法条について具体的に論じていくほかないが，たとえば聴聞・弁明手続の適用除外についていえば，当該行政処分の前提をなす根拠が法律上明らかであり，その判断基準等が技術的・客観的で，かつ，あらかじめ明示されているような場合（13条2項2号・3号参照）などはともかくとして，公益性，緊急性を理由とする規定（同項1号）は，たとえ手続法が一般法であるにせよ，あまりにも一般的にすぎるように思われる。

たとえば緊急性には，立法者意思からすれば，「現に何かが起こり，又は起ころうとしているわけではない」場合まで含まれる（総務庁行政管理局後掲）から，「著しい」とか「重大な」とかいった限定句はなじまないというのであろう。しかし，成田新法事件最高裁判決に対しては，緊急性の有無の判断をめぐって多くの批判が寄せられていた（後掲の判例評釈参照）が，手続法のこのような一般原則を前提にすれば，容易にこれを認定できることになるはずである。とすれば，ほとんどの行政処分について，事前手続の適用除外の途が開かれてしまいかねなくなろう。

Part Ⅳ　もう1つの素材

川崎民商事件

最高裁昭和47年11月22日大法廷判決
昭和44年（あ）第734号所得税法違反被告事件
刑集26巻9号554頁

〔参照条文〕　憲35，38　旧所税63，70⑩・⑫

◆ 事実の概要

旧所得税法63条（昭和40年法律33号による改正前のもの。現行234条1項に相当）によれば，収

税官吏は，税務調査に際して，納税義務者等に質問し，あるいは，帳簿等を検査することができ（いわゆる質問検査権），その際に，上記検査を拒み妨げるなどしたり，上記質問に応答しなかったりする者があるときは，70条10号・12号（同前。同様に242条8項）に基づき，1年以下の懲役または20万円以下の罰金に処することができる。Xは，税務職員が，上記質問検査権に基づき，1962（昭和37）年度分所得税確定申告調査のため帳簿等を検査しようとした際，これを拒否し，両条に違反するとして起訴された。第1審および原審で，Xは，有罪とされたため，かかる質問検査は憲法35条1項の令状主義，38条1項の黙秘権の保障に反することなどを理由に上告した。

本判決は，憲法35条，38条の要請が原則的に刑事手続以外にも及びうることを認めたが，本件の場合，両条の法意に反するものではなく，合憲であると判断した。

❖ 上告審＝最高裁

❖ 法的構成
(a) 旧所得税法63条，70条10号の質問検査の性質について

旧所得税法「63条所定の収税官吏の検査は，もっぱら，所得税の公平確実な賦課徴収のために必要な資料を収集することを目的とする手続であって，その性質上，刑事責任の追及を目的とする手続ではない，〔。〕」「また，右検査の結果過少申告の事実が明らかとなり，ひいて所得税逋脱の事実の発覚にもつながるという可能性が考えられないわけではないが，……右検査が，実質上，刑事責任追及のための資料の取得収集に直接結びつく作用を一般的に有するものと認めるべきことにはならない。」「さらに，この場合の強制の態様は，収税官吏の検査を正当な理由がなく拒む者に対し，同法70条所定の刑罰を加えることによって，間接的心理的に右検査の受忍を強制しようとするものであり，かつ，右の刑罰が行政上の義務違反に対する制裁として必ずしも軽微なものとはいえないにしても，その作用する強制の度合いは，それが検査の相手方の自由な意思をいちじるしく拘束して，実質上，直接的物理的な強制と同視すべき程度にまで達しているものとは，いまだ認めがたい……。国家財政の基本となる徴税権の適正な運用を確保し，所得税の公平確実な賦課徴収を図るという公益上の目的を実現するために収税官吏による実効性のある検査制度が欠くべからざるものであることは，何人も否定しがたいものであるところ，その目的，必要性にかんがみれば，右の程度の強制は，実効性確保の手段として，あながち不均衡，不合理なものとはいえない」。

(b) 憲法35条1項の令状主義と行政手続について

「憲法35条1項の規定は，本来，主として刑事責任追及の手続における強制について，それが司法権による事前の抑制の下におかれるべきことを保障した趣旨であるが，当該手続が刑事責任追及を目的とするものでないとの理由のみで，その手続における一切の強制が当然に右規定による保障の枠外にあると判断することは相当ではない。」

(c) 憲法38条1項の黙秘権の保障と行政手続について

「憲法38条1項の法意が，何人も自己の刑事上の責任を問われるおそれのある事項について供述を強要されないことを保障したものであると解すべきことは，当裁判所大法廷の判例（昭和27年（あ）第838号同32年2月20日判決・刑集11巻2号802頁）とするところであるが，右規定による保障は，純然たる刑事手続においてばかりではなく，それ以外の手続においても，実質上，刑事責任追及のための資料の取得収集に直接結びつく作用を一般的に有する手続には，ひとしく及ぶものと解するのを相当とする。」

❖ あてはめ

質問検査の性質について「述べた諸点を総合して判断すれば、旧所得税法70条10号、63条に規定する検査は、あらかじめ裁判官の発する令状によることをその一般的要件としないからといって、これを憲法35条の法意に反するものとすることはでき」ない。また、「旧所得税法70条10号、12号、63条の検査、質問の性質が上述のようなものである以上、右各規定そのものが憲法38条1項にいう『自己に不利益な供述』を強要するものとすることはでき」ない。

基本解説

(1) 行政調査と憲法の適正手続保障

行政機関は行政の遂行に関わって必要な情報を収集しているが、このような活動は、一般に、行政調査といわれている。行政調査には、個別具体の行政処分に先行して行われるものがあり、その場合、個々の法律の定めに基づき、土地・家屋への立入り、質問・検査の実施、さらには検査対象物の収去などがなされることがある。本件で争われた所得税法上の質問検査も、そのような行政調査の一種であり、税務調査の有力な手段とされている。

もとより、税務官吏によるかかる質問検査は、処罰の可能性を認識した情報収集活動としての国税犯則取締法2条、関税法121条以下にみられる犯則事件調査とは異なり、あくまでも一般の税額確定等を目的とするものとみられている（水野後掲）。しかし、質問検査は、その行為の外形からすると、刑事事件の捜査における住居侵入・捜索・押収に相当するともいえるが、憲法35条にいう裁判所の発する令状は要しない。また、質問検査が拒否される場合を想定してこの種のものとしては最も重い罰則（1年以下の懲役または20万円以下の罰金）が用意されているため、これを受ける側からすると、それに対する協力が強制され、たとえ自己に不利益であっても質問には応答せざるを得ない。しかも、質問検査の結果、所得税逋脱が明らかになれば、税務職員による告発もあり得る。

そこで、このような行政調査についても、刑事手続の場合と同様に、憲法35条の令状主義、38条の黙秘権の保障が及ぶべきではないか、疑問が生じる。本件では、刑事手続とのアナロジーの観点が強く、適正手続の一般規定である31条による手続的保障の問題は取り上げられていない。

(2) 憲法35条の令状主義と行政手続

行政手続への憲法35条の適用については、学説上、見解が分かれている。従来、本条の沿革、憲法典中の位置などを踏まえ、これを否定し、刑事手続に限られるとする見解が一般的であった。これに対して、本条の令状主義が及ぶとする見解が唱えられているが、その論理は異なる。1つは、令状を要しない条件の点で刑事手続とは異なるにせよ、本条をそのまま適用するもので、もう1つは、行政手続の適正の保障を憲法13条から導き出しつつも、刑事責任追及に結びつくような行政手続については、例外的に本条の適用を認めるものである。

判例は、国税犯則取締法3条1項による令状なしの臨検・捜索・差押えをめぐって争われた事件において、この論点に直接には判断を示しておらず（最大判昭和30年4月27日刑集9巻5号924頁）、これを論評する側も理解の仕方は各様であった（その一端は、水野後掲参照）。この点で、本件最高裁判決は、「当該手続が刑事責任追及を目的とするものでないとの理由のみで、その手続における一切の強制が当然に右〔憲法35条の〕規定による保障の枠外にあると判断することは相当ではない」とし、35条の令状主義が刑事手続以外にも及ぶことを肯認するところとなった。

もっとも，問題は，いかなる手続が35条の保障の「枠内」といえるのか，にある。これを判旨から汲み取るとすれば，「当該手続」が，(イ)「性質上，刑事責任の追及を目的とする」，(ロ)「実質上，刑事責任追及のための資料の取得収集に直接結びつく作用を一般的に有する」，(ハ)その「強制の度合いは，それが検査の相手方の自由な意思をいちじるしく拘束して，実質上，直接的物理的な強制と同視すべき程度にまで達している」，(ニ)「公益上の目的」を実現する上で実効性を確保する手段として必要不可欠である，といった諸要素を充足する場合であると受け止めることができよう。

そこで，本件最高裁判決が示したこれらの判断要素をもって，「令状がなければ違憲となる強制手続とそうでないものを区別する判断基準」と理解する論者もみられる（小高後掲）。しかし，これらの判断要素がもち出されているのは，必ずしも35条の令状主義の要請を判断するくだりにおいてではなく，所得税法上の質問検査の性格付けに関わってである。その意味では，直ちにそのように理解するわけにもいかず，ひいては，本件最高裁判決が「行政手続一般に憲法35条の制約を原則として認めたのか……定かでない」旨の疑問を抱かざるを得ない（松井茂後掲）。

また，上述の判断要素の個々の内容についていえば，「各種行政法規による記入・検査等は元来公益的・公共的な行政目的実現のためのものであるはずで」，(イ)・(ロ)を挙げる意味は何か（佐藤幸後掲②），(ニ)にかかわって，高度の公共性があれば行政手続上の権利保障の必要性は低くなるのか（松井幸後掲）なる指摘のほか，いずれも「法的基準があいまいで，主観的判断を許すことになりはしないか」とする批判がある（中川後掲）。さらに，これらの点は措くとしても，本件最高裁判決の結論に照らすとき，重い罰則を強制力とする本件質問検査に令状を要しないとすれば，およそ違憲となる場合などありえないのではないかと疑問視する声も大きい

（後掲の判例評釈参照）。

(3) 憲法38条の黙秘権の保障と行政手続

憲法38条1項は「自己に不利益な供述を強要されない」と定め，いわゆる自己負罪拒否権（一般に，黙秘権）を保障している。ここにいう「自己に不利益な供述」とは，本件最高裁判決も先例を引照しつつ判示しているように，「自己の刑事上の責任を問われるおそれのある事項」に関するものと解されており，これによる限り，行政手続における同条項の保障は導き出しにくいものとなる。

この点で，学説には，積極・消極両見解がみられたが，判例は，黙秘権を放棄していると擬制したり（麻薬取扱者の記帳義務に関する最二小判昭和29年7月16日刑集8巻7号1151頁），あるいは，報告内容は「自己の刑事上の責任が問われるおそれのある事項」ではないと限定解釈したり（交通事故の報告義務に関する最大判昭和37年5月2日刑集16巻5号495頁）するなどして，行政手続への適用に消極的な判断を示してきた。これに対して，本件最高裁判決は，38条の黙秘権の保障が，刑事手続以外の手続においても，「実質上，刑事責任追及のための資料の取得収集に結びつく作用を一般的に有する手続には，ひとしく及ぶ」とし，本件のような行政手続への38条の適用可能性を明示的に肯認するところとなった。

とはいえ，35条の議論と同様に，いかなる場合にその保障が及ぶのか，こそが問題の核心である。本件最高裁判決の説示からすれば，上述の判断要素(イ)ないし(ニ)のうち，(ハ)以外のものを掲げており，両者の違いが目を引く。しかし，その趣意はかならずしも明らかではなく，その判文上の相違を看過するか否かで理解の仕方も分かれる（手島後掲②参照）。いずれにせよ，35条の判示に寄せられた論評がここでもほぼ相当し，「右の基準が一向に明確でない」との批判（佐藤幸後掲②）を招くことにもなる。

設問 本件最高裁判決に照らせば，次のような法律は憲法違反といえるか。
(1) 退去強制につながる不法入国者の調査のため，監督官庁が臨検・捜索・押収を行うについて，裁判所の許可を要しないとする法律。
(2) 安全性確保のため監督官庁による定期検査が実施され，違反があるときは処罰対象とされている場合，調査を受ける側がこれを拒んでも，裁判所の許可を要せずに上記調査を実施できるとする法律。
(3) 結果的に刑事責任追及のために利用される余地があるものの，刑事責任を追及するための手続ではないことを理由にして供述を要求する法律。

〔参考文献〕
塩野宏『行政法Ⅰ』（有斐閣，第 3 版，2003）
棟居快行「行政手続とデュー・プロセス」憲法の争点（有斐閣，第 3 版，1999）
杉村敏正＝兼子仁『行政手続・行政訴訟法』（筑摩書房，1973）
佐藤幸治『憲法』（青林書院，第 3 版，1995）
手島孝「行政上の不利益処分と適正手続」憲法判例百選Ⅱ（有斐閣，第 4 版，2000）
木佐茂男「工作物使用禁止命令と事前手続」行政判例百選Ⅱ（有斐閣，第 4 版，1999）
野中俊彦「『成田新法』訴訟大法廷判決について」ジュリスト 1009 号（1992）
総務庁行政管理局編『逐条解説行政手続法』（ぎょうせい，平成 6 年）
田村和之「判評」判時 1449 号（1993）
渋谷秀樹「『成田新法』の合憲性」法学教室 148 号（1993）
水野忠恒「国犯法上の捜索・押収と憲法」行政判例百選Ⅱ（有斐閣，第 4 版，1999）
小高剛「行政手続と憲法 35 条 1 項および同 38 条 1 項」昭和 47 年度重要判例解説
松井茂記「行政手続と令状主義および自己負罪拒否権」憲法の基本判例（第 2 版）(1996)
佐藤幸治②「行政調査と憲法」行政判例百選Ⅱ
松井幸夫「行政手続と令状主義および黙秘権」憲法判例百選Ⅱ（有斐閣，第 4 版，2000）
中川剛「行政手続と令状主義および黙秘権」憲法判例百選Ⅱ（有斐閣，第 3 版，1994）
手島孝②「行政手続と令状主義・黙秘権」法学セミナー 267 号（1977）

（矢島基美）

13 裁判を受ける権利

国務請求権

〔論　点〕
(1)　「純然たる訴訟事件」は訴訟と非訟を区別する基準たりえているか。
(2)　憲法32条「裁判」は憲法82条「裁判」と同義であろうか。
(3)　裁判所の情報提供義務は裁判を受ける権利の保障内容に含まれているか。

Part I　基本となる素材

強制調停違憲訴訟

最高裁昭和35年7月6日大法廷決定
昭和26年（ク）第109号調停に代わる裁判に対する
抗告申立棄却決定に対する特別抗告事件
民集14巻9号1657頁
〔参照条文〕　憲32, 82

X＝相手方
Y＝抗告人

❖ 事実の概要

　第二次大戦終了後，同一の家屋をめぐりその所有者Xと賃借人Yとの間で争いが激化し，Xは家屋明渡請求の訴えを提起し，一方Yは占有回収請求の訴えを提起した。前者の事件にあってはYがXから賃借中の家屋について解約が成立しているかどうかが争点であり，後者の事件にあってはXおよびその親族が上記家屋に入居するについてYの承諾があったかどうかが争点であった。東京地方裁判所は東京都における極端な住宅難の現状に鑑み調停による解決が妥当とし，職権によって昭和22年6月に，家屋明渡請求事件を借地借家調停に，占有回収事件を戦時民事特別調停法による調停に付した。しかし同裁判所による調停が不調に終わったため，戦時民事特別法19条2項が借地借家調停法による調停にも準用している金銭債務臨時調停法7条1項および8条に基づき，両事件を併合して調停に代わる決定を行った。この決定に対しYが抗告を申し立てた。
　抗告を受けた東京地裁は，原決定を基本的に支持しその一部を変更するにとどめた。そのなかで東京地裁は，金銭債務臨時調停法の準用によりなされた原決定において，賃貸借の解約の合意を定

めることは，法律上の根拠がないのみならず，法律の精神に反するとのYの主張について，「訴訟が所有権にもとづく明渡請求権である家屋明渡請求事件の調停事件において，訴訟の被告たる抗告人の主張する賃借権の存否について，当事者間に争があるので，これを形式上消滅させるため，合意により賃貸借を解除する旨の条項を定めることとしたのである。かかる措置は，戦時民事特別法第18条又は第19条の規定により同法の規定による調停又は借地借家調停に準用される金銭債務臨時調停法第7条の規定により，これをなし得るものと解するから，原決定の主文第2項は法律上の根拠のないものでもなければ，法律の精神に反するものでもない」と判示している（民集14巻9号1705頁）。

Yはこれに対し再抗告したのであるが，東京高裁は棄却する決定を行った。その理由のうち本テーマに関わるのは次の判示である。「借家乃至住宅問題に関する争は，訴訟の方法によつて解決するよりは当事者の互譲を前提とする調停の方法によつて処理した方が適当であることは言を俟たない。我国における調停制度が先ず借地借家調停法の制定から出発したことによつても知ることができる。そして調停手続において調停ができないときはこれに代わる裁判によつてその結末をつけることも各種の調停法の明定するところである。本件における争も右調停法の定めるところに従つて遂行されたものであることはいうまでもない。本件記録によるも右裁判が所論のように憲法違反であるというような事情が存することは到底考えられない。すなわち原裁判所の決定には所論のような違法の点がない」（民集14巻9号1717頁）。

❖❖ 抗告審＝最高裁

❖ 抗告人Yの特別抗告理由

「原決定は，憲法の保障した国民の裁判を受ける権利を害したものである。国民は，憲法に基き裁判を受ける権利を有している（憲32条）。そして，その裁判なるものは，公開の法廷に於て行ふ対審及び判決をいふものである（憲82条）。又対審とは，裁判官の面前に於て，原被両告が相対して審理を受けることであり，判決とは，裁判が対審なる以上，当然，審理を行つた裁判官に依つて下される判決をさすものであり，且つ，裁判官が良心に従ひ独立して職権を行ひ，憲法及び法律の拘束だけしか受けない立場に於てなされるもの（憲76条3項）であることは憲法の明文に照して疑ひなき所である。尚又法律は憲法に基いて解釈すべきものだから，訴訟法上の『判決』なる語は，憲法の『判決』を受けて使はれてゐるものと解すべく『決定』とは截然たる区別がある」。本件は，相手方Xから抗告人Yに対し家屋明渡を求め，抗告人XがZらに対し占有回収の訴を起したもので，「内容はいづれも憲法第3章に定むる財産権（所有権，賃借権，占有権）及び住居不可侵権に係る訴訟である。故にその根源は，憲法に依つて保障された国民の裁判を受ける権利にかかるものといふべく，従つて之が裁判は上述憲法の条文に基く裁判として民事訴訟法に依り処理されねばならぬ性質のものである。然るに，原決定は，第一審裁判所が戦時民事特別法に依り事件を調停に附し調停成らざるや該法準用する処の金銭債務臨時調停法第7条に基き更に非訟事件手続法を準用して調停に代る裁判を行ひ決定を以て裁断したことを是認した第二審決定を，再び決定を以て是認したのだから，根底からして憲法82条に抵触した裁判であり，即ち憲法32条の基本的人権を害したものといふべきである」。

〈法廷意見〉

(a) 純然たる訴訟事件——憲法32条と82条の直列

「憲法は32条において，何人も裁判所において裁判を受ける権利を奪われないと規定し，82条

において，裁判の対審及び判決は，対審についての同条2項の例外の場合を除き，公開の法廷でこれを行う旨を定めている。即ち，憲法は一方において，基本的人権として裁判請求権を認め，何人も裁判所に対し裁判を請求して司法権による権利，利益の救済を求めることができることとすると共に，他方において，純然たる訴訟事件の裁判については，前記のごとき公開の原則の下における対審及び判決によるべき旨を定めたのであつて，これにより，近代民主社会における人権の保障が全うされるのである。従つて，若し性質上純然たる訴訟事件につき，当事者の意思いかんに拘わらず終局的に，事実を確定し当事者の主張する権利義務の存否を確定するような裁判が，憲法所定の例外の場合を除き，公開の法廷における対審及び判決によつてなされないとするならば，それは憲法82条に違反すると共に，同32条が基本的人権として裁判請求権を認めた趣旨をも没却するものといわねばならない。」

(b) 調停に代わる裁判（金銭債務臨時調停法7条）

「金銭債務臨時調停法7条1項は，同条所定の場合に，裁判所が一切の事情を斟酌して，調停に代え，利息，期限その他債務関係の変更を命ずる裁判をすることができ，また，その裁判においては，債務の履行その他財産上の給付を命ずることができる旨を定め，同8条は，その裁判の手続は，非訟事件手続法による旨を定めており，そしてこれらの規定は戦時民事特別法19条2項により借地借家調停法による調停に準用されていた。しかし，右戦時民事特別法により準用された金銭債務臨時調停法には現行民事調停法18条（異議の申立），19条（調停不成立等の場合の訴の提起）のような規定を欠き，また，右戦時民事特別法により準用された金銭債務臨時調停法10条は，同7条の調停に代わる『裁判確定シタルトキハ其ノ裁判ハ裁判上ノ和解ト同一ノ効力ヲ有ス』ることを規定し，民訴203条は，『和解……ヲ調書ニ記載シタルトキハ其ノ記載ハ確定判決ト同一ノ効力ヲ有ス』る旨を定めているのである。しからば，金銭債務臨時調停法7条の調停に代わる裁判は，これに対し即時抗告の途が認められていたにせよ，その裁判が確定した上は，確定判決と同一の効力をもつこととなるのであつて，結局当事者の意思いかんに拘わらず終局的になされる裁判といわざるを得ず，そしてその裁判は，公開の法廷における対審及び判決によつてなされるものではないのである。

よつて，前述した憲法82条，32条の法意に照らし，右金銭債務臨時調停法7条の法意を考えてみるに，同条の調停に代わる裁判は，単に既存の債務関係について，利息，期限等を形成的に変更することに関するもの，即ち性質上非訟事件に関するものに限られ，純然たる訴訟事件につき，事実を確定し当事者の主張する権利義務の存否を確定する裁判のごときは，これに包含されていないものと解するを相当とするのであつて，同法8条が，右の裁判は『非訟事件手続法ニ依リ之ヲ為ス』と規定したのも，その趣旨にほかならない。」

❖ あてはめ

相手方Yが抗告人Xらに対して提起した家屋明渡請求事件及び抗告人Xらが相手方Zらに対して提起した占有回収請求事件の各係属中に，東京地方裁判所は職権をもって各別に戦時民事特別法により，自ら調停により処理する旨を決定したが，上記調停が不調となるや，同法18条，金銭債務臨時調停法7条1項，8条の規定により，上記両事件を併合して調停に代わる決定を行った。Xは右決定に対し抗告を申し立て，同裁判所が決定の一部を変更のうえ抗告を棄却したため，さらに東京高等裁判所に再抗告を申し立て，同裁判所が上記抗告を棄却したのに対しXは当裁判所に特別抗告を申し立てたものである。「本件訴は，その請求の趣旨及び原因が第一審決定の摘示するとおりで，家屋明渡及び占有回収に関する純然たる訴訟事件であることは明瞭である。しかるに，このような本件訴に対し，東京地方裁判所及び東京高等裁判所は，いずれも金銭債務臨時調停法7条によ

る調停に代わる裁判をすることを正当としているのであつて，右各裁判所の判断は，同法に違反するものであるばかりでなく，同時に憲法82条，32条に照らし，違憲たるを免れないことは，上来説示したところにより明らかというべく，論旨はこの点において理由あるに帰する。従つて，……同31年10月31日になされた大法廷の決定（民集10巻10号1355頁以下）は，本決定の限度において変更されたものである」。

なお，本決定には6名の反対意見が付されている。

〈反対意見〉

(a) 「調停に代わる裁判」の確定と既判力について

島保・石坂修一裁判官（垂水裁判官も同旨）……「調停に代わる裁判が確定しても，ただ事件終了の効果と執行力とを生ずるだけで既判力まで生ずるものではない。元来，調停に代わる裁判は，当事者間に調停の成立しなかつた場合，裁判所が諸般の事情にかんがみ相当と認められる紛争解決の方法を当事者に指示し，これを実行に移すべきことを要請するものにほかならないのである。従つて裁判所によつて指示せられたかかる解決方法を甘受し得ないとする当事者は，その法律上の争訟を解決するためにさらに訴を提起し，公開の対審判決を受け得る権利を有するのであつて，かかる権能までをも終局的に排除されるものではない。されば，調停に代わる裁判が憲法32条，82条に違反するとする多数意見には，われわれは賛同することができない」。

(b) 憲法32条の「裁判」の意味について

齋藤悠輔裁判官（田中耕太郎，高橋潔裁判官も同旨）……憲法32条は，憲法78条により保障された「同法79条，80条所定の裁判官によつて構成される同法76条1項の裁判所でない機関によつて，裁判されることのないことを保障した規定」であつて，「争訟を常にいわゆる訴訟手続をもつて処理すべくいわゆる非訟手続をもつて処理してはならないか，もしくは，その裁判を公開による判決をもつてするか非公開の決定または命令をもつてしてもよいか等の裁判手続上の制限を規定したものではない。……ある争訟を民事調停に付し，これを一定の条件の下に前示のごとき身分保障のある裁判官によつて構成される裁判所の決定をもつて裁判し，しかもこれをもつて終審とせず，さらにこれに対し抗告または特別抗告を許すがごとき制度を設けるか否かは，純然たる立法問題であつて，かかる制度を設けることは，現時の社会状勢，訴訟の遅延等の現状に鑑み，毫も憲法32条に反しないのはもちろん，むしろ，憲法76条2項の精神にも適合し，奨励すべきことと考える。その他詳細な法律論については，……〔昭和〕31年10月31日大法廷決定（民事判例集10巻10号1355頁以下）における多数説を援用する」。

基本解説

(1) 昭和31 (1956) 年大法廷決定からの転換

本件大法廷決定によって，最高裁判所は，金銭債務臨時調停法7条の「調停に代わる裁判」を合憲とする昭和31 (1956) 年10月31日大法廷決定（民集10巻10号1355頁）からの転換を図った。「調停に代わる裁判」はそれが確定すると，「確定判決と同一の効力」を有するものとなる（現行の民事調停法も「調停に代わる決定」(17条) を規定するが，これはその決定に対して2週間以内に異議の申立てを行うならば決定はその効力を失う (18条) とするものである）。同決定は，「調停に代わる裁判」は「これも一の裁判たるを失わないばかりでなく，この裁判には抗告，特別抗告の途も開かれており抗告人の裁判

を受ける権利の行使を妨げたことにならないから、憲法に違反するものではない旨判断」した原審の決定を正当であり、憲法32条違反の主張は理由がない、とするものであった。田中耕太郎、高橋潔判事も同調した齋藤悠輔反対意見はこの大法廷決定と軌を一にするものである。

　もっともこの大法廷決定には7名の反対意見が付されており、とりわけ、真野反対意見が重要な指摘を行っている。まず、多数意見の「裁判を受ける権利」理解について、「本件決定は裁判所という機関でなされた一種の裁判であるから、憲法32条に違反しないというならば、同条の保障は単に裁判所（最高裁判所のほかは立法で自由に定められる）でなされればよいという全く形式的なものになり、単にこれだけの保障なら、すべて司法権は裁判所に属するという憲法76条だけで十分なはず」と批判する。また、「調停に代わる裁判」については次のようにいう。実体法および手続法の面からいっても、「法律の厳正な適用による裁判ではなく、裁判所が職権により多分に主観的・便宜主義的・行政的に独裁するものたるに過ぎ」ず、本質において憲法32条にいう「裁判」ではなく、「裁判という名を冒称する擬装の裁判であ」り、この裁判の確定したときに、裁判上の和解と同一の効力、したがって確定判決と同一の効力を認めるこの制度は、裁判所の裁判を受ける権利（憲法32条）を奪うものであって、違憲な立法であると断ぜざるを得ない。したがってこれを適用しまたは、その適用を是認した原決定等は違憲である。

　31年決定の合憲論の根拠は、原決定である中川簡易裁判所の裁判も「一の裁判たるを失わない」ものであること(a)、そして、調停に代わる裁判には「抗告、特別抗告の途も開かれており抗告人の裁判を受ける権利の行使を妨げたことにならない」という点(b)にあった。それに対し35年決定は、aについては「純然たる訴訟事件」と「それ以外のもの」という枠組みを提示した上で前者に公開・対審・判決という手続保障が憲法上付与されるべきとする。このように解することにより、「純然たる訴訟事件」に事案が含まれるならば、「一の裁判たるを失わない」というだけでは合憲の根拠となりえないのである。また、bについては、即時抗告が認められていたとしても、金銭債務臨時調停法7条の定める裁判は、「それが確定した上は、確定判決と同一の効力をもつこととなるのであつて、結局当事者の意思いかんに拘わらず終局的になされる裁判といわざるを得ず、そしてその裁判は公開の法廷における対審及び判決によってなされるものではない」とする。抗告等の手続は公開対審が直接結び付くものではない以上、抗告等の途が開かれていることは合憲の根拠とはなりえないのである。

　議論の分岐点が「裁判を受ける権利」理解にあることは明らかであろう。つまり、憲法32条は憲法によって身分保障された裁判官によって構成された裁判所の裁判を保障すると見るのか（裁判体保障）、あるいはそれに加え、対審・公開といった手続も保障しているのか、ということである。前者の見解を採るのが、31年決定そして35年決定における齋藤反対意見であり、後者を採るのが31年決定における真野反対意見そして35年決定である。前者に立つならば（31年決定はそこまで触れてないが）、齋藤反対意見が述べるように、「ある争訟を民事調停に付し、これを一定の条件の下に前示のごとき身分保障のある裁判官によつて構成される裁判所の決定をもつて裁判し、しかもこれをもつて終審とせず、さらにこれに対し抗告または特別抗告を許すがごとき制度を設けるか否かは、純然たる立法問題」という地点に達する可能性をもつ。

(2)　既判力の存否と裁判を受ける権利の関係

　既判力とは確定判決の判断に付与される拘束力を意味するが、終局判決が確定すると、その判決における請求についての判断は、以後、当事者間の法律関係を律する基準となり、同一事項が再び問題になったときには、当事者がこれに矛盾する主張をしてその判断を争うことは許

されず，裁判所もその判断に矛盾抵触する判断をすることが許されなくなる，のである（新堂後掲）。問題は，本件「調停に代わる裁判」がこのような既判力を有するかどうかである。もし有するとすれば，別に民事訴訟を提起して前提となる法律関係を争うことができなくなる。

法廷意見は「既判力」を敢えて用いず，調停に代わる裁判が「確定判決と同一の効力」をもち，「結局当事者の意思いかんに拘わらず終局的になされる裁判といわざるを得ず，そしてその裁判は公開の法廷における対審及び判決によってなされるものではない」としたのである。ところが，法廷意見を構成する藤田八郎，入江俊郎，高木常七判事による補足意見は，調停に代わる裁判は，「確定判決と同一の効力を有し，いわゆる既判力を有するものであり，その意味において，右調停に代わる裁判が純然たる訴訟事件につきなされたときは，結局当事者の意思いかんに拘わらず終局的になされる裁判となり，憲法82条，32条に違反するを免れない」とする。

調停に代わる裁判が確定したときはその裁判は裁判上の和解と同一の効力をもち（金調法10条），また（旧）民訴法203条が裁判上の和解は「確定判決と同一の効力」を有することを定めるとしても，そこからさらに既判力までが生ずるかは議論が分かれるところである（高橋宏志教授は，既判力肯定説，制限的既判力説，既判力否定説を挙げた上で，「既判力否定説をとり，実体法上の無効・取消し原因の主張を認めるべき」とする。高橋後掲）。法廷意見に与した河村大助判事も，法廷意見の「趣旨とするところ必らずしも明らかでないが要するに右裁判は既判力を有し，当事者は再び訴を提起して争うことができないことを根拠としているものの如く解せられる」とする。

調停に代わる裁判が既判力を有するとの理解については，反対意見をはじめとして法廷意見を構成するもののなかにも異論が存在した。その意味で法廷意見は「確定判決と同一の効力」と述べるにとどまったのであるが，一方で，既判力が認められないとすれば，別に民事訴訟を提起することが可能になる。仮に既判力を認めないとすれば合憲とされる余地がある。実際，藤田八郎，入江俊郎，高木常七判事による補足意見は，既判力を有せず，その結果別訴が可能であれば合憲と解していると思われる（もっとも，本件事案における調停に代わる裁判は，確定判決と同一の効力を有し，いわゆる既判力を有するものと解している）。「結局において，裁判所の裁判を求め，公開の法廷における対審，判決を受けうる途が認められている限りは，憲法の前記法条に違反することにはならぬ」と述べる。この点に立って，島保・石坂修一反対意見および垂水克己反対意見は合憲論を展開したのである。したがって，法廷意見が調停に代わる裁判は既判力をもつと明言しなかったが，そう解していたと見る余地がある（なお，最高裁判所は，「遺産分割審判に対する抗告棄却決定に対する特別抗告事件」（最大決昭和41年3月2日民集20巻3号360頁）および「建物の構造に関する借地条件変更決定に対する即時抗告棄却決定に対する特別抗告事件」（最三小判昭和45年5月19日民集24巻5号377頁）において，既判力が存在しないことを理由に憲法32,82条違反を退けている）。

Part II 応用編

確認質問

1. 非訟事件とはどのようなものか。
2. 判決と決定との違いは手続上いかなる点に存するか。
3. 「純然たる訴訟事件」についてはいかなる手続が憲法上保障されるか。
4. 非訟事件はその実質において司法作用といえるか。

応用問題

設問1 本件大法廷決定によれば，ある事件が訴訟手続によるのか非訟手続によるのかを，事件の性質種類に応じて政策的に決定できるか。

設問2 本件大法廷決定は，訴訟事件を「当事者の意思いかんに拘わらず終局的に，事実を確定し当事者の主張する権利義務の存否を確定する裁判」と解する。

(1) この基準に従うならば，「家庭裁判所が夫婦の資産，収入その他一切の事情を考慮して，後見的立場から，裁量権を行使して，その具体的分担額を決定する婚姻費用の分担に関する審判」（家事審判法9条1項乙類3号）は訴訟非訟のいずれの範疇に入るか。

(2) 婚姻費用分担に関する審判（家事審判法9条1項乙類3号）が本件大法廷決定に照らして合憲とされる場合，その根拠として，費用分担義務なしという家庭裁判所の審判があったとしても「別に民事訴訟の途が開かれている」と主張することは可能か。

(3) 「別に民事訴訟の途が開かれている」とすることは家事審判制度を設けた趣旨を損なうことになるか。

設問3 本件大法廷決定を前提として，以下の小問を検討せよ。

(1) 民事上の秩序罰としての過料を科する手続は「純然たる訴訟事件」に該当するか。

(2) 過料の決定に対する不服申立ては過料を科する手続とは区別され，訴訟事件に該当すると解することはできるか。

(3) 過料の裁判が実質的に行政処分と変わりないとするならば，行政処分を裁判所の決定に委ねる立法がなされた場合，この処分の違法性を公開・対審が保障された裁判手続で主張し裁判を受けることは不可能になるのか。また，このような立法は憲法に違反しないか。

設問4 民法892条によれば，遺留分を有する推定相続人が被相続人に対して虐待，重大な侮辱等を加えるなど同条に定める要件がある場合，被相続人はその推定相続人の廃除を家庭裁判所に請求することができると定められている。

(1) このような「推定相続人の廃除請求」は，本件大法廷決定によれば非訟訴訟のいずれの範疇に含まれるであろうか。

(2) 「推定相続人の廃除は基本的人権の侵害につながる可能性があり，この廃除請求を訴訟事件ではなく非訟事件として取り扱うことは立法政策の当否の問題にとどまるものではない」という構成は，本件大法廷決定と整合するか。

Part III　理論編

展開問題

「調停に代わる裁判」の違憲性を導く手法としてPart Iの最高裁大法廷決定以外にどのようなものが考えられるか。

(1)　金銭債務臨時調停法7条および戦時民事特別法19条は違憲か。

多数意見は，金銭債務臨時調停法7条の「調停に代わる裁判」は，単に既存の債務関係について，利息，期限等を形成的に変更すること，すなわち性質上非訟事件に関するものと解し，純然たる訴訟事件につき，事実を確定し当事者の主張する権利義務の存否を確定する裁判はこれに包含されていない，とする。この論法に立つならば，金銭債務臨時調停法7条違憲ではなく，原裁判所が同法7条を誤って適用した点に違憲性を認めたのである。

これに対し小谷勝重判事は，同条の目的はそれに限定されず，「広く当該債務関係全般についての変更裁判を規定しているもの」と解する。そして，利息または期限等の変更裁判はその本質上非訟事件であると多数意見が理解する点について，次のように述べる。「利息は元本に従属的なものではあるけれども，一旦利息債権として発生すると，元本債権とは独立した権利関係に立つものであり，これが訴求は一般の民事訴訟の目的となるものであって，非訟事件手続による審判の目的となるものでないことは多言を要しない」。このことは利息債権だけを訴求する案件の場合を考えれば明らかであり，また期限に関しても同様である。したがって金銭債務臨時調停法7条の調停に代わる裁判の目的物は，債務関係のすべてと解され，そうすると，「同条は同法10条，〔旧〕民訴203条の規定との関係において憲法32条，82条に違反する無効の規定」と小谷判事は断ずるのである。また，河村大介および池田克判事も同様に解した上で，同法7条を借地借家調停法による調停に準用するものとした戦時民事特別法19条を違憲とする。

(2)　訴訟事件と非訟事件を区分する基準

非訟事件は「形成的に変更すること」，そして訴訟事件は「事実を確定し当事者の主張する権利義務の存否を確定する裁判」という理解は，両者の区別の困難さを浮き彫りにする。多数意見は，金銭債務臨時調停法7条による「調停に代わる裁判」は非訟事件に関わり，本件事案は後者の「訴訟事件」としたが，小谷判事らは「調停に代わる裁判」は訴訟事件にも関わると解したのである。

多数意見は，裁判所が合目的的裁量によって権利関係を変更形成する非訟事件の裁判(a)と，その論理的前提たる実体法上の存否を確定する訴訟事件の裁判(b)を分けて考え，aについては憲法上手続保障は問題にならないが，bについては公開・対審・判決が憲法上保障されるという二分論的構成を採ったのである。最高裁判所は，「婚姻費用の分担に関する審判の合憲性が争われた事件」(最大決昭和40年6月30日民集19巻4号1089頁)では，婚姻費用負担義務とそれを前提にしての費用分担額の形成決定を区分し，前者の義務自体の存否を争うことはbであって別に通常訴訟の途が開かれるとする。後者は非訟事件であって公開の法廷における対審および判決によってなされる必要はない，とされる。aとbを峻別し，bについては別に訴訟

が可能とする。後にａとｂの区分を問わない最高裁判例がでてくる。①「親権者変更の審判の合憲性」に関する最高裁決定（最一小決昭和46年7月8日判時642号21頁），そして，②「推定相続人廃除に関する処分の審判の合憲性が争われた事件」（最三小決昭和59年3月22日判タ524号203頁）である。ｂについては「通常訴訟の途がある」という合憲のための根拠付けが姿を消し，家庭裁判所の合目的的裁量が強調されている。

①の事件において最高裁判所は，「家庭裁判所は，当事者の意思に拘束されることなく，子の福祉のため，後見的立場から，合目的的に裁量権を行使する」と述べるにとどまる。また，②の事件において最高裁判所は，推定相続人の廃除請求は，民法892条に定める要件がある場合に，「被相続人から遺留分を有する推定相続人を相手方として家庭裁判所に対してすべきものと定められているが，その趣旨は，右規定に定める要件がある場合に被相続人に実体法上の排除権ないし排除請求権を付与し，家庭裁判所を介してこれを行使せしめようとしたのではなく，形式上右要件に該当する場合であっても，なお家庭裁判所をして被相続人の宥恕，相続人側の改心等諸般の事情を総合的に考察して排除することが相当であるかどうかを判断せしめようとしたものであって，……右推定相続人の廃除請求は純然たる訴訟事件ではないと解するのが相当」と判示する。したがって，このような手続を「訴訟事件とせず非訟事件として取り扱うとしても，立法の当否の問題にとどま」り，「違憲の問題が生ずるものとは認められ」ないと帰結するのである。

(3) 「通常訴訟のルートの存否」と裁判を受ける権利

「通常訴訟のルートの存在」を外す場合，合憲の根拠付けをどこに求めるかはむずかしい問題である。そもそも「純然たる訴訟事件」ではないと言い切ってしまうことも方法の1つであるが，訴訟事件と非訟事件の境界線上にあるケース，あるいは訴訟事件と解する見解が根強いものについてはそのような「断定」はむずかしい。たとえば，①事件についての最高裁判例の手法については，ある事件が訴訟か非訟かと問われて，「その事件では，『後見的裁量』が行われるから，『民事監督の作用』が行われるから，非訟事件であると答えるのは，じつはその事件は非訟事件であるから，非訟事件であると答えているようなもので，答えにならない答をした，同義反覆を行っているというそしりをまぬかれない」との手厳しい批判が民訴学説から出されるのである（鈴木後掲）。

また，②の事件における最高裁の手法「民法892条が推定相続人廃除請求権を付与したものではない」によって，昭和40年大法廷決定のように，請求権の存否とその具体的形成に分け前者に対しては訴訟の途が残るという構成をとる必要性がなくなったのであるが，これについては民法892条からはむしろ「廃除権」の存在が窺われるとの批判（谷口後掲），あるいは，「家事審判法第9条第1項乙類第9号の家事審判事件は，推定相続人の資格剝奪に向けられた実体私法上の形成権を目的とし，相続人廃除の形成裁判をするか，右形成権の不存在を確認するかを目的とした，本質的には訴訟事件としか見ることができない」（戸根後掲）という主張がだされている。また，②事件の最高裁決定は憲法判断を行っているが，それはきわめて簡単なものにとどまっている。相続人の廃除が基本的人権の侵害につながるのかどうかという観点には全く触れていないのである。これは特別抗告のやり方にも関わるであろうが，昭和40年大法廷決定の熱のこもった論議に比べ大きな違いとなっている。鈴木正裕教授は，推定相続人の廃除に関する事件は「違憲の疑いが濃い事件であるといわなければならない」のであって，この件について大法廷を開かなかったことを疑問視している（鈴木後掲26頁）。

(4) 「訴訟非訟二分論」の克服

現在，非訟事件とされているもののなかには

多様なものが含まれている。敢えて訴訟事件とする必要のないものが大半であるにしても、訴訟と非訟の境界領域に含まれるもの、あるいは訴訟事件と構成することも可能なものも存在している。「純然たる訴訟事件」の基準によって訴訟と非訟を二分することはきわめて困難なことであろう。かつて多用された「別途訴訟の途が存在する」という合憲の根拠付けの手法も、近時は姿を消している。

訴訟非訟二分論の克服のためには、「憲法32条の『裁判』は、広く非訟事件の裁判をも含み、82条の原則を『指導原則』としてそれぞれの事件の性質・内容に相応した適正な手続の保障を伴うものでなければならない」（芦部後掲）。

また、「裁判」の解釈については、判決、決定、そして命令の区別があるが、憲法上「裁判」を考える場合、憲法32条と憲法82条が規定する「裁判」は分けて考えることが必要である。すなわち、憲法32条「裁判」は憲法82条「裁判」よりも広い概念と捉え、憲法82条が保障する公開・対審・判決が規定されていない形式のものでも憲法32条の「裁判」と解するのである。その意味で、憲法32条「裁判」は実定法上の「裁判」概念に接近する。憲法82条「裁判」≦憲法32条「裁判」と示すこともできよう。そして、訴訟非訟二分論の（憲法82条と結びついた）「訴訟」に憲法32条を固定することなく、その保障範囲を検討しなければならないのである。

Part Ⅳ　もう1つの素材

少額訴訟手続の合憲性

最高裁平成12年3月17日第二小法廷判決
判時1780号11頁

❖ 事実の概要

民訴法改正で導入された少額訴訟手続によると、訴額30万円以下の少額事件については、少額訴訟判決に対しては控訴を禁止し（民訴法377条）、その判決に対する異議の申立てのみを認めている（同法378条1項）。また、異議後の終局訴訟に対しても控訴を禁止し、憲法違反を理由とする最高裁への特別上告を除き不服申立てを行うことはできない（民訴法380条、327条）。上告人は、異議申立て後の本件の裁判は、同一の裁判官によって審理がなされたため予断が入り込むこともあり、すべての事件について一律に控訴権を認めないのは、公平な裁判を受ける権利を保障する憲法32条に違反するとして、特別上告に及んだ。

本判決は、このような少額訴訟手続を合憲と判示した。

❖ 上告審＝最高裁

審級制度と裁判を受ける権利について

論旨は、少額訴訟の判決に対する異議後の訴訟の判決に対して控訴をすることができないとする民訴法380条1項は憲法32条に違反するというものである。しかし、憲法32条は何人も裁判所に

おいて裁判を受ける権利があることを規定するにすぎないのであって，審級制度をどのように定めるかは憲法81条の規定するところを除いて専ら立法政策の問題であると解すべきことは，当裁判所の判例とするところである（最大判昭和23年3月10日刑集2巻3号175頁，最大判昭和29年10月13日民集8巻10号1846頁）。その趣旨に徴すると，民訴法380条1項が憲法32条に違反するものでないことは明らかである。論旨は採用することができない。

基本解説

(1) これまでは，三審制のもと，常に最高裁判所への上告が認められていたため（第1審が簡裁の場合を除いて），憲法32条違反の可能性は議論されていなかったが，1996年の民事訴訟法改正により，上告制限（民訴法312条以下）および少額訴訟（民訴法380条1項）が導入されたことにより，前者は控訴審までの裁判，後者は第1審の裁判のみという可能性が生まれることとなった。

本件事例に関わる少額訴訟手続は，民事訴訟法改正の「目玉」として導入された。それは裁判手続の利用という面で注目すべき内容をもつ。少額訴訟手続導入の背景としては，「二割司法と称されるような市民の裁判（司法）離れ・不信に対する危機意識が，裁判所・弁護士の両サイドで持ち上がり」，従来裁判手続にのってこなかった紛争を裁判に取り込もうという意識が高まったこと，そして，「消費者保護の社会問題化の中で，法律専門家の社会的責務として少額紛争への積極的取り組みが要請されていった」ことが挙げられる（松村後掲）。確かに，これまで制度利用のコストに見あわないということで訴訟提起が見送られたタイプの事件に少額訴訟手続によって裁判所の判決が与えられるという点は，裁判を受ける権利の実現にとっても重要である。もっとも，控訴の禁止という側面も含んでおり，裁判を受ける権利の保障にとって「諸刃の剣」になる可能性も秘めている。

少額訴訟手続の特徴は多彩であるが，控訴の禁止以外に，本件判決との関連では次の点が重要である。①訴額30万円以下（平成16年4月1日以後は60万円以下）の金銭支払請求事件について，原則として一回の口頭弁論期日で審理が終了し，即日，判決が言い渡される。②少額訴訟手続は簡易裁判所の通常手続と併存関係にあり，両当事者が少額訴訟手続選択について意見が一致する場合にのみ，利用される。その際，原告が手続選択権をもつが，被告にはそれに対抗する形で通常手続への移行申述権が認められている。また，裁判所の職権による通常審理への移行も可能である。③このような少額訴訟手続の選択について両当事者が明確な意思をもっていることが前提であり，そのため両当事者に対する裁判所の教示が民事訴訟規則222条で定められている。

(2) 審級制度とは，「ある裁判所の裁判に対する不服申立てを，上級裁判所としてどの裁判所が審査するかという関係」（兼子＝竹下後掲）を意味するが，わが国ではこれまで三審制が基本的枠組みとなっていた。また，審級制度の形成は，本件最高裁判例も判示するように，憲法81条の規定するところを除きもっぱら立法政策の問題と通説判例は理解してきた。それは，裁判を受ける権利を，「憲法32条は何人も裁判所において裁判を受ける権利があることを規定するにすぎない」（本件最判）と解することと表裏の関係にある。こう考えると，最高裁判決は全く問題にするところがないかに見えるが，以下の観点から検討する余地はあると思われる。

憲法76条1項の規定から，「最高裁判所」と「法律で定めるところにより設置する下級裁判所」を含む審級制を憲法は前提にしている。誤った裁判を是正するという可能性を審級制は保障しているのであり，それを憲法76条「司法

権」の保障に結びつけて考えることができる。2つの審級の存在である。

　もう1つの観点は，裁判を受ける権利である。裁判を受ける権利は公正な手続を求める権利を含み，それは，訴訟当事者が見解表明権をもつことを前提に，その実効的な行使のため裁判所は訴訟当事者に対して「情報提供義務」を有するとすれば，裁判所による誤ったあるいは不適切な情報の提供は，それが当事者に重大な不利益をもたらす場合，裁判を受ける権利を侵害している。この場合，1つの下級審と最高裁判所が最低限必要となろう。

　少額訴訟手続は裁判を受ける権利の具体化という側面で魅力的な手法であるが，その一方で，「裁判を受ける権利」の観点からは，控訴の禁止，同一裁判官による異議審という構成は問題と評価されよう。この，矛盾する2つの評価を調和させるには，少額訴訟手続選択についての両当事者の合意形成の前提たる裁判所による手続教示がポイントになる。そして，裁判所の教示は裁判を受ける権利の保障内容に含まれ，裁判所に対する単なる訓示規定と解されてはならないとすれば，裁判所の教示が適切に示されない場合は，裁判を受ける権利の侵害の存否が特別上告によって最高裁判所によって検証されねばならない（民訴法373条3項4号が定める少額訴訟で扱うべきでない事件も同様）。この点は，本人訴訟が大半と予想される少額訴訟手続では特にあてはまると思われる。

設問

　1966年の民事訴訟法改正により，最高裁への上告は，判決に憲法の解釈の誤り（民訴法312条1項），および，重大な手続法違反（同法312条2項）のほか，従来認められていた法令違反を理由とする上告については，「法令の解釈に関する重要な事項」を含むと認められる事件に限り，「上告受理の申立て」を通じて最高裁が決定により上告を受理することができることとなった（同法318条1項）。従来に比べ上告を制限する，この「裁量上告制度」は憲法32条に違反しないか。

〔参考文献〕

新堂幸司「訴訟と非訟」ジュリスト増刊『民事訴訟法の争点』（有斐閣，第3版，1998）12頁以下
青山善充「訴訟と非訟」民事訴訟判例百選（有斐閣，第3版，2003）4頁以下
住吉博「純然たる訴訟事件につきなされた強制調停と公開裁判の原則」憲法判例百選Ⅱ（有斐閣，第4版，2000）280頁以下
林屋礼二「家事審判法による審判の合憲性」同上（有斐閣，第4版，2000）282頁以下
時本義昭「非訟事件手続法による過料の裁判の合憲性」同上（有斐閣，第4版，2000）284頁以下
新堂幸司『新民事訴訟法』（弘文堂，1998）507頁
高橋宏志『重点講義民事訴訟法』（有斐閣，新版，2000）663頁以下
鈴木正裕「非訟事件と形成の裁判」『新・実務民訴講座8』（日本評論社，1981）23頁
谷口安平「相続人廃除請求事件の性質」家族法判例百選（有斐閣，第5版，1995）138頁
戸根佳夫「訴訟と非訟」中野古稀祝賀『判例民事訴訟法の理論（上）』（有斐閣，1995）117頁
芦部信喜「裁判を受ける権利」芦部編『憲法Ⅲ人権(2)』（有斐閣，1981）316頁
松村和德「少額訴訟」笹田＝亘理＝菅原編『司法制度の現在と未来』（信山社，2000）269頁
兼子一＝竹下守夫『裁判法』（有斐閣，第3版，1994）133頁

（笹田栄司）

14 立法の不作為に対する違憲訴訟

国務請求権

〔論 点〕
(1) 国家賠償法1条は立法行為・立法不作為に適用があるか。
(2) 立法不作為が許容されるための要件はどのようなものか。
(3) 立法不作為を争う訴訟としては，国家賠償訴訟以外にどのようなものが考えられるか。

Part I 基本となる素材

在宅投票制度廃止事件

最高裁昭和60年11月21日第一小法廷判決
昭和53年（オ）第1240号損害賠償請求事件
民集39巻7号1512頁，判時1177号3頁
〔参照条文〕 憲14 I，15 I・Ⅲ，44，47，51，93 Ⅱ　国賠1

X＝原告，控訴人，上告人
Y＝被告，被控訴人，被上告人

❖ 事実の概要

　1950（昭和25）年4月に公布された公職選挙法49条および同法施行令50，52，53，58条は，投票現場自書主義の例外である不在者投票手続の一環として在宅投票制度を設けていた。ところが，1951（昭和26）年4月の統一地方選挙において在宅投票制度を悪用して多数の選挙違反がなされたため，国会は1952（昭和27）年の改正法律により在宅投票制度を廃止し，その後も，同制度を復活する立法も行わなかった。このため，歩行不能あるいは困難な状態にあったXらは，1968年から1972年までの間に施行された8回の国会議員等の選挙で選挙権を行使することができなかった。
　Xは，上記改正法律は，身体障害等のため投票所に行くことが不可能あるいは著しく困難な者に対し，一般通常人と同じく定められた投票所に赴いて投票せよとするもので，身体障害者等を個人として尊重せず，国民主権の原理に基づく選挙権行使を奪い，投票等に関し身体上の欠陥その他の不合理な理由により差別をするなど，憲法13条，15条1項・3項，14条1項，47条に違反するものであり，国会議員にはその法律改正を行ったこと，およびその後も立法により在宅投票制度を復活させなかったことに，故意もしくは重大な過失があったとして，国賠法1条1項に基づき国

(Y) に対し慰謝料80万円を求めた。

これに対し，Y側は，在宅投票制度には，投票の記載が選挙管理委員会の管理が行われていない家庭でなされるため，投票の秘密が著しく害され，選挙の自由公正を期し難いとして，かかる弊害を除去するため在宅投票制度を廃止したのであり，上記改正法律は憲法に違反しないと主張した。

❖❖ 第1審＝札幌地裁

札幌地裁小樽支部昭和49年12月9日判決

(a) 在宅投票制度廃止の憲法問題

立法機関が，「選挙区，投票の方法その他両議院の議員の選挙に関する事項」（憲法47条）を定めるについては「普通平等選挙の原則に適合した制度」を設けねばならず，法律による具体的な選挙制度の定めにより，「一部の者について，法律の規定上は選挙権が与えられていてもその行使すなわち投票を行なうことが不可能あるいは著しく困難となり，その投票の機会が奪われる結果となることは，これをやむを得ないとする合理的理由の存在しない限り許されないものと解すべき」であり，上記理由の存否については，選挙権の基本的権利としての重要性を十分に考慮しつつ慎重，厳格に判断する必要がある。

公職選挙法の採用する投票現場自書主義の下では，「形式的にはすべての有権者に対し投票の機会が保障される」が，「選挙の意思と能力を有しながら，身体障害等により，選挙の当日投票所に行くことが不可能あるいは著しく困難な者にとって，投票を行なうことが不可能あるいは著しく困難になることも否定し難い。」「投票は選挙権行使の唯一の形式で，抽象的に選挙人の資格すなわち選挙権が保障されていても，具体的な選挙制度を定めるにあたって，事実上投票が不可能あるいは著しく困難となる場合は，これを実質的にみれば，選挙権を奪うのと等しい」。

(b) 在宅投票制度廃止の合理的理由の存否

1951年の統一地方選挙では在宅投票制度が悪用されて選挙違反が多発したので，「当時なんらかの是正措置をとる必要」があつたと解され，改正法律の立法目的自体は正当であった。しかし立法目的が正当であっても，「一部の者の選挙権の行使を不可能あるいは著しく困難にするような選挙権の制約は，必要やむを得ないとする合理的理由のある場合に限るべき」であり，右制約に合理性があると評価されるのは，「右弊害除去という同じ立法目的を達成できるより制限的でない他の選びうる手段が存せずもしくはこれを利用できない場合に限られるものと解すべき」である。

「上記弊害の是正という立法目的を達成するために在宅投票制度全体を廃するのではなく，より制限的でない他の手段が利用できなかったとの事情について，被告の主張・立証はないものというべきであるから，その余の点につき判断するまでもなく，右法律改正に基づき，原告のような身体障害者の投票を不可能あるいは著しく困難にした国会の立法措置は，前記立法目的達成の手段としてその裁量の限度をこえ，これをやむを得ないとする合理的理由を欠くものであつて」，憲法15条1項・3項，44条，14条1項に違反する。

(c) 国会の過失

国会の立法行為も国賠法1条1項の適用を受け，「公務員の故意，過失」は，「合議制機関の行為の場合，……国会議員の統一的意思活動たる国会自体の故意，過失を論ずるをもって足りる」。本件においては，「国会が法律改正によって違憲の結果を生ずることを認識していたことを認めるに足りる証拠はない」が，衆参両院に国政調査権が与えられ，「その組織，機構等において他の立法機関に類をみない程度に完備していることは公知の事実であるから，立法をなすにあたつては違憲

という重大な結果を生じないよう慎重に審議、検討すべき高度の注意義務を負うところ、……かかる違憲の法律改正を行なつたことは、その公権力行使にあたり、右注意義務に違背する過失があつたものと解する」。

❖ あてはめ

被告国は、原告Xに対し、「本件法律改正によって生じた損害を賠償しなければならないところ、……、Xは、本件法律改正がなされた当時、右立法行為により、以後自己の選挙権行使がすべて不可能あるいは著しく困難ならしめられたことに対し少なからぬ精神的苦痛を受けたことが認められる」。上記理由を勘案し、以後の立法状況等に鑑み、Xの慰藉料額は、金10万円と認めるのが相当である。

❖ 第2審＝札幌高裁

札幌高裁昭和53年5月24日判決

(a) 国会議員の立法行為または立法不作為についての国家賠償法の適用の可否

「国会議員が憲法上一定の立法をなすべき義務があるに拘らず当該立法をしないときは、……国会議員の『その職務を行うについて』に当た」り、次に、「国会の立法行為又は立法不作為における公務員としての国会議員の『故意又は過失』も、各個の国会議員の個別的、主観的な意思を前提とする必要はなく、結論的には国会の意思即各国会議員の意思と前提して、これを判断すれば足りるものと解する」。憲法51条は、国会議員が院内で行った違法行為を適法とみなすとか、違憲の立法あるいは憲法上の義務に違背して立法を行わないことによって他人に損害を加えたとしても、国は賠償責任を負わないという趣旨を含むものではなく、現行の国家賠償制度において、同条の有する意味は、「国会議員は、議院において演説、討論又は表決をなすにあたり故意又は重大な過失によつて違法に他人に損害を加えたとしても、国から国賠法1条2項によつて求償を受けることのないことが憲法上保障されているというだけ」であり、「憲法51条の規定を根拠として、国会議員の立法行為又は立法不作為によつて国が国賠法による賠償責任を負うことはないとする控訴人の前記主張は失当」である。

(b) 投票の機会の確保についての立法義務

「憲法における選挙権ないしその行使としての投票の機会の保障は、憲法における選挙が正当、公正に行われるべきことの要請ないしは選挙の自由のための投票の秘密の保障とは謂わば次元を異にした保障」であり、「原則として、後者よりも優越した保障」である。「国会の制定する投票の方法についての法律は、合理的と認められる已むを得ない事由のない限りは、すべての選挙人に対して投票の機会を確保するようなものでなければならず、若し投票の方法についての法律が、選挙権を有する国民の一部の者につき、合理的と認められる已むを得ない事由がないに拘らず投票の機会を確保し得ないようなものであるときは、国会は投票の方法についての法律を改正して当該選挙権を有する国民が投票の機会を確保されるようにすべき憲法上の立法義務を負うものといわなければならない。」

(c) 立法不作為の合憲性審査の可否

「投票の方法をどのように決めるか、或る一定の投票方法を採用するかどうかは、原則としては、一般の場合と同様、国会の裁量に委ねている」。しかしながら、「国会の立法ないし国会議員の国会に対する法律の発案権、議決権は、全くの無制約な自由裁量に委ねられたものと解することはできず、あくまで憲法を頂点とする現行法秩序の許容する範囲内においてのみ自由裁量たりうるものと

いわなければならない。……国会が或る一定の立法をなすべきことが憲法上明文をもつて規定されているか若しくはそれが憲法解釈上明白な場合には、国会は憲法によつて義務付けられた立法をしなければならないものというべきであり、若し国会が憲法によつて義務付けられた立法をしないときは、その不作為は違憲であり、違法であるといわなければならない。」「しかし、国会が憲法によつて義務付けられた立法を唯単にしないというだけでは、裁判所は国会の当該立法不作為の合憲性判断をすべきではな」く、「国会が憲法によつて義務付けられた立法をしないことにしたとき若しくは憲法によつて義務付けられた立法を少くとも当分の間はしないことにし且つその後合理的と認められる相当の期間内に当該立法をしなかつたときは、国会は憲法によつて義務付けられた立法を故意に放置するに至つたものということができる。」「例えば、衆、参両議院に対して一定の立法をなすべきことを求める請願がなされ」、「右請願にかかる立法をなすことが憲法によつて義務付けられている場合に、各議院の然るべき委員会が右請願について審査をし（国会法80条1項）、本会議に付するのを留保すると決定したとすれば、これにより当該議院がそれぞれ右請願にかかる立法を少くとも当分の間はしないことに決定したことになり、衆、参両議院がそれぞれ右のように決定したことになる以上、結局、国会が右のように決定したことになるといわざるを得ないから、その後合理的と認められる相当の期間内に国会が当該立法をしないときは、国会は憲法によつて義務付けられた立法をすることを故意に放置するに至るものということができる。……この場合の立法不作為は、それによつて立法府が既に特定の消極的な立法判断を表明しているものということができるから、裁判所が、国家賠償請求事件の審判に当たり、当該立法不作為につき、それが憲法に適合するか否かを判断したとしても、それは、立法府の特定の消極的な立法判断に対して爾後的な審査をしたという性格をもつものであつて、裁判所が立法府に対して当該不作為にかかる立法をなすべきことを指示するものではないから、裁判所が憲法81条によつて既に制定された法律の憲法適合性を判断することと本質的に径庭のあるものではない。」

❖ **あてはめ**

　在宅投票制度復活についての請願を本会議に付するのを留保するとした委員会決定から一年経過した1969（昭和44）年以降は、「『疾病等のため投票所に行くことができない在宅者』のための在宅投票制度を設ける立法をしなかつたことについては、国会はこれを故意に放置したものといわざるを得ない」。この点についての憲法適合性を判断するなら、遅くとも昭和44年以降においては、在宅投票制度復活のための立法をしないことについての合理的と認められるやむをえない事由はもはやなくなつていると認められるから、昭和44年以降の本件立法不作為は、被控訴人に対する関係において、国会議員選挙についてのものは憲法13条、14条1項、15条1・3項、44条但し書、47条に、地方選挙についてのものは憲法13条、14条1項、15条1・3項、93条2項にそれぞれ違反し、「被控訴人に対してその選挙権を侵害したものとして違法なものであつたといわざるを得ない。」

　「昭和44年以降昭和47年12月10日までの間のどの時点をとつてみても当該時点における全部若しくは殆んど大部分の国会議員は、昭和44年以降の本件立法不作為が……被控訴人のような『疾病等のため投票所に行くことができない在宅者』たる選挙人に対する関係で、違憲、違法なものであることを予め知ることはできなかつたものと認めるのが相当であり、従つて右の間の国会の意思としても、それを予め知ることはできなかつたものというべき」であり、「昭和44年以降の本件立法不作為については、それが被控訴人の選挙権を侵害するものであることにつき、前記の間国会の構成員であつた各国会議員に故意又は過失があつたものということはできない。」

❖ 上告審＝最高裁

❖ 上告理由

　上告人らは憲法解釈の誤りとして，在宅投票制度廃止の違憲性，地方選挙に関する在宅投票制度廃止の違憲性，立法不作為の合憲性判断に「請願」を用いた点を挙げている。論点は多岐にわたるが，1952（昭和27）年の改正法律による在宅投票制度廃止の違憲性を問題にしている点，国政選挙と地方選挙を第2審が区別し後者については在宅投票制度の廃止は違憲でないとした点，そして，請願を第2審が違憲判断の「要件」とした点に批判を加えていることに留意する必要がある。また，「判決に影響を及ぼすこと明らかな法令違反」として，不法行為理論に関する違法と過失否定における経験則違反が挙げられている。

〈法廷意見〉

(a)　立法内容の違憲性と国賠法上の違法性の関係

　「国会議員の立法行為（立法不作為を含む。以下同じ。）が同項の適用上違法となるかどうかは，国会議員の立法過程における行動が個別の国民に対して負う職務上の法的義務に違背したかどうかの問題であつて，当該立法の内容の違憲性の問題とは区別されるべきであり，仮に当該立法の内容が憲法の規定に違反する廉があるとしても，その故に国会議員の立法行為が直ちに違法の評価を受けるものではない。」

(b)　個別国民との関係で国会議員はどのような法的義務を負うか

　「国会議員は，多様な国民の意向をくみつつ，国民全体の福祉の実現を目指して行動することが要請されているのであつて，議会制民主主義が適正かつ効果的に機能することを期するためにも，国会議員の立法過程における行動で，立法行為の内容にわたる実体的側面に係るものは，これを議員各自の政治的判断に任せ，その当否は終局的に国民の自由な言論及び選挙による政治的評価にゆだねるのを相当とする。」「国会議員は，立法に関しては，原則として，国民全体に対する関係で政治的責任を負うにとどまり，個別の国民の権利に対応した関係での法的義務を負うものではないというべきであつて，国会議員の立法行為は，立法の内容が憲法の一義的な文言に違反しているにもかかわらず国会があえて当該立法を行うというごとき，容易に想定し難いような例外的な場合でない限り，国家賠償法1条1項の規定の適用上，違法の評価を受けないものといわなければならない。」

❖ あてはめ

　上告人は，在宅投票制度の設置は憲法が命じているとの前提から本件立法行為の違法を主張するが，「憲法には在宅投票制度の設置を積極的に命ずる明文の規定が存しないばかりでなく，かえつて，その47条は『選挙区，投票の方法その他両議院の議員の選挙に関する事項は，法律でこれを定める。』と規定しているのであつて，これが投票の方法その他選挙に関する事項の具体的決定を原則として立法府である国会の裁量的権限に任せる趣旨であることは，当裁判所の判例とするところである（昭和39年2月5日大法廷判決民集18巻2号270頁，昭和51年4月14日大法廷判決民集30巻3号223頁参照）。そうすると，在宅投票制度を廃止しその後前記8回の選挙までにこれを復活しなかつた本件立法行為につき，これが前示の例外的場合に当たると解すべき余地はなく，結局，本件立法行為は国家賠償法1条1項の適用上違法の評価を受けるものではないといわざるを得ない。」

基本解説

(1) 立法行為・立法不作為への国賠法1条の適用

　立法不作為とは「立法者が何もしない」ということではなく，憲法が予定するところのものをしないという意味である。したがって，立法者を法律の制定へと義務付ける憲法上の規範命令が存在しなければならず，加えて，立法不作為が違憲と判断されるためには，立法過程に鑑み「相当な期間の経過」も重要なファクターである。もっとも，ある領域に法律が全く整備されていないということは現在では考えられず，法律の改廃に関わって立法不作為は議論されることが通常である。つまり，本件のように，在宅投票制度の廃止によって歩行不可能な有権者は選挙権の行使が事実上できなくなるケースを考えれば，判断の対象として制度廃止行為（立法行為）とすることもでき，他方，制度を廃止して以後何らの法律を制定しなかった点（立法不作為）を取り上げることも可能である。実際，第1審は立法行為を，そして第2審は立法不作為を問題としている。

　以上の問題を裁判で争う場合，立法不作為の違憲確認訴訟も理論的にはあり得るが，一般には，本件事例がそうであるように，訴訟要件等のハードルが比較的低い国家賠償訴訟が用いられる。そうすると，国家賠償法1条1項が規定する，「公権力の行使」，「故意・過失」，そして「違法」の解釈が次の問題である。

　「公権力の行使」については，立法行為あるいは立法不作為がそれに含まれることは判例・学説とも認めている。第1審はこの点について，「国会の立法行為も国家賠償法1条1項の適用を受け」るとし，第2審は，国賠法1条1項「その職務を行うについて」に関して，「公務員が一定の公権力を行使すべき義務があるのにこれを行使しないことについてという意味をも有する」として，「国会議員が憲法上一定の立法をなすべき義務があるに拘らず当該立法をしないときは，当該立法不作為については，国会議員の『その職務を行うについて』に当たる」と判示している。次に，「故意・過失」については，第1審は，合議制機関の行為の場合，「国会議員の統一的意思活動たる国会自体の故意，過失を論ずるをもって足りるものと解すべき」と判示し，第2審も同趣旨の判示を行っている。さらに，「違法」については，第2審判決は，昭和44年以降の本件立法不作為は，被控訴人に対する関係において，国会議員選挙については憲法13条，14条1項，15条1・3項等にそれぞれ違反し（地方選挙については上記第2審判例「あてはめ」を参照），「被控訴人に対してその選挙権を侵害したものとして違法なものであったといわざるを得ない」としているから，在宅投票制度第二次訴訟第1審判決がいうように，「国会が違憲の法律を制定した場合には，当該立法行為は国賠法の適用上も違法と評価され」る（札幌地判昭和55年1月17日判時953号18頁）と解していると思われる（なお，本件訴訟は第一次訴訟である）。この点は，明示的ではないが，損害賠償10万円を認めた第1審判決も同様の立場であろう。

　それに対し，最高裁判所は，国賠法1条1項の適用上違法となるかどうかは，「国会議員の立法過程における行動が個別の国民に対して負う職務上の法的義務に違背したかどうかの問題」であって，（不作為を含む）立法内容の違憲性の問題とは区別されると解する。第1，2審と異なり，立法内容の違憲性と国賠法上の違法性を区別し，さらに，国会議員は立法に関して個別の国民の権利に対応した関係での法的義務を負わないとする。その上で，「国会議員の立法行為は，立法の内容が憲法の一義的な文言に違反しているにもかかわらず国会があえて当該立法を行うというがごとき，容易に想定し難い

ような例外的な場合でない限り、国家賠償法1条1項の規定の適用上、違法の評価をうけない」と、「違法性」を限定する判示を行っている。これは、下級審が前提としていた立法内容の違憲性と国賠法上の違法性の同一視を覆すものであり、実に大きなインパクトを判例・学説に与えることになった。「あるべき立法行為を措定して具体的立法行為の適否を法的に評価するということは、原則的には許されない」という判示からも読み取れるように、「立法不作為の違憲審査を否認するにひとしいほど厳しい制約を課した」（芦部後掲）といえるのである。

(2) 憲法 47 条および 51 条の理解

憲法 47 条は、「選挙区、投票の方法その他両議院の議員の選挙に関する事項は、法律でこれを定める」とするが、第1、2審はその事項について国会の裁量を原則的に認めつつも、その一方で投票機会の確保からから生ずる裁量の制約可能性について論じていた。たとえば、第2審は、「国会の制定する投票の方法についての法律は、合理的と認められる已むを得ない事由のない限りは、すべての選挙人に対して投票の機会を確保するようなものでなければなら」ないと判示している。これに対し、最高裁は裁量の制約可能性については語っていない。憲法47条が、「投票の方法その他選挙に関する事項の具体的決定を原則として立法府である国会の裁量的権限に任せる趣旨であることは、当裁判所の判例とするところ」とするにとどまるのである。最高裁は選挙人の投票機会の確保については論及しておらず、「国会は投票の方法についての法律を改正して当該選挙権を有する国民が投票の機会を確保されるようにすべき憲法上の立法義務を負うものといわなければならない」とする第2審判決との差は大きいものがある。

第2審は、憲法51条の国会議員の免責特権を根拠とした「国家賠償責任免除論」を退けた。第2審は同条の意味を、「国会議員は、議院において演説、討論又は表決をなすにあたり故意又は重大な過失によって違法に他人に損害を加えたとしても、国から国賠法1条2項によって求償を受けることのないことが憲法上保障されているというだけ」と解したのである。一方、最高裁は、憲法51条が「国会議員の発言・表決につきその法的責任を免除しているのも、国会議員の立法過程における行動は政治的責任の対象とするにとどめるのが国民の代表者による政治の実現を期するという目的にかなう」との考慮によると判示する。この考え方は、例外的にせよ立法行為の違法性を国家賠償訴訟で争うことを認めることから「免除論」そのものではないがそれに強く傾斜するものに移ってきているといえよう。

Part II 応 用 編

確認質問

1 「公権力の行使」（国家賠償法1条1項）に立法行為・立法不作為は含まれるか。
2 代位責任説からすると国会議員の免責特権（憲法51条）によって国の損害賠償責任は否定されるか。
3 国家賠償責任成立の要件である公務員の「故意または過失」は、立法行為・不作為の場合、個々の国会議員の意思について判断されるか。
4 国会が違憲の法律を制定した場合、当該法律は国賠法上違法と評価されうるか。

応用問題

設問1 次の事例は本件最高裁判決がいう立法行為・不作為が国賠法上違法とされる例外的場合に該当するか。

(1) 議員定数配分規定が憲法の選挙権の平等に反する程度にいたっている、と最高裁が判示した場合。

(2) 補償に関する特別立法を制定する義務が「憲法解釈上明白」である場合。

(3) 元軍人軍属については戦傷病者遺族援護法が制定されているが、一般民間人戦災者についてそれと同等の立法措置は何ら講じられていないのは憲法14条違反と主張される場合。

設問2 昭和28年制定の「らい予防法」（新法）は昭和6年制定の旧法を継承し、患者の強制隔離、外出制限等を含むものであった。らい病治療薬の高い評価が少なくとも昭和30年代前半には国内外で確定的となり、また進行性の重症患者も激減していた。さらに国際会議においても強制隔離政策の撤廃が繰り返し提唱されていたにもかかわらず、「らい予防法」（新法）は平成8年にいたるまで廃止されなかった。

(1) 本件最高裁判決によれば、「国会議員の立法行為は、立法の内容が憲法の一義的な文言に違反しているにもかかわらず国会があえて当該立法を行うというがごとき、容易に想定し難いような例外的な場合でない限り」、国家賠償法上違法の評価を受けないのであるが、本設例のように国会議員が平成8年まで新法を改廃しなかった立法不作為はどう評価されるか。

(2) 立法不作為ではなく新法自体の違憲性を問題にするという方法は考えられないか。

Part III 理論編

展開問題

最高裁昭和60年11月21日判決は立法不作為を国家賠償訴訟で争うルートを塞いでしまうものであろうか。それとも、この判決を乗り越える方策は別に存在するのであろうか。

(1) 立法の政治性を理由とする司法介入の抑制

本件最高裁判決は、違憲審査制の対象としての法律と「当該法律の立法過程における国会議員の行動、すなわち立法行為」を区別した上で、後者については、「本質的に政治的なものであって、その性質上法規制の対象になじまず、特定個人に対する損害賠償責任の有無という観点から、あるべき立法行為を措定して具体的立法行為の適否を法的に評価するということは、原則的には許されない」とする。最高裁は、立法行為の政治性を問題にしているのであり「政治的なもの」一般を論じているわけではない。とはいえ、立法行為すべてを政治的なものと考え法的評価の対象から外すことには異論があり得よう（棟居後掲、宇賀後掲）。

また、同判決は、国賠法1条における「違法性」に関して、「①職務上の法的義務に対する違反、及び②その義務が、被害者個人に対して負う義務でなければならない」という2つの要件を設定している（藤田後掲）。その上で、立法行為は原則的に「法的評価の対象外」とされ、国会議員は、立法に関しては、原則として、「国民全体に対する関係で政治的責任を負うにとどまり、個別の国民の権利に対応した関係で

の法的義務を負うものではないというべき」とした上で，例外的に，国会議員の立法行為が，国家賠償法1条1項の規定の適用上，違法の評価を受ける，すなわち，国民に対し「法的義務を負う」ものとなることを認める。ここでは，国会議員に法的責任が発生するについて何らかのロジックが用意されるべきであるが，最高裁判例は，この点について「立法の内容が憲法の一義的な文言に違反しているにもかかわらず国会があえて当該立法を行うというごとき，容易に想定し難いような例外的な場合」というのみであって，これを具体的論拠とは見ることはできないであろう。とすれば，「憲法の一義的な文言に違反している」という強烈な言い回しにもかかわらず（ここでは，「ごとき」というフレーズも使われている），「容易に想定し難いような例外的な場合」とは思いのほか具体化の余地を残すものかもしれない。もっとも，その際には，通常は存在しない「法的義務」の発生が必要となるのだから，立法行為あるいは不作為の違憲性を問う側は具体的かつ説得力のある論証が要求されよう。

ともあれ，本件第1，2審と最高裁判決を比較すれば明らかなように，国賠法1条「違法」についての上記①および②のような本件最高裁判例の解釈が「憲法判断回避を容易にする手法」（宇賀後掲105頁）であることは確かであろう。上記①②の解釈を採ることによって，最高裁は在宅投票制度の廃止または復活については憲法判断を加える必要はないと考えたのである。この問題は，国家賠償訴訟が「制度改革訴訟」としての役割を担うべきか，という点にも関わるのであり，最高裁判決の方向は制度改革訴訟的役割に消極に働くと考えられる。

(2) 昭和60年最高裁判決の克服可能性

本件最高裁判決は「立法の内容が憲法の一義的な文言に違反しているにもかかわらず国会があえて当該立法を行うというごとき，容易に想定し難いような例外的な場合」とするのであるが，ここには，1)「憲法の一義的な文言」とはどういう意味か（参照，中村＝常本後掲），2)「……というごとき」からして「容易に想定し難いような例外的な場合」の方に重点があるのではないか，という検討課題がある。

前者については，いくつかの下級審判例が検討のための素材を提供する。1983（昭和53）年12月の衆議院議員選挙に関し公職選挙法の議員定数配分規定が違憲無効であることを理由とする国家賠償請求について，東京地裁昭和61年12月16日判決は，結論的には上記訴えを棄却した。しかし，同判決は，「本件議員定数配分規定が昭和55年6月施行の衆議院議員選挙当時には，既に憲法の選挙権の平等の要求に反する程度に至っていた」とする最高裁昭和58年11月7日大法廷判決（民集37巻9号1243頁）を「当裁判所に顕著な事実」とした上で，「右の昭和58年11月7日の時点において，本件議員定数配分規定が憲法の選挙権の平等の要求に反するものとして，憲法の一義的な文言に違反することが明白となつたものというべき」と判示している（判時1220号47頁）。この東京地裁判決は，「憲法の一義的な文言に対する違反」を最高裁判決に依拠しながら解釈により確定しようとするものである。また，東京地裁平成元年4月18日判決は，「国会は全国民を代表するところの国権の最高機関として立法権を有し，立法権の行使には裁量が伴うから，国会が特定の立法をしないことが違法とされるためには」，作為義務が「憲法上明文をもって定められている」場合，または「憲法解釈上その義務の存在が明白な場合」でなければならないと判示している（判時1329号36頁）。憲法の"一義的な"文言とはいっても，それを確定するにはやはり解釈が必要である以上，このような下級審の動きはある意味で当然なことである。

本件最高裁判決を克服するもう1つの途は，ハンセン氏病熊本地裁判決（平成13年5月11日判時1748号30頁）が示す。同判決は，本件最高裁判決とは事案が異なるという点，すなわち，もともと立法裁量にゆだねられる国会議員の選挙の投票方法に関する最高裁判決と，「患

者の隔離という他に比類のないような極めて重大な自由の制限を課する」本件とでは事案を全く異にするということを指摘し、さらに、最高裁判決における「立法の内容が憲法の一義的な文言に違反している」との表現は、「立法行為が国家賠償法上違法と評価されるのが、極めて特殊で例外的な場合に限られるべきことを強調したにすぎない」という解釈を採ったのである。最高裁判決の中心は、「容易に想定しがたいような例外的場合」という点にあり、「立法の内容が憲法の一義的な文言に違反しているにもかかわらず国会があえて当該立法を行うというがごとき」という個所はその例示とみたのである。夙に、本件最高裁判決については、「憲法の一義的な文言に違反している」を、「例外的場合の典型的な例としてあげているとも解せないわけではな」いとする見解があったが（参照、中村後掲）、熊本地裁はそれに加え、事案が本件最高裁判決とでは異なる点を強調している。熊本地裁はその上で、「遅くとも昭和40年以降に新法の隔離規定を改廃しなかった国会議員の立法上の不作為」について国賠法上の違法性を認めるのである。

最後に、本件最高裁判決とは幾分異なる途を探す「関釜元慰安婦訴訟第1審判決」（山口地下関支平成10年4月27日判時1642号24頁）に触れておきたい。同判決は、「一般に、国家がいつ、いかなる立法をすべきか、あるいは立法をしないかの判断は、国会の広範な裁量のもとにあり、その統制も選挙を含めた政治過程においてなされるべきであることは、日本国憲法の統治構造上明らかであるから」、当裁判所もまた基本的には最高裁昭和60年判決と意見を同じくするとしつつも、「右結論部分における『例外的な場合』についてはやや見解を異にし、立法不作為に関する限り、これが日本国憲法秩序の根幹的価値に関わる基本的人権の侵害をもたらしている場合にも、例外的に国家賠償法上の違法をいうことができる」とする。つまり、立法不作為が国家賠償法上違法となるのは、本件最高裁判決が提示する「立法（不作為）の内容が憲法の一義的な文言に違反しているにもかかわらず国会があえて当該立法を行う（行わない）というごとき」場合に限られないのであって、憲法秩序の根幹的価値に関わる基本的人権の「侵害の重大性とその救済の高度の必要性が認められる場合であって（その場合に、憲法上の立法義務が生じる。）、しかも、国会が立法の必要性を十分認識し、立法可能であったにもかかわらず、一定の合理的期間を経過してもなおこれを放置したなどの状況的要件、換言すれば、立法課題としての明確性と合理的是正期間の経過とがある場合にも」、それを認めることができると同地裁は判示している。この事案では手がかりとなる立法が存在していない点に特色がある。また、憲法上の立法義務を根拠付ける人権条項についても今ひとつ明らかでないこともあり、「立法課題としての明確性と合理的是正期間の経過」の認定を裁判所が国家賠償訴訟の枠内で担うことにどの程度説得力があるか、なお検討の余地がある（参照、戸松後掲152頁）。

Part IV　もう1つの素材

台湾人元日本兵戦死傷補償請求事件

最高裁平成4年4月28日判決
判時1422号91頁

❖ 事実の概要

　Xらは，第二次世界大戦中，日本の軍人，軍属として戦場に動員され，戦死または戦傷した台湾住民本人，もしくはその遺族である。日本国民である軍人軍属の戦死傷者およびその遺族は，戦傷病者戦没者遺族等援護法と恩給法により補償を受けることになったが，戦後日本国籍を喪失したXらについては何の補償もされないのは，憲法14条に違反するなどとして，Xらは，日本国に対し戦死傷者一名につき500万円の補償を求めた。なお，控訴審においてXらは予備的訴訟として，Xら台湾住民元日本軍人軍属の戦死傷に関し，「国が日本人に対するのと同等の補償をなすべき補償立法をしないことは違憲，違法であることを確認する」旨の判決を求めた。以下では，上記「予備的訴訟」を中心に検討を加える。

❖ 第2審＝東京高裁

東京高裁昭和60年8月26日判決
判時1163号41頁

　(a)　憲法14条違反について
　日中国交正常化に伴ない日華平和条約は意義を喪失し，台湾住民らの補償問題が宙に浮いたままの状態になるなど，複雑な国際事情が背景にあることを思えば，控訴人らに対して救済，補償を支給しないという法規ならびにその適用の結果が，理由のない平等権侵害とは必ずしもいえない。「かりに平等権侵害が肯定されるとしても，本訴請求の方法でその不平等を是正することはできないと解する。すなわち，日本国籍を有しない元日本軍人軍属にかかる援護又は恩給給付については，受給の範囲，支給金額，支給時期，支給方法などは，国会及び政府によって多くの資料を基礎に決定されるべき事項であり，その手続を省略してただちに憲法14条に基づく具体的請求権を行使しうると解する余地はない。けだし，事実審裁判所が限られた証拠調の結果から上記各要件を決定することは，裁判所の職責，機能の点から妥当性を欠くことが明白であるからである。したがつて，控訴人らは憲法14条を根拠として，具体的金額の支払を命ずる判決を求めることはできない」。

　(b)　立法不作為に係る予備的請求について
　上記訴訟は実質において国会に立法義務があることの確認を求める，すなわち，「講学上の無名抗告訴訟の一類型である義務確認訴訟に属する」。この種の訴訟が許容されるには，「(1)行政庁ないし立法府において一定内容の作為をなすべきことが法律上二義を許さないほどに特定していて，行政庁ないし立法府の第一次的な判断権を重視する必要がない程度に明白であること，(2)事前の司法審査によらなければ回復し難い損害を生じ，事前の救済の必要性が顕著であること，(3)他に適切な救済方法がないこと」，の各要件が満たされることが必要である。仮にXら主張のように国会に立法義務があるとしても，Xらに対する「補償立法の内容となるべき受給の範囲，支給金額，支給時期，支給方法などは憲法上一義的に特定しているとは到底いうことはできない」として，予備的請求を不適法とした。

❖ 上告審＝最高裁

　「台湾住民である軍人軍属が援護法及び恩給法の適用から除外されたのは，台湾住民の請求権の

処理は日本国との平和条約及び日華平和条約により日本国政府と中華民国政府との特別取極の主題とされたことから、台湾住民である軍人軍属に対する補償問題もまた両国政府の外交交渉によって解決されることが予定されたことに基づくものと解されるのであり、そのことには十分な合理的根拠があるものというべき」であって、本件国籍条項は憲法14条に違反するものとはいえない。したがって、本件国籍条項が「違憲であることを前提として、違憲状態を解消すべき立法の不作為の違憲確認を求める上告人らの予備的請求に係る訴えは、その適否いかんにかかわらず、理由のないことが明らかである。」

基本解説

(1) 第1審判決は、「戦争被害に対する国の救済問題は元来憲法の全く予想していないところであって、国がこのような被害について救済措置を講ずるか否か、講ずるとしてもいかなる人的物的範囲に及ぼすかは、国家財政、国益、国民感情等諸般の事情を総合勘案して判断されるべき立法府に任された立法裁量の範囲内の問題であり、その救済のための立法措置を講じないことをもって、立法不作為の違法性が問われるような事柄ではない」とする（東京地判昭和57年2月26日判時1032号31頁）。これに対し第2審判決は、第2審で追加された補償立法の不作為の違憲確認請求について、3要件を付して無名抗告訴訟の一種である義務確認訴訟に上記請求が属することを認めた。そして、最高裁は、本件国籍条項が違憲でない以上、それを前提として、「違憲状態を解消すべき立法の不作為の違憲確認を求める上告人らの予備的請求に係る訴え」は、その適否如何にかかわらず、判断の必要はないとしたのである。

行政事件訴訟法は3条1項で「行政庁の公権力の行使に関する不服の訴訟」という包括的な概念を採用した上で、2項以下で、処分の取消しの訴え、裁決の取消しの訴え、無効確認の訴え、そして不作為の違法確認の訴えを規定する。このような4種の抗告訴訟以外に行政庁の一定の行政処分を義務付ける訴訟などの法定外抗告訴訟（あるいは無名抗告訴訟）が認められるかどうかは、「行政庁の公権力の行使に関する不服の訴訟」という包括的な概念の採用に積極的な意味を見出すことにより、「将来の学説・判例に委ねる」と解されてきたのである（塩野後掲）。無名抗告訴訟の許容性一般について判示した最高裁判例は存在しないが（参照、司法研修所編後掲）、義務付け訴訟の許容性については、次の3要件を判例は前提としていると思われる。すなわち、「①行政庁が処分をなすべきこと又はなすべからざることについて法律上羈束されており、行政庁には自由裁量の余地が全く残されていないなど、第一次判断権を行政庁に留保することが必ずしも重要ではないこと（明白性の要件）、②事前審査を認めないことによる損害が大きく、事前救済の必要性が顕著であること（緊急性の要件）、③他に適切な救済法がないこと（補充性の要件）」である（参照、司法研修所編後掲138頁以下）。

(2) 第2審がこの3要件を前提にしていることは明らかである。この第2審判決については、無名抗告訴訟としての義務確認訴訟という方向性を示した点を評価しつつも、「要件のしぼり方が厳格にすぎないかの疑問の余地」を残すとするもの（佐藤後掲）があるほか、「立法の不作為の違憲確認訴訟は義務づけ訴訟とは訴訟の構造、特質を異にしており、したがってその類推は不適当」とする戸波江二教授の見解がある。戸波教授は、第2審の3要件に関し、①立法内容の明確性について、「立法の不作為の違憲確認訴訟では、制定されるべき立法の内容が憲法上明確になっているには及ばず、実際にも、立法の内容はむしろ不明確なのが通常である」、

②事前の救済の必要性について，「事前・事後というより現時点での（継続的な）違憲状態の確認を求める立法不作為の違憲確認訴訟では，それは必要条件とは解されない」，そして③他の救済手段の不存在について，（補充的に違憲確認訴訟をとらえることも可能であるが）「訴えの本来の請求内容との整合性，立法の不作為の違憲状態を確実に解消する必要性，という観点からして，他の訴訟方法が存在したとしても，独自に立法の不作為の違憲確認訴訟を提起することが否定されるには及ばない」と述べている（戸波後掲）。

　一方，「政省令や告示はともかく，法律や条例については，それが議会制定法であるだけに，『行政庁の』公権力の行使に対する訴訟である抗告訴訟の対象性を認めるにはやや文理上の疑義が残る」との見解も出されている（人見後掲）。ところで，地方議会については，議員の除名決議について「行政庁の公権力の行使」に該当することは最高裁判例は認めている。それによれば，（地方）「議会が議決をしても，その議決は外部に対し地方公共団体の行為としての効力を持たず，議決に基いて，執行機関が行政処分をした場合に，はじめて効力を生ずるのであつて，従つて，議決を直ちに行政処分と言うことはできないのであるが，本訴で当否を争われている議員懲罰の議決は執行機関による行政処分をまたず，直接に効力を生じ，この点において通常の議決とはその性質を異にし，行政処分と何等かわるところはない。従つて行政事件訴訟特例法の適用にあたつては，懲罰議決はこれを行政処分と解し，これを行う議会は行政庁と解する」（最三小判昭和26年4月28日民集5巻5号336頁）。すなわち，議決が（行政処分の介在なしに）直接に効力を生ずることに右最判の眼目があるが，ここから，「法令自体が抽象的内容でなく具体的な特定の内容をもっている場合や，法令の内容自体は抽象的であるがその直接の効果として個人の具体的権利義務に影響を及ぼす場合」には，行政事件訴訟法の枠内で，法律上の争訟として訴えが適法とされよう（参照，村松後掲）。

　(3)　こうみていくと，立法不作為の場合と議会制定法を同視してよいのかについては詳しい検討が必要であろう（議会制定法といっても，法律と条例は区別するのかという問題もある）。行政事件訴訟法3条1項にいう「公権力の行使」に法令を含める根拠として，法令が（行政処分の介在なしに）直接に効力を生ずるという点を強調するなら，東京高裁判決の提示した要件①「立法内容の明確性」は現行の行政事件訴訟法の解釈問題としてはやはりでてくるように思われる。ただ，制定されていない法令が受給権の根拠となると主張されている場合，当該不作為から直接に「効力」が発生していると構成することもできないわけではない。そうだとすれば，「立法内容の明確性」をクリアーするためには「立法府の第一次的判断権が行使されている」と解しうるかどうかがポイントとなろう。また，Xらの主張する「日本国が日本人に対するのと同等の補償をなすべき補償立法をしないこと」の違憲確認は立法者の選択の幅を一定程度認めるものであれば，東京高裁判決が，Xらに対する「補償立法の内容となるべき受給の範囲，支給金額，支給時期，支給方法などは憲法上一義的に特定しているとは到底いうことはできない」とする点は厳格にすぎると思われる。なお，②および③の要件については，戸波教授の指摘にもあるように，立法不作為の違憲確認請求に適合的かどうかは検討の余地がある。

　行政庁に対する義務付け訴訟がそもそも容易に認められない現状では，立法不作為の違憲確認を無名抗告訴訟の一種である義務確認訴訟と構成することは確かに困難な作業である。この問題は，結局のところ，Part III「理論編」の(1)で取り扱った立法と司法の関係の憲法的理解に深く関わるのである。

設問

　旧軍人軍属については戦傷病者戦没者遺族等援護法が制定され補償が受けられるのに対し，同じく第二次世界大戦において，アメリカ空軍の空襲にあい，身体障害を受けた一般民間人戦災者については，何の立法措置も講じられていない。後者について，国会ないし国会議員が立法を制定しなかったこと（立法の不作為）は憲法14条等に違反するとして，国家賠償責任を問うことはできるか。

〔参考文献〕

長尾一紘「立法の不作為に対する違憲訴訟」憲法判例百選Ⅱ（有斐閣，第4版，2000）426頁
小山剛「ハンセン病国家賠償訴訟熊本地裁判決」ジュリスト1210号（2001）152頁
土井真一「ハンセン病患者の強制隔離政策と国の責任」ジュリスト平成13年度重要判例解説25頁以下
芦部信喜『憲法』（岩波書店，第3版・高橋和之補訂，2002）356頁
棟居快行『判例評論』330号33頁
宇賀克也『国家補償法』（有斐閣，1997）106頁
藤田宙靖『第四版行政法Ⅰ総論』（青林書院，2003）485頁
中村睦男＝常本照樹『憲法裁判50年』（悠々社，1997）322頁
中村睦男「在宅投票制度廃止違憲訴訟最高裁判決」ジュリスト855号（1986）88頁
塩野宏『行政法Ⅱ』（有斐閣，第2版，1994）185頁
司法研修所編『―改訂―行政事件訴訟の一般的問題に関する実務的研究』（法曹会，2000）139頁
佐藤幸治『憲法』（青林書院，第3版，1995）348頁
戸波江二「立法の不作為の違憲確認」芦部編『講座　憲法訴訟第一巻』（有斐閣，1987）385頁
戸松秀典『憲法訴訟』（有斐閣，2000）147頁
人見剛「特殊問題―無名抗告訴訟」南博方＝高橋滋編『条解行政事件訴訟』（弘文堂，第2版，2003）28頁
村松勲「法令に対する司法審査」行政判例百選Ⅱ（有斐閣，第4版，1999）384頁

（笹田栄司）

15 生存権の法的性格

社会権

〔論 点〕
(1) 25条の法的性格および1項・2項の関係
(2) 25条の具体化における立法裁量
(3) 生存権具体化立法と平等原則

Part I 基本となる素材

堀木訴訟

最高裁昭和57年7月7日大法廷判決
昭和51年（行ツ）第30号行政処分取消等請求事件
民集36巻7号1235頁，判時1051号29頁，判タ
477号54頁

X＝原告，被控訴人，上告人
Y＝被告，控訴人，被上告人

❖ 事実の概要

Xは全盲の視力障害者として国民年金法に基づく障害福祉年金を受給していたが，昭和23年に夫と離婚して以来，次男を養育していた。昭和45年にXは，兵庫県知事Yに対し，児童扶養手当法（以下手当法という）に基づく児童扶養手当（以下手当という）の受給資格について認定の請求をしたところ，Yはこれを却下した。そこでXは，Yに対し異議申立てをしたが，Yは，Xが障害福祉年金を受給しているので，手当法4条3項3号（以下本件条項という）に該当するという理由で上記異議申立てを棄却する旨の裁決をした。そこでXは，本件条項は憲法13条，14条1項および25条2項に違反し無効なものであるとして，上記却下処分の取消しを求めて出訴した。

❖ 第1審＝神戸地裁

神戸地裁昭和47年9月20日判決
行集23巻8・9号711頁

❖ **当事者の主張（争点）**

〈法的な根拠にかかる主張〉

原告……①憲法14条1項違反について。国民年金法による障害福祉年金は，障害または廃疾を要件として，当該個人に対して支給されるものであり，他方，手当法による手当は，児童の心身の健やかな成長に寄与するために支給されるものであるから，その実質的な受給権者は児童である。そして，手当法はその趣旨から，生別母子世帯の場合に限定せず，同居の父が廃疾のために公的年金を受給している場合，あるいは母以外の者が児童を養育している場合にも手当を受給し得るものとしている。しかるに，本件条項によって，母が障害福祉年金を受給している児童は，手当を受給し得ない結果となっており，母が障害福祉年金を受給している児童を，母が障害福祉年金を受けていない児童と差別し，前者に対し不利益を負わせている。

②憲法25条2項違反について。原告は身体障害者であるにもかかわらず，母子世帯を支えなければならないという二重の生活上の負担を負っている。そして，障害福祉年金と手当は，その趣旨・目的を異にするものであるため，原告のような境遇にある世帯に対しては，当然上記2個の給付を併給すべきである。しかるに，本件条項は，前記生活実態を看過し，上記2個の給付の併給を禁止しているのであるから，単に手当法本来の目的を没却しているのみでなく，憲法25条2項に違反した条項であるといわざるを得ない。

③憲法13条違反──省略

被告……①憲法14条1項違反について。「公的年金給付を受けることができる地位」は，憲法14条1項所定の差別事由の内の「社会的身分」に該当せず，その他憲法14条1項の要件を充足するものではないから，本件条項については，元来，憲法14条違反の問題は起こり得ない。同居の父が廃疾である世帯，および母以外の者が児童を養育する場合を以て，原告のような生別母子世帯と比較するのは，同質の事例間の比較とはいえない。また，複数の保険事故が同一人について発生した場合であっても，受給資格者の稼得能力の低下または喪失の程度が，事故に比例して単純に倍加されることにはならない。

②手当の支給制度は公的年金と同様，生活保護とは異なり，最低限度の生活を保障する救済施策ではなく，一般世帯の稼得能力の減少または喪失による家計への影響を緩和しようとするための，いわば防貧的施策であるから，受給者の具体的なニードに対応する必要はなく，その支給要件や給付額は行政庁の裁量に属すると解すべきである。

❖ **法的構成**

憲法14条1項の「社会的身分」とは，「広く人が社会において占める或る程度継続的な地位」を指すため，本件条項中の「公的年金を受けることができる地位」もまた，その「社会的身分」に類する。「そして，手当法第4条第1項各号所定の受給資格の要件を充足する者も，公的年金を受給し得る場合には，本件条項により，手当を受け得ないこととなっているのであるが，このことは，手当法の与える手当の受給という利益の面において，公的年金を受けることができる地位にある者を然らざる者との間において，差別しているということができる。元来，手当の受給資格の要件をどのようなものとするかについては，立法時における立法者の裁量に属するわけではあるけれども，その裁量により制定された手当法上の差別的取扱が，著しく合理性を欠く場合には，当該差別を生ぜしめる規定は，憲法第14条第1項に違反し，無効なものといわなければならない。」

❖ **あてはめ**

1　Xは視覚障害者として障害福祉年金を受給しているために，本件条項に該当し，手当の支給を受けることができない。ところが，Xと同じように障害福祉年金を受給している場合であっても，

それが父である場合には、その妻であり、且つその間の児童を養育している母でもある女性に対しては、手当が支給される。「換言すると、障害福祉年金を受給している父と、健全な母と、児童との3人の世帯に対しては、障害福祉年金と手当とが支給され得るのに反し、障害福祉年金を受給している母と、児童のみの2人の世帯に対しては、障害福祉年金が支給されるのみであつて、手当は絶対に支給されない……。ところで、右2つの事例を対比してみると、手当の支給について、障害者として公的年金を受け得る者が、母であるか又は父であるかということ、若しくは母が障害者であるか又は健全であるかということの差違によつて、いずれも前者の母に対しては手当が支給されず、後者の母に対しては手当が支給され得るという事態が、本件条項の存在によつて惹起されている」。

2 Xのような全盲の女性の生活実態は、最早、喪失または減少すべき如何程の生活上の余裕もない状況にあると認められるのであるから、少額の障害福祉年金が支給されているとの一事により、稼得能力の喪失または減少すべき程度云々を論じることは、本件条項の合理性を説明する根拠としては薄弱である。また、上記障害福祉年金と手当とは、その保険事故というべきものが全く別個独立であって、カバーする範囲が少しも重複しないわけであるから、これら両給付を併せて行うことが、不合理であり、不当な結果を招来するという議論は、とうてい首肯し得ない。

3 Yは手当法が防貧的施策の趣旨に出るものである旨を主張するが、Xと同じ境遇にある生別母子世帯においては、手当は救貧的機能を発揮している。

「また、被告は「廃疾の父を抱えている世帯の母に対して手当を支給するのは、同世帯の母が父の扶助と児童の監護という二重の負担を負つているからであり、これに対し、原告のような世帯においては、母は児童を監護するという1つの負担を負つているのみであるから、公的年金と手当を併給する必要はない」旨を主張する。しかしながら、原告の世帯においては、母自体が自己の生計を維持することすら極めて困難な状況にあり、健全な母に比べれば、やはり、自己の障害それ自体と、児童の監護という二重の負担を負つていることには変りがないのであるから、被告の右説明は、本件条項の合理性を肯認せしめるに足るものではない。

以上のとおり、被告の諸々の説明にも拘らず、前記の本件条項による差別的取扱については、その合理性を是認する理由を発見することができない。」

❖ 第2審＝大阪高裁

大阪高裁昭和50年11月10日判決
判時795号3頁、判タ330号161頁

❖ 当事者の主張（争点）

〈法的な根拠にかかる主張〉

控 訴 人……①社会保障制度を構成する個々の施策にどのような目的を付与し、どのような役割、機能を分担させるかは、立法により適当に定め得る事項に属するのであるから、本件併給禁止条項は、憲法25条違反の問題を生じない。②経済保障の支給要件をどのように定めるかは立法政策の問題であり、立法府がその裁量権を逸脱し、当該法的措置が著しく不合理であることが明白である場合でなければ、これを違憲とすることはできないのであるから、そのような事情のない本件併給禁止条項は14条1項に違反しない。

被控訴人……①わずかな額の障害福祉年金受給を理由に児童扶養手当を支給しないとすることは、身体障害者や母子家庭の生活実態に照らし、母と子の生存権を不当に侵害するもので、本

件併給禁止条項は憲法25条に違反する。②障害福祉年金を受けることができる地位にある被控訴人が，そのような地位にない者との間において，等しく児童を養育していながら，児童扶養手当の支給を受けられないという不合理な差別扱いを定めた本件併給禁止条項は，憲法14条1項に違反する。

❖ 法的構成
(a) 憲法25条と本件併給禁止条項

「憲法第25条第1項は国民が健康で文化的な最低限度の生活を営み得るように国政を運用すべき国の責務を宣言したものであり，又同条第2項は国民の社会生活水準の確保向上に努めるべき国の責務を宣言しているものであるが，同第2項に基づいて国の行う施策は，結果的には国民の健康で文化的な最低限度の生活保障に役立っているとしても，その施策がすべて国民の生存権確保を直接の目的とし，その施策単独で最低限度の生活の保障を実現するに足りるものでなければならないことが憲法上要求されているものとは解されない。むしろ憲法第25条は，すべての生活部面についての社会福祉，社会保障及び公衆衛生の向上及び増進を図る諸施策の有機的な総合によって，国民に対し健康で文化的な最低限度の生活保障が行われることを予定しているものと考えられるのである。結局同条第2項により国の行う施策は，個々的に取りあげてみた場合には，国民の生活水準の相対的な向上に寄与するものであれば足り，特定の施策がそのみによって健康で文化的な最低限度という絶対的な生活水準を確保するに足りるものである必要はなく，要は，すべての施策を一体としてみた場合に，健康で文化的な最低限度の生活が保障される仕組みになつていれば，憲法第25条の要請は満されているというべきである。

本条第2項の趣旨が以上のようなものであるとすると，同項に基づいて国が行う個々の社会保障施策については，各々どのような目的を付し，どのような役割機能を分担させるかは立法政策の問題として，立法府の裁量に委ねられているものと解することができる。

また，本条第2項による国の責務の遂行には，当然に財政措置を伴うものであり，而も財政には制約があるから，国は国家財政，予算の配分との関連において，できる限り，社会生活水準の向上及び増進に努めればよく，それをもつて同条項の規定の趣旨に十分合致するものと解すべきである。

そうして，国が右のような努力を続けることによって，国民の生活水準が相対的に向上すれば，国民の最低限度に満たない生活から脱却する者が多くなるが，それでもなお最低限度の生活を維持し得ない者もあることは否定することはできないので，この落ちこぼれた者に対し，国に更に本条第1項の『健康で文化的な最低生活の保障』という絶対的基準の確保を直接の目的とした施策をなすべき責務があるのである。すなわち，本条第2項は国の事前の積極的防貧施策をなすべき努力義務のあることを，同第1項は第2項の防貧施策の実施にも拘らず，なお落ちこぼれた者に対し，国は事後的，補足的且つ個別的な救貧施策をなすべき責務のあることを各宣言したものであると解することができる。」

(b) 憲法14条1項違反について

「憲法第14条第1項は，……差別すべき合理的な理由なくして差別することを禁止している趣旨と解すべきであるから，事柄の性質に即応して合理的と認められる差別的取扱をすることは何ら右法条の否定するところでない……。そして同項前段のいわゆる法の下の平等原則は法秩序全体の基本原則であつて，……立法についても立法府を拘束するものと解するを相当とする。」

❖ あてはめ
(a) 憲法25条と本件併給禁止条項

1 「国民年金法の……受給資格及び給付内容は……平均的需要に着目して画一的な給付が行わ

れる仕組みとなつており，……国民年金法による国民年金制度（本件で問題なのは障害福祉年金及び母子福祉年金制度）は，明らかに憲法第25条第2項に基づく，防貧施策制度であり，同条第1項には直接関しないものであるといえる。」

2 「児童扶養手当制度は憲法第25条第2項の規定する理念に基づき，国民皆年金制度のもたらす恵沢を国民年金給付の対象から漏れた人々に対してもひろく補塡させる目的から設けられた制度であるといえる。したがつて児童扶養手当制度は，国民の生活水準の相対的向上を図るための憲法第25条第2項に基づく積極的，事前的防貧施策の一であつて，同条第1項の『健康で文化的な最低限度の生活』の保障には直接関しないと解することができる。」

3 「したがつて，児童扶養手当法が障害福祉年金と児童扶養手当との併給を禁止したとしても，生活保護法による公的扶助たる生活保護制度がある以上，憲法第25条第1項違反の問題を生ずるものではない。すなわち，その被保障者の生活実体がもし右併給を受けなければ，なお貧困の域を脱することができないというのであれば，当該被保障者には生活保護法による生活保障の途が残されているのであつて，本件併給禁止条項は憲法第25条第1項とかかわりがないといわねばならぬ。」

4 「母子世帯の生活実態が劣悪で『健康で文化的な最低限度の生活』に及ばないとすれば，その救済は，本来救貧施策である生活保護制度に依存さるべきこととなる。そして本件併給禁止がなされても，なお生活保護をうける途は残されているのであり，……本件併給禁止条項はいずれも憲法第25条第2項に由来するもの同志の間におけるものであるから右生活実態を理由に『健康で文化的な最低限度の生活』の保障を直接に目的としない障害福祉年金と児童扶養手当の併給禁止をもつて，憲法第25条に違反するとはいえない。」

(b) 憲法14条1項違反について

「立法府は財源の公平且効率的活用のため，複数の事故のうち，最も重大な事故（本件の場合は廃疾）に対する給付のみを行うことにし併給を禁止したり，又その調整を行うことには合理的理由があるとの見解に依拠したものであることが認められる……障害福祉年金と児童扶養手当との併給をも禁ずる本件併給禁止条項が，立法府の恣意によるなどして，その合理性の判断を著しく誤つたものであるとは到底認め難い。したがつて前記のような差別扱いが合理性を欠くこと明らかであるとはいえない。」

❖ 上告審＝最高裁

❖ 当事者の主張（争点）

〈法的な根拠にかかる主張〉

上告人……①25条1項と2項とを二分し，広い立法裁量を認めて憲法25条違反の問題は生じないとした原判決は，憲法25条1，2項の趣旨に対する根本的な誤解に基づくものであり，破棄を免れない。②原判決は，本件併給禁止規定による差別取扱いの実態を無視し，合理性の判断を誤り，本件差別取扱いが著しく不合理なものであることが明白なのに，差別取扱いに合理性あるものとして憲法14条1項の適用を誤ったものであり，破棄を免れない。

被上告人……本件併給禁止条項は憲法25条・14条1項に違反しない。

❖ 法的構成

(a) 憲法25条について

「憲法25条1項は……と規定しているが，この規定が，いわゆる福祉国家の理念に基づき，すべ

ての国民が健康で文化的な最低限度の生活を営みうるよう国政を運営すべきことを国の責務として宣言したものであること，また，同条2項は……と規定しているが，この規定が，同じく福祉国家の理念に基づき，社会的立法及び社会的施設の創造拡充に努力すべきことを国の責務として宣言したものであること，そして，同条1項は，国が個々の国民に対して具体的・現実的に右のような義務を有することを規定したものではなく，同条2項によつて国の責務であるとされている社会的立法及び社会的施設の創造拡充により個々の国民の具体的・現実的な生活権が設定充実されてゆくものであると解すべきことは，すでに当裁判所の判例とするところである（最高裁昭和23年（れ）第205号同年9月29日大法廷判決・刑集2巻6号1235頁）。

このように，憲法25条の規定は，国権の作用に対し，一定の目的を設定しその実現のための積極的な発動を期待するという性質のものである。しかも，右規定にいう『健康で文化的な最低限度の生活』なるものは，きわめて抽象的・相対的な概念であつて，その具体的内容は，その時々における文化の発達の程度，経済的・社会的条件，一般的な国民生活の状況等との相関関係において判断決定されるべきものであるとともに，右規定を現実の立法として具体化するに当たつては，国の財政事情を無視することができず，また，多方面にわたる複雑多様な，しかも高度の専門技術的な考察とそれに基づいた政策的判断を必要とするものである。したがつて，憲法25条の規定の趣旨にこたえて具体的にどのような立法措置を講ずるかの選択決定は，立法府の広い裁量にゆだねられており，それが著しく合理性を欠き明らかに裁量の逸脱・濫用と見ざるをえないような場合を除き，裁判所が審査判断するのに適しない事柄であるといわなければならない。」

(b) 憲法14条1項について

「憲法25条の規定の要請にこたえて制定された法令において，受給者の範囲，支給要件，支給金額等につきなんら合理的理由のない不当な差別的取扱をしたり，あるいは個人の尊厳を毀損するような内容の定めを設けているときは，別に所論指摘の憲法14条及び13条違反の問題を生じうることは否定しえないところである。」

❖ あてはめ

(a) 憲法25条違反について

「上告人がすでに受給している国民年金法上の障害福祉年金といい，また，上告人がその受給資格について認定の請求をした児童扶養手当といい，いずれも憲法25条の規定の趣旨を実現する目的をもって設定された社会保障法上の制度であり，それぞれ所定の事由に該当する者に対して年金又は手当という形で一定額の金員を支給することをその内容とするものである。ところで，児童扶養手当がいわゆる児童手当の制度を理念とし将来における右理念の実現の期待のもとに，いわばその萌芽として創設されたものであることは，立法の経過に照らし，一概に否定することのできないところではあるが，国民年金法1条，2条，56条，61条，児童扶養手当法1条，2条，4条の諸規定に示された障害福祉年金，母子福祉年金及び児童扶養手当の各制度の趣旨・目的及び支給要件の定めを通覧し，かつ，国民年金法62条，63条，66条3項，同法施行令5条の4第3項及び児童扶養手当法5条，9条，同法施行令2条の2各所定の支給金額及び支給方法を比較対照した結果等をも参酌して判断すると，児童扶養手当は，もともと国民年金法61条所定の母子福祉年金を補完する制度として設けられたものと見るのを相当とするのであり，児童の養育者に対する養育に伴う支出についての保障であることが明らかな児童手当法所定の児童手当とはその性格を異にし，受給者に対する所得保障である点において，前記母子福祉年金ひいては国民年金法所定の国民年金（公的年金）一般，したがつてその一種である障害福祉年金と基本的に同一の性格を有するもの，と見るのがむしろ自然である。そして，一般に，社会保障法制上，同一人に同一の性格を有する二以上

の公的年金が支給されることとなるべき，いわゆる複数事故において，そのそれぞれの事故それ自体としては支給原因である稼得能力の喪失又は低下をもたらすものであつても，事故が二以上重なつたからといつて稼得能力の喪失又は低下の程度が必ずしも事故の数に比例して増加するといえないことは明らかである。このような場合について，社会保障給付の全般的公平を図るため公的年金相互間における併給調整を行うかどうかは，さきに述べたところにより，立法府の裁量の範囲に属する事柄と見るべきである。また，この種の立法における給付額の決定も，立法政策上の裁量事項であり，それが低額であるからといつて当然に憲法25条違反に結びつくものということはできない。」

(b) 憲法14条1項違反について

「本件併給調整条項の適用により，上告人のように障害福祉年金を受けることができる地位にある者とそのような地位にない者との間に児童扶養手当の受給に関して差別を生ずることになるとしても，さきに説示したところに加えて原判決の指摘した諸点，とりわけ身体障害者，母子に対する諸施策及び生活保護制度の存在などに照らして総合的に判断すると，右差別がなんら合理的理由のない不当なものであるとはいえないとした原審の判断は，正当として是認することができる。また，本件併給調整条項が児童の個人としての尊厳を害し，憲法13条に違反する恣意的かつ不合理な立法であるといえないことも，上来説示したところに徴して明らかであるから，この点に関する上告人の主張も理由がない。」

基本解説

(1) 本判決の特徴

本件は，堀木訴訟と呼ばれ，生存権の法的性格および生存権実現のあり方が正面から争われて注目された。本判決より以前の大法廷判決には，食糧管理法違反事件に対する最大判昭和23年9月29日刑集2巻6号1234頁と，朝日訴訟判決（最大判昭和42年5月24日民集21巻5号1043頁）があるが，前者はヤミ米の販売等を禁止する法律の合憲性という，作為請求権としての生存権本来の問題とは直接に関わらない事案であり，後者は，上告人の死亡により，傍論として厚生大臣の設定した保護基準は合憲であるとの判断を示したものであった。

本件では，障害福祉年金と児童扶養手当との併給を禁止する法律上の規定の合憲性が争われたため，憲法25条のほかに，14条1項も関わってくる。第1審は，このうちの14条1項に重点を置き，併給禁止規定を違憲であるとしたが，控訴審および上告審は，いずれも25条違反の問題に重点を置き，この規定を合憲であるとしている（その際，控訴審は，後述のように憲法25条1項・2項峻別論を採っている）。

本判決の憲法25条論の特徴は，控訴審判決の1項・2項峻別論に言及しておらず，おそらくは1項・2項を一体として捉えていること，そして，全体としての25条の実現について，立法府に広い裁量を認めていることである。また，本判決の憲法14条論の特徴は，25条との関係における当該立法の合理性から，ほぼストレートに別異取扱いの合理性をも導いていることである。

(2) 生存権の法的性格

(1) 法的性格

憲法25条の保障する生存権の法的性格については，①プログラム規定説，②具体的権利説，③抽象的権利説，の対立があった。各学説の内容は論者によって一様ではなく，特に①説と③説，②説と③説の境界はあいまいになりつつある。加えて，憲法25条の解釈としては「法的

権利」として理解しておけばよく，「具体的」か「抽象的」か等々の問題は憲法32条，41条，76条，81条の問題だと割り切る見解も有力である（内野後掲367頁）。以下では便宜的に，①プログラム規定説＝《25条は，国民の生存を確保すべき政治的・道義的義務を国に課したにとどまり個々の国民に対して法的権利を保障したものではない》，とする説，②具体的権利説＝《25条は，「健康で文化的な最低限度の生活」のための立法その他の必要な措置を講ずることを要求する国民の権利を保障するものであり，その趣旨に沿った立法が存在しない場合，25条に基づいて立法不作為の違憲確認を請求することを認める》との説，③抽象的権利説＝《25条は国民の権利を保障するものであるが，同条は抽象的な規定に過ぎないから立法によってこれを具体化することを要し，そのような立法がない場合には国の義務を強制し得ない》という説，と理解しておく。

　(2)　本判決以前の判例

　まず，憲法25条に関する初めての最高裁の判決となった食糧管理法違反事件最大判では，憲法25条1項は「積極主義の政治として，すべての国民が健康で文化的な最低限度の生活を営み得るよう国政を運営すべきことを国家の責務として宣言したものである。それは，主として社会的立法の制定及びその実施によるべきであるが，かかる生活水準の確保向上もまた国家の任務の一つとせられたのである。すなわち，国家は，国民一般に対して概括的にかかる責務を負担しこれを国政上の任務としたのであるけれども，個々の国民に対して具体的，現実的にかかる義務を有するのではない。言い換えれば，この規定により直接に個々の国民は，国家に対して具体的，現実的にかかる権利を有するものではない。社会的立法及び社会的施設の創造拡充に従つて，始めて個々の国民の具体的，現実的の生活権は設定充実せられてゆくのである」，と説示されている。ここでは，「国家の責務」，「国家の任務」という表現が用いられているが，それが法的責務なのか，それとも政治的責務なのかは明らかではない。いずれにせよ，少なくとも具体的権利性（および個々の国民に対する具体的義務）は否定されている。学説では，本判決をプログラム規定説に立つと読む者が多いが，抽象的権利説を明示的に否定するものではないことに注意する必要がある（佐藤後掲621頁）。

　朝日訴訟は，1950年に制定された生活保護法に基づき厚生大臣の設定する生活保護基準が生活保護法8条2項等に違反して違法であると争われたものである。第1審（東京地判昭和35年10月19日行集11巻10号2921頁）は，「この憲法第25条第1項は国に対しすべて国民が健康で文化的な最低限度の生活を営むことができるように積極的な施策を講ずべき責務を課して国民の生存権を保障し，同条第2項は同条第1項の責務を遂行するために国がとるべき施策を列記したものである。……もし国にしてこれら条項の規定するところに従いとるべき施策をとらないときはもとより，その施策として定め又は行うすべての法律命令又は処分にしてこの憲法の条規の意味するところを正しく実現するものでないときは，ひとしく本条の要請をみたさないものとの批判を免れないのみならず，もし国がこの生存権の実現に努力すべき責務に違反して生存権の実現に障害となるような行為をするときはかかる行為は無効と解しなければならない」とし，続いて生活保護法について，「生活保護法……は国がまさにこの憲法第25条の明定する生存権保障の理念に基いて困窮者の生活保護制度を，同条第2項にいう社会保障の一環として，国の直接の責任において実現しようとするものであり，憲法の前記規定を現実化し，具体化したものに外ならない」とした。その上で，「もし被告の設定した一般的基準そのものがその適用の対象である大多数の要保護者に対し生活保護法第8条第2項にいう最低限度の生活の需要を満たすに十分な程度，すなわち『健康で文化的な生活水準』を維持することができる程度の保護の保障に欠くるようなものであるならば右基準は同項，同法第2条，第3条等の

規定に違反しひいて憲法第25条の理念をみたさないものであつて無効といわなければならない」と説示している。この説示から，同判決は抽象的権利説を採ったものと理解されている（野中ほか後掲461頁）。

朝日訴訟上告審は，生存権の法的性格について，次のように説示している。「具体的権利としては，憲法の規定の趣旨を実現するために制定された生活保護法によって，はじめて与えられているというべきである」。「もとより，厚生大臣の定める保護基準は，法8条2項所定の事項を遵守したものであることを要し，結局には憲法の定める健康で文化的な最低限度の生活を維持するにたりるものでなければならない。しかし，健康で文化的な最低限度の生活なるものは，抽象的な相対的概念であり，その具体的内容は，文化の発達，国民経済の進展に伴って向上するのはもとより，多数の不確定的要素を綜合考量してはじめて決定できるものである。したがつて，何が健康で文化的な最低限度の生活であるかの認定判断は，いちおう，厚生大臣の合目的的な裁量に委されており，その判断は，当不当の問題として政府の政治責任が問われることはあつても，直ちに違法の問題を生ずることはない。ただ，現実の生活条件を無視して著しく低い基準を設定する等憲法および生活保護法の趣旨・目的に反し，法律によって与えられた裁量権の限界をこえた場合または裁量権を濫用した場合には，違法な行為として司法審査の対象となることをまぬかれない」。

ここでは，保護基準の設定が違法となる場合のあることは認められているが，厚生大臣にきわめて広汎な裁量権が与えられている。また，食糧管理法違反事件と同じく，憲法25条の具体的権利性は否定されている（このため，上田後掲291頁は，朝日訴訟上告審もプログラム規定説に立つと解しているが，説示自体は抽象的権利説を排除しているわけではない）。

(3) 本判決

本件（堀木訴訟）と朝日訴訟の相違の1つは，後者では法律上の規定そのものではなく，厚生大臣の保護基準が争われたのに対し，前者では法律上の規定そのものの合憲性が争われた点である。

本判決が食糧管理法違反事件判決のみを先例として引用し，その間の学説における議論の蓄積を一顧だにしていないことから，これをプログラム規定説と理解する学説もある。しかし，「それが著しく合理性を欠き明らかに裁量の逸脱・濫用と見ざるをえないような場合」に限ってであれ，憲法25条を具体化する立法措置が裁判所の審査に服するとし，憲法25条の裁判規範性を認めていることは重要である。

(4) その他の構成

最後に，近時の学説において有力な，対照的な見解を2つ挙げておく。1つは，棟居教授の見解であり（棟居後掲），抽象的権利説の論拠に逐一批判を加えて，具体的権利説に新しい基礎付けを行うものである。他の1つは松井教授の見解であり，「憲法が生存権を保障していることは否定できないが，少なくともそれを裁判所によって実現されるべき問題と捉えることは適切ではない」とする見解である（松井後掲69頁）。各自で検討されたい。

(3) 生存権と立法裁量

(1) 広い立法裁量の背景

生存権を具体化する立法がある程度整備され，判例においても憲法25条の裁判規範性が承認されているのであれば，問題の重点は，立法裁量の内容に移行する。生存権の法的性格についても，先行問題として法的性格を抽象的に論じるのではなく，立法裁量や制度後退（後述）といった具体的問題との視線の往復のなかでこれを考えてゆく必要があろう。

生存権の実現について，立法府に広い裁量が認められる理由の1つは，生存権が作為請求権であり，国家に作為を義務付けているためである。国家に作為を命ずる憲法規範は，国家が実現すべき「目的」を定めるだけであり，どのような手段によってそれを実現すべきかを定めていない。作為義務を実現する手段は，通常，複

数存在する。そのうちのどれを選択するか，また，手段をどのように組み合わせるかの選択は，立法府に委ねられている。また，自由権に対応する国の不作為義務が必要最小限度の制限を要請するのとは異なり，作為義務は，目的の最大限の実現を要求するわけではない。このため，たとえば《溺れさせてはならない》という不作為の命令は，水難につながりうるあらゆる加害手段の禁止を含意するが，《水難者を救助すべし》という作為の命令は，種々の救助手段のうち，1つまたは複数の実効的な手段の選択を要請するにとどまる。

加えて，生存権については，「健康で文化的な最低限度の生活」の内容を客観的に確定しうるのかが問題となる。学説では，特定の国の特定の時点における健康で文化的な最低限度の生活の内容を客観的に確定しうるという見解（絶対的確定説＝大須賀後掲）も有力であるが，判例は，「健康で文化的な最低限度の生活」は「きわめて抽象的・相対的な概念であつて，その具体的内容は，その時々における文化の発達の程度，経済的・社会的条件，一般的な国民生活の状況等との相関関係において判断決定されるべきものであるとともに，右規定を現実の立法として具体化するに当たつては，国の財政事情を無視することができず，また，多方面にわたる複雑多様な，しかも高度の専門技術的な考察とそれに基づいた政策的判断を必要とする」（本判決）としている（相対的確定説）。

(2) 1項・2項区分論

立法裁量に関連して重要なのが，憲法25条1項と2項との関係である。本件の控訴審判決は，「本条第2項は国の事前の積極的防貧施策をなすべき努力義務のあることを，同第1項は第2項の防貧施策の実施にも拘らず，なお落ちこぼれた者に対し，国は事後的，補足的且つ個別的な救貧施策をなすべき責務のあることを各宣言したものである」とし，2項に基づく施策は防貧施策，1項に基づく施策は救貧施策であると区別した。そして，2項に基づく「個々の社会保障施策については，各々どのような目的を付し，どのような役割機能を分担させるかは立法政策の問題として，立法府の裁量に委ねられている」とし，広汎な立法裁量を認めている。

学説では，1項・2項を一体と解すべきであるという批判が支配的であるが，その一方で，同控訴審判決とは別の視点から1項・2項区分論を唱える見解もある（内野後掲参照）。それによれば，1項は最低限度の生活を保障した法的権利であり，2項はより豊かな生活に関わるプログラム規定であるとされる。この説の利点は，いうまでもなく，2項については広汎な政策判断を認める一方，1項については，より明確な規範的内容を主張することにある。ただし，留意しなければならないのは，本件控訴審判決のように1項＝救貧＝生活保護，2項＝防貧＝生活保護以外の施策と機械的に割り振り，障害福祉年金および児童扶養手当は防貧施策であるから広汎な立法裁量が当然に妥当する，という1項・2項峻別論は，学説でいうところの区分論とは別の議論であるということである。

なお，本件上告審は，控訴審判決の峻別論に直接言及していないため，最高裁は1項・2項一体論を採っていると理解されている。また，塩見訴訟上告審判決（PartⅣ「もう1つの素材」を参照）は，「国民年金制度は，憲法25条2項の規定の趣旨を実現するため」の制度であると説示しているが，むしろ1項・2項一体説を前提にしていると解すべきであろう。

(4) 生存権と平等原則
(1) 判例

併給禁止規定の憲法25条違反に加え，14条1項違反が争われた代表的な判例をまず概観する。

①堀木訴訟の第1審では，主たる争点は憲法14条1項違反であった。第1審は，原告のような境遇の者の「生活実態は，最早，喪失または減少すべき如何程の生活上の余裕もない状況にあると認められるのであるから，少額の障害福祉年金が支給されているとの一事により，稼得能力の喪失または減少すべき程度云々を論じ

ることは，本件条項の合理性を説明する根拠としては薄弱である」等と説示し，「被告の諸々の説明にも拘らず，前記の本件条項による差別的取扱については，その合理性を是認する理由を発見することができない」としている。

②また，老齢福祉年金の併給制限が問題となった牧野訴訟においても，地裁判決（東京地判昭和43年7月15日行集19巻7号1196頁）は，「老齢者夫婦が共同生活する場合における生活費が単身である場合のそれに比し，はるかに嵩むことは経験則上だれもが知るところであつて，老齢者を抱えた低所得者階層の扶養義務者の生活を圧迫し，夫婦者の老齢者が単身の老齢者より一層みじめな生活を送つていることは前示のとおりであるから，かような老齢者の生活の実態にかんがみると，夫婦者の老齢者の場合に理論のうえで生活の共通部分について費用の節約が可能であるといいうるからといつて，支給額が上記のような最低生活費……のほとんど半額にすぎず，前記老齢福祉年金制度の理想からすれば余りにも低額である現段階において，夫婦者の老齢者を単身の老齢者と差別し，夫婦者の老齢者に支給される老齢福祉年金のうち，さらに金3000円（月額250円）の支給を停止するがごときは，国家財政の都合から，あえて老齢者の生活実態に目を蔽うものであるとのそしりを免れないというべく，到底，差別すべき合理的理由があるものとは認められない」，としている。

③牧野訴訟と同じく老齢福祉年金の併給制限が問題となった松本訴訟第1審は，次のように説示して，併給制限規定は憲法14条1項に違反するものではないとしている。

「斯様に平均的生活水準の老令者として考えた場合，共同生活を営む夫婦老令者に前記生活費の節約部分のあることを考慮すると，右夫婦のそれぞれに年金全額を支給するときは単身老令者に対する年金支給との間に均衡を失することとなるのであるから，夫婦老令者について右生活費の共通部分に相当するとみられる部分の支給停止をすることによつて単身老令者との間の年金支給の均衡をはかることは，事柄の性質に応じた合理的なものと云うべきである」。「立法機関が憲法25条の規定の趣旨にもとづき老令福祉年金制度を実施するに当り，その規模，内容……をどのようなものにするかは，右立法機関の合目的的な裁量に委せられているのであつて，夫婦受給制限の規定に関し，前記の如く立法政策上の批判があるとしても，不合理な差別取扱いをする等立法機関がその与えられた裁量権を著しく逸脱したものと認められない限り，それは立法措置の当不当の問題に過ぎず，……違法の問題が生じない」。「しかして，夫婦受給制限の規定は，前示の如く，受給者に対し一律に一定の年金を支給するという形式的，画一的処理を建前としている国民年金法において，夫婦老令者については共同生活に由来する生活費の共通部分の節約がなされるのに，単身老令者についてはそれがないという差異を調整するため，夫婦老令者と単身老令者との支給の間の均衡をはかり，もつて両者間の真の平等に徹するという合理性を有するのであるから，前記夫婦受給制限の規定をもって，不合理な差別的取扱いであるとか立法機関の恣意によるものということができず，右規定についての前記のような立法政策上の批判は，つまるところ当不当の領域以上に出でるものではない」。

④堀木訴訟上告審では，14条1項違反の問題はきわめて軽く扱われ，「障害福祉年金を受けることができる地位にある者とそのような地位にない者との間に児童扶養手当の受給に関して差別を生ずることになるとしても，さきに説示したところに加えて原判決の指摘した諸点，とりわけ身体障害者，母子に対する諸施策及び生活保護制度の存在などに照らして総合的に判断すると，右差別がなんら合理的理由のない不当なものであるとはいえないとした原審の判断は，正当として是認することができる」，という簡潔な理由付けとなっている。

(2) 2つの合理性の関係

憲法25条を具体化した立法の平等原則違反に関して生じる，最も重要な問題は，25条違

まず，上記の判例①と②の特徴は，憲法14条1項違反を審査するに際し，原告の生活実態に焦点をあて，その悲惨な生活実態から，併給制限は合理的理由のない差別であるとしていることである。悲惨な生活実態は，本来は憲法25条に関わる問題である。換言すれば，これら2つの裁判例は，憲法25条を評価の指標にして差別的取扱いの合理性の有無を検討し，悲惨な生活実態が，そのまま併給制限が合理性のない差別的取扱いであることの理由となっている。これに対して，判例③の松本訴訟第1審は，国民年金法が「受給者に対し一律に一定の年金を支給するという形式的，画一的処理を建前としている」こととの関係において，「共同生活に由来する生活費の共通部分の節約」を理由とした夫婦受給制限の規定が不合理な差別的取扱いに該当するかどうかを審査している。換言すれば，ここでの評価の指標は，憲法25条ではなく，国民年金法という具体的法律であり，受給制限が同法の建前と矛盾していないかどうかが合理性の決め手となっている。

学説では，これらの下級審判例を対比して，合理性のメルクマールを，判例①②のように生存権保障＝受給者の生活実態に求めるべきであるとする見解がある（久保田後掲。さらに芦部後掲127頁も参照）。しかし，平等原則は同質の事例間の比較の問題であると考えれば，原告の生活実態そのものに着目してこれを救済する場合には憲法25条の生存権の問題として構成し，憲法14条1項は，比較の対象となるべき同質の事例を見い出すことができる場合に留保すべきであろう（この点，堀木訴訟第1審は生別母子世帯を同居の父が廃疾である世帯および母以外の者が児童を養育する場合と比較しているが，同質の事例間の比較なのかという疑問が残る）。

生存権に限らず，あらゆる法制度を構築するにあたって，恣意的であってはならないことは，憲法14条をまつまでもなく当然に要請されることである。憲法25条に関わる合理性と14条1項に関わる合理性が見かけ上，同一に近い内容となる理由は，憲法14条1項について緩やかな違憲審査基準が妥当する場合，「法律の目的が一応許容可能で，とられる手段が恣意的でなければよい」（佐藤後掲478頁）とされるためであるとみることもできよう。

(3) 違憲審査基準

憲法25条との関連で平等原則が問題となる場合にどのような違憲審査基準が用いられるべきかについては，対立がある。最高裁は，本判決（堀木上告審）において，最も緩やかな基準である「合理性のテスト」を用いた。学説では，①「生存権」という重要な人権に関わる差別であるから「厳格な合理性の基準」による審査がなされるべきだとするもの（戸松後掲13頁），②25条で抽象的権利説を採って立法府の広い裁量を認める以上，14条で厳格な審査をすることには限界があるとする見解（藤井後掲），③併給禁止が生存権の重大な制限をもたらしているかどうかによって「厳格な合理性」と緩やかな「合理性」の使い分けを提唱するもの（佐藤後掲482頁）がある。

(5) 生活保護の不利益変更と生存権

憲法25条を具体化する立法がある程度整備され，保護基準も一定の内容に到達すると，次に重要となるのが，生存権保障の後退という問題である。これには，①法制度自体の後退，②保護基準の後退のほか，③保護費の減額を内容とする保護変更処分や保護の廃止のように，個別の受給者のみに関わるものがある。③については，生活保護費を源資とする預貯金を収入認定した上で，保護費を減額する保護変更処分およびその預貯金の使途を限定する指導指示は違法であるとされた秋田生活保護費貯蓄訴訟第1審判決（秋田地判平成5年4月23日判タ816号174頁，判時1459号48頁）がある。この判決では，「本件預貯金は，その源資が国が健康で文化的な最低限度の生活を維持させるために保有を許した金銭であり，その目的も生活保護費を

支給した目的に反するものとはいえず，また，その額も国民一般の感情からして違和感を覚えるほど高額のものでないことは明らかであって，〔生活保護〕法の目的ないし趣旨に照らし，本件預貯金は全体として原告世帯に保有を許すべきもので法4条の活用すべき資産ないし法8条の金銭又は物品に当たるものとするのは相当でないといわざるを得ない」と説示している。また，最高裁では，生活保護費を原資とした学資保険の満期保険金の一部を収入認定した上で保護費を減額した保護変更処分が違法とされた。さらに，ホームレスによる生活保護受給の申請を，補足性原理を理由に拒否しうるかについては笹沼後掲を参照。

なお，①および②についてはPartⅢ「理論編」で考察する。

PartⅡ 応用編

確認質問

1 「保険」と「社会扶助」の関係を説明せよ。
2 本判決は憲法25条1項・2項の関係をどのように解しているか。
3 本判決は憲法25条の法的性格をどのように解しているか。
4 本判決は，憲法25条の具体化に関わる立法府の裁量および違憲審査基準について，どのように説示しているか。
5 本判決は，児童扶養手当と障害福祉年金の関係をどのように解しているか。
6 本件では，誰と誰との間で差別が生ずると主張されているか。
7 本判決は，憲法25条を具体化する法令について，どのような場合に憲法14条1項に違反するとしているか。
8 本判決が，併給禁止規定は憲法14条1項に違反しないとした理由は何か。

応用問題

設問1 本判決では，児童扶養手当は，もともと国民年金法61条所定の母子福祉年金を補完する制度であると位置付けられている。このことを前提に，次の事例について考えよ。
　(1) 本件で問題となった児童扶養手当ではなく，児童手当法所定の児童手当と国民年金法所定の国民年金（公的年金）または障害福祉年金との併給制限が争われた場合。
　(2) 法が父子家庭については複数事故による併給を禁止していない場合。
　(3) 本件とは異なり，併給禁止規定が障害福祉年金の方の受給を制限している場合。
　(4) 本件とは異なり，原告が3人の子を養育していた場合。

設問2 本判決は，いわゆる複数事故について，「事故が二以上重なったからといつて稼得能力の喪失又は低下の程度が必ずしも事故の数に比例して増加するといえない」としている。このことを前提に，次の問に答えよ。
　(1) 仮に事故が複数であるために稼得能力が著しく低下したと認められる事例であれば，併給禁止規定は違憲となりうるか。
　(2) ある併給禁止規定がそれ自体としては合理的であるとしても，3件以上の複数事故を抱える者にこれを機械的に適用すると著しく不合理な結果をもたらす場合，裁判所はどのような

設問3　国民年金に加入していなかった学生時代に障害を負ったことを理由に障害基礎年金を支給しないとする法律上の規定は憲法14条1項に反しないか。

設問4　生活保護費は，他に収入がある場合にはその分が差し引かれる。生活保護費を原資とした預貯金を収入とみなした保護費減額が違法となるのはどのような場合か。

Part III　理論編

展開問題

児童扶養手当法は第1審判決の後に改正され，障害福祉年金と老齢福祉年金の2種類の福祉年金について児童扶養手当との併給を認めるようになった。しかし，本判決の合憲判断を受けて同法は再度改正され，併給禁止規定が復活した。併給禁止規定の復活により児童扶養手当の支給を打ち切られたXが「制度の後退は憲法25条に違反する」と主張した場合，裁判所はどのように判断すべきか。

(1)　問題の所在

生存権は，国家，とりわけ立法府に対する作為請求権を第1の内実とするが，学説では，生存権の自由権的効果として，《健康で文化的な生活をおくっている者に対して課税等によってこれを阻害することの禁止》が主張されたり，自由権的効果または抽象的権利説からの帰結として，《憲法25条を具体化した法制度を代替措置なしに廃止することの禁止》が主張されている。このうちの前者については，「具体的にそれを示すことは相当困難」（佐藤後掲621頁）であることをさておけば，理論的には成り立つ主張であろう（判例として，総評サラリーマン税金訴訟に関する最判平成元年2月7日判時1312号69頁を参照）。一方，後者については，生存権の法的性格の理解の根幹に関わる論点が含まれている。

佐藤後掲621頁は，抽象的権利説を採った上で，「生存権をもって具体的なものと解すべき場合がありうる」とし，「生存権を具体化する趣旨の法律の定める保護基準ないしこの種の法律に基づいて行政庁が設定した保護基準が不当に低いような場合」に加え，「この種の法律を廃止あるいは正当な理由なしに保護基準を切り下げる措置」がこれに該当するとしている。このうちの前者は，抽象的権利説の本来意図するところであったと思われるが，後者については，理論的検討を要する。以下では，便宜上，①切り下げ・後退だから禁止されるという素朴な主張，②抽象的権利説の帰結であるとの主張，③制度的保障論の類推適用，の3種に分け，また，最初の立法を「制度の形成」，その後退を「制度の後退」と呼んで検討する。

(2)　プログラム規定説＋「自由権的効果」

まず，給付水準または制度の切り下げ・後退だから正当な理由なしにこれを行うことは禁止される，という①の主張は成り立つか。これとは逆の，《国会は制度の後退に際して制度形成の際よりもより大きな自由を手にする》という主張が誤りであることは直感的に理解できるのと同じく，《どのような制度を形成するかは自由であってもいったん決定を下した以上はそれを反故にしてはならない》という主張も，少なくとも一般常識にはかなっているように思われる。この主張が成り立つのであれば，憲法25

条についてはプログラム規定説を採りつつ、25条の「自由権的効果」として制度の後退に歯止めをかける見解も成り立つことになろう。

しかしながら、信頼保護の必要を別とすれば、国会は、過去の国会の政策的判断に拘束されることなく、新たな政策的判断を自由に行うことができるはずであり、国会で過去に否決された法案を改めて可決・成立させることもできれば、国会の満場一致の議決で成立した法律を次の会期に修正・廃止することもできるはずである。《この種の法律を廃止あるいは正当な理由なしに保護基準を切り下げてはならない》という命題は、その例外を主張するものであり、過去の国会の判断に現在および将来の国会を拘束させるものである。そうであれば、法律一般とは異なり、なぜ憲法25条に関わる法律についてのみ、このような拘束が成立するのかが論証されなければならない。プログラム規定説を採りつつ制度後退についてのみ「自由権的効果」を主張するのは、制度形成の時点では「無」であった憲法25条の憲法の拘束力が制度ができた瞬間に「有」に転じると主張するに等しく、理屈として成り立ち得ない。

(3) 抽象的権利説からの帰結

では、抽象的権利説から制度後退禁止原則を基礎付けることはできるか。

抽象的権利説は《25条は国民の権利を保障するものであるが、同条は抽象的な規定に過ぎないから立法によってこれを具体化することを要する》という説であるとすると、《立法によって抽象的権利が具体化された以上、その立法は憲法25条と一体をなし、また、法律によって付与された権利は単なる法律上の権利ではなく、憲法の権利である》という命題が成り立ちそうである。しかしながら、ここで注意しなければならないのは、《憲法25条の権利は立法によって具体化される》との主張は正しくても、そこから直ちに、《憲法25条を具体化した立法によって付与された権利が、そのまま憲法上の権利となる》との主張を帰結できないことである。憲法25条1項が「健康で文化的な最低限度の生活」との文言を用いている以上、憲法25条1項によって保障される抽象的権利の内容は、「健康で文化的な最低限度の生活」以上でもなければ以下でもない。「生存権を具体化する趣旨の法律の定める保護基準が……不当に低いような場合」には憲法25条1項に違反するのと同じく、ある法律が「健康で文化的な最低限度の生活」＋αの生活を保障しているのであれば（そのような立法が望ましいことはいうまでもない）、その＋αの部分は、憲法25条1項の要請ではなく、その廃止は、抽象的権利説からは阻止できないことになろう。

(4) 制度的保障からの帰結

生存権のような抽象的権利と制度的保障（たとえば財産権）は、別の概念だと思われがちであるが、いずれも法律に依存した権利が問題となっているという点で共通している。もっとも、生存権については、これを具体化する法制度の拡充・充実が第1次的な課題となり、制度的保障については既存の法制度の維持が課題となるため、立法府との関係では、前者は作為義務、後者は不作為義務として現れるという相違がある。しかし、生存権についても、制度の後退が問題となる場面では、制度的保障論を援用することができないか、考えてみる余地があろう。

制度的保障論によるアプローチと抽象的権利説によるアプローチの相違は、前者は客観法としての憲法を規準とし、後者は主観的権利を規準にするという点にある。そのため、権利の問題としては憲法違反が構成できないことについても、客観法としての憲法を規準とすることにより、憲法違反が構成できる場合がある。しかしながら、有力な学説は、「下位規範に先行して確定しているはずの憲法上の法規範の内容が、下位の制度の有無（ないし内容）によって逆に規定されてしまう」ことになり、適切ではないとして、制度的保障論を援用して制度後退禁止を基礎付けることはできないとする（内野後掲155頁）。もっとも、この学説は、25条2項に

ついては,「向上および増進に努める」という文言を決め手に,明白な努力義務違反と構成しうる制度後退については2項違反になると解している(内野後掲377頁)。

(5) 制度後退についての考え方

以上のように,《抽象的権利を具体化した法律は憲法的効力をもつ》と単純にいうことはできない。立法府は,制度の改変についても,最初の制度形成と同じだけ自由である。もちろん,同じだけ自由だということは,同じだけ不自由だということでもある。規準となるのは,制度形成においても,制度後退においても,「健康で文化的な最低限度の生活」である。「健康で文化的な最低限度の生活」を満たさない制度形成が違憲となるように,「健康で文化的な最低限度の生活」を割り込む制度後退も違憲となる。ただそれだけのことであり,制度の形成か後退かによる違いは生じない,というのが1つの考え方となろう。

Part IV　もう1つの素材

塩見訴訟

最高裁平成元年3月2日第一小法廷判決
訟月35巻9号1754頁,判タ741号87頁,判時1363号68頁

❖ 事実の概要

昭和9年に出生したX(上告人)は,幼少のころ失明し,昭和56年に改正される前の国民年金法(以下「法」という)別表に定める一級に該当する程度の廃疾の状態にあった。Xは,昭和34年11月1日においては大韓民国籍であったが,昭和45年12月16日帰化によって日本国籍を取得した。Xは,法81条1項の障害福祉年金の受給権の裁定を請求したが,Y(被上告人)は,Xが昭和34年11月1日において日本国民でなかったことを理由に同請求を棄却する旨の処分(以下「本件処分」という)をした(法81条1項は,昭和14年11月1日以前に生まれた者が,昭和34年11月1日以前になおった傷病により,昭和34年11月1日において法別表に定める一級に該当する程度の廃疾の状態にあるときは,その者に同条の障害福祉年金を支給する旨規定しているが,法56条1項ただし書は廃疾認定日において日本国民でない者に対しては同条の障害福祉年金を支給しない旨規定していた)。第1審(大阪地判昭55年10月29日行集31巻10号2274頁,判時985号50頁,判タ427号64頁),第2審(大阪高判昭59年12月19日行集35巻12号2220頁,判時1145号3頁,判タ544号93頁)ともX敗訴。国籍条項が憲法25条,14条等に違反すると主張してXが上告。上告棄却。

❖ 上告審=最高裁

❖ 法的構成
(a) 憲法25条
「憲法25条は,いわゆる福祉国家の理念に基づき,すべての国民が健康で文化的な最低限度の生

活を営みうるよう国政を運営すべきこと（1項）並びに社会的立法及び社会的施設の創造拡充に努力すべきこと（2項）を国の責務として宣言したものであるが，同条1項は，国が個々の国民に対して具体的・現実的に右のような義務を有することを規定したものではなく，同条2項によって国の責務であるとされている社会的立法及び社会的施設の創造拡充により個々の国民の具体的・現実的な生活権が設定充実されてゆくものであると解すべきこと，そして，同条にいう『健康で文化的な最低限度の生活』なるものは，きわめて抽象的・相対的な概念であつて，その具体的内容は，その時々における文化の発達の程度，経済的・社会的条件，一般的な国民生活の状況等との相関関係において判断決定されるべきものであるとともに，同条の規定の趣旨を現実の立法として具体化するに当たつては，国の財政事情を無視することができず，また，多方面にわたる複雑多様な考察とそれに基づいた政策的判断を必要とするから，同条の規定の趣旨にこたえて具体的にどのような立法措置を講ずるかの選択決定は，立法府の広い裁量にゆだねられており，それが著しく合理性を欠き明らかに裁量の逸脱・濫用と見ざるをえないような場合を除き，裁判所が審査判断するに適しない事柄であるというべきことは，当裁判所大法廷判決（昭和23年（れ）第205号同年9月29日判決・刑集2巻10号1235頁，昭和51年（行ツ）第30号同57年7月7日判決・民集36巻7号1235頁）の判示するところである。」

(b) 憲法14条1項

「憲法14条1項は法の下の平等の原則を定めているが，右規定は合理的理由のない差別を禁止する趣旨のものであつて，各人に存する経済的，社会的その他種々の事実関係上の差異を理由としてその法的取扱いに区別を設けることは，その区別が合理性を有する限り，何ら右規定に違反するものではないのである（最高裁昭和37年（あ）第927号同39年11月18日大法廷判決・刑集18巻9号579頁，同昭和37年（オ）第1472号同39年5月27日大法廷判決・民集18巻4号676頁参照）。」

❖ あてはめ

(a) 憲法25条

「そこで，本件で問題とされている国籍条項が憲法25条の規定に違反するかどうかについて考えるに，国民年金制度は，憲法25条2項の規定の趣旨を実現するため，老齢，障害又は死亡によつて国民生活の安定が損なわれることを国民の共同連帯によつて防止することを目的とし，保険方式により被保険者の拠出した保険料を基として年金給付を行うことを基本として創設されたものであるが，制度発足当時において既に老齢又は一定程度の障害の状態にある者，あるいは保険料を必要期間納付することができない見込みの者等，保険原則によるときは給付を受けられない者についても同制度の保障する利益を享受させることとし，経過的又は補完的な制度として，無拠出制の福祉年金を設けている。法81条1項の障害福祉年金も，制度発足時の経過的な救済措置の一環として設けられた全額国庫負担の無拠出制の年金であつて，立法府は，その支給対象者の決定について，もともと広範な裁量権を有しているものというべきである。加うるに，社会保障上の施策において在留外国人をどのように処遇するかについては，国は，特別の条約の存しない限り，当該外国人の属する国との外交関係，変動する国際情勢，国内の政治・経済・社会的諸事情等に照らしながら，その政治的判断によりこれを決定することができるのであり，その限られた財源の下で福祉的給付を行うに当たり，自国民を在留外国人より優先的に扱うことも，許されるべきことと解される。したがつて，法81条1項の障害福祉年金の支給対象者から在留外国人を除外することは，立法府の裁量の範囲に属する事柄と見るべきである。

また，経過的な性格を有する右障害福祉年金の給付に関し，廃疾の認定日である制度発足時の昭

和34年11月1日において日本国民であることを要するものと定めることは，合理性を欠くものとはいえない。昭和34年11月1日より後に帰化により日本国籍を取得した者に対し法81条1項の障害福祉年金を支給するための措置として，右の者が昭和34年11月1日に遡り日本国民であつたものとして扱うとか，あるいは国籍条項を削除した昭和56年法律第86号による国民年金法の改正の効果を遡及させるというような特別の救済措置を講ずるかどうかは，もとより立法府の裁量事項に属することである。

そうすると，国籍条項及び昭和34年11月1日より後に帰化によつて日本国籍を取得した者に対し法81条1項の障害福祉年金の支給をしないことは，憲法25条の規定に違反するものではないというべく，以上は当裁判所大法廷判決（昭和51年（行ツ）第30号同57年7月7日判決・民集36巻7号1235頁，昭和50年（行ツ）第120号同53年10月4日判決・民集32巻7号1223頁）の趣旨に徴して明らかというべきである。」

(b) 憲法14条1項

「ところで，法81条1項の障害福祉年金の給付に関しては，廃疾の認定日に日本国籍がある者とそうでない者との間に区別が設けられているが，前示のとおり，右障害福祉年金の給付に関し，自国民を在留外国人に優先させることとして在留外国人を支給対象者から除くこと，また廃疾の認定日である制度発足時の昭和34年11月1日において日本国民であることを受給資格要件とすることは立法府の裁量の範囲に属する事柄というべきであるから，右取扱いの区別については，その合理性を否定することができず，これを憲法14条1項に違反するものということはできない。」

基本解説

本判決は，憲法25条の具体化にあたり立法府に広い裁量が認められること，とりわけ経過的・補完的制度としての無拠出制福祉年金については広い裁量が妥当することをまず説示し，「加うるに」として，外国人に対する社会保障が憲法ではなく，政治判断の対象であるとした。また，憲法14条1項違反の主張については，憲法25条の立法裁量からストレートに，合理的理由を否定できないとしていることに特徴がある。

なお，Xはすでに日本に帰化しているため，外国人の人権享有主体性に関する説示は，一種の傍論である。

(1) 憲法25条について

憲法25条1項・2項の関係に関する本判決の説示は，堀木上告審のそれとほぼ同じである。本判決は，まず，1項は「すべての国民が健康で文化的な最低限度の生活を営みうるよう国政を運営すべき」国の責務の宣言，2項は「社会的立法及び社会的施設の創造拡充に努力すべき」国の責務の宣言であるとして，1項・2項に基づく責務の内容を区別しているが，続いて，「同条1項は，国が個々の国民に対して具体的・現実的に右のような義務を有することを規定したものではなく，同条2項によって国の責務であるとされている社会的立法及び社会的施設の創造拡充により個々の国民の具体的・現実的な生活権が設定充実されてゆくものであると解すべき」であるとし，2つの責務を結局は一体化させている。そのため，1項・2項の区分は異なる立法裁量および異なる違憲審査基準にはつながらず，全体としての憲法25条について，きわめて広汎な立法裁量が妥当することになる。すなわち，「同条にいう『健康で文化的な最低限度の生活』なるものは，きわめて抽象的・相対的な概念であって，その具体的内容は，その時々における文化の発達の程度，経

済的・社会的条件，一般的な国民生活の状況等との相関関係において判断決定されるべきものであるとともに，同条の規定の趣旨を現実の立法として具体化するに当たっては，国の財政事情を無視することができず，また，多方面にわたる複雑多様な考察とそれに基づいた政策的判断を必要とするから，同条の規定の趣旨にこたえて具体的にどのような立法措置を講ずるかの選択決定は，立法府の広い裁量にゆだねられており，それが著しく合理性を欠き明らかに裁量の逸脱・濫用と見ざるをえないような場合を除き，裁判所が審査判断するに適しない事柄である」とされるのである。

なお，本判決は，障害福祉年金が，「制度発足時の経過的な救済措置の一環として設けられた全額国庫負担の無拠出制の年金」であるために，「立法府は，その支給対象者の決定について，もともと広範な裁量権を有している」としている。しかし，憲法25条論としては，国の裁量は「健康で文化的な最低限度の生活」が具体的にどのような内容の生活なのかの判断（相対的確定説に立った場合），また，それをいかにして実現すべきかの手段選択についてのみ認められるべきであり，無拠出制の年金かどうかは問題とならないはずである。すなわち，障害について無拠出制の年金という制度を採用するかどうかは国の裁量事項であるが，無拠出制の年金であるからといって国の裁量が広くなるわけではないはずである。無拠出制であることが意味をもつとすれば，それは憲法29条を援用できるかという論点についてであろう。

(2) 生存権の主体

生存権と参政権は，その権利の性質上，外国人に保障が及ばない人権の双璧であるとされるが，「保障されない」ということの意味は異なる。後者は，外国人に与えることを憲法は禁止している，という強い意味であるが，前者は，普遍性を属性とする前国家的権利とは異なり，各人の所属する国家により保障されるべき権利であるために，単に保障が及ばないというだけ

であり，憲法25条を具体化する法律によって外国人に各種受給権を付与するのは，むしろ望ましいことであると解されている（芦部後掲91頁）。

憲法25条の生存権の主体について日本国民のみにこれを限定したとしても，本件の原告（上告人）は帰化により日本国籍をすでに取得しているため，廃疾の認定日に日本国籍がなかったことを理由とした給付の拒絶が憲法に反しないかは別の問題である。本判決は，「右障害福祉年金の給付に関し，自国民を在留外国人に優先させることとして在留外国人を支給対象者から除くこと，また廃疾の認定日……において日本国民であることを受給資格要件とすることは立法府の裁量の範囲に属する事柄」であるため，憲法14条1項に違反するものではないとしているが，生存権の享有主体性が問題となる外国人と，帰化による国籍取得者とを同列に論じることの適否が問題となろう。

換言すれば，憲法25条の保障が外国人に及ばないことを理由に，「障害福祉年金の支給対象者から在留外国人を除外することは，立法府の裁量の範囲に属する事柄」であるため，憲法25条および14条1項に反しないということはできよう。しかし，同じ理屈で，《廃疾の認定日より後に帰化により日本国籍を取得した者に障害福祉年金を与えないことも立法府の裁量の範囲に属する》ということはできまい。生存権が各人の所属する国家により保障されるべき権利であるとすれば，廃疾認定日を定める法81条1項が憲法25条に違反しないかどうかは，より厳格に審査されてよい。また，憲法14条1項についても，本件の事例では，憲法が「国民」の類型化を許容しているのかどうか，また，たとえば《受給目的の帰化申請の排除》が合理的目的となりうるのかどうかを問題としうるためである。

以上のことからすれば，障害福祉年金が経過的な性格を有するとしても，廃疾の認定日より後に帰化により日本国籍を取得した者に対し障害福祉年金を支給するための特別の救済措置を

講ずるかどうかは「もとより立法府の裁量事項に属すること」ではなく，憲法の要請であると解することもできよう。

設問1 本件の年金について以下の問いに答えよ。
　（1）本件の年金が「経過的な性格」を有しないものであった場合にはどうか。
　（2）本件の年金が全額拠出制であった場合にはどうか。
　（3）本件の年金が半額拠出制であった場合にはどうか。

設問2 本件と同様の経過的性格を有する無拠出制の他の年金について，特別の救済措置がとられているなかで，本件の年金についてのみ廃疾の認定日における日本国籍が要求されているとすればどうか。

設問3 永住権者等の障害福祉年金について，「特別の条約」の存在を理由に，特定の国の国民にのみこれを付与することは憲法に反しないか。

設問4 永住権者等の障害福祉年金について，「当該外国人の属する国との外交関係，変動する国際情勢」を理由に，特定の国の国民にのみこれを付与することは憲法に反しないか。

〔参考文献〕
松井茂記「福祉国家の憲法学」ジュリスト1022号69頁
棟居快行『憲法学再論』（信山社，2001）348頁
大須賀明『生存権論』（日本評論社，1984）
内野正幸『憲法解釈の論理と体系』（日本評論社，1991）
久保田穣「老齢福祉年金と夫婦受給制限」憲法判例百選II（有斐閣，第4版，2000）292頁
上田勝美「生存権の性格」同上290頁
藤井俊夫「憲法25条の法意」憲法の争点（有斐閣，第3版，1999）152頁
笹沼弘志「（意見書）生活保護法における生存権保障の原理と構造について」http://www.ipc.shizuoka.ac.jp/~ebh-sasa/hayasi-iken.pdf
戸松秀典ジュリスト773号13頁（『立法裁量論』（有斐閣，1993）所収）
佐藤幸治『憲法』（青林書院，第3版，1995）
芦部信喜『憲法』（岩波書店，第3版・高橋和之補訂，2002）
野中ほか『憲法I・II』（有斐閣，第3版，2001）
中村睦男『社会権の解釈』（有斐閣，1983）
内野正幸／小山剛「社会権の保障」法学セミナー581号（2003）104頁

（小山　剛）

参政権

16 選挙権と選挙制度

〔論　点〕

(1) **選挙権の平等**
選挙権の平等とはどのような意味か。
議員定数配分の決定において，選挙権の平等はどのような意味をもつか。

(2) **定数配分規定の合憲性判定基準**
公職選挙法による具体的な定数配分が選挙権の平等に合致するか否かは，どのような基準によって判断されるべきか。

(3) **定数配分是正の合理的期間**
いったん合憲的な定数配分が定められた後，徐々に人口移動が生ずることによって不均衡が生じた場合，議員定数配分規定はどの時点で違憲となると考えられるか。

(4) **選挙の効力と違憲判決の方法**
憲法に違反する定数配分規定に基づいて行われた選挙を無効とすることができるか。
無効とできない場合，どのような判決の方法が考えられるか。

(5) **選挙制度の合憲性判定基準**
法律で定められた選挙制度の合憲性は，どのような基準によって判断されるべきか。

(6) **選挙運動の平等**
選挙運動に関して候補者の間に法律上不平等な取扱いがある場合，その合憲性はどのような基準によって判断されるべきか。

Part I　基本となる素材

議員定数不均衡事件

最高裁昭和 51 年 4 月 14 日大法廷判決
昭和 49 年（行ツ）第 75 号選挙無効請求事件
民集 30 巻 3 号 223 頁，判時 808 号 24 頁

X＝原告，上告人
Y＝被告，被上告人

❖ **事実の概要**

1972 年 12 月 10 日に実施された衆議院議員選挙は，全国を 150 の選挙区に分割し，定数 1 の奄

美群島区を例外として，それぞれの選挙区から3名ないし5名の議員を選出する，いわゆる中選挙区制によって実施された。本件選挙当時の議員定数配分規定は，主として1964年の法改正によるものであり，この改正は，それまでの選挙区の人口と配分議員数との間に著しい不均衡が生じていたのを是正するために行われたものであったが，その後の人口移動，特に都市部への人口の集中により再び格差が拡大し，本件選挙当時には，議員一人あたりの有権者数が最小の選挙区と最大の選挙区との格差が約1対5の割合にまで達していた。

これに対し，議員一人あたりの有権者数が特に多かった千葉1区の選挙人である原告Xは，公職選挙法204条に基づいて，千葉県選挙管理委員会（Y）を被告として，千葉1区における本件選挙を無効とする判決を求めて東京高等裁判所に訴えを提起した。

❖ 第1審＝東京高裁

東京高裁昭和49年4月30日判決

請求棄却

◇ 当事者の主張（争点）

（本件には，公選法204条の選挙無効訴訟において公選法で定められた定数配分自体の合憲性を争うことができるかという，本案前の争点も含まれているが，これについては省略する）

原告……本件の衆議院議員選挙について選挙区別議員定数を定めた公職選挙法の規定はなんらの合理的根拠に基づくことなく，住所（選挙区）という関係において一部の国民を不平等に取扱つたものであつて，憲法14条の規定に違反するものであるから，この規定に基づいて行われた本件選挙は無効である。

被告……選挙に関する事項は原則として立法府の専権事項であり，各選挙区の議員定数について選挙人の選挙権の享有に極端な不平等を生じさせるような場合にのみ，これに基づいて行われた選挙が無効とされるにすぎない。本件の衆議院議員選挙における議員定数と有権者数との割合の各選挙区別不均衡はいまだ選挙人の選挙権の享有に極端な不平等を生じさせているものとはいえない。

◇ 法的構成

「憲法は，衆議院議員の定数は法律で定める旨（同第43条第2項），議員およびその選挙人の資格は法律で定め，人種，信条，性別，社会的身分，門地，教育，財産または収入によつて差別してはならない旨（同第44条）を規定し，かつ，選挙区，投票の方法その他議員の選挙に関する事項はこれを法律で定める旨（同第47条）規定しているが，選挙区割および各選挙区において選挙すべき議員の数をどのように定めるべきかについては規定していないから，この点は憲法によって立法府の裁量にまかせられているものと解すべきであつて，原告主張のように，選挙区の大小などの地理的要素，歴史的沿革，行政区画別議員数の振合い等の諸要素は考慮の外にして，もつぱら各選挙区ごとに議員定数と有権者数との比率を均衡にするよう立法すべきものとする憲法上の羈束があるとは解されない。」

「そして，このような立法府の裁量が選挙人の選挙権の享有に極端な不平等を生じさせるような場合は格別，議員定数の配分が選挙人口に比例していないということだけで憲法第14条第1項に違背するといえないことは，すでに昭和39年2月5日言渡の最高裁判所大法廷判決（昭和38年（オ）第422号）の明らかにするところである。」

「もちろん，右諸々の要因を考慮に入れてもなお，選挙区別の選挙人につきその投票の価値の平

等を害するといわなければならないような議員定数の配分が考えられないことはないのであつて，
「その不平等が国民の正義公平観念に照らし容認できないものと認められる程度に至つた場合には，もはや憲法の保障する平等選挙の理念から許すべからざるものといわなければならず，それは前掲最高裁判所大法廷判決のいう選挙人の選挙権の享有に極端な不平等を生じさせる場合にあたるものというべく，議員定数の配分がそのような事態を生ずる場合には，もはや立法府の合理的裁量の範囲を超え，憲法上許されないものといわなければならない。」

❖ **あてはめ**
「本件の衆議院議員選挙において選挙区別の議員一人あたりの有権者数が原告主張のような不均等であることは前示のごとくであつて，最高と最低ではそれぞれその平均から 2.6 倍強と二分の一弱程度の偏差を示していることは，当事者間に争いのない右事実から明らかであるが，本件にあらわれた事実関係のもとでは，いまだ，選挙区別議員定数の配分によつて生ずる投票の価値の不平等が国民の正義公平観念に照らし容認できない程度に至つているとは認められないから，右選挙につき議員定数の配分を定めた前掲別表第一および附則の各規定が違憲であるとする原告の主張は採用できないところであり，右違憲を前提として本件選挙の無効をいう原告の請求は失当というのほかない。」

❖ **上告審＝最高裁**

主文：
原判決を次のとおり変更する。
上告人の請求を棄却する。ただし，昭和 47 年 12 月 10 日に行われた衆議院議員選挙の千葉県第 1 区における選挙は，違法である。
理由：
一　選挙権の平等と選挙制度
　㈠　「平等原理の徹底した適用としての選挙権の平等は，単に選挙人資格に対する制限の撤廃による選挙権の拡大を要求するにとどまらず，更に進んで，選挙権の内容の平等，換言すれば，各選挙人の投票の価値，すなわち各投票が選挙の結果に及ぼす影響力においても平等であることを要求せざるをえないものである。そして，このような選挙権の平等の性質からすれば，例えば，特定の範ちゆうの選挙人に複数の投票権を与えたり，選挙人の間に納税額等による種別を設けその種別ごとに選挙人数と不均衡な割合の数の議員を選出させたりするような，殊更に投票の実質的価値を不平等にする選挙制度がこれに違反することは明らかであるが，そのような顕著な場合ばかりでなく，具体的選挙制度において各選挙人の投票価値に実質的な差異が生ずる場合には，常に右の選挙権の平等の原則との関係で問題を生ずるのである。本件で問題とされているような，各選挙区における選挙人の数と選挙される議員の数との比率上，各選挙人が自己の選ぶ候補者に投じた一票がその者を議員として当選させるために寄与する効果に大小が生ずる場合もまた，その一場合にほかならない。」
　㈡　「しかしながら，右の投票価値の平等は，各投票が選挙の結果に及ぼす影響力が数字的に完全に同一であることまでも要求するものと考えることはできない。けだし，投票価値は，選挙制度の仕組みと密接に関連し，その仕組みのいかんにより，結果的に右のような投票の影響力に何程かの差異を生ずることがあるのを免れないからである。
　代表民主制の下における選挙制度は，選挙された代表者を通じて，国民の利害や意見が公正かつ

効果的に国政の運営に反映されることを目標とし，他方，政治における安定の要請をも考慮しながら，それぞれの国において，その国の事情に即して具体的に決定されるべきものであり，そこに論理的に要請される一定不変の形態が存在するわけのものではない。わが憲法もまた，右の理由から，国会両議院の議員の選挙については，議員の定数，選挙区，投票の方法その他選挙に関する事項は法律で定めるべきものとし（43条2項，47条），両議院の議員の各選挙制度の仕組みの具体的決定を原則として国会の裁量にゆだねているのである。それ故，憲法は，前記投票価値の平等についても，これをそれらの選挙制度の決定について国会が考慮すべき唯一絶対の基準としているわけではなく，国会は，衆議院及び参議院それぞれについて他にしんしやくすることのできる事項をも考慮して，公正かつ効果的な代表という目標を実現するために適切な選挙制度を具体的に決定することができるのであり，投票価値の平等は，さきに例示した選挙制度のように明らかにこれに反するもの，その他憲法上正当な理由となりえないことが明らかな人種，信条，性別等による差別を除いては，原則として，国会が正当に考慮することのできる他の政策的目的ないしは理由との関連において調和的に実現されるべきものと解されなければならない。」

二　本件議員定数配分規定の合憲性

(一)「思うに，衆議院議員の選挙について，右のように全国を多数の選挙区に分け，各選挙区に議員定数を配分して選挙を行わせる制度をとる場合において，具体的に，どのように選挙区を区分し，そのそれぞれに幾人の議員を配分するかを決定するについては，各選挙区の選挙人数又は人口数（厳密には選挙人数を基準とすべきものと考えられるけれども，選挙人数と人口数とはおおむね比例するとみてよいから，人口数を基準とすることも許されるというべきである。それ故，以下においては，専ら人口数を基準として論ずることとする。）と配分議員定数との比率の平等が最も重要かつ基本的な基準とされるべきことは当然であるとしても，それ以外にも，実際上考慮され，かつ，考慮されてしかるべき要素は，少なくない。殊に，都道府県は，それが従来わが国の政治及び行政の実際において果たしてきた役割や，国民生活及び国民感情の上におけるその比重にかんがみ，選挙区割の基礎をなすものとして無視することのできない要素であり，また，これらの都道府県を更に細分するにあたつては，従来の選挙の実績や，選挙区としてのまとまり具合，市町村その他の行政区画，面積の大小，人口密度，住民構成，交通事情，地理的状況等諸般の要素を考慮し，配分されるべき議員数との関連を勘案しつつ，具体的な決定がされるものと考えられるのである。更にまた，社会の急激な変化や，その一つのあらわれとしての人口の都市集中化の現象などが生じた場合，これをどのように評価し，前述した政治における安定の要請をも考慮しながら，これを選挙区割や議員定数配分にどのように反映させるかも，国会における高度に政策的な考慮要素の一つであることを失わない。

このように，衆議院議員の選挙における選挙区割と議員定数の配分の決定には，極めて多種多様で，複雑微妙な政策的及び技術的考慮要素が含まれており，それらの諸要素のそれぞれをどの程度考慮し，これを具体的決定にどこまで反映させることができるかについては，もとより厳密に一定された客観的基準が存在するわけのものではないから，結局は，国会の具体的に決定したところがその裁量権の合理的な行使として是認されるかどうかによつて決するほかはなく，しかも事の性質上，その判断にあたつては特に慎重であることを要し，限られた資料に基づき，限られた観点からたやすくその決定の適否を判断すべきものでないことは，いうまでもない。しかしながら，このような見地に立つて考えても，具体的に決定された選挙区割と議員定数の配分の下における選挙人の投票価値の不平等が，国会において通常考慮しうる諸般の要素をしんしやくしてもなお，一般的に合理性を有するものとはとうてい考えられない程度に達しているときは，もはや国会の合理的裁量

の限界を超えているものと推定されるべきものであり，このような不平等を正当化すべき特段の理由が示されない限り，憲法違反と判断するほかはないというべきである。

　㈡　本件議員定数配分規定は，主として昭和39年法律第132号による公選法の一部改正にかかるもので，右改正は，従来の衆議院議員の選挙における選挙区の人口数と議員定数との間に一部著しい不均衡が生じていたのを是正するために，新たに議員総数をふやし，これを適宜配分して選挙区別議員一人あたりの人口数の開きをほぼ2倍以下にとどめることを目的としたものである。ところが，当事者間に争いのない事実によれば，昭和47年12月10日の本件衆議院議員選挙当時においては，各選挙区の議員一人あたりの選挙人数と全国平均のそれとの偏差は，下限において47.30パーセント，上限において162.87パーセントとなり，その開きは，約5対1の割合に達していた，というのである。このような事態を生じたのは，専ら前記改正後における人口の異動に基づくものと推定されるが，右の開きが示す選挙人の投票価値の不平等は，前述のような諸般の要素，特に右の急激な社会的変化に対応するについてのある程度の政策的裁量を考慮に入れてもなお，一般的に合理性を有するものとはとうてい考えられない程度に達しているばかりでなく，これを更に超えるに至つているものというほかはなく，これを正当化すべき特段の理由をどこにも見出すことができない以上，本件議員定数配分規定の下における各選挙区の議員定数と人口数との比率の偏差は，右選挙当時には，憲法の選挙権の平等の要求に反する程度になつていたものといわなければならない。

　しかしながら，右の理由から直ちに本件議員定数配分規定を憲法違反と断ずべきかどうかについては，更に考慮を必要とする。一般に，制定当時憲法に適合していた法律が，その後における事情の変化により，その合憲性の要件を欠くに至つたときは，原則として憲法違反の瑕疵を帯びることになるというべきであるが，右の要件の欠如が漸次的な事情の変化によるものである場合には，いかなる時点において当該法律が憲法に違反するに至つたものと断ずべきかについて慎重な考慮が払われなければならない。本件の場合についていえば，前記のような人口の異動は不断に生じ，したがって選挙区における人口数と議員定数との比率も絶えず変動するのに対し，選挙区割と議員定数の配分を頻繁に変更することは，必ずしも実際的ではなく，また，相当でないことを考えると，右事情によつて具体的な比率の偏差が選挙権の平等の要求に反する程度となつたとしても，これによつて直ちに当該議員定数配分規定を憲法違反とすべきものではなく，人口の変動の状態をも考慮して合理的期間内における是正が憲法上要求されていると考えられるのにそれが行われない場合に始めて憲法違反と断ぜられるべきものと解するのが，相当である。

　この見地に立つて本件議員定数配分規定をみると，同規定の下における人口数と議員定数との比率上の著しい不均衡は，前述のように人口の漸次的異動によつて生じたものであつて，本件選挙当時における前記のような著しい比率の偏差から推しても，そのかなり以前から選挙権の平等の要求に反すると推定される程度に達していたと認められることを考慮し，更に，公選法自身その別表第一の末尾において同表はその施行後5年ごとに直近に行われた国勢調査の結果によつて更正するのを例とする旨を規定しているにもかかわらず，昭和39年の改正後本件選挙の時まで八年余にわたつてこの点についての改正がなんら施されていないことをしんしやくするときは，前記規定は，憲法の要求するところに合致しない状態になつていたにもかかわらず，憲法上要求される合理的期間内における是正がされなかつたものと認めざるをえない。それ故，本件議員定数配分規定は，本件選挙当時，憲法の選挙権の平等の要求に違反し，違憲と断ぜられるべきものであつたというべきである。そして，選挙区割及び議員定数の配分は，議員総数と関連させながら，前述のような複雑，微妙な考慮の下で決定されるのであつて，一旦このようにして決定されたものは，一定の議員総数の各選挙区への配分として，相互に有機的に関連し，一の部分における変動は他の部分にも波動的

に影響を及ぼすべき性質を有するものと認められ，その意味において不可分の一体をなすと考えられるから，右配分規定は，単に憲法に違反する不平等を招来している部分のみでなく，全体として違憲の瑕疵を帯びるものと解すべきである。」

三　本件選挙の効力

「右のように，本件議員定数配分規定は，本件選挙当時においては全体として違憲とされるべきものであったが，しかし，これによって本件選挙の効力がいかなる影響を受けるかについては，更に別途の考察が必要である。」

「憲法に違反する法律は，原則としては当初から無効であり，また，これに基づいてされた行為の効力も否定されるべきものであるが，しかし，これは，このように解することが，通常は憲法に違反する結果を防止し，又はこれを是正するために最も適切であることによるのであって，右のような解釈によることが，必ずしも憲法違反の結果の防止又は是正に特に資するところがなく，かえって憲法上その他の関係において極めて不当な結果を生ずる場合には，むしろ右の解釈を貫くことがかえって憲法の所期するところに反することとなるのであり，このような場合には，おのずから別個の，総合的な視野に立つ合理的な解釈を施さざるをえないのである。

そこで，本件議員定数配分規定についてみると，右規定が憲法に違反し，したがってこれに基づいて行われた選挙が憲法の要求に沿わないものであることは前述のとおりであるが，そうであるからといって，右規定及びこれに基づく選挙を当然に無効であると解した場合，これによって憲法に適合する状態が直ちにもたらされるわけではなく，かえって，右選挙により選出された議員がすべて当初から議員としての資格を有しなかったこととなる結果，すでに右議員によって組織された衆議院の議決を経たうえで成立した法律等の効力にも問題が生じ，また，今後における衆議院の活動が不可能となり，前記規定を憲法に適合するように改正することさえもできなくなるという明らかに憲法の所期しない結果を生ずるのである。それ故，右のような解釈をとるべきでないことは，極めて明らかである。」

「そこで考えるのに，行政処分の適否を争う訴訟についての一般法である行政事件訴訟法は，31条1項前段において，当該処分が違法であっても，これを取り消すことにより公の利益に著しい障害を生ずる場合においては，諸般の事情に照らして右処分を取り消すことが公共の福祉に適合しないと認められる限り，裁判所においてこれを取り消さないことができることを定めている。この規定は法政策的考慮に基づいて定められたものではあるが，しかしそこには，行政処分の取消の場合に限られない一般的な法の基本原則に基づくものとして理解すべき要素も含まれていると考えられるのである。もっとも，行政事件訴訟法の右規定は，公選法の選挙の効力に関する訴訟についてはその準用を排除されているが（公選法219条），これは，同法の規定に違反する選挙はこれを無効とすることが常に公共の利益に適合するとの立法府の判断に基づくものであるから，選挙が同法の規定に違反する場合に関する限りは，右の立法府の判断が拘束力を有し，選挙無効の原因が存在するにもかかわらず諸般の事情を考慮して選挙を無効としない旨の判決をする余地はない。しかしながら，本件のように，選挙が憲法に違反する公選法に基づいて行われたという一般性をもつ瑕疵を帯び，その是正が法律の改正なくしては不可能である場合については，単なる公選法違反の個別的瑕疵を帯びるにすぎず，かつ，直ちに再選挙を行うことが可能な場合についてされた前記の立法府の判断は，必ずしも拘束力を有するものとすべきではなく，前記行政事件訴訟法の規定に含まれる法の基本原則の適用により，選挙を無効とすることによる不当な結果を回避する裁判をする余地もありうるものと解するのが，相当である。」

「そこで本件について考えてみるのに，本件選挙が憲法に違反する議員定数配分規定に基づいて

行われたものであることは上記のとおりであるが，そのことを理由としてこれを無効とする判決をしても，これによつて直ちに違憲状態が是正されるわけではなく，かえつて憲法の所期するところに必ずしも適合しない結果を生ずることは，さきに述べたとおりである。これらの事情等を考慮するときは，本件においては，前記の法理にしたがい，本件選挙は憲法に違反する議員定数配分規定に基づいて行われた点において違法である旨を判示するにとどめ，選挙自体はこれを無効としないこととするのが，相当であり，そしてまた，このような場合においては，選挙を無効とする旨の判決を求める請求を棄却するとともに，当該選挙が違法である旨を主文で宣言するのが，相当である。」

〈反対意見〉

岡原昌男・下田武三・江里口清雄・大塚喜一郎・吉田豊裁判官……「われわれは，本件選挙当時の議員定数配分規定は，千葉県第1区に関する限り違憲無効であり，これに基づく選挙もまた無効なものとして，上告人の請求を認容すべきものと考える。」

「われわれは，全選挙人が投票価値において平均的な，中庸を得た選挙権を享受することをもつて憲法の理想とし，各選挙区について，その投票価値がその理想からどれほど遠ざかつているかを検討し，その偏りが甚だしい場合に投票価値平等の要求に反し違憲の瑕疵を帯びるものと考えるのである。……そして，本件においては，……議員一人当たりの選挙人数は，千葉県第1区では381,217.25人であつて，その全国平均150,243.66人に対し253.73パーセントにあたり，すなわち，投票価値の点からみると，千葉県第1区においては，二人半の選挙人によつてようやく，全国の選挙人の平均一人分の選挙権を行使しうるにすぎないのであるから，このような投票価値の偏差は，いかに他の考慮要素をしんしやくしても，とうてい合理性があるものとは認められない。……したがつて，本件選挙当時の議員定数配分規定中千葉県第1区に関する部分は違憲の瑕疵があつたものといわざるをえない。しかし，われわれは，一部選挙区について投票価値不平等の違憲の瑕疵があるとしても，その瑕疵が，多数意見の説くように，必然的に他の選挙区全部について違憲の瑕疵を来すものとは考えないのである。」

「たとえ投票価値の最小最大の比が甚だしい偏差を示したとしても，例えば，その両選挙区における投票価値の平均値からの偏差が上下ともほぼ同率で，その議員定数も同じであり，かつ，その他の選挙区の投票価値がほとんど平均値に近いような場合においては，右の両選挙区について是正措置を講じさえすれば不平等が直ちに解消することは，容易に理解しうることである。」

「この見地に立つて，わが国の衆議院議員の総定数に関する立法の経過をみると，……人口の激減した選挙区にはなんら手を触れることなく，専ら人口の激増した選挙区のうちの一部についてのみ議員定数の増加及び選挙区の分立の措置を講じ，その増加した議員数を加えた数をもつて公選法四条の議員総定数としたものであつて，先ず議員総定数を確定してから，それを各選挙区に公平に配分し直したものではないものと認められる。このように，立法府もまた，右配分規定改正の際には，一部の選挙区だけを切り離して手直しをすることが可能であるとしたものと思われる。

以上のことは，とりもなおさず，一選挙区についての投票価値不平等の違憲は必ずしも他の選挙区についての違憲を来さないと考えることができることを意味するものであつて，平均的投票価値をもつ選挙区については，他の選挙区において投票価値の不平等が生じたこととは関係なく，依然として憲法の理念に合致しているものと認めることができるのであるから，これらすべての選挙区について一律に違憲であると断定する必要は全くないものと考えるのである。

以上の理由により，われわれは，本件選挙当時の議員定数配分規定は，千葉県第1区に関する限

り，憲法14条1項，3項，15条1項，44条但し書に規定する選挙権平等の要求に反し違憲の瑕疵があるので，憲法98条によつて無効であり，したがつて，これに基づく本件選挙もまた無効とすべきものである，とするのである。

選挙無効の判決が確定すれば，当該選挙区については選出議員を欠くことになり，無効の議員定数配分規定に基づく再選挙は許されないのであるから，残余の議員で構成される衆議院において早急にその違憲の法律を憲法に適合するように改正するための審議をすれば足りるのである。」

その他の少数意見　（略）

基本解説

(1) 議員定数不均衡と本件判決までの展開

選挙の行われる地域がいくつかの選挙区に分割され，それぞれの選挙区において独立に議員が選出される場合において，それぞれの選挙区の人口（または有権者数）とその選挙区から選出される議員の数との比率が選挙区ごとに異なっている場合，この現象を議員定数不均衡と呼ぶ。この現象は，第二次大戦後の復興およびその後の経済成長によって都市部に人口が急速に集中したにもかかわらず，戦争直後に定められた議員定数配分に抜本的な改正がなされなかったことによって進行したものである。これは日本に限らず，先進国にある程度共通した問題であったが，1962年にアメリカ連邦最高裁が初めてこれに違憲判決（Baker v. Carr, 369 US 186）を下したことが契機となり，日本でもこれに対する訴訟が数多く提起されるようになった。

この問題について初めて最高裁が判断を下したのは，参議院議員選挙に関する最大判昭和39年2月5日民集18巻2号270頁である。この判決で最高裁は，「議員定数，選挙区および各選挙区に対する議員数の配分の決定に関し立法府である国会が裁量的権限を有する以上，選挙区の議員数について，選挙人の選挙権の享有に極端な不平等を生じさせるような場合は格別，各選挙区に如何なる割合で議員数を配分するかは，立法府である国会の権限に属する立法政策の問題であって，議員数の配分が選挙人の人口に比例していないという一事だけで，憲法一四条一項に反し無効であると断ずることはできない」として，最大1対4の格差を含んでいた当時の参議院地方区の定数配分規定について，「所論のような程度ではなお立法政策の当否の問題に止り，違憲問題を生ずるとは認められない」との判断を示していた。本件第1審の東京高裁判決は，この判決に依拠して，本件についても「いまだ，選挙区別議員定数の配分によって生ずる投票の価値の不平等が国民の正義公平観念に照らし容認できない程度に至っているとは認められない」と判断したのである。

(2) 本件最高裁判決の構造

① 選挙権の平等は，選挙権の内容の平等，すなわち投票価値の平等を含む

これに対して本件最高裁判決は，選挙権の平等が，「選挙権の内容の平等，換言すれば，各選挙人の投票の価値，すなわち各投票が選挙の結果に及ぼす影響力においても平等であることを要求」するとし，議員定数不均衡によって「各選挙人が自己の選ぶ候補者に投じた一票がその者を議員として当選させるために寄与する効果に大小が生ずる場合」にも選挙権の平等の原則に違反すると解釈した。しかも選挙権の平等は，「平等原理の徹底した適用」であるから，この原理の承認によって，議員定数不均衡が憲法違反と判断される可能性が大きく開かれたことになる。

② 立法裁量論

しかし最高裁は，投票価値の平等原則が各選

挙人の選挙結果に及ぼす影響力を数字的に完全に同一にすることまでも要求するものではないとし，その論拠として，憲法43条2項，47条が，選挙に関する事項は法律で定めるべきものとして，選挙制度の具体的決定を原則として国会の裁量にゆだねていることを挙げる。この結果，各選挙区の人口と配分議員数との比率が，「選挙制度の決定について国会が考慮すべき唯一絶対の基準」ではなく，「国会が正当に考慮することのできる他の政策的目的ないし理由との関連において調和的に実現されるべきもの」と位置付けられる。国会が正当に考慮することのできる他の要素として最高裁は，都道府県のほか，「従来の選挙の実績や，選挙区としてのまとまり具合，市町村その他の行政区画，面積の大小，人口密度，住民構成，交通事情，地理的状況等諸般の要素」を挙げている。

③ 議員定数不均衡の合憲性判定基準

このような様々な要素を考慮しなければならない以上，実際の議員定数不均衡が憲法の要求する選挙権の平等原則に反するか否かについて，一定の客観的基準を設けることは不可能であり，個別の事例ごとの判断にならざるを得ない。最高裁は，「国会の具体的に決定したところがその裁量権の合理的な行使として是認されるかどうかによって決する」として，「具体的に決定された選挙区割と議員定数の配分の下における選挙人の投票価値の不平等が，国会において通常考慮しうる諸般の要素をしんしゃくしてもなお，一般的に合理性を有するものとはとうてい考えられない程度に達しているときは，もはや国会の合理的裁量の限界を超えているものと推定されるべきものであり，このような不平等を正当化すべき特段の理由が示されない限り，憲法違反と判断する」との基準を採用した。

そして最大約1対5の人口格差をもつ本件定数配分について，「前述のような諸般の要素，特に右の急激な社会的変化に対応するについてのある程度の政策的裁量を考慮に入れてもなお，一般的に合理性を有するものとはとうてい考えられない程度に達しているばかりでなく，これを更に超えるに至つている」とし，「これを正当化すべき特段の理由をどこにも見出すことができない以上」，憲法の選挙権の平等の要求に反する程度になっていたと断定した。

④ 合理的期間論

議員定数不均衡は，法律の規定が制定当初から憲法に違反していた場合と異なり，制定当初は合憲であった法律が，事情の変化によって憲法に違反するにいたったという事態である。この場合，法律がどの時点で憲法に違反するにいたったかを確実に知ることは困難である。また，選挙区割りや定数配分規定を頻繁に改正することは，有権者と議員とのつながり，選挙区の一体性の維持という観点からかならずしも望ましいものではない。そこで，定数配分規定が違憲となっても，これを国会が改正するまでに若干の猶予期間が認められるべきだとの考え方が生まれる。これが「合理的期間」論である。

本件最高裁判決は，「具体的な比率の偏差が選挙権の平等の要求に反する程度となつたとしても，これによつて直ちに当該議員定数配分規定を憲法違反とすべきものではなく，人口の変動の状態をも考慮して合理的期間内における是正が憲法上要求されていると考えられるのにそれが行われない場合に始めて憲法違反と断ぜられるべきものと解するのが，相当である」と判示している。もっとも本件においては，「かなり以前から選挙権の平等の要求に反すると推定される程度に達していたと認められること」，当時の公選法が五年ごとに定数配分を更正するのを例とする旨を規定していたにもかかわらず，「八年余にわたつてこの点についての改正がなんら施されていないこと」を考慮して，「憲法上要求される合理的期間内における是正がされなかった」と判断した。

⑤ 定数配分の不可分一体性

議員定数不均衡がある場合，投票価値に著しい不平等のある一部の選挙区についての規定だけが違憲となると考えるか，それとも定数配分規定全体が違憲となると考えるか。前者の考え方を一般に「可分論」と呼び，後者の考え方を

「不可分論」と呼ぶ。

　この点について本件最高裁判決の多数意見は，本件の「配分規定は，単に憲法に違反する不平等を招来している部分のみでなく，全体として違憲の瑕疵を帯びる」として明示的に不可分論を採用した。その根拠としては，「選挙区割及び議員定数の配分は，議員総数と関連させながら，前述のような複雑，微妙な考慮の下で決定されるのであって，一旦このようにして決定されたものは，一定の議員総数の各選挙区への配分として，相互に有機的に関連し，一の部分における変動は他の部分にも波動的に影響を及ぼすべき性質を有する」ことを挙げている。

　これに対し反対意見は，「一選挙区についての投票価値不平等の違憲は必ずしも他の選挙区についての違憲を来さない」として可分論を採用する。その根拠として挙げられているのは，一部の選挙区について是正措置を講じれば不平等を解消しうること，現実の立法過程においても，一部の選挙区だけを切り離した改正が行われてきたことである。この点で可分論は，公選法の理念よりも現実の是正可能性を重視した議論だといえる。さらに，可分論を採った場合には，訴えの対象となった一部の選挙区における選挙だけを無効として，当該選挙区の議員が議席を失っても，残りの議員によって定数配分規定を改正した上で再選挙を行うことが可能となり，後述のような困難を回避できるという実際上の利点もある。

　⑥　事情判決の法理

　これに対し多数意見のように不可分論を採用した場合，その定数配分に基づく選挙はすべての選挙区について憲法に違反するものとなり，これを無効とすると，すべての衆議院議員が当初から議席を有しなかったこととなり，すでに行われた衆議院の議決の有効性に疑義が生ずるのみならず，議員定数不均衡を是正するために公選法を改正することさえできなくなる。そこで多数意見は，本件選挙の効力を維持するために，行政事件訴訟法31条の「事情判決」の法理を援用する。同条は，「取消訴訟については，処分又は裁決が違法ではあるが，これを取り消すことにより公の利益に著しい障害を生ずる場合において，原告の受ける損害の程度，その損害の賠償又は防止の程度及び方法その他一切の事情を考慮したうえ，処分又は裁決を取り消すことが公共の福祉に適合しないと認めるときは，裁判所は，請求を棄却することができる。この場合には，当該判決の主文において，処分又は裁決が違法であることを宣言しなければならない」と定める。

　しかし公選法219条1項は，選挙の効力に関する訴訟においては行政事件訴訟法31条を準用しないことを明示的に定めている。そこで多数意見は，行政事件訴訟法31条そのものではなく，そこに含まれる「一般的な法の基本原則」を適用して，原告の請求を棄却するとともに当該選挙が違法である旨を主文で宣言するという結論にいたったのである。

(3)　本件判決以後の判例の展開（安念後掲の一覧表参照）

　本件判決が下される前の1975年に，国会は公選法を改正し，選挙区間の人口格差は最大1対2.92に縮小した。しかしその後も人口格差の拡大は進み，次の1980年の衆議院議員総選挙時には人口格差は1対3.94にまで拡大していた。この選挙の効力が争われた裁判で，最大判昭和58年11月7日民集37巻9号1243頁は，「選挙区間における投票価値の較差が憲法の選挙権の平等の要求に反する程度に至っていた」と認めた。しかし1975年の公選法改正について，本件「大法廷判決によって違憲と判断された右改正前の議員定数配分規定の下における投票価値の不平等状態は，右改正によって一応解消されたものと評価することができる」とし，この改正法の公布からほぼ5年後，施行から起算すると約3年半後に選挙が行われたことについて，「憲法上要求される合理的期間内における是正がされなかったものと断定することは困難である」として当時の定数配分規定を違憲と断定することは避けたが，判決理由中で「改正

法施行後既に約七年を経過している現在，できる限り速やかに改正されることが強く望まれる」との警告を発している。

　この警告にもかかわらず，公選法の改正が行われないまま1983年の衆議院総選挙が行われ，この選挙時には，選挙区間の人口格差は最大4.40に達していた。この選挙の効力が争われた裁判で，最大判昭和60年7月17日民集39巻5号1100頁は，合理的期間内の是正が行われなかったと判断し，再び定数配分規定を違憲とする一方，本件判決と同様に「事情判決」の法理に基づいて原告の請求を棄却する判決を下した。なお，この判決には4人の裁判官による共同補足意見が付され，是正措置が講ぜられないまま再び選挙が施行された場合には，「その効力を否定せざるを得ないこともあり得る。その場合，判決確定により当該選挙を直ちに無効とすることが相当でないとみられるときは，選挙を無効とするがその効果は一定期間経過後に始めて発生するという内容の判決をすることも，できないわけのものではない」として，事情判決の繰り返しを避け，将来効的判決を下す可能性を示唆している。

　これを受けて1986年に「違憲とされた現行規定を早急に改正するための暫定措置」（衆議院付帯決議）として8選挙区で定数を1名増やし7選挙区で定数を1名減らす（8増7減）公選法改正が行われ，選挙区間の人口格差は最大2.99となった。これについて最大判昭和63年10月21日民集42巻8号644頁は，昭和58年判決および昭和63年判決が，1975年の公選法の改正により人口格差が最大1対2.92となったことについて，「投票価値の不平等状態は右改正により一応解消された」と判示したことに徴して，「本件議員定数配分規定が憲法に反するものとはいえないことは明らか」とし，この定数配分規定を合憲とする判決を下している。

　しかし次の1990年の衆議院議員総選挙時には，人口格差は最大1対3.18に拡大し，最大判平成5年1月20日民集47巻1号67頁は，これが「憲法の選挙権の平等の要求に反する程度に至っていた」とする一方で，選挙期日が改正公選法の施行から約3年7カ月後，定数是正の基礎資料となる国勢調査確定値の公表から約3年3カ月後であったことを指摘して，「憲法上要求される合理的期間内における是正がされなかったものと断定することは困難」として定数配分規定を違憲と断定することは避けた。

　1992年には，またも「違憲状態ともいうべき衆院議員の定数に関する現行規定を早急に改正するための暫定措置」（衆議院特別委員会決議）としていわゆる9増10減の公選法改正が行われ，翌年，これに基づく衆議院総選挙が施行された。このときの最大格差は1対2.82であった。最一小判平成7年6月8日民集49巻6号1443頁は，これまでの先例を引いて，これを合憲とする判断を下した。

　1994年に，公職選挙法が抜本的に改正され，衆議院議員の選挙についてそれまでの中選挙区制に代えて，いわゆる小選挙区比例代表並立制が導入された。これによって議員定数不均衡問題も新たな局面を迎えることになった（PartⅣ「もう1つの素材」参照）。

Part Ⅱ	応　用　編

確認質問

1　本件最高裁判決は，以下の諸点についてどのように判断しているか。
　(1)　議員定数配分に不均衡があると，なぜ選挙権の平等に反することになるのか。

(2) 具体的な議員定数配分が，憲法の選挙権の平等の要求に反しているか否かは，いかなる基準によって判断されるべきか。
(3) 議員定数配分の決定にあたって，人口と配分議員定数との比率の平等以外に国会が憲法上正当に考慮できる要素にどのようなものがあり得るか。
(4) 選挙権の平等の要求に反する程度の不均衡を含む議員定数配分が，直ちに憲法違反と断定できないのはなぜか。

2 最高裁判決が，本件議員定数配分規定を全体として違憲であると判断しながら，原告の請求を棄却した理由を説明せよ。
3 多数意見と5裁判官による反対意見とが結論を異にした理由を説明せよ

応用問題

設問1 最高裁判決の立場に立った場合，以下のような議員定数配分規定は憲法に違反するか。
(1) 人口にかかわらず，すべての都道府県に同数の議員を配分する定数配分規定。
(2) すべての都道府県に最低限4名，最高でも16名を越えない範囲内で，人口に配慮した数の議員を配分する定数配分規定。
(3) 選挙区の人口に加えて，その面積をも基準として議員定数配分を行う規定。
(4) 行政区画や地理的条件を全く無視して，人口数だけを基準として選挙権の価値を完全に平等にする定数配分規定。

設問2 最高裁判決の立場に立った場合，以下のような事例において定数配分規定は憲法に違反するか。
(1) 本件判決の後，国会が議員定数配分規定を改正し，その後すぐに新規定に基づく選挙が行われたが，改正が不十分で憲法の要求する選挙権の平等に合致する程度にいたっていなかった場合。
(2) いったん平等な議員定数配分規定が定められた後に，人口の移動によって選挙権の平等に反する格差が生じ，国会が次回の選挙に間に合わせるべく改正作業に入ったが，改正が成立する前に衆議院が解散された場合。
(3) いったん平等な議員定数配分規定が定められた後に，人口の移動によって選挙権の平等に反する格差が生じ，国会が次回の選挙に間に合わせるべく改正作業に入ったが，与野党の対立により審議が停滞し，議員の任期が満了してしまった場合。

設問3 本件において，最高裁が以下のような判決を下したとすると，憲法上どのような問題が生ずるか。
(1) 本件選挙全体を無効とする判決。
(2) 本件衆議院議員選挙における千葉1区における選挙だけを無効とする判決。
(3) 本件選挙全体を違憲であったとし，判決の1年後をもって本件選挙の効力を失わせるとする判決。
(4) 原告の請求を棄却するが，主文で本件議員定数配分規定を違憲と宣言し，将来における同規定に基づく選挙を禁止する旨の判決。

設問5 以下のような事例において，本件判決の判断と何らかの相違が生ずるか。
(1) 同様の問題が，参議院の議員定数配分について生じた場合。
(2) 本事件は，1994年の公職選挙法改正以前のいわゆる中選挙区制に基づく選挙制度において生じたものであるが，同様の問題が小選挙区制において生じた場合。

(3) 現行の公職選挙法に基づく衆議院の比例代表選出議員の選挙区間において，定数配分の不均衡が生じている場合。

Part III　理論編

展開問題

1　衆議院議員の選挙において，選挙区間の人口格差はどの程度まで憲法上許容されるか。

　本件最高裁判決が採用した基準は，あくまでも具体的な定数配分ごとに個別的な判断を行うものであるから，憲法上許される格差の最大限を数字的に示すことは不可能である。しかしその後の判例の展開から見て，最高裁が1対3の格差を一つの目安としていることは容易に見て取れる。実務上も，国会による「暫定措置」としての定数是正は，常に人口格差を1対3以内にすることを目標に行われてきた。この基準の根拠を説明したものとして，昭和58年判決に付された中村治朗裁判官の反対意見がある。この中では，1対2が基準数値として常識的でそれなりの合理性を有するが，「人口比例主義は衆議院議員の選挙において最も重要かつ基本的な原理とされるべきものであつても，必ずしもそれが唯一絶対の原理というわけではなく，なお他にしんしゃくしうる政策的要素が存在しうることを肯定する限り，右の基準はいささか厳格に過ぎる」として，裁判上の基準としては「右の要素をしんしゃくした結果生じた比率較差として是認すべきある程度の幅をもたしめるのが相当である」が，「幅をもたせるとしても，その数値はせいぜい1対3の程度を超えるところまでは認められず，それ以上の較差が生じている場合には，原則として国会に許容しうる裁量権の限界を超えるに至つたものと推定するのが相当である」と説明されている。しかし数値基準の理論的根拠としては説得力に乏しく，学説上はほとんど支持されていない。

　学説上は，1対2の格差を許される上限とする見解が多数を占めている。その根拠としては，選挙権の平等が一般的平等原則よりもはるかに徹底した人格平等の原則を基礎としていること，そして選挙区間に1対2をこえる人口格差を生ずることは，実質的に1人が2票を行使することに等しく，一人一票の原則が破壊されることが挙げられている。最高裁判決においても，昭和58年判決の横井大三裁判官の反対意見が初めて1対2の基準を明示して以来，この基準を支持する裁判官が増加する傾向にある。平成7年判決では小法廷の5人中2人の裁判官が，ほぼ1対2を基準とする反対意見を述べ，衆議院議員選挙に小選挙区比例代表制並立制が導入された以後の平成11年判決（PartIV「もう1つの素材」参照）では，4人の裁判官が1対2の基準を主張する反対意見を述べている。

　もっとも，1対2の基準もそれほど強い理論的根拠を有するものではない。個人の人格平等が最も強く要請されるはずの選挙における平等原則が，なぜ2倍までの格差を許容するのかを理論的に説明することは困難であるし，選挙区間の人口格差が1対2であることと，一部の選挙人が2票を有することは質的に全く異なる現象であり，この両者を同一視することは比喩としても無理がある。そこで学説上は，1対1以外の数値には理論的な根拠がなく，これに限りなく近づけることが憲法上の要請であるとして，すべての格差についてその合理性の立証を要求する見解も有力である。最高裁では，平成11年判決に付された福田博裁判官の反対意見がほ

ぼこの立場を採る。この説も，およそ一切の格差を認めないものではなく，あくまでもすべての格差について憲法上許容される合理的根拠があるか否かを裁判所に審査させようとするものである。これに対して多数説は，1対2の範囲内で国会が非人口的要素を考慮することを認め，この範囲内であれば個別の合理性の審査なしに合憲性を承認することになる。その意味で多数説との間の争点は，選挙権の完全な平等からの逸脱について，一定の範囲内で合憲性が推定される立法裁量の枠を認めるか否かにあるといえる。

この点について，選挙における平等原則が，本来立法裁量論による審査基準の緩和を認めるには最もなじまない性格のものであることが留意されるべきである。ここで問題となっている不平等は，選挙権という民主主義の政治過程において最も重要な権利をめぐるものであり，選挙の場面こそ国民が最も徹底して平等に扱われなければならない。確かに憲法は，選挙に関する事項は法律で定めるものとしているが，国会議員自身が将来の選挙において新人候補者と議席を争うことを考えれば，選挙に関する事項を国会が定めるとは，ある意味で一部の参加選手が競技のルールを定めていることを意味する。選挙に関する憲法上の原則は，参加選手である国会議員とりわけ多数を占める大政党所属の国会議員らが，自分たちに有利なルールを恣意的に定めることを阻止する役割を担っている。だとすれば選挙権の平等原則は，それ自体が国会の裁量の限界を定めたものであり，平等からの逸脱の審査において再び国会の裁量を認める余地はないはずである。

2　参議院議員選挙について，衆議院議員選挙の場合とどのような相違が生ずるか。

議員定数不均衡問題は，参議院の選挙区（旧・地方区）選出議員の選挙についても生じうる。しかし最高裁は，本件判決の後も参議院については，最大判昭和58年4月27日民集37巻3号345頁が，最大1対5.26の人口格差について合憲判決を下している。このなかで最高裁は，参議院の地方区選出議員が事実上都道府県代表的な意義ないし機能を有していることを指摘し，参議院の「選挙制度の仕組みの下では，投票価値の平等の要求は，人口比例主義を基本とする選挙制度の場合と比較して一定の譲歩，後退を免れない」と判示して，衆議院の場合よりも緩やかな基準を採用することを明らかにした。具体的な基準としては，「投票価値の平等の有すべき重要性に照らして到底看過することができないと認められる程度の投票価値の著しい不平等状態を生じさせ，かつそれが相当期間継続して，このような不平等状態を是正するなんらの措置を講じないことが，前記のような複雑かつ高度に政策的な考慮と判断の上に立って行使されるべき国会の裁量的権限に係るものであることを考慮しても，その許される限界を超えると判断される場合」に，初めて議員定数配分が違憲となるとしている。この基準も衆議院の場合と同様に，投票価値の著しい不平等と，その長期にわたる継続という2つの要素を含むものであるが，そのそれぞれについて，衆議院の場合よりも緩やかに適用されるものと考えられる。

その後，最一小判昭和61年3月27日集民147号431頁が最大格差1対5.37について，最一小判昭和62年9月24日集民151号711頁が最大格差1対5.56について，最二小判昭和63年10月21日集民155号65頁が最大格差1対5.85について，いずれも合憲判決を下したが，最大判平成8年9月11日民集50巻8号2283頁は，最大1対6.59の格差について，初めて「違憲の問題が生ずる程度の著しい不平等状態が生じていた」との判断にいたった。しかし，「本件において，選挙区間における議員一人当たりの選挙人数の較差が到底看過することができないと認められる程度に達した時から本件選挙までの間に国会が本件定数配分規定を是

正する措置を講じなかったことをもって、その立法裁量権の限界を超えるものと断定することは困難である」として、定数配分を違憲と断定することは避けた。このような判例の展開からみて、第1に、最高裁は参議院についてはおよそ1対6の人口格差を目安としていることが推認される。第2に、改正までに認められる猶予期間についても（最高裁は参議院については「合理的期間」という用語を用いていない）、最高裁は、参議院議員の任期が6年で解散の定めがないことから、定数配分を長期的に固定することにも合理的理由があること、公選法が参議院の定数配分を定期的に見直す旨を定めた規定を置いていないことなどを根拠として挙げており、衆議院の場合よりも長い期間を認める趣旨と考えられる。

学説の多くは、参議院の選挙区選出議員の地域代表的性格を理由に選挙権平等原則の緩和を認める考え方には批判的である。参議院議員の一部を都道府県を単位に選出し、これに地域代表的性格をもたせることは、憲法上要求されていることではなく、単に国会が立法政策として選択した事柄にすぎないのであるから、憲法上の要求である選挙権の平等を相対化する正当な理由とはなり得ず、選挙権の平等と両立する限りで認められるものにすぎない。憲法が参議院の特殊性として要求していることは、衆議院議員よりも長い6年の任期と、任期途中に解散されることなく、3年ごとに半数を改選することだけである。この要求を満たすためにどうしても必要な限りにおいて、厳格な選挙権の平等原則を衆議院の場合よりも若干緩和することは、憲法上正当化されよう。

Part IV　もう1つの素材

衆議院小選挙区比例代表並立制の合憲性

最高裁平成11年11月10日大法廷判決
Ⅰ．平成11年（行ツ）第7号民集53巻8号1441頁
Ⅱ．平成11年（行ツ）第8号民集53巻8号1577頁
Ⅲ．平成11年（行ツ）第35号民集53巻8号1704頁

❖ 事実の概要

1994年の公職選挙法改正により、衆議院議員の選挙にいわゆる小選挙区比例代表並立制が導入され、これに伴って選挙運動に関する規定にも大幅な改正が行われた。この制度は、衆議院議員の総定数を500（2000年の改正により480）とし、そのうち300人を小選挙区制により、残りの200（2000年の改正により180）人を全国11のブロックから政党等の提出した名簿に基づき比例代表制により、原則としてそれぞれ独立に選出するものである。この選挙制度に対しては、さまざまな観点から憲法上の疑義が指摘され、1996年に初めてこの改正法に基づく選挙が行われると、各地で選挙の効力を争う訴訟が提起された。

第1審東京高裁は原告の請求を棄却し、原告側が上告。

❖ 上告審＝最高裁

❖ 当事者の主張（争点）

原告……① 小選挙区制は，大政党・第一党に有利な選挙制度であって，わが国の選挙制度の沿革及び憲法制定当時の政治情勢からみると，憲法が予定していないものであったから，この選挙制度を採用すること自体，憲法に違反する。

② 小選挙区選挙の立候補者は，同時に比例代表選挙の名簿登載者となることができ，小選挙区で落選しても，比例代表選挙で当選を得ることが可能である（いわゆる重複立候補制）が，この仕組みは，国民の意思を無視したものであり，国会の立法裁量権の範囲を逸脱している。

③ 小選挙区の区割りにおいて，人口最小区との人口倍率が 2 倍を超える選挙区が 28 もあり，投票価値の平等を要求する憲法に違反している。

④ 比例代表選挙の投票方法は，政党を選択させるもので，候補者を選択させるものではないから，直接選挙の要請（憲法 43 条 1 項）に反している。

⑤ 小選挙区選挙において，候補者届出政党は，候補者個人の選挙運動とは別に，政党独自の選挙運動を行うことが認められているのに対し，無所属の候補者については，候補者個人の選挙運動が認められるに止まるから，政党所属の候補者に比べて，選挙運動の面で不平等に取り扱われており，法の下の平等（憲法 14 条）に反する。

被告……① 憲法は，国会議員の選挙制度の具体的な仕組みの決定を国会の立法裁量に委ねているから，法律の定める選挙制度は，国会が通常考慮し得る諸般の要素を斟酌してもなお明らかに不合理といえない限り，当不当の問題が生ずるにすぎない。小選挙区制は，民意を集約する典型的な選挙制度として採用されたものであり，不合理な選挙制度とはいえず，多様な民意の反映を可能にする比例代表制が併せて採用されていることに鑑みれば，小選挙区制自体が憲法に違反するとする原告らの主張は失当である。

② 小選挙区比例代表並立制を選択することも国会の立法裁量に属し，小選挙区選挙で落選した者が，制度上別個独立の選挙である比例代表選挙において当選したとしても，何ら不合理ではない。また重複立候補制は，政策本位・政党本位の制度の理念の一環であるという面からも，不合理な制度ではない。

③ 本件小選挙区間の人口格差は，およそ国会において通常考慮し得る諸般の要素を斟酌してもなお，一般的に合理性を有するものと考えられない程度に達していたものとはいえない。

④ 比例代表選挙において，選挙人は候補者名簿を見て投票しているのであり，結局その投票によって候補者を選択することにもなるから，直接選挙の要請に反しない。

⑤ 憲法は国会議員選挙の仕組みを国会の立法裁量に委ねており，選挙運動の主体や内容などの事項もその委任の範囲に含まれる。政策本位・政党本位の選挙を実効あらしめるためには，候補者届出政党にも選挙運動を認めることが不可欠であり，不合理な制度とはいえない。

上告棄却

❖ 法的構成

「代表民主制の下における選挙制度は，選挙された代表者を通じて，国民の利害や意見が公正か

つ効果的に国政の運営に反映されることを目標とし，他方，政治における安定の要請をも考慮しながら，それぞれの国において，その国の実情に即して具体的に決定されるべきものであり，そこに論理的に要請される一定不変の形態が存在するわけではない。我が憲法もまた，右の理由から，国会の両議院の議員の選挙について，およそ議員は全国民を代表するものでなければならないという制約の下で，議員の定数，選挙区，投票の方法その他選挙に関する事項は法律で定めるべきものとし（43条，47条），両議院の議員の各選挙制度の仕組みの具体的決定を原則として国会の広い裁量にゆだねているのである。このように，国会は，その裁量により，衆議院議員及び参議院議員それぞれについて公正かつ効果的な代表を選出するという目標を実現するために適切な選挙制度の仕組みを決定することができるのであるから，国会が新たな選挙制度の仕組みを採用した場合には，その具体的に定めたところが，右の制約や法の下の平等などの憲法上の要請に反するため国会の右のような広い裁量権を考慮してもなおその限界を超えており，これを是認することができない場合に，初めてこれが憲法に違反することになるものと解すべきである。」（Ⅰ，Ⅱ，Ⅲ判決共通）

❖ **あてはめ**

一 小選挙区制度の合憲性（Ⅲ判決）

「小選挙区制は，全国的にみて国民の高い支持を集めた政党等に所属する者が得票率以上の割合で議席を獲得する可能性があって，民意を集約し政権の安定につながる特質を有する反面，このような支持を集めることができれば，野党や少数派政党等であっても多数の議席を獲得することができる可能性があり，政権の交代を促す特質をも有するということができ，また，個々の選挙区においては，このような全国的な支持を得ていない政党等に所属する者でも，当該選挙区において高い支持を集めることができれば当選することができるという特質をも有するものであって，特定の政党等にとってのみ有利な制度とはいえない。小選挙区制の下においては死票を多く生む可能性があることは否定し難いが，死票はいかなる制度でも生ずるものであり，当選人は原則として相対多数を得ることをもって足りる点及び当選人の得票数の和よりその余の票数（死票数）の方が多いことがあり得る点において中選挙区制と異なるところはなく，各選挙区における最高得票者をもって当選人とすることが選挙人の総意を示したものではないとはいえないから，この点をもって憲法の要請に反するということはできない。このように，小選挙区制は，選挙を通じて国民の総意を議席に反映させる一つの合理的方法ということができ，これによって選出された議員が全国民の代表であるという性格と矛盾抵触するものではないと考えられるから，小選挙区制を採用したことが国会の裁量の限界を超えるということはできず，所論の憲法の要請や各規定に違反するとは認められない。」

二 重複立候補制度の合憲性（Ⅱ判決）

「重複立候補制を採用し，小選挙区選挙において落選した者であっても比例代表選挙の名簿順位によっては同選挙において当選人となることができるものとしたことについては，小選挙区選挙において示された民意に照らせば，議論があり得るところと思われる。しかしながら，前記のとおり，選挙制度の仕組みを具体的に決定することは国会の広い裁量にゆだねられているところ，同時に行われる2つの選挙に同一の候補者が重複して立候補することを認めるか否かは，右の仕組みの1つとして，国会が裁量により決定することができる事項であるといわざるを得ない。改正公選法87条は重複立候補を原則として禁止しているが，これは憲法から必然的に導き出される原理ではなく，立法政策としてそのような選択がされているものであり，改正公選法86条の2第4項が政党本位の選挙を目指すという観点からこれに例外を設けたこともまた，憲法の要請に反するとはいえない。重複して立候補することを認める制度においては，一の選挙において当選人とされなかった者が他

の選挙において当選人とされることがあることは，当然の帰結である。したがって，重複立候補制を採用したこと自体が憲法……に違反するとはいえない。

もっとも，衆議院議員選挙において重複立候補をすることができる者は，改正公選法86条1項1号，2号所定の要件を充足する政党その他の政治団体に所属する者に限られており，これに所属しない者は重複立候補をすることができないものとされているところ，被選挙権又は立候補の自由が選挙権の自由な行使と表裏の関係にある重要な基本的人権であることにかんがみれば，合理的な理由なく立候補の自由を制限することは，憲法の要請に反するといわなければならない。しかしながら，右のような候補者届出政党の要件は，国民の政治的意思を集約するための組織を有し，継続的に相当な活動を行い，国民の支持を受けていると認められる政党等が，小選挙区選挙において政策を掲げて争うにふさわしいものであるとの認識の下に，……選挙制度を政策本位，政党本位のものとするために設けられたものと解されるのであり，政党の果たしている国政上の重要な役割にかんがみれば，選挙制度を政策本位，政党本位のものとすることは，国会の裁量の範囲に属することが明らかであるといわなければならない。したがって，同じく政策本位，政党本位の選挙制度というべき比例代表選挙と小選挙区選挙とに重複して立候補することができる者が候補者届出政党の要件と衆議院名簿届出政党等の要件の両方を充足する政党等に所属する者に限定されていることには，相応の合理性が認められるのであって，不当に立候補の自由や選挙権の行使を制限するとはいえず，これが国会の裁量権の限界を超えるものとは解されない。」

三　小選挙区間の人口格差について（Ⅰ，Ⅲ判決共通）

「区画審設置法3条2項が前記のような基準を定めたのは，人口の多寡にかかわらず各都道府県にあらかじめ定数一を配分することによって，相対的に人口の少ない県に定数を多めに配分し，人口の少ない県に居住する国民の意見をも十分に国政に反映させることができるようにすることを目的とするものであると解される。しかしながら，同条は，他方で，選挙区間の人口較差が2倍未満になるように区割りをすることを基本とすべきことを基準として定めているのであり，投票価値の平等にも十分な配慮をしていると認められる。前記のとおり，選挙区割りを決定するに当たっては，議員一人当たりの選挙人数又は人口ができる限り平等に保たれることが，最も重要かつ基本的な基準であるが，国会はそれ以外の諸般の要素をも考慮することができるのであって，都道府県は選挙区割りをするに際して無視することができない基礎的な要素の1つであり，人口密度や地理的状況等のほか，人口の都市集中化及びこれに伴う人口流出地域の過疎化の現象等にどのような配慮をし，選挙区割りや議員定数の配分にこれらをどのように反映させるかという点も，国会において考慮することができる要素というべきである。そうすると，これらの要素を総合的に考慮して同条1項，2項のとおり区割りの基準を定めたことが投票価値の平等との関係において国会の裁量の範囲を逸脱するということはできない。」

「そして，本件区割規定は，区画審設置法3条の基準に従って定められたものであるところ，その結果，選挙区間における人口の最大較差は，改正の直近の平成2年10月に実施された国勢調査による人口に基づけば1対2.137であり，本件選挙の直近の同7年10月に実施された国勢調査による人口に基づけば1対2.309であったというのである。このように抜本的改正の当初から同条1項が基本とすべきものとしている2倍未満の人口較差を超えることとなる区割りが行われたことの当否については議論があり得るところであるが，右区割りが直ちに同項の基準に違反するとはいえないし，同条の定める基準自体に憲法に違反するところがないことは前記のとおりであることにかんがみれば，以上の較差が示す選挙区間における投票価値の不平等は，一般に合理性を有するとは考えられない程度に達しているとまではいうことができず，本件区割規定が憲法の選挙権の平等の

要求に反するとは認められない。」
四　比例代表制の合憲性（II判決）

「政党等にあらかじめ候補者の氏名及び当選人となるべき順位を定めた名簿を届け出させた上，選挙人が政党等を選択して投票し，各政党等の得票数の多寡に応じて当該名簿の順位に従って当選人を決定する方式は，投票の結果すなわち選挙人の総意により当選人が決定される点において，選挙人が候補者個人を直接選択して投票する方式と異なるところはない。複数の重複立候補者の比例代表選挙における当選人となるべき順位が名簿において同一のものとされた場合には，その者の間では当選人となるべき順位が小選挙区選挙の結果を待たないと確定しないことになるが，結局のところ当選人となるべき順位は投票の結果によって決定されるのであるから，このことをもって比例代表選挙が直接選挙に当たらないということはできず，憲法……に違反するとはいえない。」

五　政党による選挙運動の合憲性（III判決）

「(1)　改正公選法は，前記のように政党等を選挙に深くかかわらせることとしているが，これは，……選挙制度を政策本位，政党本位のものとするために採られたと解される。前記のとおり，衆議院議員の選挙制度の仕組みの具体的決定は，国会の広い裁量にゆだねられているところ，憲法は，政党について規定するところがないが，その存在を当然に予定しているものであり，政党は，議会制民主主義を支える不可欠の要素であって，国民の政治意思を形成する最も有力な媒体であるから，国会が，衆議院議員の選挙制度の仕組みを決定するに当たり，政党の右のような重要な国政上の役割にかんがみて，選挙制度を政策本位，政党本位のものとすることは，その裁量の範囲に属することが明らかであるといわなければならない。そして，選挙運動をいかなる者にいかなる態様で認めるかは，選挙制度の仕組みの一部を成すものとして，国会がその裁量により決定することができるものというべきである。」

「(2)　改正公選法の前記規定によれば，小選挙区選挙においては，候補者のほかに候補者届出政党にも選挙運動を認めることとされているのであるが，政党その他の政治団体にも選挙運動を認めること自体は，選挙制度を政策本位，政党本位のものとするという国会が正当に考慮し得る政策的目的ないし理由によるものであると解されるのであって，十分合理性を是認し得るのである。もっとも，改正公選法86条1項1号，2号が，候補者届出政党になり得る政党等を国会議員を5人以上有するもの及び直近のいずれかの国政選挙における得票率が2パーセント以上であったものに限定し，このような実績を有しない政党等は候補者届出政党になることができないものとしている結果，選挙運動の上でも，政党等の間に一定の取扱い上の差異が生ずることは否めない。しかしながら，このような候補者届出政党の要件は，国民の政治的意思を集約するための組織を有し，継続的に相当な活動を行い，国民の支持を受けていると認められる政党等が，小選挙区選挙において政策を掲げて争うにふさわしいものであるとの認識の下に，政策本位，政党本位の選挙制度をより実効あらしめるために設けられたと解されるのであり，そのような立法政策を採ることには相応の合理性が認められ，これが国会の裁量権の限界を超えるとは解されない。

そして，候補者と並んで候補者届出政党にも選挙運動を認めることが是認される以上，候補者届出政党に所属する候補者とこれに所属しない候補者との間に選挙運動の上で差異を生ずることは避け難いところであるから，その差異が一般的に合理性を有するとは到底考えられない程度に達している場合に，初めてそのような差異を設けることが国会の裁量の範囲を逸脱するというべきである。自動車，拡声機，文書図画等を用いた選挙運動や新聞広告，演説会等についてみられる選挙運動上の差異は，候補者届出政党にも選挙運動を認めたことに伴って不可避的に生ずるということができる程度のものであり，候補者届出政党に所属しない候補者も，自ら自動車，拡声機，文書図画等を

用いた選挙運動や新聞広告，演説会等を行うことができるのであって，それ自体が選挙人に政見等を訴えるのに不十分であるとは認められないことにかんがみれば，右のような選挙運動上の差異を生ずることをもって，国会の裁量の範囲を超え，憲法に違反するとは認め難い。もっとも，改正公選法150条1項が小選挙区選挙については候補者届出政党にのみ政見放送を認め候補者を含むそれ以外の者には政見放送を認めないものとしたことは，政見放送という手段に限ってみれば，候補者届出政党に所属する候補者とこれに所属しない候補者との間に単なる程度の違いを超える差異を設ける結果となるものである。原審の確定したところによれば，このような差異が設けられた理由は，小選挙区制の導入により選挙区が狭くなったこと，従前よりも多数の立候補が予測され，これら多数の候補者に政見放送の機会を均等に提供することが困難になったこと，候補者届出政党は選挙運動の対象区域が広くラジオ放送，テレビジョン放送の利用が不可欠であることなどにあるとされているが，ラジオ放送又はテレビジョン放送による政見放送の影響の大きさを考慮すると，これらの理由をもってはいまだ右のような大きな差異を設けるに十分な合理的理由といい得るかに疑問を差し挟む余地があるといわざるを得ない。しかしながら，右の理由にも全く根拠がないものではないし，政見放送は選挙運動の一部を成すにすぎず，その余の選挙運動については候補者届出政党に所属しない候補者も十分に行うことができるのであって，その政見等を選挙人に訴えるのに不十分とはいえないことに照らせば，政見放送が認められないことの一事をもって，選挙運動に関する規定における候補者間の差異が合理性を有するとは到底考えられない程度に達しているとまでは断定し難いところであって，これをもって国会の合理的裁量の限界を超えているということはできないというほかはない。したがって，改正公選法の選挙運動に関する規定が憲法14条1項に違反するとはいえない。」

〈反対意見〉（Ⅰ，Ⅲ判決共通）

「三，小選挙区間の人口格差について」について

河合伸一・遠藤光男・元原利文・梶谷玄裁判官……私たちは，多数意見とは異なり，本件区割規定は憲法に違反するものであって，本件選挙は違法であると考える。その理由は，以下のとおりである。

「一　投票価値の平等の憲法上の意義

代議制民主主義制度を採る我が憲法の下においては，国会議員を選出するに当たっての国民の権利の内容，すなわち各選挙人の投票の価値が平等であるべきことは，憲法自体に由来するものというべきである。けだし，国民は代議員たる国会議員を介して国政に参加することになるところ，国政に参加する権利が平等であるべきものである以上，国政参加の手段としての代議員選出の権利もまた，常に平等であることが要請されるからである。

そして，この要請は，国民の基本的人権の一つとしての法の下の平等の原則及び「両議院は，全国民を代表する選挙された議員でこれを組織する。」と定める国会の構成原理からの当然の帰結でもあり，国会が具体的な選挙制度の仕組みを決定するに当たり考慮すべき最も重要かつ基本的な基準である。

二　投票価値の平等の限界

1　投票価値の平等を徹底するとすれば，本来，各選挙人の投票の価値が名実ともに同一であることが求められることになるが，具体的な選挙制度として選挙区選挙を採用する場合には，その選挙区割りを定めるに当たって，行政区画，面積の大小，交通事情，地理的状況等の非人口的ないし技術的要素を考慮せざるを得ないため，右要請に厳密に従うことが困難であることは否定し難い。

しかし，たとえこれらの要素を考慮したことによるものではあっても，選挙区間における議員一人当たりの選挙人数又は人口の較差が2倍に達し，あるいはそれを超えることとなったときは，投票価値の平等は侵害されたというべきである。けだし，そうなっては，実質的に一人一票の原則を破って，1人が2票，あるいはそれ以上の投票権を有するのと同じこととなるからである。

2　もっとも，投票価値の平等は，選挙制度の仕組みを定めるに当たっての唯一，絶対的な基準ではなく，国会としては，他の政策的要素をも考慮してその仕組みを定め得る余地がないわけではない。この場合，右の要素が憲法上正当に考慮するに値するものであり，かつ，国会が具体的に定めたところのものがその裁量権の行使として合理性を是認し得るものである限り，その較差の程度いかんによっては，たとえ投票価値の平等が損なわれたとしても，直ちに違憲とはいえない場合があり得るものというべきである。したがって，このような事態が生じた場合には，国会はいかなる目的ないし理由を斟酌してそのような制度を定めたのか，その目的ないし理由はいかなる意味で憲法上正当に考慮することができるのかを検討した上，最終的には，投票価値の平等が侵害された程度及び右の検討結果を総合して，国会の裁量権の行使としての合理性の存否をみることによって，その侵害が憲法上許容されるものか否かを判断することとなる。

三　本件区割規定の違憲性

1　本件区割規定に基づく選挙区間における人口の最大較差は，改正直近の平成2年10月実施の国勢調査によれば1対2.137，本件選挙直近の平成7年10月実施の国勢調査によれば1対2.309に達し，また，その較差が2倍を超えた選挙区が，前者によれば28，後者によれば60にも及んだというのであるから，本件区割規定は，明らかに投票価値の平等を侵害したものというべきである。

2　そこで，国会はいかなる目的ないし理由を斟酌してこのような制度を定めたのか，右目的等が憲法上正当に考慮することができるものか否か，本件区割規定を採用したことが国会の裁量権の行使としての合理性を是認し得るか否かについて検討する。

(一)　選挙区間の人口較差が2倍以上となったことの最大要因が区画審設置法3条2項に定めるいわゆる一人別枠方式を採用したことによるものであることは明らかである。けだし，平成2年10月実施の国勢調査を前提とすると，この方式を採用したこと自体により，都道府県の段階において最大1対1.822の較差（東京都の人口1185万5563人を定数25で除した47万4223人と，島根県の人口78万1021人を定数3で除した26万0340人の較差）が生じているが，各都道府県において，更にこれを市区町村単位で再配分しなければならないことを考えると，既にその時点において，最大較差を2倍未満に収めることが困難であったことが明らかだからである。

(二)　もし仮に，一人別枠方式を採用することなく，小選挙区選出議員の定数300人全員につき最初から最大剰余方式（全国の人口を議員総定数で除して得た基準値でブロックの人口を除して数値を求め，その数値の整数部分と同じ数の議員数を各ブロックに配分し，それで配分し切れない残余の議員数については，右数値の小数点以下の大きい順に配分する方式）を採用したとするならば，平成2年10月実施の国勢調査を前提とすると，都道府県段階の最大較差は1対1.662（香川県の人口102万3412人を定数2で除した51万1706人と，鳥取県の人口61万5722人を定数2で除した30万7861人の較差）にとどまっていたことが明らかであるから，市区町村単位での再配分を考慮したとしても，なおかつ，その最大較差を2倍未満に収めることは決して困難ではなかったはずである。

(三)　区画審設置法は，その一方において，選挙区間の人口較差が2倍未満になるように区割りをすることを基本とすべきことを定めておきながら（同法3条1項），他方，一人別枠方式を採用している（同条2項）。しかしながら，前記のとおり，後者を採用したこと自体によって，前者の要請の実現が妨げられることとなったのであるから，この両規定は，もともと両立し難い規定であっ

たといわざるを得ない。のみならず，第八次選挙制度審議会の審議経過をみてみると，同審議会における投票価値の平等に対する関心は極めて高く，同審議会としては，当初，「この改革により今日強く求められている投票価値の較差是正の要請にもこたえることが必要である。」旨を答申し，小選挙区選出議員全員について無条件の最大剰余方式を採用する方向を選択しようとしたところ，これによって定数削減を余儀なくされる都道府県の選出議員から強い不満が続出したため，一種の政治的妥協策として，一人別枠方式を採用した上，残余の定数についてのみ最大剰余方式を採ることを内容とした政府案が提出されるに至り，同審議会としてもやむなくこれを承認したという経過がみられる。このように，一人別枠方式は，選挙区割りの決定に当たり当然考慮せざるを得ない行政区画や地理的状況等の非人口的，技術的要素とは全く異質の恣意的な要素を考慮して採用されたものであって，到底その正当性を是認し得るものではない。

本件区割規定に基づく選挙区間の最大較差は2倍をわずかに超えるものであったとはいえ，2倍を超える選挙区が，改正直近の国勢調査によれば28，本件選挙直近の国勢調査によれば60にも達していたこと，このような結果を招来した原因が専ら一人別枠方式を採用したことにあること，一人別枠方式を採用すること自体に憲法上考慮することのできる正当性を認めることができず，かつ，国会の裁量権の行使としての合理性も認められないことなどにかんがみると，本件区割規定は憲法に違反するものというべきである。」

〈反対意見〉（Ⅲ判決）
「五，政党による選挙運動の合憲性」について

河合伸一・遠藤光男・福田博・元原利文・梶谷玄裁判官……「私たちは，多数意見とは異なり，小選挙区選挙の候補者のうち，候補者届出政党に所属しない者と，これに所属する者との間に存在する選挙運動上の差別は，憲法に違反するものであり，本件選挙は違法であると考える。その理由は，以下のとおりである。」

「代議制民主主義制度を採る我が憲法の下においては，国会議員を選出するに際しての国民の権利，すなわち選挙権を自由かつ平等に行使する権利は極めて重要な基本的人権であるから，これと表裏の関係にある被選挙権，すなわち国会議員に立候補する権利を自由かつ平等に行使することができることもまた重要な基本的人権であることは，いうをまたない。そして，被選挙権の内容には，当選を目的として選挙運動を行う権利が含まれていることは当然であるから，憲法は，合理的な理由がない限り，選挙運動を行うに当たり，すべての候補者が平等に取り扱われるべきことを要請しているということができる。」

「選挙運動を行う上で平等であるということは，選挙運動に当たり，候補者は，信条，性別，社会的身分等によっては差別されないことを意味するのであり，これには特定の政党又は政治団体に所属するか否かによって差別されないことも当然含まれるのである。

ところが，改正公選法の衆議院議員の候補者の選挙運動に関する規定をみると，小選挙区選挙における立候補につき，同法86条は，1項各号所定の要件のいずれかを備えた政党その他の政治団体が当該団体に所属する者を候補者として届け出る制度を採用し，これとともに，候補者となろうとする者又はその推薦人も候補者の届出をすることができるものとしている。そして，右の候補者の届出をした政党その他の政治団体（候補者届出政党）は，候補者本人のする選挙運動とは別に，一定の選挙運動を行うことができるほか，候補者本人はすることのできない政見放送をすることができるものとされている。」

「小選挙区選挙において候補者届出政党に認められている選挙運動のうち，候補者自身の選挙運

動に上積みされると評価することができるものは，それだけで優に候補者本人に認められた選挙運動量に匹敵する程のものがあると考えられるところ，特に，改正公選法150条1項が，小選挙区選挙において，候補者届出政党にのみ政見放送を認め，候補者を含むそれ以外の者には政見放送を認めないとしたことは，候補者届出政党に所属する候補者とこれに所属しない候補者との間に，質量共に大きな較差を設けたというべきである。

政見放送についてこのような差異を設けた根拠については，選挙区が狭くなったこと，従前より多数の立候補が予測され，候補者に政見放送の機会を均等に提供することが困難になったこと，候補者届出政党は，選挙運動の対象区域が広く，ラジオ放送，テレビジョン放送の利用が不可欠であること等と説明されているが，これは，今日におけるラジオ放送又はテレビジョン放送の影響力の大きさや，全国各地に地方ラジオ放送局，地方テレビジョン放送局が普及している事実を軽視するものであって，到底正当な理由とはなり得ない。また，政見放送は，これのみを切り離して評価すべきものではなく，候補者届出政党に認められた他の選挙運動と不可分一体のものとして，候補者に認められた選挙運動との比較検討をすべきものである。

以上を総合すると，候補者届出政党に所属する候補者の受ける利益は，候補者届出政党にも選挙運動を認めたことに伴って不可避的に生じる程度にすぎないというのは，あまりにも過小な評価といわざるを得ず，候補者届出政党に所属する候補者と，これに所属しない候補者との間の選挙運動上の較差は，合理性を有するとは到底いえない程度に達していると認めざるを得ない。」

「したがって，改正公選法の小選挙区の選挙運動に関する規定は，候補者が法の定める一定の要件を備えた政党又は政治団体に所属しているか否かにより，合理的な理由なく，選挙運動の上で差別的な扱いをすることを容認するものであって，憲法14条1項に反するとともに，国会の構成原理に反する違法があるというべきである。」

基本解説

本件判決には，主として①小選挙区制度自体の合憲性，②小選挙区の区割り規定による投票価値不平等の合憲性，③比例代表制度の合憲性，④小選挙区と比例代表の重複立候補制度の合憲性，⑤小選挙区選挙において候補者届出政党に選挙運動を認める規定の合憲性の，5つの憲法上の争点が含まれている。そして，すべての争点を通じて本件判決の基調をなしているのは，⑥選挙制度に関する国会の広い裁量権の承認である。

① 小選挙区制度自体の合憲性

小選挙区制には，選挙結果に反映されない投票，すなわち死票が多く発生する，その結果国民の投票行動が議会の構成に正確に反映されず，大政党ないし多数党が得票率に比して過大な議席を獲得するといった欠点が指摘される。他方で，国会に安定した二大政党制を定着させるのに適している，国民が直接政権を選択することができるといった長所も指摘される。これらの点を憲法上どのように評価するかは，憲法が国会議員を「全国民の代表」であると定めていることの意味をどのように理解するかにかかっている。

日本国憲法の定める「全国民の代表」の意味を，選出された議員が個別の選挙区の代表ではなく，選挙民の具体的な意思と関わりなく全国民の利益の観点から行動すべきであるとする「古典的代表」の意味で理解するならば，この意味の代表は特定の選挙制度を志向するものではなく，小選挙区制の採用も憲法上何ら妨げられないことになる。これに対して，「全国民の代表」の意味を，選挙によって表明された現実

の民意をできる限り正確に議会に反映するという「社会学的代表」(「半代表」)の意味で理解すると，国民の意思表明の相当部分が「死票」となって議会に反映されない小選挙区制度には憲法上の疑問が生ずる。学説上，日本国憲法の代表制が「社会学的代表」の意味を含んでいることは広く承認されているが，これが他の代表観に基づく選挙制度を否定することまで意味するかには疑問の余地があろう。

② 小選挙区における投票価値不平等の合憲性

小選挙区の区割りは，衆議院議員選挙区確定審議会設置法に基づいて設置された審議会の勧告に基づいて決定された。区割りの原則は同法3条に定められており，同条1項は，各選挙区の人口の均衡を図り，最大格差が1対2以上とならないようにすることを基本とし，行政区画，地勢，交通等の事情を総合的に考慮して合理的に行わなければならないとする。また同条2項によると，各都道府県にまず1選挙区を配分した上で，残りの選挙区を各都道府県に人口に比例して配分するものとされている（一人別枠方式）。

この2つの要請は，もともと両立の困難なものである。すべての都道府県にまず一選挙区を配分してしまうと，残りの選挙区をいかに人口に正確に比例して配分しようとも，選挙区を過大に配分された都道府県と，過小に配分された都道府県との間にかなりの格差が生ずる。この結果，小選挙区間には当初から1対2を超える人口の格差があった。多数意見は，一人別枠方式の採用を国会の裁量の範囲内であると認め，その結果として生じた1対2を超える人口格差についても，選挙権の平等の要求に反しないとした。これに対し4裁判官の反対意見（福田裁判官の個別反対意見も結論的にはこれに同意する）は，1対2の格差を憲法上許される上限とする観点から，一人別枠方式をとる以上人口格差を1対2未満に収めることが困難であるとして，この方式を採用すること自体に憲法上の正当性を認めず，本件区割り規定が憲法に違反すると判断している。

③ 比例代表選挙の合憲性

前述の「社会学的代表」の考え方によれば，比例代表選挙の方が，国民の意思を議会に正確に反映できる点で優れていることになる。これに対して，近年，選挙によって表明される国民の意思を内閣の構成にまで反映させようとする立場（国民内閣制論）から，比例代表制の場合には国民の投票がかならずしも内閣の構成に反映されず，政党間の連立工作によって決定されることが多いため，むしろ2大政党のどちらに内閣を委ねるかを国民が直接決定できる点で小選挙区制の方が望ましいとも主張されている。

④ 小選挙区と比例代表の重複立候補制度の合憲性

改正公選法による衆議院の比例代表選挙では，小選挙区に立候補している候補者も，同時にその所属する政党等の名簿搭載候補者となることができる（重複立候補制度）。この制度によると，小選挙区において落選した候補者であっても，比例代表選挙において所属政党が議席を獲得すれば，名簿の順位に従って当選者となることができる。

「社会学的代表」の考え方からは，比例代表選挙によって民意が議会に反映される以上，名簿搭載候補者が小選挙区で落選した者であったとしても，それが民意に反することにはならない。これに対して，近年，憲法15条1項が，国民に対して公務員の選定のみならず罷免の権利をも認めていることから，選挙人には国会議員の再選を拒否する権利が保障されるとして，特定の候補者を拒否できる制度としての小選挙区制度を憲法上の要請とする考え方も主張されている。この考え方からは，選挙人が拒否した候補者が当選人となりうる制度には憲法上の疑問が生ずる。いずれにしても，憲法が特定の代表のあり方を拘束的に定めており，他の代表のあり方を排除していると解しない限り，小選挙区制，比例代表制あるいは重複立候補制をとること自体を違憲と考えることは困難であろう。

⑤ 小選挙区選挙において候補者届出政党に

選挙運動を認める規定の合憲性

改正公選法では，政党本位，政策本意の選挙を実現するとの観点から，小選挙区選挙において候補者だけでなく，①5人以上の国会議員を有する政党，または②直近の国会議員選挙で有効投票総数の100分の2以上を獲得した政党（このいずれかの要件を満たす政党が「候補者届出政党」となることができる）にも，選挙運動が認められることになった。この結果，政党に所属する候補者と無所属の候補者との間に，公選法上認められる選挙運動に大きな差異が生ずることになった。とりわけ，ラジオ・テレビによる政見放送は，候補者届出政党だけに認められることになり，無所属の候補者は放送を通じて有権者に政見を伝える機会を失った。

この点について多数意見は，選挙運動の規制についても，選挙制度の仕組みの一部として国会の裁量権の範囲内であるとして，政党所属候補者と無所属候補者の間の差異の合理性に疑問を呈しながらも，これが国会の合理的裁量の限界を超えておらず，合憲であるとの結論にいたっている。これに対して5裁判官の反対意見は，選挙運動を行う権利が被選挙権の内容に含まれており，被選挙権は選挙権と表裏の関係にあるものとして憲法上極めて重要な基本的人権であるとの観点から，国会の裁量を前提とせず，現実に存在する差異の合理性を自ら審査して，違憲の結論を導いている。ここでも，選挙運動の規制について立法裁量論による審査基準の緩和を認めるか否かが判断の分かれ目となっている。

⑥　選挙制度に関する国会の広い裁量権の承認

前述のとおり（PartⅢ「理論編」の1），もともと選挙における平等は，立法裁量論による審査基準の緩和に最もなじみ難い領域である。選挙権が国民主権を定める憲法の下で最も重要な権利の1つであり，選挙制度の決定が選挙における候補者の一部である国会議員によって行われる以上，自分たちに有利な制度を恣意的に決定する危険が常に存在するからである。この危険は，改正公選法による選挙制度および選挙運動規制に顕著に現れている。その根拠の当否はともかくとして，実際に採用された選挙制度と選挙運動規制は，結果的に国会の多数を占める大政党所属の議員にきわめて有利な制度であり，彼らの議席を脅かす外部からの挑戦者に対して大きなハンディキャップを負わせるものとなっている。それだけでこの制度が憲法に違反するという結論が導かれるわけではないが，少なくとも選挙の場面で要求される徹底した平等の要請からの逸脱に合理的理由があるか否かを，裁判所が厳格な基準に基づいて審査することが必要であろう。

設問1

(1) 小選挙区制および比例代表制の長所と短所をそれぞれ指摘せよ。

(2) 公選法が衆議院議員選挙において採用している「小選挙区比例代表並立制」の長所と短所をそれぞれ指摘せよ。

(3) 候補者が選挙運動を行う権利は憲法で保障されているといえるか。それはどの条文に関係するか。

設問2　最高裁判決の立場に立った場合，以下のような選挙制度は憲法に違反するか。反対意見の立場に立った場合はどうか。

(1) 衆議院議員選挙について，選挙と同時に特定の議案に関する住民投票を行い，選出された議員の議院における表決を住民投票の結果によって拘束する制度。

(2) 参議院議員について，国民による直接選挙とすることをやめ，都道府県議会の議員が参議院議員を選挙する制度。

(3) 参議院議員の選挙の仕組みを，衆議院議員のそれと全く同一にする制度。

(4) 各都道府県に人口に比例した数の議員を配分し，配分された数の議員をそれぞれの都道府県においてどのような方法で選出するかの定めを，各都道府県の条例にゆだねる制度。

(5) 候補者個人による選挙運動を一切禁止し，候補者届出政党にのみ選挙運動を認める制度。

〔参考文献〕

芦部信喜『憲法学Ⅲ　人権各論(1)』（有斐閣，1998）65頁以下

辻村みよ子『「権利」としての選挙権』（勁草書房，1989）

辻村みよ子「小選挙区比例代表並立制選挙の合憲性」ジュリスト 1176 号（2000）58 頁

常本照樹「議員定数判決の構造」月刊法学教室 211 号（1998）81 頁

同「議員定数判決の展開」月刊法学教室 212 号（1998）94 頁

山元一「議員定数不均衡と選挙の平等」憲法判例百選Ⅱ（有斐閣，第 4 版，2000）326 頁

安念潤司「議員定数不均衡と改正の合理的期間」同上 328 頁

辻村みよ子「議員定数不均衡と参議院の特殊性」同上 330 頁

和田進「議員定数不均衡と地方議会の特殊性」同上 332 頁

只野雅人「衆議院小選挙区比例代表並立制の合憲性」同上 334 頁

和田進「議員定数配分の不均衡」憲法の争点（有斐閣，第 3 版，1999）162 頁

毛利透「選挙制度」同上 190 頁

（宮地　基）

17 政党と代表民主制

参政権

〔論点〕

(1) 政党の自律性と司法審査の限界
　日本国憲法における政党の位置付け，ならびに保障される政党の自律権はいかなるものであり，この観点から政党の内部紛争に対する司法権の介入は，いかなる限界をもつか。

(2) 現代代表民主制における民意の国政への反映の意味
　「社会学的代表制」として理解される現代代表民主制においては，国民代表と有権者との間の「自由委任」の原理は一定の変容を受けるが，それはいかなるものか。

(3) 名簿式比例代表選挙における当選者と繰上補充当選可能性のある落選者の法的地位
　現代代表民主制では，比例代表制選挙に参加した政党の名簿に登載された者の法的地位はいかなるものとして考えるべきか。特に，選挙後の除名や自発的離党との関係で，当選者と繰上補充当選の可能性をもつ落選者との間の法的地位の違いは，いかなる説明がなされるべきか。

(4) 比例代表選挙参加政党における名簿登載落選者の除名と「民主的で公正な適正手続」
　比例代表選挙に参加した政党において，選挙後に繰上補充による当選の可能性をもつ落選者を除名する場合，その除名に「民主的で公正な適正手続」を必要とする憲法論はあるか。

Part I 基本となる素材

日本新党繰上補充事件

最高裁平成 7 年 5 月 25 日第一小法廷判決
平成 7 年（行ツ）第 19 号選挙無効請求事件
民集 49 巻 5 号 1279 頁，判時 1531 号 3 頁
〔参照条文〕　憲 15 ①，21，43 ①　公選（平 6 改正前）86 の 2 ⑤⑥，98 ②③，122 ②④，208

X ＝原告，被上告人（Z と D も参加）
Y ＝被告，上告人

❖ 事実の概要

　原告（X）は，1992（平成 4）年 7 月 26 日の参議院の拘束名簿式比例代表選挙において，日本新党（Z）が公職選挙法（平成 6 年法改正前のもの。以下「法」と略称）86 条の 2 第 1 項に基づき提出した同党比例代表議員候補者名簿の第 5 順位に記載されていたが，同党の得票数に応じて配分され

た同党議席数が4つだったため当選できず、次点となった。法112条2項は、参議院比例代表選出議員の欠員が生じた場合には選挙会を開き、当該議員に係る名簿の登載者で落選した者の内から、その名簿上の順位に従って繰上当選者を決定することになっていたため、Xは第1位の繰上当選可能性を有することとなった（なおXは同党常任幹事でもある）。

1993（平成5）年6月18日に衆議院が解散され、7月18日に総選挙が行われることとなり、前記参議院比例代表選挙で当選した同党の代表A（名簿1位）とB（2位）が参議院議員を辞職し総選挙に出馬することとなったため、Xは繰上補充当選を期待するにいたった。しかし6月22日にXは同党本部から呼び出され、信頼関係がなくなったことを理由に、Aから参議院比例代表選挙の名簿登載者たる地位を辞退する旨の申し入れを受けた。翌23日、Xが辞退しない旨回答したところ、同日、同党はまず党紀委員会を開き、Xについて党幹部としての不適当な言動や、衆議院選挙立候補の試みとその取止めの経緯、役員会での審議状況の外部漏洩について説明がなされ、党則13条2号の「党員としての適格性を著しく欠くと認められるに至ったとき」に当たるとして、全員一致で除名処分を決定した。引き続き同党は、臨時常任幹事会を開催し、出席者全員でXを除名することを決定し、同日中にXについて「名簿届出政党等に所属する者でなくなった旨の届出書」を「除名の手続に関する文書及び宣誓書」とともに中央選挙管理会選挙長（本件選挙の選挙長）に提出した。これは翌24日に受理された。他方24日夜、Xは、同党事務局長から電話で「常任幹事会で除名に決した」旨を伝えられた。この除名手続の間、Xは特にこの手続に参加する機会もなく、また党紀委員会や常任幹事会から除名理由の告知を受けることも、弁明、反論等の機会を得ることもなかった。もっとも、同党規約には特にこうした手続は定められておらず、一応本件は、同党規約の手続に則った除名であった。

前記総選挙は7月4日に公示され、AとBが候補者として届出をしたため、法90条により参議院議員の地位を失うこととなった。そこで本件選挙長は本件選挙の選挙会を開催し、法112条2項に従い、除名されたXを除いた届出名簿から順位6位のCと7位のDの繰上補充当選を決定し、7月16日にその旨告示した。これに対しXは、本件除名の不存在ないし無効を理由に、法208条の規定に従い、本件中央選挙会（Y）を被告として東京高裁に当選訴訟を提起し、Dの当選無効を求めた（なお上告審では、ZとDも訴訟参加している）。

❖ 第1審＝東京高裁

東京高裁平成6年11月29日判決
判時1513号60頁

❖ 当事者の主張（争点）

〈事実にかかる主張〉

原告と被告の間に主要な対立はない。

〈法的な根拠にかかる主張〉

原告……①本件除名は存在しないか、または手続的適正と除名理由の実体を欠いているから違法・無効。②拘束名簿式比例代表選挙では、名簿登載者とその順位は有権者に対する各党の公約の重要な一部を構成するから、国民の政治意思を排除する投票後の除名権濫用は許されない。③除名手続記載文書と宣誓書を審査する際、Yは選挙時に提出された党則等との照合をせず、審査義務を尽くさなかった違法あり。④私人（政党）の行為を前提とする行政行為（当選人決定）につき、事後的に私人の行為の瑕疵が判明した場合には、これを前提とする行

政行為も瑕疵を帯びる。⑤無効な除名を前提としてされた除名届出も，また当選人決定も無効である。

被告……①政党は，組織と活動の自由が確保されてこそ国民と国会を結びつける媒体機能を発揮できるから，政党の内部秩序への権力介入は十分慎重であるべき。②拘束名簿式比例代表選挙の名簿登載者選定基準と選定手続は，政党の内部秩序の基本として政党自身が決定すべき。③名簿登載者の選定も除名も政党の内部事項であるから，その書類の届出にあたり選挙長は形式的審査権のみを有し，実質的審査権を有しない。④選挙長が形式的審査により除名届出を有効に受理した場合，繰上補充のための選挙会による当選人の決定も当然適法有効になる。⑤除名届出の受理は，政党内部の除名行為の効力とは全く関係なく判断されるべき問題である。

❖ 法的構成
(a) 選挙長による除名届出の審査と選挙会による繰上補充当選人の決定の法的性格について

法が，選挙長の除名届出についての審査事項と選挙会による繰上補充当選人決定についての審査事項をいずれも形式的な事項にとどめているのは，「政党が憲法21条1項の結社の自由保障規定により最大限の自治ないし自律が保障されているところから，政党のその所属員についての規律にかかわる除名については，行政庁において，当該政党の自治規範における除名手続に関する記載及びかかる手続に基づいて除名がされたことの記載のある前示書面等を尊重し，右除名届出の効力につき形式的に判断することを許容するとともに，これにより行政権による政党への不当な介入又はそのおそれが生じるのを排除するためであると解される。」

(b) 当選訴訟の趣旨・目的とその範囲について

法が，選挙長等による審査と虚偽の宣誓者に対する処罰の他に当選訴訟の制度を設けているのは，「1条所定の『日本国憲法の精神に則り』『参議院議員……を公選する選挙制度を確立し，その選挙が選挙人の自由に表明せる意思によって公明且つ適正に行われることを確保し，もって民主政治の健全な発達を期する』という目的（1条）を実現し，法の定める選挙秩序を維持するため，当選訴訟を通じて，右選挙長及び選挙会による審査並びに罰則のみによっては必ずしも達成されない選挙秩序の実質的な維持・実現を図ることにある」。「前記のような当選訴訟の趣旨・目的を考慮すると，右のような選挙会の判断それ自体に過誤がなくても，その判断の前提ないしは基礎をなし，かつ，当該選挙の基本的秩序を構成している事項が法律上欠如していると認められ，したがって，選挙会の当選人の決定の効力がその存立の基礎を失い無効と認めるべき場合も含まれるものと解するのが相当というべきである。」

(c) 不存在又は無効な私人の行為を前提とする行政行為の有効性について

「一般的に，行政行為が私人の行為を前提として行われる場合において，当該私人の行為が不存在又は無効であるとき，右行政行為の効力にどのような影響を及ぼすと考えるべきかは，私人の行為の法的性質，当該行政過程において占める私人の行為の重要性等を考慮して判断することを要するものと解すべきであり，私人の行為であっても，それが公的性質を有すると認められるほどに行政行為と深い関連性を有し，当該行政過程において占める位置が重要なものであって行政行為の実質的要件を構成しているものと認められる場合において，私人の行為が不存在又は無効であるときは，行政行為それ自体に行政庁の判断過誤等の瑕疵がなくても，行政行為は無効であると解すべきである。」

(d) 政党による名簿登載者の選定及び除名の法的性質について

拘束名簿式比例代表制選挙においては，「この名簿登載者の選定は，公的ないしは国家的性質の

強いものというべきであるのみでなく，……その選挙機構の必要不可欠かつ最も重要な一部を構成しているものであって，当選人決定の実質的な要件をなしている」。「拘束名簿式比例代表制のもとにおいては，選挙人は政党に対して投票するものであるが（46条2項），憲法43条1項の規定上議員個人を選ぶ選挙であるとの基本的枠組みを維持するため，選挙人の右政党の選択は名簿登載者及びその順位をも考慮してされるものであり，法的にもこれが保障されているものであるところ……，いったん届けられた名簿に基づいて投票が行われた後においてされる政党の除名は，名簿登載者及びその順位を考慮してされた選挙人の右投票についての意思……をも無視することとなるものであるから，名簿登載者の選定についての法的性質及び拘束名簿式比例代表制のもとにおける参議院議員の選挙機構において占めるその重要性，右選定が当選人決定のための実質的要件をなしていると解すべきであることについての右……の説示の趣旨は，当該名簿に基づいて投票がされた後においてされる政党の名簿登載者についての除名，ひいてはこれを前提としてされる当選人の決定については，より一層強く妥当する」。

(e) 政党における適正な党内手続の要請と政党の自律権保障との関係について

政党に対し，その自治規範が定めていない民主的かつ公正な適正手続を遵守すべきものとし，これに従わないでされた除名を無効と解すべきかどうかは，政党には憲法21条1項により最大限の自治・自律が保障されていることとの関係上，慎重に検討しなければならない。

(f) 当選訴訟における除名手続の審査のあり方について

「法は，繰上補充による当選人の決定のための事由の一つである政党の名簿登載者に対する除名については，当該政党が除名のためにその自治規範において民主的かつ公正な手続を定め，それに従ってなされるべきことを予定しているものと解される」。このような手続によって除名がなされるべきことは，「法が拘束名簿式比例代表制による参議院議員の選挙について予定する選挙秩序の一部」を構成すると解されるから，「当該政党の自治規範が右のような法の予定する除名手続を定めていないときには，当選訴訟において，民主的かつ公正な適正手続に基づいて右除名の効力を判断することは法の趣旨・目的に合致するものというべき」である。

(g) 適正な除名手続と公序良俗との関係について

現代の政党は，「公共的任務又は役割を担った存在であり，その組織はもとより，所属員に対する規律・統制等も民主的であるべき」であり，とりわけ拘束名簿式比例代表制の参議院議員選挙では，「86条の2第1項1号ないし3号所定の要件の全部又はそのいずれかを具備した政党にのみ認められる特別な地位又は権限に基づき，当該政党が名簿登載者の選定をし，その届出に係る名簿に基づいて投票が行われた後においては，右名簿登載者について当該政党のする除名は前示のように国家公務員である国会議員の選定過程の最も重要な一部にかかわるものであって，公的ないしは国家的性質を有し，単に政党の内部事項にとどまるとはいえないものというべきであるから，少なくとも右の除名を行うにあたっては，当該政党が，除名対象者に当該手続の主体としての地位を与えて参加させ，除名対象者に対し前記のような告知・聴聞の機会を与えることは，除名手続が民主的かつ公正なものであるためにも，また，除名が除名事由に該当する真実の事実に基づいてされることを保障するためにも，必要不可欠なものというべきであり，したがって，右除名にあたり，除名対象者を当該手続の主体とし，これに対し告知・聴聞の機会を与えることは，最大限の自治ないしは自律が認められるべき政党においても遵守されるべき公序というべきであり，これが遵守されなかったときには，政治的批判の対象ないしは政治責任の問題であるにとどまらず，当該除名は公序良俗に反する無効なものと解するのが相当」である。

(h) 司法による政党の自律権に対する不当な介入のおそれについて

「当選訴訟において，政党のその所属員に対する除名についてであっても，右のような観点からないしは判断基準のもとにおいて，右除名の存否又は効力を審理判断することは，当選訴訟の前記趣旨・目的に合致するものというべきであり，司法判断適合性に欠けるところもない」。「当選訴訟において審理判断すべき事項を司法判断適合性を有するものに限定する限り，司法による政党の自治ないしは自律に対する不当な介入又はそのおそれはない」。

(i) 利害関係者の訴訟不参加問題について

本件訴訟において，ZおよびDは当事者ではないが，「右両名はいずれも本件訴訟に参加することができたものであり，また，職権に基づく証拠調べにより，事実関係を明らかにすることができるから，右両名が本件訴訟の当事者でないことは，本件訴訟において，日本新党が原告に対してした除名の効力につき判断する妨げにはならない」。

(j) 本件除名と当選人決定の有効性について

「右認定の事実に照らすと，本件除名が日本新党の自治規範である党則の定める除名に関する手続に一応従ってなされたといえるが，日本新党の本件党則の除名に関する規定は，除名対象者を除名手続における主体としての地位を承認して参加させ，除名対象者に対し，除名要件に該当する具体的事由を予め告知したうえ，それにつき除名対象者から意見を聴取し又は除名対象者に反論若しくは反対証拠を提出する機会を与える等民主的かつ公正な適正手続を定めておらず，かつまた，本件除名が民主的かつ公正な適正手続に従ってなされたものでないことは，前記認定のとおりであるから，本件除名は公序良俗に反する無効なものというべきである。」「以上のとおり，本件除名は法律上無効というべきであるから，これが有効であることを前提としてされた本件選挙会の本件当選人決定は，その存立の基礎を失い無効に帰す」る。

◈ あてはめ

(a)「右認定の事実によると，本件選挙長の本件除名届出の受理にあたっての審査に義務違反があったとはいえず，また，本件選挙会のした本件当選人決定に係る判断それ自体に過誤があったとはいえない」。

(b)〜(d)「政党の名簿登載者についてした除名が存在しないか又は無効である場合には，選挙会が，除名手続書及び宣誓書に基づいて，右除名が存在し，かつ，有効であることを前提としてされた繰上補充による当選人の決定は，その存立の基礎を失い，無効に帰するものと解すべきである」。

(e)〜(g)「拘束名簿式比例代表制による参議院議員の選挙において，いったん届け出られた名簿に基づいて投票が行われた後における名簿登載者に対してする当該政党の除名については，民主的かつ公正な適正手続を遵守すべきものとし，これに従わないでされた除名は，これを無効と解するのが相当というべきである」。

(h)〜(j) 平成4年7月26日の参議院議員比例代表選挙について選挙会が平成5年7月15日にした決定および被告が同月16日にした告示に係るDの当選は，これを無効とすべきである。

❖ 上告審＝最高裁

◈ 上告理由

①選挙会の判断に過誤がなくても，当選訴訟において除名自体の存否とその効力の有無を判断できるとする解釈は，政党に対する国家権力の不当な介入を排除して政党の自律性の確保を図ろうとする法の趣旨に反し，かつ行政機関が第一次的判断権を行使しない除名自体の有効性に関して裁判所が直ちに司法判断を行うことは，行政事件訴訟の本旨に反する。②政党による党員の除名は，そ

の本質において当該政党の自治・自律に委ねられた団体内部の私的行為であり，政党の内部的自律権に属する行為は，法律に特別の定めのない限り尊重されるべきであるから，政党がした除名の当否については，原則として自律的な解決に委ねるのが相当である。③公正な適正手続を欠くことが公序良俗に反するのは，社会一般に，政党による党員の除名には公正な適正手続を履践することが必要であるとの認識が確立し，通常人であればかかる規定ないし手続を欠く除名の効力を否定するのが当然と考える場合に限られるが，日本では未だにこのような認識は確立していないから，原判決には民法90条の解釈適用の誤りがある。④原判決は，本件除名がZとの関係でどのような効力をもつか不明である。⑤（訴訟参加人の上告理由）政党の自治を最大限保障する憲法21条1項違反，政党の自主的判断を尊重する公選法の解釈過誤，法定事由以外の客観訴訟を作り出す点で公選法208条の解釈過誤，職権によるZとDの訴訟参加を怠り，両名に不利な判決を下した点で行訴法22条1項違反，結成間もないZの個別事情を一切考慮せず，本件処分を公序良俗違反で無効とする点で民法90条の解釈過誤，告知・弁明・反論の機会が事実上保障されていたことを無視した点で明白な事実誤認等。

❖ **法的構成**

(a) 除名を理由とする名簿登載者の繰上補充対象者からの除外に関する公選法の規定について

法は，「選挙会が当選人を定めるに当たって当該除名の存否ないし効力を審査することは予定」しておらず，「たとい客観的には当該除名が不存在又は無効であったとしても，名簿届出政党等による除名届に従って当選人を定めるべきこととしている」。

(b) 政党の内部的自律権から見た名簿登載者の除名に対する選挙会の審査権の範囲について

「法が名簿届出政党等による名簿登載者の除名について選挙長ないし選挙会の審査の対象を形式的な事項にとどめているのは，政党等の政治結社の内部的自律権をできるだけ尊重すべきものとしたことによる」。「政党等の政治結社は，政治上の信条，意見等を共通にする者が任意に結成するものであって，その成員である党員等に対して政治的忠誠を要求したり，一定の統制を施すなどの自治権能を有するものであるから，各人に対して，政党等を結成し，又は政党等に加入し，若しくはそれから脱退する自由を保障するとともに，政党等に対しては，高度の自主性と自律性を与えて自主的に組織運営をすることのできる自由を保障しなければならないのであって，このような政党等の結社としての自主性にかんがみると，政党等が組織内の自律的運営として党員等に対してした除名その他の処分の当否については，原則として政党等による自律的な解決にゆだねられているものと解される」。「政党等から名簿登載者の除名届が提出されているにもかかわらず，選挙長ないし選挙会が当該除名が有効に存在しているかどうかを審査すべきものとするならば，必然的に，政党等による組織内の自律的運営に属する事項について，その政党等の意思に反して行政権が介入することにならざるを得ないのであって，政党等に対し高度の自主性と自律性を与えて自主的に組織運営をすることのできる自由を保障しなければならないという前記の要請に反する事態を招来することになり，相当ではない」。

(c) 当選訴訟の対象範囲について

法208条の当選訴訟では，「当選が無効とされるのは，選挙会等の当選人決定の判断に法の諸規定に照らして誤りがあった場合に限られる。選挙会等の判断に誤りがないにもかかわらず，当選訴訟において裁判所がその他の事由を原因として当選を無効とすることは，実定法上の根拠がないのに裁判所が独自の当選無効事由を設定することにほかならず，法の予定するところではない……。このことは，名簿届出政党等から名簿登載者の除名届が提出されている場合における繰上補充による当選人の決定についても，別異に解すべき理由はない。」「政党等の内部的自律権をできるだけ尊

重すべきものとした立法の趣旨にかんがみれば，当選訴訟において，名簿届出政党等から名簿登載者の除名届が提出されているのに，その除名の存否ないし効力という政党等の内部的自律権に属する事項を審理の対象とすることは，かえって，右立法の趣旨に反することが明らかである。」

　　(d)　本件当選人決定の無効性を論じるその他の可能性

　「前記の事実関係によれば日本新党による本件除名届は法の規定するところに従ってされているというのであるから，日本新党による被上告人の除名が無効であるかどうかを論ずるまでもなく，本件当選人決定を無効とする余地はない」。

　❖ **あてはめ**

　(a)〜(c)　「名簿届出政党等による名簿登載者の除名が不存在又は無効であることは，除名届が適法にされている限り，当選訴訟における当選無効の原因とはならない」。

　(d)　「論旨は理由があり，その余の論旨について判断するまでもなく，原判決は破棄を免れない。そして，前記説示に照らせば，被上告人の請求を棄却すべきである。」

基本解説

(1)　高裁判決と最高裁判決を分けた憲法上の論点の相違

　本件高裁判決と最高裁判決は，拘束名簿式比例代表選挙における名簿登載者の除名届出の取り扱いに関する選挙長・選挙会の権限については同じ判断を下している。すなわち両判決とも，この制度を定めた公選法が選挙会等に与えているのは形式的事項の審査権にとどまり，選挙会等は形式的要件さえ整っていれば，除名された者を当選人となりうる地位から除外すべきことを認めるのである。両者の相違は，高裁が当選訴訟の意義について，参議院選挙が「日本国憲法の精神に則り」，「選挙人の自由に表明せる意思によって公明かつ適正に行われることを確保し，もって民主政治の健全な発達を期する」という公選法1条の目的に着目し，これを実現するために，「当選訴訟を通じて，右選挙長及び選挙会による審査及び罰則のみによっては必ずしも達成されない選挙秩序の実質的な維持・実現を図ることにある」と見て，この観点から，選挙会の判断自体が誤っていなくても，前記目的を達成するために実質的に必要な事項について当選訴訟で審査できるとしたのに対して，最高裁は，当選訴訟の対象事項を公選法が明示するものに限定し，したがって政党から提出された除名届出を選挙会等が形式的な観点から適法に受理している場合には，当該当選人の決定を無効とする余地はないと判断したところにある。このように高裁と最高裁の判断に違いが出るのは，それぞれが本件当選訴訟の意義について異なる考えをもつからであるが，さらにその背景には，拘束名簿式比例代表制の参議院議員選挙における政党，その選挙名簿登載者，その名簿に投票した有権者の3者が関わる紛争を，いかなる憲法原理・規範を用いて解決するかについての大きな相違があったからである。

　高裁判決は，本件選挙において有権者の意思の尊重に重点を置いて考えている。すなわち同判決は，拘束名簿式比例代表選挙における政党への投票に，「名簿登載者及びその順位をも考慮してされた選挙人の右投票についての意思」を見て，この有権者の意思を尊重しうる制度的担保が，除名と繰上当選の手続にも具備されていなければならないと判断したのである。もちろん高裁にとっても，政党による除名届出に際して法律上規定されていない選挙会による実質的審査を行うことまでは認めていない。それは行政権による政党の自律権への介入となるからである。しかし高裁が，当選訴訟の枠組みのなかで司法権は政党の除名処分の実質的適法性を

判断できるとし，この判断に基づき，除名届出による選挙会の繰上補充当選判断の有効性までも判断できるとしたのは，司法権には，憲法の要求する「選挙秩序の実質的な維持・実現」を担うべき義務があると考えたからである。しかし実際には，高裁判決では，憲法のいかなる原理・規範が，名簿登載者やその順位までも有権者の選択として尊重されるべきことを命じているのかが明確でない。この点は，憲法が要求する現代代表民主制をいかに理解するのかに関わっており（本ユニットPart Ⅲ「理論編」参照），この点の論証不足は高裁判決にとり致命的であった。

一方，最高裁判決は，本件訴訟に適用する憲法原理・規範を現代代表民主制ではなく，政党の自律権と司法審査権の限界をめぐる原理・規範に求めている。それがいわゆる「部分社会の法理」である。他方で，拘束名簿式比例代表制を採用する場合，これに対応する代表民主制の憲法原理はいかなるものであると考えるべきかという論点については，最高裁は一切触れていない。これは最高裁が，憲法47条につき選挙制度・投票方法を国民代表府の立法裁量に委ねた規定と解していることを暗に示すものであり，これ自体，最高裁が現代代表民主制に関する特定の立場を採用していることを示すものといえよう。

(2) 政党の内部的自律権と「部分社会の法理」

本件高裁判決は，憲法21条1項を政党の内部自律権保障の根拠とする。最高裁も政党の内部的自律権の保障を述べるが，その根拠として憲法21条1項を特に明示しておらず，従来もそうしてこなかった。最高裁は，議会制民主主義における政党が「国民の政治意思を形成する最も有力な媒体」であることを初めて認めた「八幡製鉄政治献金事件」（最大判昭和45年6月24日民集24巻6号625頁）においても，「憲法は，政党の存在を当然に予定しているものというべき」としか述べていない。また政党の内部的自律権と司法審査の範囲に関する先例であり，本件最高裁判決も依拠する「共産党幹部除名事件」（最三小昭和63年12月20日判時1307号113頁）でも，「政党は，政治上の信条，意見等を共通にする者が任意に結成する政治結社であって，内部的には，通常，自律的規範を有し，その成員である党員に対して……一定の統制を施すなどの自治権能を有するものであり，国民がその政治的意思を国政に反映させ実現させるためのもっとも有効な媒体であって，議会制民主主義を支える上においてきわめて重要な存在である」と述べるにとどまっている。これは最高裁が，個々の憲法規定から直接に導かれる限りで司法審査の限界を画するという考え方ではなく，むしろ憲法規定を超えて，国法秩序には「一般市民社会」と「特殊な部分社会」の2つの法秩序が並存するという考え方を採用していることを示すものである。

公的なものであれ私的なものであれ，政党，労働組合，大学，地方議会，宗教法人等を「特殊な部分社会」として一括して特別扱いし，「自律的法規範をもつ社会ないし団体内部の紛争に関しては，その内部規律の問題にとどまる限りその自治的措置に任せ，それについては司法審査が及ばない」とする考え方を「部分社会の法理」と呼ぶ（野中他後掲Ⅱ218頁）。最高裁が「部分社会の法理」を明確に示した先例として有名な「富山大学事件」（最三小判昭和52年3月15日民集31巻2号234頁）は，「一般市民社会の中にあつてこれとは別個に自律的な法規範を有する特殊な部分社会における法律上の係争のごときは，それが一般市民法秩序と直接の関係を有しない内部的な問題にとどまる限り，その自主的，自律的な解決に委ねるのを適当とし，……司法審査の対象とはならない」とし，大学のような特殊な団体は，「その設置目的を達成するために必要な諸事項について……自律的，包括的な権能を有し，一般市民社会とは異なる特殊な部分社会を形成しているのであるから，法律上の係争のすべてが当然に裁判所の司法審査の対象になるものではなく，一般市民法秩序と直接の関係を有しない内部的な問題は右

司法審査の対象から除かれるべきものである」とした。

「部分社会の法理」は，司法権の対象を示す基準である「法律上の争訟」性の要件から説明することはできない。なぜなら，「部分社会」はそれ自体一定の「自律的法規範」をもつとされるが，そのなかには裁判所による法的判断が可能なほどの「法」体系を備えたものも多く，その場合には裁判所によって，「法」を解釈適用して「権利義務ないし法律関係」を確定することも，「紛争を解決」することも可能だからである。そして，もし当該「部分社会」に関わる団体内外の「法」を裁判所が解釈・適用することで，団体内部事項にも司法審査を及ぼすことができるとするならば，この団体が地方議会や国立大学のような公的団体の場合には，他の憲法上の理由がない限り（たとえば憲法92条，93条による地方議会の内部自律権），憲法の規定が直接適用されるはずであり，それが政党や労働組合のような私的団体の場合でも，当該「法」規範の解釈を通じて，憲法規定の趣旨を何らかの形でこの私的団体内部の紛争にも適用できることを，通説・判例ともに認めているはずだからである（ユニット19およびユニット1参照）。

にもかかわらず，一定の公的ないし私的団体を「部分社会」として例外扱いし，自律的法規範に関わる紛争の場合には司法審査は及ばないと主張するには，結局のところ，「法秩序の多元性」論に依拠するほかはないと思われる。「法秩序の多元性」論は，県議会議員の除名処分をめぐる「米内山事件」最高裁決定（最大決昭和28年1月16日民集7巻1号12頁）の田中耕太郎裁判官少数意見のなかで示されたものが特に有名である（佐藤幸後掲267頁）。

学説よりも判例の上で展開されてきた「部分社会の法理」は，前記「富山大学事件」が述べるように，当該紛争が「一般市民法秩序と直接の関係」をもつ場合には司法審査は可能とする。しかしそれが「一般市民法秩序と直接の関係」をもつ場合であっても，直ちに裁判所が，憲法の人権保障の観点から，当該紛争に適用される「法」の実質的な審査を行えるわけではない。判例は，「右処分が一般市民としての権利利益を侵害する場合であっても，右処分の当否は，当該政党の自律的に定めた規範が公序良俗に反するなどの特段の事情のない限り右規範に照らし，右規範を有しないときは条理に基づき，適正な手続に則ってされたか否かによって判断すべきであり，その審理も右の点に限られる」（前記「共産党幹部除名事件」）とし，結局，「特殊な部分社会」内部の紛争に関しては，当該団体の「自律的法規範」（および条理上そのように解釈しうるもの）に対する実質的な司法審査の可能性を極力排除しようとするのである。

学説の多くは，「このような法秩序の多元性を前提とする一般的・包括的な部分社会論は妥当ではない」として批判的である。憲法論からすれば，このような超実定憲法的な議論をすべきではなく，「それぞれの団体の目的・性質（たとえば，強制加入か任意加入かの区別）・機能はもとより，その自律性・自主性を支える憲法上の根拠も，宗教団体（20条），大学（23条），政党（21条），……などで異なるので，その相違に即し，かつ，紛争や争われている権利の性質等を考慮に入れて個別具体的に検討しなければならない」（芦部後掲316頁）はずである。もし学説が述べるように，各団体の憲法上の具体的な根拠まで考慮に入れるならば，特に政党に関しては，憲法21条の結社の自由のみならず，15条1項の国民固有の選挙権，あるいは前文や1条の国民主権との関係まで考慮しつつ，政党の自律性と司法審査の範囲の関係を考察するならば，かならずしも本件最高裁判決のような結論にはならなかったと思われる（本ユニットPart III「理論編」参照）。

だが判例は，今でも超実定憲法的な「部分社会の法理」に依拠し続けており，「一般市民法秩序に直接関わる紛争」であっても，司法権は「特段の事情」がない限り，当該団体の自治規範に則った手続であったか否かの形式審査しか行わないという立場を採り続けている。さらに

本件最高裁判決にあっては，除名に関する適正手続の保障がすでに「特段の事情」としての公序良俗になっているのか否かに関する論証すら省いている点で，従来の最高裁判例に比べても後退しているように見える。しかし，本来「法秩序の多元性」論に依拠した「部分社会の法理」とは，特別な立法による規制がない限り，その団体の特殊性（本件は最高度の自律性を要する政党）のみを根拠に，「一般市民法秩序に直接関わる紛争」であっても司法権は形式的な事項の審査権しかもたないという主張を可能にする理論であったことを忘れてはならない。したがって本件最高裁判決が，当選訴訟では純粋に形式的な審査しかできないとしたのも当然のことであった。

Part II 応用編

確認質問

1 本件最高裁判決によれば，政党の内部的自律権の根拠は何か。
2 本件最高裁判決によれば，内部的自律権をもつ政党の内部紛争に対する司法審査にはいかなる限界があるか。
3 本件最高裁判決によれば，拘束名簿式比例代表選挙に参加した政党が，繰上補充による当選の可能な名簿登載者の除名を選挙会に届け出る場合，選挙会はいかなる審査をなすべきか。
4 本件最高裁判決によれば，拘束名簿式比例代表選挙に参加した政党が，繰上補充による当選の可能な名簿登載者を党則に則って除名し，公選法に則って除名届出をした場合に，なおも党内の除名手続における民主性と公正さの欠如を理由に，当選訴訟によって，この除名者を除く繰上当選人の決定を無効にすることは可能か。
5 本件の最高裁判決と高裁判決において結論を分けた憲法理論上の論拠の違いは何か。

応用問題

設問1 本件のような拘束名簿式比例代表選挙に参加した政党が，選挙後に，繰上補充当選の可能性をもつ者を以下のような手続で除名したとする。本件最高裁判決に従った場合，このようにして除名された者が，この者を除外して繰上補充当選した者の当選無効を求める当選訴訟を提起したとすると，いかなる判断が下されるべきか。

(1) 党則には不服申立制度が規定されているのに，緊急性を理由に，本人の不服申立てを無視して除名手続を完了させた場合。

(2) 党則には異議申立制度が欠如しており，通例，一般党員についてはそのような手続抜きで除名がなされてきたのに，党首の独断で名簿登載者に限って例外的に異議申立てを組み込んだ除名手続を行ったところ，後にこの者が，不正規の手続を理由に当選訴訟を起こした場合。

(3) 拘束名簿式比例代表選挙の候補者名簿に登載され次々点で落選したBが，次点で落選したAを飛び越えて繰上補充当選するために，政党の幹部に多額の金品を贈り，結果的に幹部会がAを除名し，その後，繰上補充当選事由の発生によりBが繰上補充当選した場合。

設問2 本件を含むこれまでの最高裁判決によれば，政党内部の以下のような紛争にはいかなる判断が下されるべきか。

(1) 党則に則った手続で除名された者が，当該手続が民主性や公正さを欠く（たとえば告知・聴聞・反論の機会の欠如）ことを理由に，当該除名の無効確認請求訴訟を提起した場合。

(2) 除名に関する党則が欠如している場合に，従来から行われてきた慣行に従って除名された者が，手続的瑕疵を理由に，当該除名処分の無効確認請求訴訟を提起した場合。

(3) 党幹部への絶対的服従の規定がある党則をもつ政党において，明らかに犯罪となる行為を党幹部から命じられながら，その違法性を理由に命令に従わなかったために党則の規定に則って除名処分を受けた者が，当該処分の無効確認請求訴訟を提起した場合。

設問 3 本件を含むこれまでの最高裁判例によれば，拘束名簿式比例代表選挙に参加する全ての政党に次のような制約を課す公選法改正は違憲となるか。

(1) 党内での異論を党外に公表する自由を全党員に認め，そのような活動を理由にして除名処分にすることを禁止する場合。

(2) 選挙後に，繰上補充当選の可能性をもつ名簿登載落選者の除名を一切禁止する場合。

(3) 繰上補充当選の可能性をもつ名簿登載落選者の除名処分について，告知・聴聞の機会や不服申立てを党則上保障することを義務付け，中央選挙管理委員会に党則審査を行わせる場合。

設問 4 本件を含むこれまでの最高裁判例によれば，次のような公選法改正は違憲となるか。

(1) 拘束名簿式比例代表制選挙で当選した国会議員に，その所属政党が分裂ないし解散してしまう場合を除き，その政党による除名であれ，本人の自発的離党であれ，一切離党を禁止し，離党を国会議員の免職事由とする場合。

(2) 本人の自発的離党のみを国会議員免職事由とする場合。

(3) 自発的意思による離党であると否とを問わず，当選時の選挙に参加していた別の政党に移動することのみを禁止し，無所属でいたり，新党参加の場合は免職事由とはしない場合。

| Part III | 理 論 編 |

展開問題

拘束名簿式比例代表選挙において，名簿登載者の順位を含む有権者の選択を尊重するという観点から，繰上補充当選の可能な者の除名を手続面から制限し，他方で当選者が離党する場合には，手続的保障を条件としてその議席を剥奪することを同時に認める憲法論はあり得るか。

(1) 現代代表民主制における政党の位置付け

憲法 43 条 1 項は，国会議員の地位を「全国民を代表する」者と定めている。通説によれば，国会議員の「全国民の代表者」性とは，第 1 に，どのような選挙方法で選ばれようとも，議員は全ての国民を代表し，自分を選んだ選挙区の有権者や，自分が所属する政党や団体の代表ではなく，倫理的・道義的に，いかなる場合にも全国民のために活動すべきことを意味し，第 2 に，選挙区民が求める個別の具体的な指示に法的に拘束されることなく，あらゆる権力から独立して，自らの良心に基づいて自由に意見を表明し，表決を行う権利が保障されることを意味する（野中他後掲 II 54 頁）。それは，中世の等族会議における「命令委任」制を否定するだけでなく，ジャン＝ジャック・ルソーや市民革命期の民衆運動の指導者たちが，市民による主権の日常的行使と議員に対する日常的統制の制度として再

構成した「人民主権」型の「命令委任」制をも，理念の上でも法制度上も完全に否定する意味をもっていた。近代以降，近代立憲主義を確立した国々では，国会議員の「全国民の代表者」性は，「自由委任」の原理と不可分に結びつき，ここにいう代表者性も「政治的代表」の意味に限られることとなった。

したがって近代立憲主義の初期には，政党は特殊利益を議員に押し付け，議員の政治的・法的独立性を侵害するものと見なされ，党議拘束のない単なる院内会派を除き，政党は全て法律をもって禁止された（特にフランス）。1927 年に政党と国家ないし憲法との歴史的な関係について四段階説を唱えたドイツのH・トリーペルは，この時期を政党「敵視」の段階とみている。

その後，19 世紀の議会主義の発達のなかで，政党の結成を禁止する法律はなくなったが，かといって政党の存在を承認する立法も存在せず，政党は単なる結社の 1 つとして放任された。いわゆる「無視」の段階である。実は「敵視」の時代も「無視」の時代も，近代立憲主義諸国では制限選挙制が敷かれており，参政権は一部の富裕層にしか与えられていなかったため，議員が法的にも政治的にも有権者から独立するといっても，利害の同一性が有権者と議員を事実上結び付けていたため，有権者が議員を何らかの形で統制する必要性がなかったともいえる。

しかし，19 世紀後半以降の参政権の拡大と代議政治の発達，そして議院内閣制の確立に伴って，有権者と国会議員の関係も変化する。すなわち国会議員の法的独立性と「自由委任」の原理は維持されるものの，道義上，政治理念上は，選挙が有権者の意思を国会に反映させる手段であるべきことが一般化するのである。こうして，有権者の意思を正確に国政に反映させるための選挙制度として，普通選挙制や平等選挙の原則が確立した。さらに大衆政党の発達を前提として，党議拘束のある政党が選挙の中心となることで，有権者の政策選択が事実上，ある程度確実に国政に反映されるようになった。市民革命期から 19 世紀までの「代表制」を「純粋代表制」と呼ぶのに対し，20 世紀初頭以降，政党中心の選挙を通じて有権者の多様な意思が国政に事実上反映されるようになった現代代表民主制は，「半代表制」ないし「社会学的代表制」と呼ばれる。ここでは議員の「全国民の代表者」性自体が，有権者の個別的意思を政党を通じて集約し，政策に組み替え，さらに国会での交渉を通じて「全国民的利益」にかなった政治に昇華させる意味まで含むものと理解される。

このように，「社会学的代表制」としての現代代表民主制において，政党はきわめて重要な位置を占める。トリーペルは，この段階をさらに「承認及び合法化」と「憲法的編入」の 2 つの段階に分けている。彼の定義に第二次大戦後の世界の動向を付け加えて述べるならば，前者は，政党に関する特別な憲法規定はないけれども，結社の自由の保障規定のなかで政党の存在を保障し，解釈・運用上で政党を憲法が規定する国民主権・国民代表制原理にとり不可欠の要素とするとともに，立法で政党中心の選挙制度を導入し，政党への助成と規制を制度化する段階である。この段階では，憲法の諸規定・諸原理は，政党の内部的自律権を制限するよりも，むしろ最大限尊重するものと考えられる傾向が強い。後者は，前者がさらに発展し，憲法自体に政党条項が規定される段階で，ドイツ連邦共和国基本法 21 条 2 項やフランス第五共和制憲法 4 条が有名である。この段階では，特にドイツにみられるように，政党は「自由で民主的な基本秩序」との適合性が求められるとともに，その内部秩序も「民主的原則に適合」することが求められ，その分，政党の自治と内部自律権は制限される傾向が強まる。日本は，一般に「承認及び合法化」の段階とされている（野中他後掲II 47-49 頁）。

したがって，日本国憲法の「全国民の代表者」規定は，現代代表民主制における政党の重要な役割と矛盾しないように解釈されなければならない。ただし，「憲法的編入」による憲法諸規範の修正がない以上，国民代表の法的独立性の保障と「自由委任」原理の中核部分は維持

され続けると考えなければならない。それゆえ，現代代表民主制における党議拘束については，「議員は所属政党の決定に従って行動することによって国民の代表者としての実質を発揮できるのであるから，党議拘束は『自由委任の枠外』の問題」であると解しつつ，「ただ，議員の所属政党変更の自由を否認したり，党からの除名をもって議員資格を喪失させたりすることは，自由委任の原理に矛盾する」とするのが従来の通説であった（芦部後掲①267頁）。

しかしこの一般論では，なお解決困難な問題が拘束名簿式比例代表選挙をめぐって現れている。その1つが，1982年の公選法改正で拘束名簿式比例代表制とともに導入された名簿登載落選者の繰上補充当選の制度（旧法86条の2第5項・6項，98条2項・3項，112条2項，現86条の2第7項以下，86条の3第2項，97条の2）に関わる，繰上補充当選可能者に対する政党の除名処分権の制限の問題である。もう1つは，2000年の国会法（109条の2）・公選法改正（99条の2）によって導入された，比例代表制で当選した議員がその選挙に参加していた他の政党に移籍した場合に失職する制度の合憲性の問題である。両方の問題を整合的に解くには，さらに深く国民代表制と政党中心の選挙制度の関係を考察しなければならない。

(2) 「人民代表制」説からみた比例代表選挙における名簿登載者の法的位置付け

日本国憲法の主権原理について，ルソー流の「人民主権」を採用しているとする少数説は，政党中心の選挙制度についてむしろ好意的である。この立場は，日本国憲法15条1項で固有の公務員選定罷免権を保障した点などに「人民主権」への傾斜を見て，議員の「全国民の代表者」性（同43条1項）や議員の免責特権（同51条）といった伝統的に国民代表の法的独立性や「自由委任」原理を認める規定を軽視し，むしろ「人民主権」原理に適合するように再解釈することを歴史の流れから正しいとするものである。「人民主権」は，直接民主制が不可能な場合には，「命令委任」やリコール制などにより主権者市民（その総体としての人民）が議員を日常的にコントロールできる「人民代表制」を必要とする。ただし現代の「人民主権」説は必ずしも「命令委任」制を不可欠とせず，「議員を実在する民意の確認表明のための手段とする他の方法を排除しない」。「とりわけ重要問題について，各政党の公約に『人民』による政策決定としての意味を付与しうるよう，具体的な内容と拘束性をもたせるというやり方」や解散制度を活用した民意反映というやり方も，現代型「人民代表制」に含まれると考えている。

この現代型「人民代表制」にとり，党議拘束の強い政党の存在は不可欠である。なぜなら「人民代表制」説は，とりわけ比例代表制においては，「政党とその公約を媒介として『人民』とその単位に対する議員の従属が維持され」ることを求めるので，「議員に所属する政党を変更する自由が否定され，政党の変更や党議拘束・政党公約の違反を理由とする除名により議員の地位を喪失することが原則とならざるをえない」と考えるからである（杉原後掲164-171頁）。

この立場からすれば，拘束名簿式比例代表選挙で落選し繰上補充当選の可能性をもつ者が，政党の除名または自発的離党によってその可能性を失うことも，またこの制度で当選した議員が，除名または自発的離党によって自動的に失職することも，全て憲法の主権原理（および15条1項）から導かれ，したがって公選法上の現行制度は当然に合憲になると解される可能性がある。さらには，離党後無所属ないし新政党への所属であれば，比例代表選出議員であっても議席を維持できる現行制度は不十分であって，違憲という結論すら導かれる可能性もある。

しかしこの見解に対しては，「人民代表制」説は常に離党による繰上当選可能性の喪失や議員の失職を自動的に招くのではなく，それは条件付きのものであるとする修正説が出されている。なぜなら現代型「人民代表制」は，政党を通じて民意の国政反映を求める原理であるから，政党自身が公約破りをし，公約を遵守しようと

する議員の方を除名することがある現状において，離党と議席剥奪や議席獲得可能性喪失を直結させる制度は，逆に民意の国政反映の理念に反することになるからである。ただしどう修正すべきかは，今後の課題とされる（辻村後掲404-405頁）。

　しかし，それでは除名騒ぎになったときに，党内の多数派と少数派のいずれが，選挙時の公約を後の政治的状況に最も適する形で実現しようとしているといえるのか。この点では，それぞれの側が自らの正当性を主張するので，実際，判断は主観的とならざるを得ない。結局，現代型「人民代表制」説は，国会議員に対する有権者による選挙時の「命令委任」の縛りもリコール制を通じた事後的な縛りも諦めて，とりあえず次の改選時までは党議拘束の強い政党による選挙公約の実現に「命令委任」に代わる民意の国政反映の手段を見るのであり，とするならば，公約の実現の仕方をめぐる党内の争いはむしろあるべき姿と認めて，その結果が有権者の意思から過度にずれ過ぎないように，その論争の有権者への公開と，党内からの少数派の排除が恣意になることを阻止する制度が当然必要になるのである。したがって，候補者順位も有権者の考慮要素とする拘束名簿式比例代表選挙の場合には，当選者および落選した名簿登載者が多数派により簡単に除名されず，彼らの存在を通じて党内論議の充実がある程度可能となるような制度的保障が必要なのである。この点で現代型「人民代表制」説は，議員の政党移動の自由を制限するだけでなく，政党の内部自律権をも一定程度制限する内容を含むことになる。

　もちろん政党の内部自律権の尊重も憲法上の要請（21条）であるから，党則に則った一般党員の除名の場合には，司法権はこれを実質審査し介入することはできない。しかし拘束名簿式比例代表選挙の名簿登載者の除名処分の場合には，当選者であれ落選者（繰上補充当選可能者）であれ，その手続的適正が憲法の主権原理と15条1項から義務付けられ，当選訴訟や議員資格確認訴訟等が提起された場合には，司法が実質審査をすることも許されるはずである。反対に名簿登載者の自発的離党については，除名を受けたことに匹敵するような特殊事情がない限り，議席剥奪ないし繰上補充当選可能性の剥奪が憲法上当然に要求されることになる。

(3) 「国民代表制」説から見た比例代表選挙における名簿登載者の法的位置付け

　「自由委任」の原理を軽視する「人民主権」＝「人民代表制」説は，未だに少数説にとどまっている。通説は，国民代表の法的独立性と「自由委任」を最優先の原理とする「国民（ナシオン）主権」＝「国民代表制」説に立つ。なぜなら通説は，現代代表民主制が「社会学的代表制」を本質とすることや，日本国憲法の主権原理にも「正当性の契機」と「権力性の契機」の両要素が含まれることを認めながらも，有権者が実際に政治決定を行うという意味での「権力性の契機」については，憲法96条の憲法改正国民投票の場面でしかこれを認めず，日常の政治決定は議員への「自由委任」を原則とするからである。加えて通説では，有権者の意思が議席配分に正確に反映されることで，事実上民意の反映がある程度確保されると考え，選挙を通じた民意の事実上の反映さえあれば，現代の「正当性の契機」は十分に実現されると考えるからである（芦部後掲①41-43頁）。通説では，民意による議員の法的拘束に重点を置く「人民代表制」説とは異なり，常に「自由委任」に重点を置くのである。法理論的にいえば現代型「国民代表制」における「正当性の契機」とは，「民意に従う政治が正しい」とする理念が常に政治を支配すべきことを意味するが，政治家が「民意」を口にするのは現代では当たり前であるから，実態論からいえば，それは，有権者があまりにも民意とかけ離れた政治であると感じない程度の選挙制度や議員統制制度が実現されるべきことを憲法上の要請とするものなのである。

　現代型「国民代表制」の考え方を採った場合でも，比例代表選挙における政党とその構成員

と有権者の関係は二通りに分かれると思われる。1つは，現行憲法の「国民代表制」の本質をあくまで「自由委任」（憲法43条，51条）を最優先原理としつつ，次に選挙制度については立法に委ねる（同47条）考え方を重視することで，政党中心の選挙であれ，個人中心の選挙であれ，原則として国会の立法裁量とする立場である（立法裁量説）。この立場は，拘束名簿式比例代表選挙の名簿登載者の法的地位を当選者と落選者で区別し，前者については政党の除名にすら対抗できる議員の地位の保障を憲法上の要請としつつ，後者については，未だ議員の地位がない以上，政党の判断で繰上補充当選の可能性を自由に奪える現行制度をも立法裁量の範囲内の問題として合憲とする。この立場の代表的論者は，選挙時のライバル政党への移動を禁止し，これを議席喪失要件とする現公選法99条の2につき何も述べていないが，もし無所属や新政党への所属も含めて一切禁止し，離党即議席喪失とする制度であれば格別，そうでない現状の制度では，議員が離党しても何らかの形で議席を確保し続ける可能性が保障されている以上，合憲と判断するはずである（芦部後掲②11頁は，議員の自発的離党のみ議席剥奪が可能であることを示唆するものと一般に理解されているが，議員に何らかの形で議席確保の可能性を残すことで「自由委任」原理が確保されるところに重点があるものと解すべきであろう）。

これに対して，議員の法的独立性と「自由委任」の原理を重視する点で現代型「国民代表制」説のなかに位置するけれども，国会の選挙制度に関する裁量権をもう少し制限する規範を憲法のなかに見出そうとする立場が最近現れている。それは，現代民主制が政党中心の政治や選挙とならざるを得ないことを認めた上で，なお議員「個人」を選出するところに民意の反映の必須条件を見出そうとするものである。この立場は，有権者が議員個人を直接選ぶという意味での「直接選挙の原則」を憲法が当然に採用しているとし，政党のみを選ぶ選挙制度は憲法にいう「選挙」ではないこと，また拘束名簿式比例代表制では政党の定めた順位を有権者が承知して投票するので，有権者の投票はその順位を確定する意味をもつこと，にもかかわらず選挙後に政党に議員や繰上補充当選の可能な者を取り替える自由を与えるのは，有権者の目から見て不合理であり納得できず，現代の代表民主制における「正当性」が失われてしまうことなどを主張し，拘束名簿式比例代表選挙の名簿に登載された落選者を政党が自由に除名できる制度は，違憲の疑いが強いとする（高橋後掲53-55頁，高田後掲337頁，白鳥後掲29頁。直接選挙原則説）。

他方でこの立場は，比例代表選挙で当選した議員が離党した場合に議席を剥奪される可能性をもつ公選法99条の2の規定については態度を明確にしていないが，その「直接選挙の原則」と議員個人への「自由委任」の原理を重視する立場から見て，議員の政治選択の自由より政党規律を優先する制度には違憲の疑いをかけるであろう（芦部後掲①268頁の高橋和之補訂参照）。

なお，2000年公選法改正で参議院議員比例代表選挙は非拘束名簿式に改められ，名簿上の順位は政党ではなく，有権者が名簿登載者名に投票した場合の得票数に応じて決定されることとなったが（95条の3第4項第5項），有権者の投票で順位をつけながら，落選者は除名により政党が自由に順位を変更できるとするのは，いっそう選挙の「正当性」を失わせることになる。

(4) まとめ

以上をまとめるならば，拘束名簿式比例代表制の名簿登載者につき，繰上補充当選の可能性をもつ落選者を除名する自由を政党に認め，当選者についても，無所属等の手段での逃げ道を残すことを条件として，離党を議席喪失事由とする現行制度を全て合憲にし，かつ「日本新党事件」で最高裁判決を支持できるのは，立法裁量説である。これに対して現代型「人民代表制」説は，名簿登載者につき適正手続の保障がない限り全ての除名を無効とするが，適正手続

が保障されれば，上記落選者の除名とそれによる繰上補充当選可能性の剥奪を認めるし，当選した議員が離党する場合にも，同じく適正手続が保障されれば，それが除名の結果であれ自発的離党であれ，離党による議席喪失も認めるので，現行制度は不十分であるが違憲とまではしない。しかし「日本新党事件」最高裁判決は，その解釈運用を誤った点で支持できないことになる。最後に直接選挙原則説は，「日本新党事件」最高裁判決を支持できず，また当選者の離党に伴う議席喪失の可能性のある現行制度にも強い違憲の疑いを抱く。以上を踏まえて設問に答えるなら，現行法の規定にかかわらず繰上補充当選可能者の除名を一定程度制限でき，かつ当選議員の自由な離党を制限できる憲法論としては，現代型「人民代表制」説が最も適していることになる。

Part IV　もう1つの素材

愛知万博開催阻止公約違反事件

名古屋地裁平成12年8月7日判決
平成10年（ワ）第2510号・平成11年（ワ）4521号損害賠償請求事件
判時1736号106頁

〔参照条文〕 憲15①，19，21①，43①　民415，709

❖ 事実の概要

　芸能タレントであったY（被告）は，1995（平成7）年7月の参議院選挙愛知選挙区に立候補し，無党派候補であることを打ち出し，かつ自然との共生の立場から愛知万博に反対することを選挙公約として掲げ，約36万票を獲得して当選した。Xら（原告）は，Yの政治姿勢と公約に共感して後援会を結成し，Xが後援会長を務め，ボランティアとして選挙活動を行った。

　参議院議員となったYは，1997（平成9）年12月末に，Xらに事前の説明をせずに自由民主党に入党し，翌年1月に記者会見でこれを公表するとともに，愛知万博については反対をやめて，これを推進する立場を採ることを表明した。その記者会見において，Yは，「私には後援会はない」，「私一人で耐えて，全部わたくしが36万票いただいたわけですから，これは私一人で，頑張ってどこに持っていくかというのは，自分で決めるべきだ」などと発言した。

　そこでXらは，①Yによる無党派および愛知万博反対という公約実現のための政治活動とXらによるYの選挙支援を内容とする無名契約が結ばれていたと見なすことができ，YとXらとの間には本件契約を通じて「特殊・個別的な信頼関係」が存在していたと考えられること，②Yは本件契約に付随してXら「後援会員の信用，名誉などの人格的利益に対して配慮すべき義務」を負っていたこと，③Yの自民党入党と万博推進への変化は，これに対する非難がXら後援者にも向けられる危険を惹起し，Xらの社会的信用やそれまでの人間関係を危険に陥らせるものであること，④したがってYは，「右配慮義務に基づき，被告の変節による原告後援者らの右のような被害を最小限に抑えるために，被告が公約反故を公表する前に，これを原告後援者らに説明すべき義務があった」に

もかかわらず，これを怠ったため，「本件契約に付随する，原告後援者らに対する説明義務に反した債務不履行がある」こと等を主張し，Xらのうち後援会活動をした者については各50万円，単なる支持者には各5万円の損害賠償を求める訴訟を提起した。（なお本件は，第1審原告敗訴に続き控訴審でも原告の請求棄却となったが（名古屋高裁平成13年1月25日判決），控訴審判決は判例集未登載であるので，第1審を扱う）。

❖ 第1審＝名古屋地裁

❖ 法的構成

(a) 後援会員と候補者との間の無名契約の存否について

「そもそも，契約とは，これに基づき，債権者が債務者に対し権利を有し，債務者は債権者に対し右権利に対応した義務を負い，右関係は法的拘束力を伴い，債務者が自己の義務を履行しない場合，債権者は国家権力の助力により，債務者に対し義務の履行を強制させることができ，また，債務不履行によって生じた損害につき賠償請求ができるというものである」。「ところが，元来，選挙民がいかなる候補者を支援し投票するかの自由は，当該選挙民の思想良心の自由に関わる事項であり，また，民主主義の前提及び根幹をなすものであるから（憲法19条，21条1項参照），ある候補者への支持を表明しても，これを撤回することは自由であり，また，他の候補者への支持を表明することも，その選挙活動を行うことも自由であるといわざるを得ない。そうだとすれば，特定の候補者の政治活動を応援することを約したからといって，法的拘束力を伴う契約上の債務が成立したと解することはできない。」

(b) 選挙民に対する国会議員の説明責任について

「なるほど，国会議員は，公約を掲げ，選挙区の選挙民の支持を得て選出される者であるから，自らの政治活動について選挙民に対して説明しなければならない政治責任があることはもちろんであり，加えて，当該国会議員の選出の過程を通じ具体的な選挙活動に関わった支援者にとって，当該国会議員がどのような政治活動を行うかは重要な関心事であるから，当該国会議員が自らの政治活動を説明しない場合には，右支援者らから道義的な非難を浴び，あるいは，政治的批判を受ける場合があることも当然である。」

(c) 説明義務違反に関する被告の不法行為責任について

憲法43条1項の「全国民の代表」とは，「議員はいかなる選挙方法で選ばれた者であっても，すべて等しく全国民の代表であり，特定の選挙人・党派・階級・団体等の代表者ではないこと（近代的な意味における国民代表），また，議員は選挙区の選挙民の具体的・個別的な指図に対して法的に拘束されず，自由・独立に行動し得ること（自由委任）を意味する」。「そうである以上，当該国会議員が自らの政治活動について説明しないことをもって，前記道義的非難や政治的批判を超え，法的責任を追及し得るものと解することはできない。」

❖ あてはめ

(a) 「本件において，原告後援者らにおいて，被告からの，被告の政治活動を応援してほしいとの依頼に応じた事実があったとしても，これをもって，原告後援者らと被告との間に何らかの契約が成立したということはできないから，その余の点につき判断するまでもなく，原告後援者らの債務不履行に基づく請求は理由がない。」

(c) 「その余の点について判断するまでもなく，原告後援者らの不法行為（説明義務違反）に基づく請求は理由がない。」

基本解説

　現在の通説的位置を占める見解では、日本国憲法の国民主権とは「権力性の契機」と「正当性の契機」の両側面を有するものの、43条1項の「全国民の代表者」性と51条の議員の免責特権の規定からして、その主眼はあくまでも「正当性の契機」にあり、したがって現代代表民主制においても、あくまでも国民代表の法的地位の独立性と「自由委任」の原理が優先され、「民意の事実上の反映」は憲法規範としては平等選挙の原則を遵守する選挙区割りや議員定数配分の要請にとどまり続け、それ以外の選挙制度や国会議員の統制のあり方は立法裁量事項であると考えられている（本ユニットPart III「理論編」参照）。国会議員の選挙公約違反や政党移動（無所属から政党所属への変更も含む）も、この通説的立場に立つ限り、政治的道義的に非難されることはあっても、法的責任を問うことはできない。なぜならば、有権者と議員の間の関係は改選時までいかなる法的制裁も受けることのない政治責任しか負わない「政治的代表」にとどまり、議員の地位は罷免等の法的制裁を担保された政治責任（「法的政治責任」）や民事・刑事上の法的責任を負わされる「法的代表者」あるいは「受任者」ではないからである（なお、ルソーはかつて、「命令委任」違反の「受任者」に対して、罷免以外に刑事罰を科すことも提案していた）。

　通説的見解によれば、この「自由委任」と法的無答責を基本とする代表民主制の考え方は、地方自治体の首長や議員の法的地位についても原則としてあてはまる。ただし地方自治体の住民代表制については、地方自治法で首長や議員の罷免を求める直接請求制度が認められている関係上（地自法80条、81条等）、その限りで住民が公約違反の住民代表の「法的政治責任」を追及することが認められている。しかし通説的見解によれば、これは地方自治体の場合に限ってのことであり、しかも「法的政治責任」追及は法律で認められた場合に限られる。つまり通説では、国民主権は国政では完全な代表制原理の貫徹を要求するが、地方政治については直接民主制と代表制の並存を認めており、どの程度代表制原理を修正するかは立法事項と考えるのである（住民投票問題で直接民主制と代表制の関係を論じる通説的見解として、兼子後掲15-34頁）。

　公約違反の国民代表や住民代表に対する民事責任追及も、通説的見解では、同じく政治的代表者の法的無答責性から排除される。判例も同じ立場を採る。地方代表に関しては、市長選当選後に原発設置に関する住民投票を実施する旨を住民団体と誓約し、市長選挙でこの団体の支援を受け当選しながら、後に事情の変化を理由に住民投票を実施しなかったために、この団体から私法上の契約の債務不履行ないし不法行為に基づく損害賠償請求訴訟を起こされた事例が有名である。裁判所は「本件約束は、その性質上、市長候補者ないし市長としての本件選挙における公約の性質しか有しないものと解するべきであり、私法上の契約の性格を有するものではない」とし、したがって「被告は、市民投票を実施しなかった場合、串間市長の立場において政治的・道義的責任を負うかどうかは別論として、原告の主張する債務不履行責任ないし不法行為責任を負うことはない」と判示した（宮崎地判平成11年9月20日判時1712号164頁）。

　前述の通説的見解からすれば、住民代表については立法で民事責任を認める明文規定を設ければこれが合憲となる余地もある。しかし国民代表については、憲法51条の免責特権の規定からして、民事責任追及の立法自体が違憲になるであろう。本件判決はもちろんここまでの射程をもつものではないが、政治的代表の公約に法的拘束力はなく、民事責任追及が許されないとする通説的見解を、国民代表に関して明確に

認めた点に意義がある。

次に，公約違反そのものの民事責任は問えないとしても，せめて有権者・後援者に対する説明責任については，法的義務を課す余地がないかが問題となる。しかし本件判決は，この点についても「自由委任」の原理から国民代表には法的な説明義務はないとしている。確かに学説でも，通説たる「国民代表制」説の場合は説明義務違反の民事責任を問えないであろう。なぜなら，この説の場合には，有権者からの法的独立こそ「自由委任」原理の中核であり，有権者に対する説明責任の法的義務付けはこの最重要の原理に正面から抵触してしまうからである。

他方，「人民代表制」説の場合は，本来は公約違反の「人民代表」に対するリコールによって「法的政治責任」を追及することになるはずである。しかし国会議員のリコールを制度化する立法がない場合には，別の手段が模索されなければならない。この点で，「命令委任」などの硬い法的拘束を「人民代表」に課さずとも，有権者による政策決定が別の方法で保障されればよいとし，結果的に「人民代表」が民意とは異なる行為をしても改選期まで待つことを容認する現代型「人民代表制」説は，かえって「人民代表」の法的な説明義務を論証するのに適した論理をもつと思われる。なぜなら，国会議員のリコール制がない場合には，改選までは「人民代表」が有権者の意思から独立して行動する可能性があることを認めざるを得ないからこそ，「人民代表」が民意から完全に独立してしまわないように，つまり「人民代表」が「国民代表」に堕してしまわないように，「人民主権」原理からの最低限の要請として，「人民代表」には有権者の納得が得られるよう努力する法的義務があると解することができるからである。

したがって「人民代表制」説の場合には，国会議員の説明責任を義務付ける法律がなくても，民事責任追及その他の既存の法的手段を徹底的に活用して，説明義務を負わせることが当然に認められることになる。

設問 次の問に関し，自らの代表民主制に対する考え方を明示しつつ論じよ。

(1) 宗教法人を厳しく統制する法案が争点となっていた衆議院議員選挙において，ある小選挙区から無所属で立候補したYは，宗教法人Zの選挙応援と引き換えに同法案の国会通過を阻止するために誠心誠意努力するとの誓約書をZの代表Xに提出し，選挙中もその公約を掲げて当選した。しかしYは選挙中から与党と秘密裏に連絡を取り，当選した場合には与党入りして同法案に賛成する旨の秘密文書を結んでいた。当選後Yは，若干の弁明書をZに送付した後，与党入りして法案に賛成投票をした。しかも直後にYと与党との間で結ばれた秘密文書が暴露されたため，Yを推薦候補とするよう尽力したXはZのなかで厳しく糾弾され，自殺してしまった。そこでXの遺族は，Yの背信行為によりXが受けた精神的苦痛に対する損害賠償請求訴訟を起こした。この訴えは認められるか。

(2) 上記の場合で，Yが弁明書の送付等もなく，一切説明をせずに突然与党入りし，法案に賛成したとする。このことを捉えて，Xの遺族がYの説明義務違反を理由に損害賠償請求をした場合，この訴えは認められるか。

(3) Z市で米軍基地建設に関する住民投票が住民投票条例に基づき実施され，有権者の9割に当たる人が投票し，そのうち9割が建設反対の意思表示をしたとする。同住民投票条例には「市長は住民投票の結果を尊重する」と規定されていたにもかかわらず，市長Yは米軍基地建設受け入れを住民投票の3日後に表明し，国と受け入れの協定書を締結した後，直ちに辞職してしまった。そこで反対派住民のリーダーであり，住民投票条例制定とその実施のために尽力してきたXらは，Yの行為により自分たちの努力が無駄になり，精神的苦痛を被ったとして損害賠償請求訴訟を起こした。このXらの訴えは認められるか。

(4) 上記の場合で，本件条例における「尊重義務」とは，特段の合理的理由がない限り市長は投票結果に反する行動をとれないことを意味し，特段の合理的理由の有無を判断するに際しては，少なくとも市長が市民に対する説明責任を果たすことが絶対条件であるのに，Yが一切市民に説明も相談もせずに単独で国と受け入れ協定を結んだことは明確に同条例に違反するとした上で，Yの違法行為により住民投票の実施にかかった費用が無駄になったことを捉えて，住民投票の実施に要した費用に関する損害賠償をYに対して請求するよう，住民監査請求後に，Z市の新市長に求める住民訴訟をXらが提起したとする。この訴えは認められるか。

〔参考文献〕

芦部信喜①『憲法』（岩波書店，第3版・高橋和之補訂，2002）
芦部信喜②「比例代表制と党籍変更の憲法問題」法学教室53号（1985）6-12頁
大津浩「住民投票結果と異なる首長の判断の是非」平12重判（ジュリスト1202号）24-25頁
兼子仁「自治体住民の直接民主主義的権利」都立大法学32巻1号（1991）15-34頁
佐藤幸治「宗教団体紛争と司法権」佐藤幸治・中村睦男・野中俊彦『ファンダメンタル憲法』（有斐閣，1994）262-284頁
白鳥令「改正公選法の問題点」ジュリスト776号（1982）27-32頁
杉原泰雄『憲法Ⅱ　統治の機構』（有斐閣，1989）
高田篤「政党における除名処分と比例代表選挙における繰上補充」憲法判例百選Ⅱ（有斐閣，第4版，2000）336-337頁
高橋和之「国民の選挙権vs政党の自律権」ジュリスト1092号（1996）52-59頁
辻村みよ子『憲法』（日本評論社，2000）
野中俊彦・中村睦男・高橋和之・高見勝利『憲法Ⅰ・Ⅱ』（有斐閣，第3版，2001）
野中俊彦「政党と国民代表の性格」佐藤・中村・野中『ファンダメンタル憲法』（有斐閣，1994）149-159頁

（大　津　　浩）

18 人権の享有主体──外国人・法人

人権総論

〔論　点〕

(1) 外国人の人権保障

　　日本国憲法の定める国民の権利は，外国人に対してどの程度保障されるか。
　　外国人に保障される権利と，保障されない権利とはどのような基準で区別されるか。
　　外国人に保障される権利の場合に，その保障の内容・程度が日本国民に対する保障と異なることがあり得るか。

(2) 外国人の政治活動の自由

　　政治活動の自由は，どのような性格をもった権利か。
　　政治活動の自由は，外国人に対しても保障された権利であるといえるか。
　　外国人に対する政治活動の自由の保障が肯定される場合，その保障の内容・程度は日本国民に対する保障と異なるか。

(3) 団体・法人の人権

　　日本国憲法の定める国民の権利は，団体・法人に対してどの程度保障されるか。
　　団体・法人に対して保障される人権と，個人の人権には何らかの違いがあるか。

Part I　基本となる素材

マクリーン事件

最高裁昭和53年10月4日大法廷判決
昭和50年（行ツ）第120号在留期間更新不許可処分
取消請求事件
民集32巻7号1223頁，判時903号3頁

X＝原告，被控訴人，上告人
Y＝被告，控訴人，被上告人

❖ 事実の概要

　Xはアメリカ合衆国国籍を有する外国人であり，1966年に米国平和奉仕団の一員として韓国で英語教育に従事したが，1969年4月21日旅券に在韓国日本大使館発行の査証をうけて日本に入国，同年5月10日下関入国管理事務所入国審査官により，出入国管理令（以下単に令という）4条1項

16号，特定の在留資格およびその在留期間を定める省令1項3号に該当する者としての在留資格をもって，在留期間を1年とする上陸許可を得て日本に上陸した。Xは入国後，語学学校に英語教師として勤務して生計を立てるかたわら，琵琶，琴の研究を続け，将来はアメリカの大学で琵琶，琴などの教授をしたいと志していた。

在留期間の終わりが近づいたため，Xは1970年5月1日さらに日本での英語教育および琵琶，琴などの研究を継続する必要があるとして，法務大臣Yに対し1年間の在留期間の更新を申請したところ，Yは同年8月10日に「出国準備期間として同年5月10日から同年9月7日まで120日間の在留期間更新を許可する」との処分をした。そこでXはさらに同年8月27日，Yに対し同年9月8日から1年間の在留期間の再更新を申請したところ，Yは同年9月5日付で，Xに対し，更新を適当と認めるに足りる相当な理由があるものとはいえないとしてこれを許可しないとの処分（本件処分）をした。

Yが在留期間の更新を適当と認めるに足りる相当な理由があるものとはいえないとしたのは，次のようなXの在留期間中の無届転職と政治活動のゆえであった。

① Xは，A語学学校に英語教師として雇用されるため在留資格を認められたのに，入国後わずか17日間で同校を退職し，別のB語学学校に英語教師として就職し，入国を認められた学校における英語教育に従事しなかった。

② Xは，外国人ベ平連に所属し，その定例集会，反戦集会，反戦示威行進に参加し，ビラを通行人に配布し，米国大使館にベトナム戦争に反対する目的で抗議に赴き，横浜入国者収容所に対する抗議を目的とする示威行進に参加し，羽田空港においてロジャース国務長官来日反対運動を行うなどの政治的活動を行った。なお，Xが参加した集会，集団示威行進等は，いずれも，平和的かつ合法的行動の域を出ていないものであり，Xの参加の態様は，指導的または積極的なものではなかった。

❖ 第1審＝東京地裁

東京地裁昭和48年3月27日判決

請求認容

❖ 当事者の主張（争点）

原告……1．令21条1項は，日本在留の外国人に対し在留期間の更新を受ける権利を与えている。Yの本件処分には，何ら合理的な理由が存しないから，同処分は違法である。

2．本件処分は，法務大臣の裁量権の範囲を逸脱し違法である。

(1) Xの査証には「雇用のため」との記載があるだけで，転職後もXの在留資格には変動がない。また，憲法22条は外国人に対しても転職の自由を保障しており，Xの転職を理由に本件のような不利益処分をすることは許されない。Xは，A語学学校の画一的教授方法，給与支払いの遅れなどに不信感を抱き，他方B語学学校の教授方法が優れていることを知って転職したものであり，そこには正当な理由があった。B語学学校はこの種の英語教育機関としては日本で最大規模のものであって，転職先が不適切ともいえない。

(2) Xの政治活動を理由としてなされた本件処分は違憲，違法なものである。「政治活動」のなかでも，参政権は主権者たる国民だけのものであるのに対し，国の政治に意見を表明する権利は，思想の自由，表現の自由，集会・結社の自由と結びついた市民的行動であり，在日外国人に対しても保障される。Xの行動は，アメリカの戦争政策に反対する政治的行為で

あると同時に，人間の良心から出発した表現行為であって，日本国憲法21条の保障する基本的人権の行使であるから，これを理由に在留期間更新の不許可処分をすることは許されない。

被告……1．在留期間の更新は，令21条3項により法務大臣において在留期間の更新を適当と認めるに足りる相当な理由があるときに限り許可されるのであって，その許否は法務大臣の自由裁量に委ねられている。

2．Yのした本件処分には裁量権の逸脱はなく，適法である。

(1) 法務大臣は，Xの本邦における活動をA語学学校の英語教師として認める趣旨で在留を認めているのであるから，査証には「雇用のため」と記載されていても，これはA語学学校に英語教師として雇用されることを意味する。しかるにXは，入国後わずか17日間でB語学学校に転職しており，入国を認められた学校における英語教育に従事しなかったのであるから，法務大臣が本件各処分をしたことは適法である。

(2) 日本国憲法下においてわが国の政治は日本国民の意思により決定されるべきものであるから，わが国と身分上の永続的結合関係を有しない外国人は，参政権を有しないばかりでなく，わが国の政治的意思形成に影響を与える政治活動を行うことも，権利としては保障されていない。Xの政治活動は，令5条1項14号の「日本国の利益」を害するおそれのある行為に該当し，しかもXが将来もそのような政治活動を行うおそれがあるのみならず，Xは政治活動を行うことを主たる目的として本邦に在留しているものと認められるから，実質的には資格外活動に該当するものということができ，在留期間更新を拒否すべき相当の理由がある。

❖ 法的構成

(a) 在留期間更新の許否にかかる法務大臣の裁量権について

「法務大臣は，……外国人が提出した文書により在留期間の更新を認めるに足りる相当な理由があるか否かを判断するに際し」，「在留期間の更新の許否については，相当広汎な裁量権を有するものと解すべきであるが，この裁量権も憲法その他の法令上，一定の制限に服するのは当然である。」

(b) 政治活動を理由とした在留期間更新不許可に関する裁量権逸脱の判定基準について

「ひとたび入国を許可された在留外国人の政治活動が在留期間更新の不許可を相当とする事由に当たるか否かを判断するには，少なくとも令5条1項11号ないし14号に準ずる事由があるか否かを考察すべきであつて，かかる事由もないのにされた更新不許可の処分は裁量の範囲を逸脱するものと解され，本件においては，原告の行なつた政治活動が日本国民および日本国の利益を害する虞れがあると認められるか否かが問題となる。」

❖ あてはめ

(a) 無届け転職について

「原告に対する入国許可の経緯等からは，……とうてい原告の在留資格がA語学学校における英語教師に限定されているものと解することはできず，したがつて，被告の主張するように，原告がA語学学校からB語学学校に転職したことを把えて，在留資格外の活動を行なつたとか，これによつて入国目的を失つたとかいうことはできない。」

「原告がA語学学校に就職後3週間足らずで勤務先の責任者に正式に告知することなく転職した行為には，適切さに欠けるところがあるようにみえるが，右転職には……一応の理由があるうえ，転職先は，従前の勤務先と同種のものであり，かつ，これに比して遜色がなく，また外国人の在留状況という観点からみて，なんら非難すべき点のない勤務先であつて，原告はそれ以来本件……処

分当時まで同所に引き続き勤務しているのであるから，右転職をもつて，出入国管理上の秩序を乱したとはいえず，また，関係当局との信頼関係を破壊したと断ずることもできない。」

　(b)　政治活動について

「原告の行なつた前記のいわゆる政治活動のうちには，まず，いわゆるベトナム反戦……を目的とする集会，集団示威運動および反戦放送への参加があるが，……米国人である原告が本国の行ないつつある右政策に対し，滞在地である日本国内において自己の見解を表明し，主として在日米国人に対して反戦を呼びかける行為……は，政治活動というよりは，むしろ一米国人としての自然の思想表現であつて，これをもつてわが国の政治問題に対する不当な容喙とみることはできず，このために日本国民および日本国の利益が害される虞れがあるということもできない。

次に，原告の参加した集会，集団示威運動の中には，ベトナム反戦とならんで日米安保条約反対をも目的とするものがあつたことは前記認定のとおりであるところ，日本国の安全保障の方策は，もつぱら日本国民が選択決定すべき政治問題であつて，外国人の干渉すべき事柄ではなく，日本国憲法がこのような問題についての在留外国人の集会や集団示威運動等の自由を日本国民に対すると同等に保障しているものとみることはできない。しかしながら，そのような政治活動を行なつた外国人の日本在留を許容するかどうかの裁量にあたつては，当該外国人の在留が日本国の利益を害する虞れがあるか否かを，その者の行なつた政治活動の実体に即して判断すべきものである。そして，……原告自身は，むしろ日米安保条約を廃棄することは非現実的であるばかりでなく，そもそもこのような日本の政治問題は日本国民みずからが決定すべきであるとの考えを持つており，従来，日本の政治に関する発言をさし控えるように努めていたこと，原告が前記の集会等に参加した意図は，もつぱらベトナム反戦を訴える点にあつたこと，および右集会等における原告の参加の態様は，指導的または積極的なものではなかつたことが認められる。してみると，原告の参加した集会等は，原告が本来意図した目的とは異なる政治主張をも包含しており，このような集会等に参加したこと自体思慮を欠くものがあつたとしても，原告の集会等への参加の目的および態様が右のようなものであつたことに鑑みるならば，この集会参加のゆえに原告の日本在留が日本国民および日本国の利益を害する虞れがあるとまではとうてい考えられない。

さらに，原告の前記の入管法案反対ハンスト支援ビラ配布，横浜入国者収容所に対する抗議の示威運動についてみると，出入国管理法制および入国者収容所の待遇のいかんは，日本の政治問題であると同時に，在留外国人にとつて直接の利害関係をもつ問題であるから，在留外国人である原告がこの問題について日本国民に呼びかける行為は，日本の政治に対する干渉というよりは，原告自身の身分上の利害に関して日本政府および日本国民に善処を訴える行為という性質をもつものということができ，そのさい原告のとつた行動自体についても，日本国民の政治的選択に不当な影響力を行使し，あるいは国の政策遂行に支障を与えるようなものがあつたことを認めるに足る証拠はない。とすれば，この行為の故に原告の日本在留が日本国民および日本国の利益を害する虞れがあるとみるべきでないことは，いうまでもない。

そして，原告の前記のいわゆる政治活動のすべてを合わせ考えても，それゆえに原告の日本在留が日本国民および日本国の利益を害する虞れがあるとは考えられず，また，被告の主張のように，原告の日本在留の主たる目的がこのような政治活動を行なうことにあるとの事実を認めるに足り証拠はないから，原告が実質的に在留資格外の活動に従事したと断ずることもできない。したがつて，被告が原告の前記のいわゆる政治活動を理由として本件……処分をしたことは社会観念上著しく妥当性を欠くものといわなければならない。」

「以上認定の諸事情を総合して考察するならば，被告の本件……処分は，原告の行なつた本件転

職およびいわゆる政治活動の実体が，なんら在留期間の更新を拒否すべき事由に当たらないのに，著しくこの点の評価を誤つたもので，日本国憲法の国際協調主義および基本的人権保障の理念にかんがみ，令 21 条により被告に与えられた裁量の範囲を逸脱する違法の処分であるといわなければならない。」

❖ 第 2 審＝東京高裁

東京高裁昭和 50 年 9 月 25 日判決

原判決破棄，請求棄却
  ❖ 法的構成
 (a) 日本における外国人の法的地位について
「自国内に外国人を受け入れるか否かは基本的にはその国の自由であり，国は自国および自国民の利益をまもるため，これに支障があると思料する外国人の受入れを拒否しうべく，そのための基準を定めることもまた自由である。……本邦に入国，上陸，在留しようとする外国人は権利として右のごとき入国等を要求しうるものではなく，国はその自ら定める基準である出入国管理令所定の各規定に照らし当該外国人の資格審査をし，その結果に基づき特定の資格により一定の期間を限つて……，入国，上陸，在留を許可するのである。」
 (b) 在留期間中の権利保障について
「もつとも，いつたん適法に在留を許可された外国人は，その在留期間内は令 24 条に定める退去強制事由に該当しない限り，その活動は原則として自由であり，人権，信条，性別によつて差別されることはなく，思想，信教，表現の自由等基本的人権の享受においても，おうむね日本国民に準じて劣るところはない。さらに仮りにその言動がわが国，その友好国ないし当該外国人の母国の政策を批判し，その動向に影響を及ぼす等いわゆる政治的活動であつても，それが本来外国人としての礼譲にかなうかどうかの批判はありえても，それ自体が退去強制事由に該当しない以上，その在留期間中は，法律上とくだんの不利益を受けることはないのである。」
 (c) 在留期間更新の許否にかかる法務大臣の裁量権について
「適法に在留する外国人はその定められた在留期間内に在留目的を達成して自ら国外に退去するのがたてまえであり，国は自ら在留を許した外国人には，その在留期間内に限つて活動を保証すれば足りるのである。たまたま在留外国人が期間内にその目的を達成しがたい等によつて在留期間の延長の必要が生じたときは，当該外国人は令 21 条によつて期間の更新を受けることができるとしているが，その更新の申請に対しては，法務大臣は更新を適当と認めるに足りる相当の理由があるときに限り，これを許可することができるのであつて，その相当の理由の有無については法務大臣の自由な裁量による判断に任されているものというべく，このことは外国人の受入れが基本的には，受入国の自由であることに由来する。法務大臣は許否の決定に当つては申請者の申請事由の当否のみならず，当該外国人の在留期間中の行状，国内の政治，経済，労働，治安などの諸事情及び当面の国際情勢，外交関係，国際礼譲など一切の事情をしんしやくし，窮極には高度の政治的配慮のもとにこれを行なうべきこととなる。したがつて法務大臣が在留期間更新の申請を拒否するには令 5 条 1 項 11 号ないし 14 号の上陸拒否事由，あるいは令 24 条の退去強制事由に準ずる事由がなければならないと論ずることは妥当ではない。」
 (d) 裁量権の逸脱・濫用について
「しかしこの法務大臣の処分といえども，それが処分の理由とされた事実に誤認があり，または

事実に対する評価が何人の目からみても妥当でないことが明らかである等裁量権の範囲を逸脱し権利の濫用である場合にはその処分は違法となること一般の行政処分と異なるものではなく，ただ事実上法務大臣の判断が第一次的に高度に尊重されなければならないというだけである。そして在留期間の更新申請を違法に却下された外国人は，当該処分の名宛人であり，法律上保護される利益を害された者としてその取消を裁判所に求めうべきものと解するのが相当である。」

❖ あてはめ

(a) 無届転職について

「無届転職すなわち被控訴人がＡ語学学校からＢ語学学校に勤務を変更したことのみをもつて右不許可の理由としたものとすれば，その間の事情に即していささか問題であろう……。しかし本件処分理由はこれのみでないこと前記のとおりであるから，ここで右転職のみを理由としてその適否を決することは相当でない。」

(b) 政治活動について

「一連の政治活動も，これが在留外国人によつてその在留期間内になされたのであれば，さきにみたように外国人にも許される表現の自由の範囲内にあるものとして格別不利益を強制されるものではなく，また，それ自体で退去強制事由を構成するものとするのも困難であろう。しかし外国人の在留期間がその所定期間の経過によりもはや本邦に在留しえなくなるにさいしなされる在留期間更新の申請に対し，法務大臣が更新を認めるに足りる相当の理由があると判断すべきか否かの問題となれば，その評価はおのずから異なるべきことは，前記のとおりである。従つて，右のごとき被控訴人の一連の行動に対し法務大臣がこれを前記のような高度の政治的配慮のもとに判断をするに当り，これを消極的資料としてとりあげたとしても，やむをえないものといわなければならないのであつて，たんに在留期間中は適法になしえたというだけで，右のごとき法務大臣の評価を非難することはできない。

とくに憲法上外国人は参政権を認められず，わが国の政治，外交など日本国民が自主的に主権の行使として決定すべき事項に関し，純粋な学問上の見地からする批評や在留外国人が国際的礼譲の立場から許容される論評行為であればともかく，その域を越えて，これに干渉的言動を弄するがごときは，なんぴとの目にも本来望ましい事柄と見えるものとは必ずしもいいえないであろう。」

「これらの行動が被控訴人によつて現実に行なわれた以上，既述のごとき高度の政治的判断のもとに出入国管理行政を行なうべきものとされている法務大臣が，これをもつて日本国及び国民のため望ましいものとせず，その在留期間更新の許否を決するにつき消極の事情と判断したとしても，それはその時点におけるその権限の行使として，まかされた裁量の範囲におけるものというべく，これをもつて違法とすることはできないといわなければならない。」

◈ 上告審＝最高裁

上告棄却

❖ 法的構成

(a) 外国人が日本に滞在する権利の有無について

「憲法22条1項は，日本国内における居住・移転の自由を保障する旨を規定するにとどまり，外国人がわが国に入国することについてはなんら規定していないものであり，このことは，国際慣習法上，国家は外国人を受け入れる義務を負うものではなく，特別の条約がない限り，外国人を自国内に受け入れるかどうか，また，これを受け入れる場合にいかなる条件を付するかを，当該国家が

自由に決定することができるものとされていることと，その考えを同じくするものと解される……。したがつて，憲法上，外国人は，わが国に入国する自由を保障されているものでないことはもちろん，所論のように在留の権利ないし引き続き在留することを要求しうる権利を保障されているものでもないと解すべきである。そして，上述の憲法の趣旨を前提として，法律としての効力を有する出入国管理令は，外国人に対し，一定の期間を限り……特定の資格によりわが国への上陸を許すこととしているものであるから，上陸を許された外国人は，その在留期間が経過した場合には当然わが国から退去しなければならない。」

(b) 在留期間更新の許否にかかる法務大臣の裁量権について

「出入国管理令が原則として一定の期間を限つて外国人のわが国への上陸及び在留を許しその期間の更新は法務大臣がこれを適当と認めるに足りる相当の理由があると判断した場合に限り許可することとしているのは，法務大臣に一定の期間ごとに当該外国人の在留中の状況，在留の必要性・相当性等を審査して在留の許否を決定させようとする趣旨に出たものであり，そして，在留期間の更新事由が概括的に規定されその判断基準が特に定められていないのは，更新事由の有無の判断を法務大臣の裁量に任せ，その裁量権の範囲を広汎なものとする趣旨からであると解される。すなわち，法務大臣は，在留期間の更新の許否を決するにあたつては，外国人に対する出入国の管理及び在留の規制の目的である国内の治安と善良の風俗の維持，保健・衛生の確保，労働市場の安定などの国益の保持の見地に立つて，申請者の申請事由の当否のみならず，当該外国人の在留中の一切の行状，国内の政治・経済・社会等の諸事情，国際情勢，外交関係，国際礼譲など諸般の事情をしんしやくし，時宜に応じた的確な判断をしなければならないのであるが，このような判断は，事柄の性質上，出入国管理行政の責任を負う法務大臣の裁量に任せるのでなければとうてい適切な結果を期待することができないものと考えられる。このような点にかんがみると，出入国管理令21条3項所定の『在留期間の更新を適当と認めるに足りる相当の理由』があるかどうかの判断における法務大臣の裁量権の範囲が広汎なものとされているのは当然のことであつて，所論のように上陸拒否事由又は退去強制事由に準ずる事由に該当しない限り更新申請を不許可にすることは許されないと解すべきものではない。」

(c) 裁量権の逸脱・濫用の判断基準について

「行政庁がその裁量に任された事項について裁量権行使の準則を定めることがあつても，このような準則は，本来，行政庁の処分の妥当性を確保するためのものなのであるから，処分が右準則に違背して行われたとしても，原則として当不当の問題を生ずるにとどまり，当然に違法となるものではない。処分が違法となるのは，それが法の認める裁量権の範囲をこえ又はその濫用があつた場合に限られるのであり，また，その場合に限り裁判所は当該処分を取り消すことができるものであつて，行政事件訴訟法30条の規定はこの理を明らかにしたものにほかならない。もつとも，法が処分を行政庁の裁量に任せる趣旨，目的，範囲は各種の処分によつて一様ではなく，これに応じて裁量権の範囲をこえ又はその濫用があつたものとして違法とされる場合もそれぞれ異なるものであり，各種の処分ごとにこれを検討しなければならないが，これを出入国管理令21条3項に基づく法務大臣の『在留期間の更新を適当と認めるに足りる相当の理由』があるかどうかの判断の場合についてみれば，右判断に関する前述の法務大臣の裁量権の性質にかんがみ，その判断が全く事実の基礎を欠き又は社会通念上著しく妥当性を欠くことが明らかである場合に限り，裁量権の範囲をこえ又はその濫用があつたものとして違法となるものというべきである。」

(d) 外国人に対する基本的人権の保障と，外国人在留制度との関係について

「憲法第3章の諸規定による基本的人権の保障は，権利の性質上日本国民のみをその対象として

いると解されるものを除き，わが国に在留する外国人に対しても等しく及ぶものと解すべきであり，政治活動の自由についても，わが国の政治的意思決定又はその実施に影響を及ぼす活動等外国人の地位にかんがみこれを認めることが相当でないと解されるものを除き，その保障が及ぶものと解するのが，相当である。しかしながら，前述のように，外国人の在留の許否は国の裁量にゆだねられ，わが国に在留する外国人は，憲法上わが国に在留する権利ないし引き続き在留することを要求することができる権利を保障されているものではなく，ただ，出入国管理令上法務大臣がその裁量により更新を適当と認めるに足りる相当の理由があると判断する場合に限り在留期間の更新を受けることができる地位を与えられているにすぎないものであり，したがつて，外国人に対する憲法の基本的人権の保障は，右のような外国人在留制度のわく内で与えられているにすぎないものと解するのが相当であつて，在留の許否を決する国の裁量を拘束するまでの保障，すなわち，在留期間中の憲法の基本的人権の保障を受ける行為を在留期間の更新の際に消極的な事情としてしんしやくされないことまでの保障が与えられているものと解することはできない。在留中の外国人の行為が合憲合法な場合でも，法務大臣がその行為を当不当の面から日本国にとって好ましいものとはいえないと評価し，また，右行為から将来当該外国人が日本国の利益を害する行為を行うおそれがある者であると推認することは，右行為が上記のような意味において憲法の保障を受けるものであるからといつてなんら妨げられるものではない。」

❖ **あてはめ**

「上告人の在留期間中のいわゆる政治活動は，その行動の態様などからみて直ちに憲法の保障が及ばない政治活動であるとはいえない。しかしながら，上告人の右活動のなかには，わが国の出入国管理政策に対する非難行動，あるいはアメリカ合衆国の極東政策ひいては日本国とアメリカ合衆国との間の相互協力及び安全保障条約に対する抗議行動のようにわが国の基本的な外交政策を非難し日米間の友好関係に影響を及ぼすおそれがないとはいえないものも含まれており，被上告人が，当時の内外の情勢にかんがみ，上告人の右活動を日本国にとって好ましいものではないと評価し，また，上告人の右活動から同人を将来日本国の利益を害する行為を行うおそれがある者と認めて，在留期間の更新を適当と認めるに足りる相当の理由があるものとはいえないと判断したとしても，その事実の評価が明白に合理性を欠き，その判断が社会通念上著しく妥当性を欠くことが明らかであるとはいえず，他に被上告人の判断につき裁量権の範囲をこえ又はその濫用があつたことをうかがわせるに足りる事情の存在が確定されていない本件においては，被上告人の本件処分を違法であると判断することはできない」。

基本解説

(1) 外国人の人権享有主体性

憲法による国民の権利の保障が外国人にも及ぶかという問題について，初期の学説には外国人の権利をいかに保障するかは立法政策の問題であって，憲法による権利義務の保障は及ばないとする消極説も主張されていた。しかし，人権が前国家的，前憲法的性格を有すること，日本国憲法が98条2項で条約および確立した国際法規の遵守を定めるなど国際協調主義を採っていること，国際人権規約に見られるような人権保障の国際化が進んでいることなどを根拠として，今日では外国人に対してもできる限り憲法上の権利の保障を認める積極説が通説となっている。もっとも，積極説においても必ずしもすべての憲法上の権利が外国人に適用されると主張するわけではなく，外国人に適用し得ない

権利もあることは認めている。この点について，それぞれの権利を保障する憲法の条文が，権利の主体として「国民」という文言を用いているか，それとも特に主体を限定しないかまたは「何人も」という文言を用いているかを基準として，後者の場合に限って外国人への適用を認めようとする文言説も主張されたことがある。しかし，日本国憲法の条文のなかには，22条2項の国籍離脱の自由のように，外国人に保障し得ないにもかかわらず「何人も」という主語が用いられている例，あるいは13条の「生命，自由及び幸福追求」の権利のように，外国人にも当然保障すべきと考えられるにもかかわらず主体を「国民」に限定している例も見られるため，この説には支持が少ない。そこで現在では，条文の文言にかかわらずそれぞれの権利の性質に着目して，その権利の性質上可能な限りにおいて外国人にも憲法上の権利の保障を認めるという，権利性質説が通説となっている。なお近年では，通説が憲法の明文の文言を無視していることを批判して，少なくとも憲法の条文が権利の主体を「何人も」としている場合，あるいは特に主体を限定していない場合には，原則として外国人にもその権利が保障されると解する見解も主張されている。

最高裁は，最二小判昭和25年12月28日民集4巻12号683頁が「いやしくも人たることにより当然享有する人権は不法入国者と雖もこれを有するものと認むべきである」と判示して以来，一貫して外国人に対する憲法上の権利の保障を肯定してきており，本件の最高裁判決は，「憲法第3章の諸規定による基本的人権の保障は，権利の性質上日本国民のみをその対象としていると解されるものを除き，わが国に在留する外国人に対しても等しく及ぶ」として，権利性質説の立場に立つことを明らかにしている。

(2) 外国人に保障されない権利

権利性質説の立場に立った場合，憲法が保障するそれぞれの権利について，「権利の性質上日本国民のみをその対象としていると解される」か否かを個別的に検討する必要が生ずる。また，権利の性質上日本国民のみをその対象としていない権利についても，外国人に対して国民の場合と異なる特別な制約が可能か否かは別の問題である。

本件最高裁判決は，入国の自由と滞在の権利について，外国人の入国の可否が国際慣習法上各国の自由な決定に委ねられていることを理由として，これらが外国人には保障されないとの判断を示した。この判断は，日本に定住している外国人が一時外国に旅行して，再び日本に帰国する場合にもそのまま踏襲されている。最一小判平成4年11月16日集民166号575頁では日本人の配偶者として日本に定住する外国人が，最二小判平成10年4月10日民集52巻3号776頁では協定永住資格を有する日本生まれの在日韓国人が原告となって，それぞれ一時的な外国旅行のために行った再入国許可申請が，原告らが1987年改正前の外国人登録法によって定期的な外国人登録確認申請時に義務付けられていた指紋の押捺を拒否したことを理由に不許可とされたため，この処分の取消しを求めて提訴したが，最高裁は本件判決を引用して「我が国に在留する外国人は，憲法上，外国へ一時旅行する自由を保障されているものでないことは……明らかである」としてこれを退けた。

このほか社会権について，日本生まれの在日韓国人であった者が日本国籍の取得後に障害福祉年金の支給を請求した事件で，塩見訴訟上告審判決（最一小判平成元年3月2日判時1363号68頁）は，廃疾認定日において日本国民でない者に対しては障害福祉年金を支給しない旨を規定していたかつての国民年金法について，「社会保障上の施策において在留外国人をどのように処遇するかについては，国は，特別の条約の存しない限り，当該外国人の属する国との外交関係，変動する国際情勢，国内の政治・経済・社会的諸事情等に照らしながら，その政治的判断によりこれを決定することができるのであり，その限られた財源の下で福祉的給付を行うに当たり，自国民を在留外国人より優先的に扱うこ

とも許されるべきことと解される」と判示し，財源の限界と自国民優先を根拠にして外国人には保障されないとの判断を示している。さらに，最三小判平成7年2月28日民集49巻2号639頁は，国民主権の原理を根拠として，憲法15条1項に基づく公務員の選定罷免権の保障が外国人には及ばないと判断した。なおこの事件は地方公共団体における選挙権の有無をめぐるものであったが，国会議員の選挙権についても，最二判平成5年2月26日判時1452号37頁が，根拠は明示していないものの本件判決を引用して，外国人には保障されないと判断している。

それ以外の人権については，原理的に外国人に保障しないとする理由はない。ただし，人権の一般的な制限の一環として，外国人であることを理由に日本国民とは異なる制約を受けることはあり得る。この場合には，一般的な人権制限の合憲性判定基準に照らして，その合憲性が審査されることになろう。とりわけ経済的自由については，日本国民の場合であっても，社会経済政策の観点から積極的な規制を受けることがあり，同様の目的から外国人に対して日本国民とは異なる特別の制約が認められることがあり得る。

(3) 外国人の政治活動の自由

政治活動の自由に関して，最高裁は「わが国の政治的意思決定又はその実施に影響を及ぼす活動等外国人の地位にかんがみこれを認めることが相当でないと解されるものを除き，その保障が及ぶ」と判断している。政治活動は，それが言論，集会，デモ行進等の表現活動を通じて行われる限り，憲法21条の集会・結社および表現の自由によって保護される。一般に自由権は，人間である以上当然に認められる前国家的権利であり，権利の性質上日本国民に限定されるものではない。しかし表現の自由は，民主的な政治過程において主権者である国民がその意思を表明する権利として，参政権的な性格をも併せもっている。そのため，本件最高裁判決のように，直接政治過程に影響を与える活動については外国人への保障を限定する見解が多い。これに対して，政治活動は，参政権的機能はもつが参政権そのものではなく，また国民の主権的意思決定に外国人の考え方が反映されることは，決して否定的に評価されるべき事柄ではなく，むしろ国民が多様な観点からの見解に接することは，国民の主権的意思決定にとって必要なことでさえあるとして，外国人に対して国民と同等の政治活動の自由の保障を認める見解も有力である。

ただし，本件においてXの行った政治活動は，平和的かつ合法的な行動の域を出ないものであって，日本の政治的意思決定に直接影響を及ぼすものではないから，多数説の立場に立っても，憲法上外国人に保障されない活動とはいえない。本件最高裁判決も，「上告人の……政治活動は，その行動の態様などからみて直ちに憲法の保障が及ばない政治活動であるとはいえない」と認めている。ここまでの憲法解釈については，第1審から上告審を通じてほとんど違いがない。問題は，外国人に対する憲法の人権保障が，在留期間更新を許可するかどうかについて法務大臣の有する裁量権に何らかの制約を及ぼすか否かにある。

(4) 出入国管理制度と人権保障

出入国管理令（当時）21条3項は，在留期間更新許可の申請があった場合，法務大臣は「在留期間の更新を適当と認めるに足りる相当の理由があるときに限り，これを許可することができる」と定めていた。「相当の理由」の有無の判断は法務大臣にゆだねられており，この点について法務大臣が裁量権を有することには争いがない。問題は，外国人に対して基本的人権が保障される結果として，この裁量権にどのような制約が生ずるかである。第1審東京地裁は，この裁量権が憲法上一定の制限に服することを認め，Xの政治活動を理由とする在留期間更新不許可処分について，少なくとも上陸拒否事由ないし退去強制事由に準ずる事由がなければ，更新不許可の処分は裁量の範囲を逸脱するとの

基準を採用した。この点で第1審判決は、外国人の在留期間や出入国の管理に関わる法務大臣の判断も、憲法の人権保障によって拘束されるとの前提に立っていることになる（日比野後掲は、「基本的人権優位説」と呼ぶ）。これに対して控訴審判決では、在留期間中については、外国人に対する基本的人権の保障が「おうむね日本国民に準じて劣るところはない」としながら、「外国人はその定められた在留期間内に在留目的を達成して自ら国外に退去するのがたてまえであり、国は自ら在留を許した外国人には、その在留期間内に限って活動を保証すれば足りる」とし、在留期間の更新の許否は「法務大臣の自由な裁量による判断に任されている」と解している。このような考え方によれば、憲法の人権保障は、外国人の滞在中の活動に対して及ぶものにすぎず、在留期間や出入国の管理に関する法務大臣の判断は、人権保障によって拘束されないことになる。最高裁判決はこのことを、「外国人に対する憲法の基本的人権の保障は、……外国人在留制度のわく内で与えられているにすぎない」と表現している（日比野後掲は「出入国システム優位説」と呼ぶ）。

最高裁判決の立場を採れば、裁判所の審査は、法務大臣の処分に行政事件訴訟法30条にいう「裁量権の範囲をこえ又はその濫用があった」か否かに限られることになる。本件最高裁判決は、出入国管理行政にかかる法務大臣の裁量の広汎性に鑑み、その判断基準として「その判断が全く事実の基礎を欠き又は社会通念上著しく妥当性を欠くことが明らかである場合」あるいは「事実の評価が明白に合理性を欠き、その判断が社会通念上著しく妥当性を欠くことが明らか」な場合に限り、裁量権の範囲をこえまたはその濫用があったものとして違法となるとの基準を採用している。

Part II 応用編

確認質問

1 日本国憲法が保障する国民の権利のうち、外国人には保障されないと考えられるものは何か。
2 Xの政治活動は、憲法によって外国人に対してその自由が保障されたものといえるか。
3 行政庁の裁量処分が、違法として取り消されるのはいかなる場合か。法律上の根拠を示して答えよ。
4 在留期間の更新の許否にかかる法務大臣の裁量権に逸脱・濫用があったか否かは、いかなる基準に照らして判断されるか。

応用問題

設問1 最高裁判決の立場に立った場合、外国人の以下のような権利は憲法によって保障されているといえるか。
(1) 永住資格を有する外国人が、その国籍国を一時訪問して、再び日本に入国する権利。
(2) 在留期間更新の不許可処分の取消しを求めて訴えを提起した外国人が、当該訴訟の係属中に在留期間が終了する場合に、訴訟終了までの間の暫定的な滞在を要求する権利。
(3) 出入国管理及び難民認定法に定める「就学」の在留資格を得て、在留期間を1年として滞在を認められた外国人が、本来の就学活動の他に自己の信仰する宗教団体の布教活動を行う権利。

(4) 出入国管理及び難民認定法に定める「留学」の在留資格を得て，在留期間を1年として滞在を認められた外国人が，本来の在留目的と両立する範囲内において，自己の生計を支えるために就労する権利。
(5) 出入国管理及び難民認定法に定める「留学」の在留資格を得て，在留期間を1年として滞在を認められた外国人が，日本政府の外交政策に反対するデモ行進に参加し，署名運動を行う権利。
(6) 出入国管理及び難民認定法に定める「日本人の配偶者等」の在留資格を得て，在留期間を3年として滞在を認められた外国人が，国民健康保険に加入する権利。
(7) 永住資格を有する外国人が，日本の政党の党員となる権利。
(8) 永住資格を有する外国人が，日本の政党に政治献金をする権利。
(9) 永住資格を有する外国人が，日本の国または地方公共団体において，公務員として採用される権利。
(10) 永住資格を有する外国人が，その居住する地方公共団体の議会の選挙において投票する権利。

設問2 本件において，法務大臣が在留期間更新を不許可とした理由が以下のようなものであった場合，最高裁判決の結論および理由に何らかの相違が生ずるか。
(1) 法務大臣が，「わが国の外交政策上，Xのこれ以上の滞在は日本国の利益に反する」とだけ主張し，それ以上の詳細な説明を拒否した場合。
(2) 不許可の理由がXの無届け転職だけであった場合。
(3) Xが，特定の宗教の布教活動を行ったことを理由とするものであった場合。
(4) Xが，日本国に対し，滞在中に公務員の不法行為によって受けた損害の賠償を求める訴えを起こしたことを理由とするものであった場合。

設問3 日本に滞在する外国人が，以下のような訴えを起こした場合，最高裁判決を前提とするとどのような結論が導かれるか。
(1) 在留期間中に日本と友好関係にある自己の国籍国の外交政策を非難するデモ行進，集会等を主体的に企画したことを理由に，法務大臣が「日本国の利益または公安を害する行為を行った」（出入国管理及び難民認定法第24条四号ヨ）と認定して行った退去強制処分の取消しを求める訴え。
(2) 日本において国土交通大臣の許可を得て国際貨物利用運送事業を営む外国人に対し，その国籍国と日本との外交関係が極端に悪化したことから，国土交通大臣が貨物利用運送事業法42条6号および同法施行規則に基づき「公共の利益のために必要がある」と認めてその事業の一部の1年間の停止を命ずる処分をした場合に，その処分の取消しを求める訴え。
(3) 在留期間中に公務員の不法行為によって損害を受けた外国人がその賠償を求めて訴えを起こしたが，第1審および第2審は，原告の国籍国と日本との間に相互の保証がないことを理由に，国家賠償法6条に基づきその訴えを却下した。これに対して原告が，国家賠償法6条が違憲であると主張して上告した場合。

Part III 理論編

> 展開問題

1 外国人に対する基本的人権の保障を考える場合に、すべての外国人を等しく扱うべきか、それとも立場による類型化をすべきか。

　権利の性質だけを基準として外国人に保障される権利と保障されない権利を区別した場合、具体的な外国人の置かれている立場によっては、きわめて苛酷な結論が導かれることがある。たとえば外国人には日本に入国する権利、引き続き滞在する権利が認められないという判断が、日本に新規に入国する外国人や、一時的な目的で滞在する外国人には妥当するとしても、日本に定住していて他に生活の本拠をもたない外国人にとっては、日本への入国とは自己の生活の本拠に帰ることにほかならない。このような観点から、学説上は外国人をその立場に応じて類型化する考え方が有力である。

　一般に少なくとも、①定住外国人、②難民、③一般外国人の3類型が区分される。この他、日本の敗戦に伴って日本国籍を失った在日韓国・朝鮮人をはじめとする旧植民地の人々およびその子孫について、日本国籍を維持するか否かの選択権が与えられるべきであったとの観点から日本国民と同等の権利を認める説も有力である。最高裁も、地方議会の選挙権をめぐる判決のなかで、「外国人のうちでも永住者等であってその居住する区域の地方公共団体と特段に緊密な関係を持つに至ったと認められるもの」については、法律で地方自治体の選挙権を付与する措置を講ずることができるとの判断を示し、一定の類型化を行っている。これに対し、社会権、入国・滞在の自由をめぐる判決では、日本人の配偶者、在日韓国人といった当事者の立場は、人権の保障を論ずる上でほとんど考慮されていない。しかし現実には、日本で外国人登録をしている90日以上の滞在者のうち、66.3％は「永住者」「日本人の配偶者等」「定住者」の在留資格を有する定住外国人である（2002年末現在）。日本における外国人の人権を論ずる場合には、主として定住外国人が念頭に置かれなければならない。

　このような観点からみると、最高裁判決が社会権および入国・滞在の自由についてすべての外国人に対して一律にその保障を否定していることには問題がある。社会権についていえば、国境を越えた人の移動が盛んになった現代において、各国が外国に定住している自国民の社会権保障にすべて責任をもつことは現実的でなく、むしろ居住国の社会保障制度にその保護をゆだねた方が、本人の生活実態に適合的であることが少なくない。国際法規においても、国際人権規約A規約および難民の地位に関する条約は、社会保障ないし福祉の受給に関して内外人平等取扱いの原則を定めている。このような事態に対応して、日本でも難民条約の批准に伴い、社会保障関係法令に含まれていた日本国籍を受給要件とする条項は原則として撤廃された。最高裁判決の立場からは、憲法上は保障されていない権利を立法政策として付与したものということになろうが、そのような解釈は、日本国憲法の人権保障が国際的水準を著しく下回っていることを認めるものにほかならない。

　再入国の自由についても、国際人権規約B規約12条4項が「自国に戻る」権利を保障していること、難民条約28条が、締約国の領域内に滞在する難民に外国旅行の自由を認めている

ことから見て，定住外国人や難民に対して再入国の自由を一律に否定する解釈は，今日の国際的人権保障の水準を満たすものとはいい難い。このような国際人権法上の諸権利については，確立された国際法規の遵守を定める憲法98条2項によって外国人に憲法上保障されていると解する見解もあるが，憲法第3章の各条項の解釈として保障可能な諸権利については，憲法による直接の保障を認めて差し支えないであろう。

2 出入国管理及び難民認定法が，外国人の在留資格ごとにその活動内容を限定していることは，外国人に対する人権保障に矛盾しないか。

出入国管理及び難民認定法は，その別表において外国人の在留資格を27のカテゴリーに分けて列挙している。このうち別表第2に列挙された永住者，日本人の配偶者等，永住者の配偶者等，定住者の4つの在留資格については日本で許される活動が特に制限されていないのに対して，別表第1の在留資格については「本邦において行うことのできる活動」が特定の領域に限定されている。そして外国人が日本に上陸を認められるためには，日本において行おうとする活動が在留資格のいずれかに該当することが条件となる（7条1項2号）。この在留資格制度が，それぞれの在留資格を有する外国人に対し，別表で定められた活動以外の活動（いわゆる「資格外活動」）を一般的に禁ずる趣旨だとすれば（1989年の改正前には，資格外活動は明文で禁止されていた），外国人は滞在中法律で定められた特定の活動だけを許されることになり，およそ人権の保障を論ずる余地はなくなる。もっとも現在明文で禁止されているのは「収入を伴う事業を運営する活動又は報酬を受ける活動」（就労活動）だけであり，法務大臣の許可を受ければ資格外の就労活動を行うこともできるが，在留資格制度の全体の構造が，外国人に特定領域の活動だけを許すというシステムになっていることに変わりはない。また，就労活動といえども経済的自由権によって保障された人権の行使であり，外国人に対してすべての経済活動を一般的に許可制とする規制が人権の制約として正当化できるかは疑問である。また，就労活動のなかには精神的自由の行使に当たる活動も含まれている。

最高裁判決のように，外国人の人権保障が「在留制度のわく内で与えられているものにすぎない」と解せば，在留資格制度が外国人の活動をいかに狭く限定しようとも，それが憲法に反する余地はない。しかし，在留資格制度が外国人の活動を極端に狭く限定し，その結果自由な活動がほとんどできなくなっても，なお「在留制度のわく内で」基本的人権が保障されると説くことは全く無意味な主張といってよい。この矛盾の根元は，法律によって定められる在留制度によって憲法の人権保障の範囲が限定されることを認めたことにあり，結局，在留資格制度を含めた在留制度自体も，何らかの形で人権保障による拘束を受けると解するしかない。在留資格制度についても，別表第1で限定された活動領域は，日本がそこに列挙された活動を主たる目的とする外国人に上陸を許す旨を原則的に表明したものにすぎず，それ以外に憲法の人権保障によって許される活動を禁ずるものではないと解釈しなければならないであろう。

Part IV　もう1つの素材

八幡製鉄事件

最高裁昭和 45 年 6 月 24 日大法廷判決
昭和 41 年（オ）第 444 号取締役の責任追及請求事件
民集 24 巻 6 号 625 頁，判時 596 号 3 頁

❖ 事実の概要

被告 Y_1 および Y_2 は，八幡製鉄株式会社の代表取締役であったが，昭和 35 年 3 月 14 日，同会社を代表して，自由民主党に政治資金 350 万円を寄附した。原告 X は，同会社の株主であるが，本件行為は，同会社の定款所定の事業目的の範囲外の行為であるから定款に違反する行為であり，同時に商法 254 条の 2（現・254 条の 3）所定の取締役の忠実義務に違反しているから法令に違反する行為であると主張し，同会社に対し，本件行為について Y_1，Y_2 両名に対して取締役としての責任を追及する訴えを提起すべきことを請求した。しかし，訴外会社がこの訴えを提起しなかったため，X は，商法 267 条 3 項に基づき，自ら会社に代位して，Y_1，Y_2 両名に対して連帯して会社に与えた損害 350 万円と遅延損害金を会社に支払うよう請求した。

第 1 審・第 2 審とも請求が棄却されたため，原告が上告。

❖ 上告審＝最高裁

上告棄却
(a) 会社の行為が定款に定められた目的の範囲内であるか
◇ 法的構成
「会社は定款に定められた目的の範囲内において権利能力を有するわけであるが，目的の範囲内の行為とは，定款に明示された目的自体に限局されるものではなく，その目的を遂行するうえに直接または間接に必要な行為であれば，すべてこれに包含されるものと解するのを相当とする。そして必要なりや否やは，当該行為が目的遂行上現実に必要であったかどうかをもつてこれを決すべきではなく，行為の客観的な性質に即し，抽象的に判断されなければならない」。

「会社は，一定の営利事業を営むことを本来の目的とするものであるから，会社の活動の重点が，定款所定の目的を遂行するうえに直接必要な行為に存することはいうまでもないところである。しかし，会社は，他面において，自然人とひとしく，国家，地方公共団体，地域社会その他（以下社会等という。）の構成単位たる社会的実在なのであるから，それとしての社会的作用を負担せざるを得ないのであつて，ある行為が一見定款所定の目的とかかわりがないものであるとしても，会社に，社会通念上，期待ないし要請されるものであるかぎり，その期待ないし要請にこたえることは，会社の当然になしうるところであるといわなければならない。そしてまた，会社にとつても，一般に，かかる社会的作用に属する活動をすることは，無益無用のことではなく，企業体としての円滑

な発展を図るうえに相当の価値と効果を認めることもできるのであるから、その意味において、これらの行為もまた、間接ではあつても、目的遂行のうえに必要なものであるとするを妨げない。」

❖ あてはめ

「以上の理は、会社が政党に政治資金を寄附する場合においても同様である。憲法は政党について規定するところがなく、これに特別の地位を与えてはいないのであるが、憲法の定める議会制民主主義は政党を無視しては到底その円滑な運用を期待することはできないのであるから、憲法は、政党の存在を当然に予定しているものというべきであり、政党は議会制民主主義を支える不可欠の要素なのである。そして同時に、政党は国民の政治意思を形成する最も有力な媒体であるから、政党のあり方いかんは、国民としての重大な関心事でなければならない。したがつて、その健全な発展に協力することは、会社に対しても、社会的実在としての当然の行為として期待されるところであり、協力の一態様として政治資金の寄附についても例外ではないのである。論旨のいうごとく、会社の構成員が政治的信条を同じくするものでないとしても、会社による政治資金の寄附が、特定の構成員の利益を図りまたその政治的志向を満足させるためでなく、社会の一構成単位たる立場にある会社に対し期待ないし要請されるかぎりにおいてなされるものである以上、会社にそのような政治資金の寄附をする能力がないとはいえないのである。……要するに、会社による政治資金の寄附は、客観的、抽象的に観察して、会社の社会的役割を果たすためになされたものと認められるかぎりにおいては、会社の定款所定の目的の範囲内の行為であるとするに妨げないのである。」

(b) 会社による政治資金寄付の合憲性について

「憲法上の選挙権その他のいわゆる参政権が自然人たる国民にのみ認められたものであることは、所論のとおりである。しかし、会社が、納税の義務を有し自然人たる国民とひとしく国税等の負担に任ずるものである以上、納税者たる立場において、国や地方公共団体の施策に対し、意見の表明その他の行動に出たとしても、これを禁圧すべき理由はない。のみならず、憲法第3章に定める国民の権利および義務の各条項は、性質上可能なかぎり、内国の法人にも適用されるものと解すべきであるから、会社は、自然人たる国民と同様、国や政党の特定の政策を支持、推進または反対するなどの政治的行為をなす自由を有するのである。政治資金の寄附もまさにその自由の一環であり、会社によってそれがなされた場合、政治の動向に影響を与えることがあつたとしても、これを自然人たる国民による寄附と別異に扱うべき憲法上の要請があるものではない。」

〈意見〉
松田二郎・入江俊郎・長部謹吾・岩田誠裁判官、大隅健一郎裁判官

基本解説

(1) 法人の人権享有主体性

近代市民革命に由来する人権思想は、本来個人の権利保護を目的としたものであって、その主体はもっぱら自然人であった。しかし社会・経済の発展に伴って法人や団体の活動の重要性が高まり、一定の憲法上の権利についてもその享有主体性を認められるようになった。1949年制定のドイツ連邦共和国基本法は、「基本権は、その性質上内国法人に適用することができる限り、これにも適用される」という明文の規定を有している。明文の規定をもたない日本国憲法下においても、法人が社会において自然人と同様に活動する実体であること、特に現代社会におけるその活動の重要性を根拠として、これまでは法人に人権享有を認める立場が通説となっていた。本件最高裁判決は、「憲法第3章

に定める国民の権利および義務の各条項は、性質上可能なかぎり、内国の法人にも適用される」として法人の人権享有能力を明示的に認めたものである。もっとも、社会における実在性やその活動の重要性を論拠とする限り、法人格の有無によって人権享有主体性が左右されるとは考え難く、法人格をもたない団体についても同じことがいえるはずである。このような観点から、学説上は「団体」あるいは「結社」の人権享有能力と表現する傾向にある。

(2) 法人に対する人権保障の範囲

法人に保障される人権の範囲について、最高裁判決は「性質上可能な限り」とするのみで、具体的な基準を示していない。学説上は、ドイツの学説を参照して①当該人権が個人的にのみ行使できるものか、それとも集団的にも行使できるものかによって判断する見解、②当該基本権の規範によって具体的に保護される利益が、個々の人間（自然人）にのみ帰属するものか、法人にも帰属するものであるかによって判断する見解、③基本権の意味内容が、性別・年齢・身体のような人間の自然的属性、または人間の尊厳・人格もしくは信仰のような外界と直接関連のない内面の人格的価値と結びついているかどうかによって判断する見解などが紹介されている。もっとも、ここでも当該法人の立場や性格を無視して、人権の性質だけを基準に人権保障の範囲を決することには疑問がある。たとえば宗教法人に信教の自由が保障されるのが当然であっても、株式会社のような営利団体、弁護士会のような事実上の強制加入団体に、信教の自由が当然に保障されるとはいえないであろう。法人の人権保障を考える場合には、主体である法人の性質も同時に考慮に入れられなければならない。

(3) 法人の人権享有に伴う問題点

法人の人権享有を安易に承認することには問題も伴う。第1に、法人の人権行使が場合によって法人の構成員たる自然人の人権と衝突することが挙げられる。本件においても、会社の政治的行為の自由と、構成員たる株主の政治的行為・信条の自由との衝突という捉え方が可能である。この問題は、当該法人が、構成員に脱退の自由のない事実上の強制加入団体である場合に最も顕著に生ずる。最高裁は、税理士会が特定の政治団体への寄付を目的として会員から特別会費を徴収した事件において、会員の思想・信条の自由を尊重することを理由に、徴収を決定した決議を無効とする判決を下している（ユニット1）。また、自然人に比べてはるかに大きな社会的影響力を有する法人に人権行使を認めることによって、本来の人権享有主体である自然人の人権が侵害され、あるいはその影響力が小さくなるという問題も生ずる。いわゆる社会的権力を有する大企業の活動によって消費者や周辺住民の人権が侵害される事例、あるいは本件のように企業の政治献金が有する圧倒的な政治的影響力の前に、本来の主権者であるはずの有権者の影響力が阻害されることもその現れといえよう。

このような観点から、本件最高裁判決が会社の政治活動の自由を「自然人たる国民と同様」に認めたことには、学説上批判が強く、むしろ法人の人権が自然人とは異なる特別の制約に服するとの見解が有力である。たとえば法人の人権行使が自然人の人権を不当に制限するものであってはならないとの観点から、巨大な社会的権力をもつ団体に特別な規制を認めたり、構成員の自由との調整に基づく制限を認めるといった考え方である。しかし他方で、享有主体が法人であるというだけで、人権保障の程度が一律に自然人に対する保障より劣るという考え方には疑問が残る。たとえば宗教法人に対する信教の自由、大学に対する学問の自由の保障が、直ちに自然人の人権と異なる特別な制限に服するといえるであろうか。また、特別な制約に服するにせよ、法人に人権が保障されるという以上、その人権の行使に当たる行為を、単なる制限にとどまらず全面的に禁止することには憲法上の問題が残る。たとえば、本件のような政治資金

の寄付が人権の行使だとするならば，これを法律によって全面的に禁止することは困難であろう。

(4) 法人の人権享有主体性の再検討

このような観点から，近年では法人に人権享有を認めること自体を疑問視する見解が主張されている。憲法史上人権がもともと中間団体からの個人の解放という課題を背負っていたこと，人権の背後にある「人間の尊厳」の観念が法人に妥当しないこと，団体による個人の人権侵害を「人権同士の衝突」と理解するのが不当であることなどを根拠として，少なくとも法人の権利が自然人の人権と同等のものではないことが広く認識されてきている。このような観点から，法人に対して「人権」という用語を避け，法人の「憲法上の権利」という言葉を用いる場合もある。また，法人に保障される権利を，構成員たる自然人の人権の「反映」と考えて，個人との関係で法人が人権主体となることを否定する説も主張されている。宗教法人の信教の自由や，大学の学問の自由のように，法人の活動が自然人の場合と同様の憲法上の保護を受けられるのは，その法人がまさにその活動を目的に設立されている場合であって，この場合には構成員たる自然人が自分たちの人権を集団的に行使していると理解することができる。それ以外の場合には，自然人と異なる特別の制約に服する，あるいは場合によっては憲法上の権利享有を否定して，法律によって認められた範囲内で活動を認められると理解するのが最も妥当であろうと考えられる。

設問 1 日本国憲法の保障する基本的人権のうち，内国の法人への適用が「性質上可能」でないと考えられるものはどれか。また，その根拠は何か。

設問 2 最高裁判決の立場に立った場合，以下のような行為は憲法で保障された権利といえるか。
 (1) 株式会社が，特定の宗教団体が行う宗教的行事に寄付をする行為。
 (2) 宗教法人が，営利を目的として不動産の売買を行う行為。
 (3) 労働組合が，特定の政党に寄付をする行為。
 (4) 税理士会が，特定の法律案に反対の決議をする行為。

設問 3 最高裁判決の立場に立った場合，次のような法律は憲法上どんな問題を生ずるか。
 (1) 法人の政治献金を全面的に禁止する法律。
 (2) 宗教法人による政治献金を禁止する法律。
 (3) 宗教法人による政治活動を広く禁止する法律。
 (4) 国の補助金を受けている法人による政治献金を禁止する法律。
 (5) 国の補助金を受けている法人の政治活動を広く禁止する法律。
 (6) 税理士会等の強制加入団体による政治活動を広く禁止する法律。

〔参考文献〕
近藤敦編著『外国人の法的地位と人権擁護』(明石書店, 2002)
日比野勤「外国人の人権(1)～(3)」月刊法学教室 210, 217, 218 号 (1998)
芦部信喜『憲法学Ⅱ』(有斐閣, 1994) 121 頁以下
後藤光男「外国人の人権」憲法の争点 (有斐閣, 第 3 版, 1999) 64 頁
安念潤司「『外国人の人権』再考」芦部信喜古稀記念『現代立憲主義の展開 (上)』(有斐閣, 1993) 180 頁
小泉良幸「法人と人権」憲法の争点 (有斐閣, 第 3 版, 1999) 68 頁
小野善康「結社の憲法上の権利の享有について」アルテス　リベラレス (岩手大学人文社会科学部紀要) 72 号 (2003) 79 頁以下

(宮地　基)

人権総論

19 私法関係における人権保障

〔論 点〕
(1) 人権保障規定の私人間効力
　憲法の人権規定，特に自由権と平等原則の規定は，現代社会における私人間の人権侵害をめぐる紛争を裁判で解決する際に，いかなる役割を果たしうるか。
(2) 私企業による試用期間付き雇用における思想差別の救済方法
　思想差別による私企業の本採用拒否に対して，憲法はいかなる救済をなしうるか。
(3) 特殊な私企業における人権保障
　国家との間で特別な関係にある私企業，あるいは一定の政治信条を共有することを不可欠とする「傾向企業」など，特殊な私企業では，人権規定の私人間適用はどのように考えるべきか。
(4) 国家の私法上の行為に対する憲法規定の直接適用性
　国家や地方公共団体などの公権力が行う私法上の法律行為の無効を争う場合に，これら公権力による憲法違反を直接の根拠としうるか。

Part I　基本となる素材

三菱樹脂事件

最高裁昭和48年12月12日大法廷判決
昭和43年（オ）第932号労働契約関係存在確認請求事件
民集27巻11号1536頁，判時724号18頁
〔参照条文〕憲14，19　労基3

X＝原告，被控訴人・控訴人，被上告人
Y＝被告，控訴人・被控訴人，上告人

◆ 事実の概要

　原告Xは，東北大学在学中の1962年に被告Y（三菱樹脂株式会社）が実施した社員採用試験に合格し，翌年，同大学を卒業すると同時にYに3カ月の試用期間を設けて採用された。しかしこの試用期間の満了直前に，XはYから，試用期間の満了とともに本採用を拒否するとの告知を受けた。そこでXは，本採用拒否の告知は無効であるとして，地位保全の仮処分を裁判所に申請し認容され

るとともに、雇用契約上の社員たる地位の確認ならびに賃金の支払いを求める本案訴訟を提起した。

裁判の中でYは、Xが、採用試験の際にYが提出を求めた身上書の所定の欄に虚偽の記載をし、または記載すべき事項を秘匿し、面接試験における質問に対しても虚偽の回答をしたことを理由に、Xの本採用を拒否したと主張した。その虚偽の申告によって秘匿した具体的内容とは、第1に、Xが東北大学に在学中、学内の学生自治会のうちで最も先鋭的な活動を行い、学校当局の承認も得ていない同大K分校学生自治会に所属し、その中央委員の地位にあり、1960年から61年にかけて同学生自治会が取り組んだ日米安保条約改定反対運動を推進し、1960年から62年にかけて無届デモや仙台高等裁判所構内における無届集会、ピケ等に参加するなどの学生運動に従事したにもかかわらず、これらの事実を記載せず、面接試験における質問に対しても、学生運動をしたことはなく、これに興味もなかった旨、虚偽の回答をしたこと、第2に、Xは、同大学生活部員として同部から手当てを受けていた事実がないのに月4000円を得ていた旨虚偽の記載をし、また純然たる学外団体である生活協同組合において、1959年7月に理事に選任されて1963年6月まで在任し、かつその組織部長の要職にあったにもかかわらず、これを記載しなかったことである。Yは、Xのこのような行為は、民法96条にいう詐欺に該当し、またXの管理職要員としての適格性を否定するものであるから、本採用を拒否するとしたのであった。

これに対し、本件第1審が認定した事実は以下のとおりである。Xが同大学K分校学生自治会に所属し、上記政治活動に参加したことは認められるが、中央委員の地位にあったことを確認できる事実はなく、当時の学生一般が有する政治への関心から各種の運動に参加したにすぎない。また、Yが主張するような学生運動中に官憲に対して抵抗その他の実力行動に参加し助勢したという事実を証明する証拠もない。生協活動への積極的参加、ならびに生協組織部長として生協から月4000円の支給を受けていたにもかかわらず、その旨を申告せず、学友会生活部の一部門である生協でアルバイトに従事して月4000円の手当てを受けていたと答えたという事実は認定されるが、その生協活動に関してなした身上書の記載ならびに面接試験の回答は、若干説明不足のきらいはあるにしても、必ずしも真実に副わないものとはいえない。

❖ 第1審＝東京地裁

東京地裁昭和42年7月17日判決
労民18巻4号766頁

❖ 当事者の主張（争点）

〈事実にかかる主張〉

原告……過激な学生運動に積極的に荷担したことはなく、参加したデモも公安当局の許可を得たものだった。生協は大学内部においては学友会生活部の一部門として取り扱われていたため、面接試験の場でそのように述べたにすぎない。

被告……Xは、無届デモに参加するなど過激な学生運動に従事し、また学外団体にすぎない生協にも積極的に参加し、理事や組織部長の要職にあったのに、会社にそのような事実がなかったものと誤信させて雇用されようとし、あえてこれらの事実を秘匿する虚偽の申告をした。

〈法的な根拠にかかる主張〉

原告……①3カ月間の試用期間はいわば見習い期間にすぎず、Xは当初から本採用されたものであるから、Yが本採用拒否の意思表示をしても、法律上無意味である。仮に、YがXに対して解雇の意思表示をなしたとしても、本来使用者が試用中の労働者の雇用継続を不適当とす

る基準は，もっぱら当該労働者が試用期間中に提供した労働力の評価に限られ，Xが提供した労働力に何の問題もなかった以上，Yの解雇の意思表示は恣意的なもので無効である。②また，Yが主張するような虚偽の事実をXがYに対して申告したとしても，それはYがXに加えようとした思想信条による差別待遇に対する正当な自衛手段であるから，何の違法性もなく，これを理由に雇用契約を取り消すことはできない。③結局，Yがなした解雇ないし雇用取消しの意思表示は，Xの学生運動に対する関心および経験から推測した，Xの思想，信条を理由とする差別待遇であるから，これらの意思表示はいずれも労働基準法3条に違反し，公序に反する事項を目的としたものであって，無効である。

被告……①3カ月間の試用期間は，将来の管理職要員としての適格性を全人格的に判定するためのもので，その期間中は解約権を留保するとともに，この権利を行使しないで試用期間を経過することを停止条件として，本採用する旨の合意をしていた。そこで，試用期間満了の3日前に，試用期間満了とともに本採用を拒否する旨の意思表示をすることで，雇用契約上留保した解約権を行使したものである。②過激な学生運動に参加する者は，その思想，信条の如何に関わらず，会社の管理職要員として不適格である。Yは1961年以来，大学卒業見込みの入社希望者については，在学中，学生運動に関しどのような実践活動をしたかを知るべく，これに関する事項の申告を求め，この点を採否決定の重要資料とし，これが真実であることを前提として，その後の調査を進めた上で，信頼関係を前提とする雇用契約を締結しているので，入社希望者も，この契約締結において，信義則上当然に正確な申告をなすべき義務を負う。③Yは，従来から入社希望者に対して，上記の事項につき虚偽の申告をした場合には，採用を取り消すべき旨を予告していた。Xは，積極的に違法な学生運動に参加しながら，会社に対し全く虚偽の申告をして会社を錯誤に陥らせて採用されたものであり，会社の信頼を甚だしく裏切っている。

◆ **法的構成**

(a) 雇用契約における試用期間設定の意味について

「会社が原告との雇傭につき試用期間を設けたのは，これによつて契約の効力発生又は消滅に関し条件又は期限を付したものと解するのは相当でなく，むしろ，他に特別の事情がない限り，右雇傭の効力を契約締結と同時に確定的に発生させ，ただ右期間中は会社において原告が管理職要員として不適格であると認めたときは，それだけの事由で雇傭を解約し得ることとし，諸般の解約権に対する制限を排除する趣旨であつたものとみるのを相当とする。」

(b) 雇用契約における留保解約権の行使に対する制限について

「会社は原告に対し，試用期間設定の趣旨に基き原告が管理職要員として不適格であると認める限り，それだけの事由で雇傭を解約し得る地位にあつたものであつて，解約権に対する諸般の制限を免れていたというべきであるが，その解約権の行使につき一般法理による制限を排除されるべきいわれはない。」

◆ **あてはめ**

「会社が原告につき管理職不適格の判定をするにいたつた経緯には……，なお調査に疎漏が存したと推認して妨げなく，右判定は結局，主観の域を出なかつたものというべきであるから，一方，原告が従属的労働者である事実と対比するときは，会社がなした雇傭の解約申入は，なお，その恣意によるものと認めるのが相当であつて，解雇権の濫用にあたるものとして，効力を生じるに由がないものである。」「被告の雇傭契約終了原因に関する主張は，すべて理由がないから，原告は，なお会社に対し雇傭契約上の権利を有するものというべきである。」

❖ 第2審＝東京高裁

東京高裁昭和43年6月12日判決
労民19巻3号791頁

❖ 当事者の主張（争点）

〈事実にかかる主張〉

第1審と同じ。

〈法的な根拠にかかる主張〉

原告……本件解雇は憲法14条，19条，労基法3条，民法90条に違反し，無効である。

被告……労使間の私法関係については，憲法に定める思想，良心の自由の規定は適用も準用もされないし，労基法3条も労働者を採用する際には適用がない。

❖ 法的構成

(a) 雇用契約における試用期間設定の意味について

「本件雇傭契約の成立及びその内容に関する判断は原判決……と同一である」。

(b) 私企業の採用時における思想調査と思想・沈黙の自由の保障の関係について

「人の思想，信条は身体と同様本来自由であるべきものであり，その自由は憲法第19条の保障するところでもあるから，企業が労働者を雇傭する場合等，一方が他方より優越した地位にある場合に，その意に反してみだりにこれを侵してはならないことは明白というべく，人が信条によって差別されないことは憲法第14条，労働基準法第3条の定めるところである」。「新聞社，学校等特殊の政治思想的環境にあるものと異なり」，通常の商事会社においては，「特定の政治的思想，信条を有する者を雇傭することが，その思想，信条のゆえに直ちに，事業の遂行に支障をきたすことは考えられないから，その入社試験の際，応募者にその政治的思想，信条に関係のある事項を申告させることは，公序良俗に反し，許されず，応募者がこれを秘匿しても，不利益を課し得ないものと解すべきである。」

(c) 思想調査による雇用契約の取消しと労働基準法3条の関係について

「第1審被告の主張する詐欺による雇傭契約の取消は……その実質において解雇と同一の作用を営むものというべく，従つて，その効力についても労働基準法の適用を受ける。」

❖ あてはめ

「第1審原告が秘匿し，虚偽の申告をしたとされる事実はすべて……思想，信条に関係ある事項に属するものであり，かかる事実を後日の調査によつて知り得たとして雇傭契約を取消すことは第1審原告の抱く（もしくは抱いていた）思想，信条を理由として従業員たる地位を失わしめることとなり，……労働基準法第3条に牴触し，その効力を生じないといわねばならない。」

❖ 上告審＝最高裁

❖ 上告理由

①「憲法19条，14条の規定は，国家対個人の関係において個人の自由または平等を保障したものであつて，私人間の関係を直接規律するものではなく，また，これらの規定の内容は，当然にそのまま民法90条にいう公序良俗の内容をなすものでもない」。

②「申告を求めた事項は，被上告人の過去の具体的行動に関するものであつて，なんらその思想，

信条に関するものでない」。にもかかわらず，「右のような申告を求め，これに対する秘匿等を理由として雇傭関係上の不利益を課することは，上記憲法等の各規定に違反して違法，無効であるとした原判決には，これらの法令の解釈，適用の誤りまたは理由不備もしくは理由齟齬の違法があ」る。③また，試用期間にある被上告人の地位は，「上告人との間にいまだ正式の雇傭契約の締結がなく，単に試用されているにすぎない」にもかかわらず，これを「雇傭関係に立つものと解し，これに対する本採用の拒否を解雇と同視して，労働基準法3条に違反するとした原判決には，法律の解釈，適用の誤りまたは理由齟齬の違法がある」。（最高裁判決理由冒頭における上告理由のまとめによる）

❖ 法的構成

(a) 憲法14条や19条の規定の私人間効力について

「憲法の右各規定は，同法第3章のその他の自由権的基本権の保障規定と同じく，国または公共団体の統治行動に対して個人の基本的な自由と平等を保障する目的に出たもので，もっぱら国または公共団体と個人との関係を規律するものであり，私人相互の関係を直接規律することを予定するものではない。このことは，基本的人権なる観念の成立および発展の歴史的沿革に徴し，かつ，憲法における基本権規定の形式，内容にかんがみても明らかである。のみならず，これらの規定の定める個人の自由や平等は，国や公共団体の統治行動に対する関係においてこそ，侵されることのない権利として保障されるべき性質のものであるけれども，私人間の関係においては，各人の有する自由と平等の権利自体が具体的場合に相互に矛盾，対立する可能性があり，このような場合におけるその対立の調整は，近代自由社会においては，原則として私的自治に委ねられ，ただ，一方の他方に対する侵害の態様，程度が社会的に許容しうる一定の限度を超える場合にのみ，法がこれに介入しその間の調整をはかるという建前がとられているのであって，この点において国または公共団体と個人との関係の場合とはおのずから別個の観点からの考慮を必要とし，後者についての憲法上の基本権保障規定をそのまま私人相互間の関係についても適用ないしは類推適用すべきものとすることは，決して当をえた解釈ということはできないのである」。

(b) 私人間における私的自治原則と自由や平等との間の適切な調整の図り方について

私人間関係においては，「相互の社会的力関係の相違から，一方が他方に優越し，事実上後者が前者の意思に服従せざるをえない場合」に限ったとしても，「憲法の基本権保障規定の適用ないしは類推適用を認める」ことはできない。「何となれば，右のような事実上の支配関係なるものは，その支配力の態様，程度，規模等においてさまざまであり，……権力の法的独占の……裏付けないしは基礎を欠く単なる社会的事実としての力の優劣の関係にすぎ」ないからである。「私的支配関係においては，個人の基本的な自由や平等に対する具体的な侵害またはそのおそれがあり，その態様，程度が社会的に許容しうる限度を超えるときは，これに対する立法措置によってその是正を図ることが可能であるし，また，場合によっては，私的自治に対する一般的制限規定である民法1条，90条や不法行為に関する諸規定等の適切な運用によって，一面で私的自治の原則を尊重しながら，他面で社会的許容性の限度を超える侵害に対し基本的な自由や平等の利益を保護し，その間の適切な調整を図る方途も存するのである。」

(c) 思想を理由として雇入れを拒否する企業の自由について

「憲法は，思想，信条の自由や法の下の平等を保障すると同時に，他方，22条，29条等において，財産権の行使，営業その他広く経済活動の自由をも基本的人権として保障している。それゆえ，企業者は，かような経済活動の一環としてする契約締結の自由を有し，自己の営業のために労働者を雇傭するにあたり，いかなる者を雇い入れるか，いかなる条件でこれを雇うかについて，法律その他による特別の制限がない限り，原則として自由にこれを決定することができるのであって，企業

者が特定の思想，信条を有する者をそのゆえをもつて雇い入れることを拒んでも，それを当然に違法とすることはできないのである。憲法14条の規定が私人のこのような行為を直接禁止するものでないことは前記のとおりであり，また，労働基準法3条は労働者の信条によつて賃金その他の労働条件につき差別することを禁じているが，これは，雇入れ後における労働条件についての制限であつて，雇入れそのものを制約する規定ではない。また，思想，信条を理由とする雇入れの拒否を直ちに民法上の不法行為とすることができないことは明らかであり，その他これを公序良俗違反と解すべき根拠も見出すことはできない。」

(d) 留保解約権行使の法的限界について

「企業者は，労働者の雇入れそのものについては，広い範囲の自由を有するけれども，いつたん労働者を雇い入れ，その者に雇傭関係上の一定の地位を与えた後においては，その地位を一方的に奪うことにつき，雇入れの場合のような広い範囲の自由を有するものではない。労働基準法3条は，前記のように，労働者の労働条件について信条による差別取扱を禁じているが，特定の信条を有することを解雇の理由として定めることも，右にいう労働条件に関する差別取扱として，右規定に違反するものと解される」。「試用契約の性質をどう判断するかについては，就業規則の規定の文言のみならず，当該企業内において試用契約の下に雇傭された者に対する処遇の実情，とくに本採用との関係における取扱についての事実上の慣行のいかんをも重視すべき」である。そして本件試用契約に関する原判決の判断は是認しうる。「したがつて，被上告人に対する本件本採用の拒否は，留保解約権の行使，すなわち雇入れ後における解雇にあたり，これを通常の雇入れの拒否の場合と同視することはできない」。「法が企業者の雇傭の自由について雇入れの段階と雇入れ後の段階とで区別を設けている趣旨にかんがみ，……いつたん特定企業との間に一定の試用期間を付した雇傭関係に入つた者は，本採用，すなわち当該企業との雇傭関係の継続についての期待の下に，他企業への就職の機会と可能性を放棄したものであることに思いを致すときは，前記留保解約権の行使は，上述した解約権留保の趣旨，目的に照らして，客観的に合理的な理由が存し社会通念上相当として是認されうる場合にのみ許されるものと解するのが相当である」。採用決定後の調査の結果，当初知りえない事実を知った場合には，「そのような事実に照らしその者を引き続き当該企業に雇傭しておくのが適当でないと判断することが，上記解約権留保の趣旨，目的に徴して，客観的に相当であると認められる場合には，さきに留保した解約権を行使することができるが，その程度に至らない場合には，これを行使することはできないと解すべきである。」

❖ あてはめ

(a)〜(c) 「右のように，企業者が雇傭の自由を有し，思想，信条を理由として雇入れを拒んでもこれを目して違法とすることができない以上，企業者が，労働者の採否決定にあたり，労働者の思想，信条を調査し，そのためその者からこれに関連する事項についての申告を求めることも，これを法律上禁止された違法行為とすべき理由はない」。

(d) 本件において，留保解約権に基づき被上告人を解雇しうる客観的に合理的な理由となるかどうかを判断するためには，秘匿の事実の有無，内容，態様，程度，「とくに違法にわたる行為があつたかどうか，ならびに秘匿等の動機，理由等に関する事実関係を明らかにし，これらの事実関係に照らして，被上告人の秘匿等の行為および秘匿等にかかる事実が同人の入社後における行動，態度の予測やその人物評価等に及ぼす影響を検討し，それが企業者の採否決定につき有する意義と重要性を勘案し，これらを総合して上記の合理的理由の有無を判断しなければならない」。「そして，本件は，さらに審理する必要があるので，原審に差し戻すのが相当である。」

基本解説

(1) 試用期間の意味と本採用を拒否する自由の限界

本件は、試用期間後における、思想を理由とする本採用の拒否の是非をめぐる争いであるから、試用期間の時からすでに雇用関係が成立しており、試用期間後の本採用の拒否という手続は雇用契約上の留保解約権の行使にすぎないと解せる場合には、この留保解約権の行使が権利濫用になるか否かを判断することで決着がつく事案であった。そして、本件試用期間の設定（仮採用）と本採用とを別個の手続とみなし、本採用の手続を一般的な新規採用の手続と同視しているのは被告（上告人）Ｙだけであり、裁判所は第１審から最高裁まで、試用期間の設定時からすでに雇用契約が成立していることを認めているのであるから、本来は基本的人権の私人間適用の問題をわざわざ論じる必要はなかったと思われる。

この観点からは、本件留保解約権の行使が権利濫用にならないための条件として、最高裁が、客観的な事実関係の把握だけでなく、その事実によって原告（被上告人）Ｘが管理職要員として不適格であることを客観的合理的に立証できるところまでも要求していることが重要である。本件は、第１審の事実認定によれば、違法な学生運動の事実は見出せず、単に一般的な学生がもつ学生運動への関心と若干の連帯の行動、ならびに生協活動への積極的参加の事実しか認められなかったのであるから、最高裁も第１審・第２審の事実認定をそのまま認めて、こうした留保解約権の行使を権利濫用としてよかったはずであった。ただ最高裁は、後述するように第２審の立論を認容できなかったために、最高裁の採用する立論に沿った事実認定の再確認を求めて原審差戻しをしたのだった。そして被告Ｙは、原告Ｘの管理職要員としての不適格性を立証するに足るだけの事実をこれ以上提出することができなかったから、差戻審の途中で和解が成立し、Ｘの復職と和解金支払いによって事件が決着したのも当然のことであった。

(2) 本事案における人権規定の私人間効力論の位置

にもかかわらず、最高裁判決はその判旨の大部分を、人権規定の私人間効力の問題に費やしている。その原因は、第２審が本事案を、一方で雇用契約上の留保解約権行使の限界の問題として論じながらも、他方で思想・信条に関する事項の申告を求めること自体が違法であり、労働者には採用時から沈黙の自由があり、この秘匿を理由として不利益を課せられないと論じたからであった。最高裁は、企業が思想・信条の調査を行うこと、そしてその一環として採用時に思想・信条に関連する事項の申告を求めること自体は合法と判断している。実は後の判例で、最高裁は、採用後であっても、企業が労働者に思想調査をし、その政党所属に関し書面による回答を求めた事件について、本件質問の態様が返答を強要するものではなかったことを根拠に、政党所属申告の要求を「社会的に許容し得る限界を超えて……精神的自由を侵害した違法行為であるということはできない」と判示している（最二小判昭和63年2月5日労判512号12頁）。

そこで最高裁は、第２審判決における沈黙の自由侵害の違法性を認めた部分を否定するために、人権規定の私人間効力の問題を大々的に論じたのである。第２審も、直接適用説に立脚していたわけではないにもかかわらず、最高裁は、まず直接適用説を強く否定した上で、間接適用説についてもその射程をかなり限定することを欲したのであった。したがって、本件「三菱樹脂事件」は人権規定の私人間効力問題の先例として名高いが、事案の処理の視点からいえば、傍論にあたるような部分で判例が形成されてい

ることに注意すべきである。その意味で本件は、通説・判例の位置を占める間接適用説の内容を知る上で不可欠の判例ではあるが、人権をより よく保障するための判例理論を追求するには、本判決の意義を限定しつつ、間接適用説の内容をより豊かにする立論が必要であろう。

Part II 応用編

　確認質問

1　最高裁判決によれば、私企業が採用の際に、特定の思想・信条を有することを理由として、応募者の採用を拒むことはできるか。また、第2審判決によった場合はどうか。
2　最高裁判決によれば、私企業が採否の決定にあたり、応募者の思想・信条に関連する事項についての申告を求めることは違法か。また、第2審判決によった場合はどうか。
3　最高裁判決によれば、私企業が、すでに本採用されている労働者に対して、その思想・信条に関連する事項について申告を求めることは違法か。ただし、この申告手続には、それに従わなかった時の不利益処分は特に定められていないものとする。
4　最高裁判決によれば、私企業が、すでに正規雇用されている労働者の思想を調査して、特定の思想を有することを理由にして解雇することは合法か。
5　最高裁判決によれば、試用期間満了時に私企業が本採用を拒否することは、採用試験の際に私企業が不採用の決定を下すことと同じ性質のものであるといえるか。

　応用問題

設問1　本件第1審が認定したのと同様の事実関係の下で、本件のような試用期間後の「解雇」（本採用の拒否）が、次のような雇用先で行われた場合、労働者の解雇無効の訴えに対し、最高裁判所はいかなる判断を下すであろうか。
　(1)　個人営業の商店に、ただ1人の店員として雇用された場合。
　(2)　事業規模も、人員も、資本規模も全国で五指に入る都市銀行に、管理職要員とみなされる行員として雇用された場合。
　(3)　地方住宅供給公社法に基づき設立された自治体の住宅供給公社に、管理職要員とみなされる職員として雇用された場合。
　(4)　運輸通産大臣の特許を得て、一定地域で独占的に鉄道業を営む私企業に、管理職要員とみなされる職員として雇用された場合。
　(5)　政党や宗教団体が経営する新聞社に、記者として雇用された場合。
設問2　本件のような規模の私企業が、以下の事由で差別的な取扱いをし、その被害者が訴訟を起こした場合に、最高裁判所はいかなる判決を下すと考えられるか。
　(1)　1985年の雇用均等法成立直前の時期に、女性であることを理由として、男性よりも5歳若く定年退職することを定めた就業規則に基づき、退職を強要された女性労働者による訴えの場合。
　(2)　特に事業内容とは関係ないものの、社長の独自の考えに基づき、嫡出子のみを採用するという方針をもつ私企業に、自分が非嫡出子である事実を秘匿して試用期間つきの雇用契約を

結び入社して，後にその事実が判明したために，試用期間後に本採用されなかった者による訴えの場合。
(3) 特に事業内容とは関係ないものの，社長の独自に考えに基づき，日本国の国籍保持者のみを採用することを方針とする私企業に，在日朝鮮人である事実を秘匿して試用期間つきの雇用契約を結び入社して，後にその事実が判明したために，試用期間後に本採用されなかった者による訴えの場合。
(4) 私企業が経営する公衆浴場において，入浴マナーなどの点で外国人の入浴を快く思わない日本人客が多くいることに鑑み，外国人入浴お断りの掲示を行い，にもかかわらず入浴しようとした外国人を，暴力は用いなかったものの強制的に排除したために，当該外国人が訴えた場合。
(5) 民間の宝石店が，過去の外国人による窃盗被害の経験から，外国人の入店を断る旨を店頭に掲示していたにもかかわらず，あえて入店しようとした外国人客を，暴力は用いなかったものの強制的に排除したために，当該外国人がこの宝石店主を訴えた場合。

設問3 次の場合，最高裁判所はいかなる判決を下すと予想されるか。
(1) ある私企業が，衆議院選挙において会社ぐるみで特定候補の応援を行い，投票後に誰に投票したのかについての申告を会社の中で全従業員に求めたところ，この候補者とは別の候補者に投票したことを告白した同社の従業員がいたため，この者を減給処分にした場合。
(2) 借金苦から，債務者が自らの同意に基づいて1年間奴隷として債権者に仕える旨の契約を結んだにもかかわらず，その状態が苦痛であるために，契約途中から，債権者の同意も得ずに当該奉仕活動を拒んだ結果，債権者が多大の損害を被ったため，この債権者から債務者に対して損害賠償請求訴訟が提起された場合。

設問4 試用期間後の本採用が慣行となっている私企業の場合で（事業規模や業務内容は本件の会社と同様とする），採用試験時に秘匿した次のような事実が後に明らかになり，管理職要員として不適格とみなされて，試用期間満了後に本採用されなかったとする。この場合に地位確認訴訟が提起されたとするならば，最高裁判所はいかなる判断を下すであろうか。
(1) 学生時代に読んだ書物の調査の際に，思想的な内容の書物の申告を意図的に怠った場合。
(2) 本人が学生時代にペンネームで刊行した政治的な内容の書物があるにもかかわらず，採用試験時にこのような事実を意図的に秘匿した場合。
(3) 学生時代に国会前でデモ行進をし，警察官に対する公務執行妨害で逮捕され，起訴猶予となった事実を意図的に秘匿した場合。
(4) 学生時代に窃盗で逮捕され，懲役1年，執行猶予2年の有罪判決を受けていた事実を秘匿した場合。
(5) 在日朝鮮人であったが，大学在学中に日本国籍を取得し，卒業時の採用試験で過去の国籍変更の事実を申告しなかった場合。

Part III 理論編

> **展開問題**
>
> 間接適用説は，結局のところ不適用説と同じであるとする見解について論ぜよ。

(1) 私人間適用論の背景と諸説

近代憲法では，思想の自由や法の下の平等を保障する規定は，本来は国家権力による自由や平等の侵害から国民を保護するためのものであった。なぜなら，18，19世紀の自由国家においては，自由とは「国家からの自由」を意味し，平等とは権力が国民の間に一切の区別を認めないことを意味したからである。国家権力が国民を形式的に平等に扱い，最小限の介入以外は完全に自由にさせてこそ，国民は，精神的自由や経済的自由を自分の能力の及ぶ限り最大限行使できるのであり，国民（私人）の間の私的な差別や力の優劣に伴う自由の抑圧は，犯罪として法律で禁止されるような甚だしい場合を除き，国家権力の手を借りることなく市民社会の中で自律的に解決されると考えられていた。この時代には，憲法の人権規定は私人間関係を一切規律しないとする不適用説（無効力説）こそが，通説の立場を占めていたのも当然であった。

しかし20世紀になり，資本主義の高度化に伴い，社会の中に企業，労働組合，職能団体，マス・メディアなど，巨大な力をもち市場支配力をもつ私的団体が現れ，これらの団体がもつ事実上の「権力」によって一般国民の人権が脅かされる事態が生じた。他方で20世紀の憲法には，国民の間で事実上の力の優劣が構造化したことを前提として，社会国家理念に基づき社会的経済的弱者を保護するために，国家権力が市民社会に積極的に介入することを当然の内容とする社会権規定が含まれるようになった。このような変化を踏まえて，現代では，社会権規定にとどまらず，憲法の人権条項は「個人尊厳の原理を軸に自然権思想を背景として実定化されたもので，その価値は実定法秩序の最高の価値であり，公法・私法を包括した全法秩序の基本原則であって，すべての法領域に妥当すべきものであるから，憲法の人権規定は私人による人権侵害に対しても何らかの形で適用され」ることが広く認められている（芦部後掲106頁）。

しかしその適用については，直接適用説と間接適用説の対立がある。直接適用説は，最高規範たる憲法が公法・私法を問わず全法秩序を規律すべきであることを前提として，国家と国民との間で人権規定が適用されるのと全く同様に，私人間においても人権規定が適用されるとする。対立する私人は，双方とも人権享有主体であるため，私人間の人権紛争において裁判所は双方の権利の比較衡量をすることになるが，私人間の事実上の力関係の構造的格差を前提とする以上，裁判官は，必ず社会的経済的弱者の人権を優先して当該人権規定を適用することを義務付けられる。

しかし私人間の人権紛争において，強者と弱者の構造的格差が明確な場合はそれほど多くなく，事実上の力関係は状況によって流動化することも多い。加えて，個人の自己決定と自助努力を個人の尊厳の中核とする近代憲法では，私人間においてある程度の力の優劣が生ずることは当然予定されており，またこうした事実上の力関係の優劣が存在する場合でも，国家権力の介入による是正よりも，まず個人の主体的努力で自己の立場をより有利にする努力を繰り返すことこそが，個人および社会の自律性を守る上で必要である。私的自治の原則，契約自由の原

則あるいはより広くいって私法秩序の自律性については，近年，制度的保障説の読み直しを通じて，憲法自体がこれを保障していることを論証しようとする試みがみられるが（山本後掲），確かに私的自治を根底から覆すような国家権力による介入は，日本国憲法の採る立場ではなかろう。

このように考えると，私法秩序の自律性を認める間接適用説を妥当としなければならない。間接適用説は，憲法15条4項（選挙上の選択に関する無答責。なお，投票の秘密を保障する同項前段の直接的効力については争いがある）や18条（奴隷的拘束の禁止）のように，規定の趣旨・目的ないし法文自体から私人間における直接的効力が予定されていることが明白な一部の人権規定を除き，その他の人権規定は，私人間の関係を規律する法律の概括的条項，特に公序良俗に反する法律行為を無効とする民法90条のような私法の一般条項を「憲法の趣旨をとり込んで解釈・適用することによって，間接的に私人間の行為を規律しようとする見解」である。この立場を採ると，人権規定の効力は，対国家権力の場合とは異なり，「当該関係の持つ性質の違いに応じて当然に相対化される」（芦部後掲107頁）。間接適用説が現在の通説・判例の立場である。

なお近年，ドイツの憲法理論を用いて，憲法の人権条項を，すべて国民の基本権の保護を国家に義務付ける規定と読む基本権保護義務論の立場から，直接適用説と間接適用説の対立を止揚しようとする試みがある（小山後掲）。しかしこの理論には，裁判所が私人間適用すべきことを国家の「保護義務」といいかえているにすぎない，あるいは保護義務論は相対立する私人間で「何を」保護すべきかという問いをはぐらかしているといった批判があるように（棟居後掲②256頁），未だに多くの課題が残されている。

(2) 間接適用説の射程

しかし，間接適用説にも多くの課題が残されている。まず第1に，間接適用説は主に民法90条の公序良俗概念を使って，人権規定の趣旨を私人間にまで及ぼそうとするものであるから，私人間の契約等の法律行為の無効をめぐる争いには有用であるが，たとえばある商店で特定の客に対して差別的に入店拒否をするなどの事実行為には，用いることが困難になる。

この点では，通説を補強する立場から，不法行為に関する一般条項である民法709条の解釈において，要件の1つである違法性概念に人権規定の精神を積極的に読み込む考え方，あるいは人権侵害の主体となる私人の間に区別を設け，国家（公権力）から特権や補助を受けるなど，国家（公権力）と特別な関係にある「私人」を特別に国家と同視して，純然たる事実行為による人権侵害にも人権規定を直接適用する「国家同視説」などが提案されている（芦部編後掲97-106頁）。もっとも芦部説は，アメリカで生まれた「国家同視説」を「参考にする」にとどまり，日本国憲法の解釈に「導入する」とまでは述べていない。したがって，国家と特別な関係にある「私人」に対する人権規定の効力についても，私的自治の原則による相対化を多かれ少なかれ受けることを認めており，間接適用を想定していると思われる。ましてや，国家との特別な関係がない純然たる私人の事実行為による人権侵害については，芦部説は，「公権としての基本権は直ちに民法709条にいう『権利』ではないので，不法行為法の領域に憲法の価値を実現できる場合は，限られたものになろう」（同98頁）と述べており，基本的には私的自治の原則を覆す可能性を認めていない。

確かに，私人間の人権紛争，特に事実行為による人権紛争については，侵害側にも人権が保障されている以上，裁判官が憲法規定の解釈だけから直ちに社会的弱者を認定し，片方の私人の人権のみを優先させて決着を図ることは，自律的な市民社会に対する国家介入のあり方として適切とはいえない。しかし，特に最高裁判例における間接適用説の用いられ方をみると，何よりも私的自治の原則と社会通念に従った私人

間紛争の解決が基本とされるため，よほど甚だしい，一見明白な人権侵害が起きない限りは，立法権をもつ国会が放置しておいても良いと考える程度の私人間の人権紛争とみなされ，裁判官が公序良俗違反や不法行為の違法性の認定に際して人権規定の趣旨を積極的に「意味充塡」するとは思えない。日本社会は，未だに社会的経済的に強い立場にある私人・私法人による人権「侵害」行為を甘受する傾向が強く，こうした傾向が「社会通念上許容される範囲」と認定される危険が高いのである。それゆえ，設問のように，間接適用説の本質は憲法の「直接適用」を否認するところにあり，私人間においては当該行為を禁止する立法がなされない限り憲法の人権規定は何の意味ももたないことを，不適用説（無効力説）を用いずにいえるところにその効用があるにすぎないという厳しい批判を受けることになるのである（奥平後掲84-87頁）。

(3) 人権規定の積極的な間接適用の可能性

しかし現代の間接適用説では，判例上も，社会の多数者や有力者に有利な社会通念論の限界を超える立論が展開され始めていることを見落としてはならない。この傾向が強まれば，間接適用説は単なるリップサービスにすぎず，不適用説と本質は同じという批判はもはやあてはまらなくなる。

まず，法律行為と事実行為の中間領域に位置する人権紛争については，事実関係を詳しく調べることで私人間に一定の法的関係が成立していることを論証し，当該法的関係を規律する私法の規定を徹底的に活用する方向がある。「三菱樹脂事件」は，本来この方法で解決可能であった。留保解約権付の雇用契約の成立が認められる限り，留保解約権の行使には合理的理由が必要であり，しかも雇用側の判断だけでは不十分であって，総合的判断に耐えうる客観的な根拠を必要とするとした最高裁判決は，グレーゾーンにあった試用期間後の本採用拒否を一種の法律行為とみなすものである。

第2に，係争事件が法律行為の結果であれ事実行為の結果であれ，侵害側の私人・私法人と公権力との特別な関わり合いの度合いを精査し分類することで，「国家同視説」が狙ったように，一定範囲の私人・私法人の人権侵害行為に積極的に人権規定を間接適用する方向が発展し始めている。南九州税理士会政治献金事件（ユニット1　PartⅠ「基本となる素材」）では，最高裁も，公益性や強制加入性を基準として私法人内部の人権紛争に人権規定を積極的に間接適用し，不利益を被った構成員の救済を図っている。

なお，公権力との特殊な関わり合いとは別次元の問題であるが，特殊な私法人による人権侵害を考える際には，その活動上，一定の思想・信条の同一性を不可欠とする，いわゆる「傾向企業」にあたるものがあることに注意を払わねばならない。組織内部における思想・信条による差別が他の一般私法人の場合より大幅に許される「傾向企業」の存在は，当該私法人を設立・運営したいと願う私人の結社の自由あるいは営業の自由を保障する観点から認めざるを得ないが，その範囲を必要最小限に限らなければ，組織内部の少数者の人権保障にとって有害な理論となる。この点，「日中旅行社事件」第1審判決（大阪地判昭和44年12月26日判時599号90頁）は，「その事業が特定のイデオロギーと本質的に不可分であり，その承認，支持を存立の条件とし，しかも労働者に対してそのイデオロギーの承認，支持を求めることが事業の本質から見て客観的に妥当である場合に限」られるとして，異なる信条をもつ被用者の解雇については，その者の政治的信条に基づく行動によって企業の存立に「明白かつ現在の具体的危険」が生ずる場合に限定したが，正当である。

第3に，人権規定の趣旨に沿った社会通念の変化を立証する技術が次第に緻密化していることが窺われる。この点で，「日産自動車事件」は示唆的である。同事件最高裁判決（最三小判昭和56年3月24日民集35巻2号300頁）は，男女別定年制を定める私企業の就業規則につき，

「専ら女子であることのみを理由にして差別したことに帰着するものであり，性別のみによる不合理な差別を定めたものとして民法90条の規定により無効であると解するのが相当である（憲法14条1項，民法1条ノ2参照）」と述べて，間接適用説を用いつつ原告の人権救済を実現した。明文で男女の労働条件の別異取扱いを禁ずる雇用機会均等法が可決されたのは1985年（施行は翌年4月）のことであり，本件の解雇は1969年になされ，上告理由が述べるように，本件のような5歳程度の定年差別が，絶対に許されない甚だしい性差別であることまでは，解雇時には未だ確固たる社会通念となってはいなかったと思われる。しかし原審（第2審）は，原告側による国内外の男女平等の進展の立証を踏まえて，女性の社会進出の一般化や労働力人口に占める女性労働力の顕著な増大，夫婦の役割分担に関する社会意識の変化などを丹念に確認した後に，「定年制における男女差別は，企業経営上の観点から合理性が認められない場合，あるいは合理性がないとはいえないが社会的見地において到底許容しうるものではないときは，公序良俗に反し無効である」と述べ，これを最高裁判決も是認している。社会通念の変化を立証する事実確認の積み重ねこそが重要なのである。

さらに近年では，下級審レベルではあるが，国際人権法の発展が，特に人種差別の分野で人権規定の私人間適用を促し始めていることにも注目すべきである。たとえば，外国籍を有する者や，日本に帰化した者でありながら外見上外国人と見られる者を一律に入浴拒否した公衆浴場経営者が，人種差別に当たるとして不法行為が認定され，差別による精神的苦痛に対する慰謝料請求が認められた事例が有名である（札幌地判平成14年11月11日判時1806号84頁）。本判決では，憲法14条1項違反，公衆浴場法4条違反に加えて，国際人権B規約26条違反，人種差別撤廃条約5(f)条違反も根拠に挙げられている。同判決では，これら批准済みの国際人権条約が国内法上も効力をもつことを確認した上で，「私人相互の関係については，……憲法14条1項，国際人権B規約，人種差別撤廃条約等が直接適用されることはないけれども，私人の行為によって他の私人の基本的な自由や平等が具体的に侵害され又はそのおそれがあり，かつ，それが社会的に許容しうる限度を超えていると評価されるときには，私的自治に対する一般的制限規定である民法1条，90条や不法行為に関する諸規定等により，私人による個人の基本的な自由や平等に対する侵害を無効ないし違法として私人の利益を保護すべきである。憲法14条1項，国際人権B規約及び人種差別撤廃条約は，前記のような私法の諸規定の解釈にあたっての基準の一つとなりうる」と判示し，憲法と国際人権法の間接適用を積極的に認めた。

同判決は，国際人権法が私人をも名宛人としているとする解釈が近年国際社会において急速に深化していることを認め，人種差別撤廃条約が国際社会の「公序」として私人間の行為をも規律することを認めている。このように，私人間の事実行為による差別・人権侵害として不法行為法の埒外に置かれやすかった係争事件にも，国際人権規定の間接適用の可能性は広げられつつあるのである。従来，憲法の人権規定を私人間に間接適用することに司法が消極的だった分野でも，今後は当該分野を規律する国際人権条約の締結や批准が進展することを背景にして，国際人権規定と憲法の人権規定が重複保障する形で，裁判所が人権規定の積極的な間接適用を行うようになる可能性が高まるであろう（同旨，静岡地浜松支判平成11年10月12日判時1718号92頁）。

Part IV　もう1つの素材

百里基地訴訟

最高裁平成元年6月20日第三小法廷判決
昭和57年（オ）第164号，第165号不動産所有権確認，所有権取得登記抹消請求本訴，同反訴，不動産所有権確認，停止条件付所有権移転仮登記抹消登記請求本訴，同反訴，当事者参加事件
民集43巻6号385頁
〔参照条文〕憲9，98①　民90

❖ 事実の概要

　自衛隊百里基地を建設するための用地の一部である本件土地の所有者であったXは当初，基地反対派のY₁と本件土地の売買を考え，代金の支払い時期を，本件土地の一部に関しては所有権移転登記を経由し，残りの土地に関しては農地法所定の許可を経て所有権移転の仮登記を経由した時期とする約定に基づき，本件土地の売買契約を締結した。その後，土地代金の一部の支払いを受けて，本件土地の一部は同契約に基づく所有権移転登記を経由し，残りの土地についても所有権移転の仮登記を経由した。しかしその後，代金の残金が支払われなかったため，Xは，債務不履行を理由に売買契約を解除し，国と本件土地の売買契約を締結し直し，国との売買契約に基づく土地所有権移転登記を経由することとなった。他方Y₁も，Y₁の雇用者であり，Y₁の売買行為を実質的に指図していたY₂（基地反対派の町長）と本件土地の売買契約を結び，一部土地の所有権移転登記と，残りの土地の仮登記に基づく権利移転の附記登記を行ったため，土地所有権をめぐる紛争となった。まずXと国から，Y₁を相手取って本件土地の所有権確認請求の訴訟，次に所有権取得登記および仮登記の抹消請求の本訴が起こされ，これに対してY₁から反訴がなされ，また控訴審からはY₂もY₁と同じ立場で訴訟に参加した。第1審判決（水戸地判昭和52年2月17日判時842号22頁）および控訴審判決（東京高判昭和56年7月7日訟月27巻10号1862頁）とも，原告側（Xおよび国）を勝訴させたので，被告側（Y₁およびY₂）が上告した。

　裁判のなかで憲法上の論点として特に問題となったのは，以下の諸点である。①本件土地の売買契約は，憲法98条1項の「国務に関するその他の行為」にあたり，したがって憲法9条に反する国の本件行為は直接98条によって無効になるか。②たとえ本件売買契約が憲法98条の「国務に関するその他の行為」にあたらず，私人間の私法上の行為と解されるとしても，憲法9条は本来私人間の行為にも直接適用される性格のものであり，したがって本件契約は9条に違反し無効になるといえるか。③たとえ間接適用説を採るとしても，制度的保障としての憲法9条は民法90条の「公序良俗」の内容をなす最上位の「公序」の1つであり，したがって「公序」としての9条は私的自治の原則による相対化を受けないと解すべきかどうか。

❖ 上告審＝最高裁

◇ 法的構成
(a) 憲法98条1項の「国務に関するその他の行為」の意味について

「憲法98条1項は，憲法が国の最高法規であること，すなわち，憲法が成文法の国法形式として最も強い形式的効力を有し，憲法に違反するその余の法形式の全部又は一部はその違反する限度において法規範としての本来の効力を有しないことを定めた規定であるから，同条項にいう『国務に関するその他の行為』とは，同条項に列挙された法律，命令，詔勅と同一の性質を有する国の行為，言い換えれば，公権力を行使して法規範を定立する国の行為を意味し，したがつて，行政処分，裁判などの国の行為は，個別的・具体的ながらも公権力を行使して法規範を定立する国の行為であるから，かかる法規範を定立する限りにおいて国務に関する行為に該当するものというべきである」。

(b) 国の私法的行為に対する憲法9条の直接適用性について

「憲法9条は，その憲法規範として有する性格上，私法上の行為の効力を直接規律することを目的とした規定ではなく，人権規定と同様，私法上の行為に対しては直接適用されるものではないと解するのが相当であり，国が一方当事者として関与した行為であつても……国が行政の主体としてでなく私人と対等の立場に立つて，私人との間で個々的に締結する私法上の契約は，当該契約がその成立の経緯及び内容において実質的にみて公権力の発動たる行為となんら変わりがないといえるような特段の事情のない限り，憲法9条の直接適用を受けず，私人間の利害関係の公平な調整を目的とする私法の適用を受けるにすぎないものと解するのが相当である。」

(c) 間接適用説に立った場合の民法90条の「公の秩序」と憲法9条の関係について

「憲法9条は，人権規定と同様，国の基本的な法秩序を宣言した規定であるから，憲法より下位の法形式によるすべての法規の解釈適用に当たつて，その指導原理となりうるものであることはいうまでもない」。しかし「憲法9条の宣明する国際平和主義，戦争の放棄，戦力の不保持などの国家の統治活動に対する規範は，私法的な価値秩序とは本来関係のない優れて公法的な性格を有する規範であるから，私法的な価値秩序において，右規範がそのままの内容で民法90条にいう『公ノ秩序』の内容を形成し，それに反する私法上の行為の効力を一律に否定する法的作用を営むということはないのであつて，右の規範は，私法的な価値秩序のもとで確立された私的自治の原則，契約における信義則，取引の安全等の私法上の規範によつて相対化され，民法90条にいう『公ノ秩序』の内容の一部を形成するのであり，したがつて私法的な価値秩序のもとにおいて，社会的に許容されない反社会的な行為であるとの認識が，社会の一般的な観念として確立しているか否かが，私法上の行為の効力の有無を判断する基準になるものというべきである。」

◇ あてはめ
(a) 「国の行為であつても，私人と対等の立場で行う国の行為は，右のような法規範の定立を伴わないから憲法98条1項にいう『国務に関するその他の行為』に該当しないものと解すべきである。」

(b) XがY₁に対してした売買契約解除の意思表示については，「私人間でされた純粋な私法上の行為で，……憲法9条が直接適用される余地はないものというべきである。」また，Xと国との間で締結された本件売買契約についても，「本件売買契約は，行為の形式をみると，私法上の契約として行われており，また，行為の実質をみても，被上告人国が基地予定地内の土地所有者らを相手方とし，なんら公権力を行使することなく純粋に私人と対等の立場に立つて，個別的な事情を踏ま

えて交渉を重ねた結果締結された一連の売買契約の一つであって，右に説示したような特段の事情は認められず，したがって，本件売買契約は，私的自治の原則に則って成立した純粋な財産上の取引であるということができ，本件売買契約に憲法9条が直接適用される余地はない」。

(c)「本件売買契約が締結された昭和33年当時，私的な価値秩序のもとにおいては，自衛隊のために国と私人との間で，売買契約その他の私法上の契約を締結することは，社会的に許容されない反社会的な行為であるとの認識が，社会の一般的な観念として確立していたということはできない。」したがって，「本件売買契約を含む本件土地取得行為が公序良俗違反にはならないとした原審の判断は，是認することができる。」

基本解説

自衛隊や駐留米軍の憲法適合性については，最高裁は通常，行政事件における訴えの利益の喪失を理由にしたり（長沼事件，最判昭和57年9月9日民集36巻9号1679頁），統治行為論を用いるなどして（砂川事件，最大判昭和34年12月16日刑集13巻13号3225頁），憲法判断を避けている。本件では，国の私法的行為の憲法適合性をめぐって論点が提起されているが，最高裁を含む各級審が，統治行為論などではなく，憲法規定の私人間適用論のレベルで憲法判断を回避している点で特色がある。

まず，憲法98条1項が国の私法的行為までも規律するか否かについて，本判決は，同条の「国務に関するその他の行為」を，「公権力を行使して法規範を定立する国の行為」に限定して考えている。もっとも，行政処分や裁判といった国の個別行為も，「当該事案に対する措置……を通じて法規範の定立という意味を持つ」もの，すなわち「具体的な法規範定立行為」であり，国務に関する行為に含まれるとも述べている（伊藤正巳補足意見）。結局，国の一方的な意思で法的効力が発生する公権力行使の分野と，当事者双方の合意がなければ法的効力が発生しない私法的行為の分野の峻別を，「法規範定立行為」の基準で示しているのである。

これに対しては，憲法の最高法規性との関係で，国の私法的行為のすべてを私人のそれと同視することになり，あまりに割り切りすぎているとする批判がある。この批判によれば，人種差別を含む国の契約ですら，憲法の拘束外となってしまう（浦田後掲369頁）。津地鎮祭最高裁判決（最大判昭和52年7月13日民集31巻4号533頁）では，自治体による神官への費用支出という私法的行為の憲法適合性が審査されている。自治体の場合には，地方自治法242条の2によって客観訴訟としての住民訴訟の道が開かれているため，公金支出に関わる自治体の私法的行為までも憲法で規律できるのであるが，国の違法な公金支出に関する納税者訴訟の立法化を求める声も最近高まっている。もし，自治体のみならず国の違法な公金支出をも一般市民が争う道が開かれた場合には，国の多くの私法的行為の憲法適合性が裁判にかかることになる。そのような状態にいたっても，国の私法的行為はすべて憲法98条と無関係であり，憲法の予定していない国の私法的行為の憲法適合性が審査できるようになったのは，単なる立法の結果にすぎないと論じるのは，逆に憲法が保障する私人間の自治と自律性を無視する議論となろう。したがって，国の私法的行為を一律に憲法の拘束外に置くのではなく，当該行為の実質や具体的事情を考慮に入れて国の私法的行為に対する憲法の拘束力に差をつけ，国の私法的行為であってもその「目的」や「効果」が国の違憲的行為を積極的に助長する場合には，憲法による直接的規律を認めるべきではないか。

国の私法的行為に対する憲法9条の直接適用性についても，最高裁はこれを原則として否定

し，憲法の人権規定と同様に間接適用性しか認めていない。ただし最高裁は，国の私法的行為の「成立の経緯及び内容において実質的に見て公権力の発動たる行為となんら変わりがないといえるような特段の事情」がある場合には，憲法9条の直接適用性を認めていることに注目すべきである。本件については，自衛隊基地用地の取得に土地収用法が適用できないため任意買収方式が用いられたにすぎず，実質的に見て「特段の事情」がある場合にあたるとの批判もある（古川後掲51頁）。また，上述の憲法98条の直接適用性について述べたのと同様に，国の私法的行為が実質的に見てかならずしも「公権力の発動となんら変わりがない」とまでいえなくとも，その行為の「目的」または「効果」が違憲的行為を積極的に助長する場合には，憲法9条に対する適合性を審査される余地があるという立論も可能なように思われる。

なお，本事件では，憲法前文の平和的生存権による私法的行為の直接規律性も争われたが，最高裁は，平和的生存権それ自体の裁判規範性を本判決でも否定している。

以上のように最高裁は，国の私法的行為に対する憲法規範の直接適用の可能性を原則として否定し，「三菱樹脂事件」判決（本ユニットPart Ⅰ「基本となる素材」）を引きながら，純然たる私人間における人権規定の間接適用と同様の考え方を採った。さらに最高裁は，憲法9条の間接適用については，9条を「優れて公法的な性格を有する規範」と見ることで，人権規定以上にその効力の間接性を強調している。すなわち，9条が民法90条の「公序」の一内容を形成することは認めつつも，その規範性は私法的な価値秩序の下で私法上の規範によって相対化されることが強調される。結局，9条違反の国の私法的行為は，単に9条の文言に反するだけでは無効にならず，「私法的な価値秩序の下において，社会的に許容されない反社会的な行為であるとの認識が，社会の一般的な観念として確立しているか否か」で判断されることになる。これは，通常，違憲説と合憲説が常に対立する9条をめぐる事件において，反社会的行為であるとの一般観念が確立していることの立証を違憲無効の申立て側に求めるものであり，ほぼ不可能な要求である。

もちろん，憲法9条に反するおそれのある国の私法的行為であっても，たとえば関係者に奴隷的拘束を加えたり，人種差別的なやり方で行う場合には，純然たる私人の行為と同レベルで「反社会性」のある違憲行為として認定されることがありえよう（奴隷的拘束の禁止規定は直接適用されよう）。他方，そのような「強度に反社会的な」方法を採らない通常の法律行為の場合であって，直接憲法9条に反することがそのまま「強度の反社会性」をもちうるものとしては，たとえば武器輸出禁止原則や非核三原則の違反のように，過去の国会決議などで強度の9条違反性が公認されている場合が考えられる。ただこの場合にも，もし政府がそのような私法的行為を試みるときには，通常は事前に法改正でこれらの禁止原則を全会一致から外して，「強度の反社会性」を喪失させようとするであろう。国会の全会一致の決議などでいったん成立したはずの憲法9条に関する「強度の反社会性」観念が，その後の国会多数派の態度変更によって喪失するものか否かは，未だに学説上も十分に論じられてはいない。いずれにせよ本判決に批判的な立場からは，社会的観念を問題にする場合には，実在する一般的意識と「あるべき観念」の複合体でなければならないという論難が加えられている（栗城後掲53頁）。

設問 国が行う次のような行為は，民法90条の公序良俗違反で無効としうるか。

(1) 国が特定の宗教団体を助成するために，当該宗教団体の宗教施設を設置する目的で，ある私有地に関する売買契約をXと結んだとする。ところがこの土地の所有権に関しては，私人YがXと昔から争っていたため，Xの提訴による両者間の土地所有権をめぐる訴訟の中で，

Yから，Xと国との売買契約は憲法20条の政教分離原則に反し，憲法89条が禁ずる違法な公金支出に当たるがゆえに，公序良俗違反で無効であるとの主張が出されたとする。この主張は認められるか。

(2) 国が非核三原則の放棄を国民に広く受け入れさせるための宣伝活動を行うことを欲し，私企業である広告代理店Y社と宣伝事業のための契約を結んだとする。ところが，その後Y社の社長に就任したAは，非核三原則の放棄は憲法9条に違反するとの信念から契約を履行しなかったため，国がY社を相手どり他社に割高の依頼をせざるを得なくなったなどとして，損害賠償請求訴訟を提起した。同訴訟においてY社は，当該契約は憲法9条に違反し無効であるから，国の請求は根拠がないと反論した。この反論は認められるか。

〔参考文献〕

芦部信喜『憲法』（岩波書店，第3版・高橋和之補訂，2002）
芦部信喜編『憲法II　人権（1）』（有斐閣，1978）39-106頁
浦田一郎「憲法第9条と国の私法的行為」憲法判例百選（有斐閣，第4版，2000）368-369頁
奥平康弘『憲法III　憲法が保障する権利』（有斐閣，1993）
栗城壽夫「憲法の現実化と裁判所」ジュリスト942号（1989）48-53頁
小山剛『基本権保護の法理』（成文堂，1998）
棟居快行①『人権論の新構成』（信山社，1992）
棟居快行②『憲法学再論』（信山社，2001）248-259頁
古川純「自衛隊裁判と違憲審査」法学教室109号（1989）48-52頁
山本敬三「憲法による私法制度の保障とその意義」ジュリスト1244号（2003）138-148頁

（大津　浩）

20 公務員の政治的表現の自由

人権総論

〔論点〕

(1) **司法権の独立と裁判官の政治的表現の自由の関係**
　憲法は，司法権の独立の原則を採用しており，裁判官の身分と職権の独立とを強く保障している。裁判官に対して，このような保障を享受することと引き換えに，一般市民と異なった政治的表現の自由についての制約を及ぼすことは認められるか。

(2) **裁判官の政治的中立性の意義**
　裁判所法52条1号は，裁判官が「積極的に政治運動」を行うことを禁止している。このような規定は違憲か，あるいは合憲限定解釈を行うべきか。

(3) **裁判官の職務の特質と民主主義社会における役割**
　裁判官の職務の特質は何か。そこからどのような制約が導き出されるべきか。裁判官が果たすべき民主主義社会における役割は何か。

(4) **行政公務員の政治的表現の自由**
　国家公務員法102条1項に基づく行政公務員の政治的行為の禁止は，合憲か。

(5) **行政公務員の政治的表現の自由の制約に関する合憲性判定基準**
　行政公務員の政治的行為の規制に関して用いられるべき合憲性判定基準は何か。

Part I 基本となる素材

寺西判事補事件

最高裁平成10年12月1日大法廷決定
平成10年（分ク）第1号裁判官分限事件の決定に対する即時抗告事件
民集52巻9号1761頁，判時1663号66頁
〔参照条文〕 憲21，76 Ⅲ　裁52 ①

X＝申立人，被抗告人
Y＝被申立人，抗告人

❖ 事実の概要

1993年4月に判事補に採用され，1998年4月から仙台地裁に勤務しているY判事補は，旭川地裁判事補在任中に，A新聞に，「信頼できない盗聴令状審査」というタイトルで，1997年9月10

日に法制審議会が法務大臣に対して答申した「組織的犯罪対策要綱骨子」を批判する小論を投稿したところ，10月2日朝刊に掲載された。その内容は，令状に関して，ほとんど検察官，警察官の言いなりに発付されているのが実態であり，裁判官による令状審査が人権擁護のとりでになるという見解は疑問だ，というものであった。この投書に関連して，Yは，同年10月8日，旭川地裁所長から，下級裁判所事務処理規則21条に基づく注意処分を受けた。なお，折にふれて社会に対して積極的な発言をすることを辞さないYは，1994年4月13日付A新聞に，最高裁判所による判事補不採用に関して，不採用の理由を明らかにすることを求めた批判的投書「裁判官不採用　理由を明確に」が掲載されたほか，いくつかの小論を法律雑誌に公表していた。

1998年3月13日，内閣は，上記の答申に基づいて組織犯罪規制3法案を国会に提出したところ，その取り扱いをめぐり政治的問題となった。Yは，この法案に反対する団体によって企画された集会のシンポジウムで話をするように求められ，これに承諾したYの名前が，当該集会シンポジウム講師としてビラに記載された。この事実を知った仙台地裁所長は，Yに参加を見合わせるよう翻意を促した。1999年4月18日に，500人が参加して予定どおり開かれた本集会のシンポジウムに出席したYは，パネルディスカッションの直前に，フロアーから，「当初，この集会において，盗聴法と令状主義というテーマのシンポジウムにパネリストとして参加する予定であったが，事前に所長から集会に参加すれば懲戒処分もあり得るとの警告を受けたことから，パネリストとしての参加は取りやめた。自分としては，仮に法案に反対の立場で発言しても，裁判所法に定める積極的な政治運動に当たるとは考えないが，パネリストとしての発言は辞退する」，と発言した。

この発言を理由として仙台地裁所長Xは，1998年7月24日，仙台高裁に対してYに対する懲戒の申立てを行った。

❖ 第1審＝仙台高裁

仙台高裁平成10年7月24日決定
民集52巻9号1810頁

❖ 当事者の主張（争点）

〈事実にかかる主張〉

　　申　立　人……Yは，本集会において，言外に同法案反対の意思を表明する発言をし，もって，同法案の廃案を目指している団体等の政治運動に積極的に加担した。

　　被申立人……Yは，政治的団体の主張を支持する目的で，裁判官という職名の有する影響力を利用し，多数の者が集まる集会でその主張を支持する趣旨の発言をしたことはない。

〈法的な根拠にかかる主張〉

　　申　立　人……Yの行った言動は，裁判所法52条1号後段で禁じられている「積極的に政治運動をすること」に該当するから，懲戒処分に付すのが正当である。

　　被申立人……憲法が国民に保障している表現の自由は裁判官にも認めなければならないのであるから，裁判所法52条1号後段が，裁判官に対して「積極的に政治運動をすること」を禁じているのは，憲法に違反する疑いがある。

❖ 法的構成

裁判官は，「何事によらず公平中立の立場にあることを宗とすべきであるが，殊に政治的な事項については，それが強く要請される」。「事件の当事者や関係者も現憲法下で等しく参政権を付与されている国民の一員である以上，当然にそれぞれ政治上の関心や意見を有しているので，その側か

ら担当の裁判官を見た場合に、その裁判官が特定の政治的な立場にあることが分かれば、当該事件が政治的な事柄と関連しているときはもとより、そうでない場合であっても、当事者や関係者は裁判官の考え方一般に対する疑いから、その判断内容を素直に受け取らなくなる虞があるからである。更に、世人が思い描きあるいは期待している裁判官像からして、裁判官の地位にある者が、国民にそれと分かる形で政治的意見を表明すれば、一般人がする場合とは比較にならない意味合いと少なからぬ影響力をもつことになるのは明らかである。」裁判官が、「一定の政治的立場に立つ団体等に積極的に肩入れしたり、あるいはこれに利用されるのを許容したりする事態ともなれば、いわゆる『市民』を標榜してのものであっても、現職の裁判官であることを伏せずに、あるいはそのことが顕れる状況の下でする言動である以上」、「及ぼす影響も格段に大きくなるので、法規による制約を加えられ、違反した場合には秩序罰として相応の処分を受けるのもやむを得ない」。「裁判所法52条1号後段の『積極的に政治運動をすること』とは、このような場合をも含む規定であり、裁判官の前記のような特殊性に鑑みれば、右法条は、いささかも憲法に違反するものではない。」

❖ あてはめ

集会に参加した上、裁判官たる身分を明らかにして前記のような発言を行ったことは、政治問題となっている法案につき賛否の立場を明確にしている前記団体等とその運動に積極的に肩入れしたものであるから、在任中の裁判官が裁判所法52条1号後段により禁止されている「積極的に政治運動をすること」に該当し、同法49条所定の職務上の義務に違反したものとして懲戒の原因となる。

そのような理由に基づいて、同高裁は、Yに対して戒告を行うという決定をした。

✦ 抗告審＝最高裁

❖ 抗告理由

Yの言動は、単にパネリストにならなかった理由を述べただけであるから、裁判所法52条1号後段にいう「積極的に政治運動をすること」には該当しない。また、裁判官にも政治的表現の自由を手厚く保障すべきであって、諸外国においても裁判官の政治的行為の自由は広く認められている。

〈法廷意見〉

❖ 法的構成

(a) 裁判官に対する政治的中立性の要請について

「司法権の担い手である裁判官は、中立・公正な立場に立つ者でなければなら」ないが、「外見上も中立・公正を害さないように自律、自制すべきことが要請される。司法に対する国民の信頼は、具体的な裁判の内容の公正、裁判運営の適正はもとより当然のこととして、外見的にも中立・公正な裁判官の態度によって支えられるからである。したがって、裁判官は、いかなる勢力からも影響を受けることがあってはならず、とりわけ政治的な勢力との間には一線を画さなければならない。そのような要請は、司法の使命、本質から当然に導かれるところであり、現行憲法下における我が国の裁判官は、違憲立法審査権を有し、法令や処分の憲法適合性を審査することができ、また、行政事件や国家賠償請求事件などを取り扱い、立法府や行政府の行為の適否を判断する権限を有しているのであるから、特にその要請が強いというべきである。職務を離れた私人としての行為であっても、裁判官が政治的な勢力にくみする行動に及ぶときは、当該裁判官に中立・公正な裁判を期待することはできないと国民から見られるのは、避けられないところである。身分を保障され政治的

責任を負わない裁判官が政治の方向に影響を与えるような行動に及ぶことは、右のような意味において裁判の存立する基礎を崩し、裁判官の中立・公正に対する国民の信頼を揺るがすばかりでなく、立法権や行政権に対する不当な干渉、侵害にもつながることになる」。

「裁判所法52条1号が裁判官に対し『積極的に政治運動をすること』を禁止しているのは、裁判官の独立及び中立・公正を確保し、裁判に対する国民の信頼を維持するとともに、三権分立主義の下における司法と立法、行政とのあるべき関係を規律することにその目的があるものと解される。」「右目的の重要性及び裁判官は単独で又は合議体の一員として司法権を行使する主体であることにかんがみれば、裁判官に対する政治運動禁止の要請は、一般職の国家公務員に対する政治的行為禁止の要請より強いものというべきである。」したがって、「裁判所法52条1号の『積極的に政治運動をすること』の意味は、国家公務員法の『政治的行為』の意味に近いと解されるが、これと必ずしも同一ではない」。なお、「裁判官の場合には、強い身分保障の下、懲戒は裁判によってのみ行われることとされているから、懲戒権者のし意的な解釈により表現の自由が事実上制約されるという事態は予想し難い」。

(b) 裁判官に対し『積極的に政治運動をすること』を禁止する裁判所法52条1号の合憲性について

「憲法上の特別な地位である裁判官の職にある者の言動については、おのずから一定の制約を免れない」のであって、「裁判官に対し『積極的に政治運動をすること』を禁止することは、必然的に裁判官の表現の自由を一定範囲で制約することにはなるが、右制約が合理的で必要やむを得ない限度にとどまるものである限り、憲法の許容するところである」。そこで、規制がそのような限度にとどまるかどうかは、(1)禁止の目的が正当であるかどうか、(2)その目的と禁止との間に合理的関連性があるかどうか、(3)禁止により得られる利益と失われる利益との均衡を失するかどうか、を点検することによって判定される。(1)については、「右の禁止の目的は、前記のとおり、裁判官の独立及び中立・公正を確保し、裁判に対する国民の信頼を維持するとともに、三権分立主義の下における司法と立法、行政とのあるべき関係を規律することにあり、この立法目的は、もとより正当である。」(2)については、「裁判官が積極的に政治運動をすることは前記のように裁判官の独立及び中立・公正を害し、裁判に対する国民の信頼を損なうおそれが大きいから、積極的に政治運動をすることを禁止することと右の禁止目的との間に合理的な関連性があることは明らかである。」(3)については、禁止によって失われる利益については、(a)「裁判官が積極的に政治運動をすることを、これに内包される意見表明そのものの制約をねらいとしてではなく、その行動のもたらす弊害の防止をねらいとして禁止するときは、同時にそれにより意見表明の自由が制約されることにはなるが、それは単に行動の禁止に伴う限度での間接的、付随的な制約にすぎず、かつ、」(b)「積極的に政治運動をすること以外の行為により意見を表明する自由までをも制約するものではない。」禁止によって得られる利益については、「他面、禁止により得られる利益は、裁判官の独立及び中立・公正を確保し、裁判に対する国民の信頼を維持するなどというものであるから、得られる利益は失われる利益に比して更に重要なもの」であって、結局、「その禁止は利益の均衡を失するものではない。」

諸外国における裁判官の政治的行為の自由のあり方については、「歴史的経緯や社会的諸条件等を異にする諸外国における法規制やその運用の実態は、1つの参考資料とはなり得ても、これをそのまま我が国に当てはめることはできない。」とはいえ、「どこの国においても裁判官の政治的な行動には程度の差こそあれ裁判の本質に基づく一定の限界を認めている」のであって、裁判所法52条1号は、「特異な規定」であるとはいえず、「憲法21条1項に違反しないものである以上、市民的及び政治的権利に関する国際規約19条に違反するといえない」。

(c) 「積極的に政治運動をすること」の定義について

「組織的, 計画的又は継続的な政治上の活動を能動的に行う行為であって, 裁判官の独立及び中立・公正を害するおそれがあるものが, これに該当すると解され, 具体的行為の該当性を判断するに当たっては, その行為の内容, その行為の行われるに至った経緯, 行われた場所等の客観的な事情のほか, その行為をした裁判官の意図等の主観的な事情をも総合的に考慮して決するのが相当である」。

❖ あてはめ

「前記事実関係によれば, 本件集会は, 単なる討論集会ではなく, 初めから本件法案を悪法と決め付け, これを廃案に追い込むことを目的とするという党派的な運動の一環として開催されたものであるから, そのような場で集会の趣旨に賛同するような言動をすることは, 国会に対し立法行為を断念するよう圧力を掛ける行為であって, 単なる個人の意見の表明の域を超えることは明らかである。このように, 本件言動は, 本件法案を廃案に追い込むことを目的として共同して行動している諸団体の組織的, 計画的, 継続的な反対運動を拡大, 発展させ, 右目的を達成させることを積極的に支援しこれを推進するものであり, 裁判官の職にある者として厳に避けなければならない行為というべきであって, 裁判所法52条1号が禁止している『積極的に政治運動をすること』に該当する」。

「裁判所法49条にいう『職務上の義務』は, 裁判官が職務を遂行するに当たって遵守すべき義務に限られるものではなく, 純然たる私的行為においても裁判官の職にあることに伴って負っている義務をも含むものと解され, 積極的に政治運動をしてはならないという義務は, 職務遂行中と否とを問わず裁判官の職にある限り遵守すべき義務であるから, 右の『職務上の義務』に当たる。したがって, 抗告人には同条所定の懲戒事由である職務上の義務違反があった」。

なお, 本決定には, 5つの反対意見が付されている。

〈反対意見〉

❖ 法的構成

(a) 裁判官に対する政治的中立性の要請について

遠藤光男裁判官……「行政府に属する一般職の国家公務員は, 一たび決定された政策を団体的組織の中で一体となって忠実に執行しなければならない立場に置かれているのに対し, 裁判官は, 憲法と法律のみに制約されることを前提として独立してその職権を行うことが求められていることに加え, 違憲立法審査権が付与されていることなど, その職務の執行面において大きな違いがみられる。このため, 一般職の国家公務員に対しては, ある程度幅広くその行為を法的に制約することとしたものの, 裁判官の政治的行動に対する制約については, 法的強制力を伴った制約をできるだけ最小限度のものにとどめた上, 裁判官一人一人の自制的判断と自律的行動にその多くを期待した」。

「裁判官が政党の党員となり, 政治結社の社員となることが容認されている以上, これに準じる程度の政治運動を行うことが禁じられるいわれはない。また, その程度の行為をしたことだけで, 裁判官に対し求められる外見上の中立性・公正性が直ちに損なわれることとなったとみるべきではない。」

「裁判官は, 裁判所外の事象にも常に積極的な関心を絶やさず, 広い視野をもってこれを理解し, 高い識見を備えるよう努めなければならないのであって, そのためにも, でき得る限り自由かつ達な雰囲気の中でその職務に従事することが望まれるのである。このような考え方は, 近時国民各層の間に深く浸透しつつある」。

(b) 「積極的に政治運動をすること」の定義について

元原利文裁判官……「積極的に政治運動をすること」とは、「自から進んで、一定の目的又は要求を実現するために、政治権力の獲得、政治的状況の変革、政治的支配者への抵抗、あるいは政策の変更を求めて展開する活動」ということであり、「単なる意見表明の域を超え、一定の政治目的を標ぼうする運動の中に自らの意思で身を投じ、目的実現のために活発に活動することを指すこと」を指す。また、「行為の積極性は、行為者自身の意思とこれを表現する具体的行為の態様に即してこれを見るべきであって、行為の対象となった第三者自体が主体的に決定し、行動した内容について見るべきものでない」。

遠藤光男裁判官……「裁判所法は、裁判官が行った政治運動の態様が社会通念に照らしかなり突出したものであるがゆえに、将来、前記憲法上の要請を逸脱してその職権が行使されるおそれがあり、ひいては、そのことによって、裁判官に求められるその地位の独立性や前記外見上の中立性・公正性までもが著しく損なわれるに至ったと認められる場合に限り、これを禁止行為の対象としたものと解するのが相当」である。

❖ **あてはめ**

元原利文裁判官……本件言動は、Yが、「本件集会の出席者に対し、盗聴法の制定に対する反対運動に参加し、これを廃案に追い込むべきことを、明確かつ積極的に訴えかけていると認めるには程遠いものである。そうだとすると、抗告人の本件言動は、先に示した基準に照らし、いまだ積極的な政治運動をしたことには該当しないと解さざるを得ない。これをもって、反対運動を支援し、これを推進する役割を果たしたというのは、過大な評価である。」

遠藤光男裁判官……Yの言動は、「その主観的意図、目的はともかくとして」「反対運動をせん動し、又は反対運動の進め方などにつき具体的かつ積極的な発言をしたものではなかった」のであり、Yの「裁判官としての独立性及び前記外見上の中立性・公正性が著しく損なわれるに至ったと断定することはできない」。

基 本 解 説

(1) 対立する2つの裁判官像

本決定法廷意見は、一定の裁判官像を明確に示すことを通じて、「身分を保障され政治的責任を負わない裁判官」によって担われている「司法に対する国民の信頼」を確保するためには、「具体的な裁判の内容の公正、裁判運営の適正」のみならず、「外見的にも中立・公正な裁判官の態度」によって支えられなければならない、という見解を提示している。

このような裁判官像においては、「裁判官は、独立して中立・公正な立場に立ってその職務を行わなければならないのであるが、外見上も中立・公正を害さないように自律、自制すべきことが要請される。司法に対する国民の信頼は、具体的な裁判の内容の公正、裁判運営の適正はもとより当然のこととして、外見的にも中立・公正な裁判官の態度によって支えられるからである」とされ、そこから、裁判官に対する政治運動禁止の要請が導き出されることになる。

これに対して、遠藤反対意見においては、司法がその役割を十全に果たすためには「司法の国民に対する信頼」が必要不可欠であることには異論はあり得ないが、そのような「国民の信頼」への要請が、直ちに本決定法廷意見のいう意味での外見的な中立・公正性の要請を導き出すかどうかは疑問である、とされる。こうして、裁判官には、その職務の性質に由来して、職務時間外を含めて、言動に関して一定の制約がな

されること自体は許されるが，だからといって，裁判官に「政治の方向に影響」を与えることが，一切禁止されるということにはならない，とされる。

(2) 一般の公務員の政治的活動に対する規制と裁判官の政治的活動に対する規制の違い

一般の公務員の政治的活動に対する規制と裁判官の政治的活動に対する規制の違いについて，本決定法廷意見は，裁判官に対しては手厚い身分保障がなされているのであり，政治の方向に影響を与える行動に及べば裁判の存立の基盤そのものを脅かすのであるから，そのような保障がなされていることと引き換えに，また，その職務の性質に照らして，国民一般のみならず，一般公務員と比べても厳しく規制されるべきである，という考え方を提示している。

これに対して，遠藤反対意見は，手厚い身分保障がなされている裁判官の政治的活動については，むしろそれだけに一層，また，その職務の性質に照らして，一般の公務員と比べてより緩やかな規制がなされるべきである，という考え方が示され，その結果全く対照的な帰結が生じた。

(3)「積極的に政治運動をすること」の定義について

本決定法廷意見は，「積極的に政治運動をすること」について，憲法が外見的に中立・公正な裁判官像を要求していることから導き出される論理的帰結として，具体的行為の該当性を判断するに際しては，(a)「その行為の内容，その行為の行われるに至った経緯，行われた場所等の客観的な事情」が優先的に観察・評価されるべきことがらとされ，これに対して，(b)「その行為をした裁判官の意図等の主観的な事情」があわせて観察・評価されるべきことがらとされることになる。したがって，裁判官個人の一定の運動についての関与の仕方に注意を向けるのに先立って，まず，その裁判官を含むかたちで行われていたそのような運動が，それとして「積極的」なものであったかどうかが，独立的に評価の対象とされるのである。確かに，裁判官の言動が外見的な観点からみて，どのように外部に映じているのかが国民の裁判に対する信頼を確保する上でなによりも大切であるという前提に立つならば，裁判官がどのような主観的意図をもって行為していたかよりも，その裁判官を1つの構成要素として運営されていた集会自体がどのような性格を有していたのか，を究明することがより重要なこととされるのは，自然な帰結であるといえる。

法廷意見のこのような発想法に対して，「行為の積極性は，行為者自身の意思とこれを表現する具体的行為の態様に即してこれを見るべきであって，行為の対象となった第三者自体が主体的に決定し，行動した内容について見るべきものでない」（元原反対意見），という見地が対置される。外見的な観点から見て裁判官の言動を評価することを批判する見地に立てば，(a)を大きく左右する要素である運動そのものの帯有している積極性と，(b)裁判官個人のそれに対する意図や狙いは，はっきりと区別されなければならない，ということになる。このような見地から見れば，法廷意見の立場は，運動そのものの積極性から裁判官の言動の政治的な積極性を簡単に引き出してしまうものであって，運動の積極性を弁証することによって，「積極的に政治運動をすること」の内容が無限定的に拡大していく危険性を有するものとして批判されるのは当然であろう。

Part II　応用編

確認質問

1　本決定によれば，裁判官の中立性は，どのようにすれば確保されうるのか。
2　本決定によれば，どのような裁判官の言動が，裁判所法にいう「積極的な政治運動」に該当するか。
3　本決定によれば，裁判所法による裁判官の「積極的な政治運動」の規制はなぜ合憲か。

応用問題

設問1　Yが通信傍受法が違憲の疑いが強いという主張を，本件のような集会ではなく，以下のような別の仕方で行った場合，本決定の考え方を前提とすれば，どのような判断が下されるべきか。
(1)　Yが新聞投書で当該法律の違憲性を主張した場合。
(2)　Yが法律専門雑誌に同様の主張をする論文を発表した場合。
(3)　Yが参加した集会が，刑事法研究者による学会だった場合。

設問2　Yが参加した政治集会が，以下のように本件集会とは異なる性質の集会であった場合，本決定の考え方を前提とすれば，どのような判断が下されるべきか。
(1)　Yが主催者から，「仙台地裁判事補のY氏は，同地裁所長から講演の中止を求められたので，やむなく本日の講演を辞退することになった」という紹介を受け，Yが「そういう事情なので申し訳ありません」と壇上で一礼して，一般席に着席した場合。
(2)　Yが肩書を名乗らず，固有名詞だけを明記して同じ集会で講演を行った場合。
(3)　Yが「法律実務家」という肩書で同じ集会で講演を行った場合。

設問3　Yが参加した政治集会が，本件集会とは異なる目的のものであった場合，本決定の考え方を前提とすれば，以下のようなYの言動に対して，どのような判断が下されるべきか。
(1)　世界の指導者が多数招かれた国際政治に関する集会において，世界平和を実現するため核軍縮の推進を核保有国の指導者に対して要求する発言をYが行った場合。
(2)　政府提出法案である有事立法の一日も早い採択を求める集会において，日本の安全保障のために有事立法の制定が何よりも重要であるとの発言をYが行った場合。
(3)　与野党を含めたさまざまな政党の関係者が集まって，日本の刑事法制のあり方について議論を闘わせる討論会に招かれて，肩書を明らかにした上で，政府提出の通信傍受法は違憲であると確信しているという発言を，Yが演壇から行った場合。

設問4　裁判官の中立・公正に対する国民の信頼を確保する目的で，次のような法律が制定された場合，本決定の考え方を前提とすれば，合憲性についてどのように評価されるべきか。
(1)　裁判官に対して，政党に加入することを禁じる法律。
(2)　裁判官に対して，政治的目的を有する署名活動の求めに応じて，署名することを禁じる法律。
(3)　裁判官がいかなる団体に加入しているかについて，所属裁判所の長に報告義務を課す法律。

設問5　裁判官が，著書において次のような見解を表明した場合，裁判官の中立・公正に対する国民の信頼が揺るがされる事態が生ずるか。
(1) 一刻も早い死刑制度の廃止を実現すべきであるという見解。
(2) 現在最高裁によって行われている裁判官人事のあり方が政治的であり不公正であることを非難する見解。
(3) 占領下で行われた日本国憲法の制定過程には疑義があるので，いったんは大日本帝国憲法を復活させた上で，改めてその改正を行うべきであるとの見解。

Part III　理論編

展開問題

1　裁判官の中立・公正さは，裁判において法の解釈・適用を行う職務の場面でのみ要求されるものであって，ひとたび職務を離れれば，裁判官は一般の市民と全く同様の政治的自由を享受することができる，という見解を論評せよ。

　上の見解によれば，「純粋に法解釈機関であり，その反面として民主的正当性や政策志向性を初めから持ち合わせていないという司法権の特質がまず存在し，このような司法権に他の二権に対する合憲性・合法性の統制機能を託す，という図式が，日本国憲法が構想する三権分立なのである」，とされ，そうだとすれば，「裁判官の中立性の要請」は，「裁判官が当事者主義的構造の適正な手続の中で，憲法・法律の純粋な解釈作業を行っていれば，それで自動的に満足され，裁判官にそれ以上の何らかの作為・不作為を命じるものではありえない」とされる。そのような要請を超えて，裁判官に対して，「フルタイムの『中立性』」を要求するのは妥当ではなく，したがって，政治的表現の自由に対する制約の法理は，「対象が公務員や裁判官であるからといって一般国民の場合と異なる理由はない」（棟居後掲），とされる。同様の見解が，「裁判官の『独立・中立・公正』という要請は，裁判官が個々の裁判において憲法と法律のみに拘束され，それらを解釈していれば自ずから充足される性質のものである」（本後掲），あるいは，「裁判官の公正中立性を職務外までに及ぼすとき，それが裁判官職業倫理として求められているのであれば格別，法的義務として課されるならば，そこにはゆゆしき結果が招来されるに違いない」（矢島後掲），とされる。

　さらに，同様の見地から，①政治的に中立という立場なり思想が存在することが非現実的なまやかしであり，②国民は裁判官が政治的に中立であることを望んでいるという思い込みであり，③国民に裁判官ないし裁判を信頼させるために裁判官は政治的に中立らしさを装う必要があるという理論のすりかえがある，と批判される（高見後掲）。

　以上のような見解に立脚すれば，そもそも，本決定が問題としているような仕方で，裁判官の「政治的中立性」はまったく考慮さるべき問題ではなく，直ちに，裁判所法52条1号の「積極的に政治運動をすること」という禁止規定そのものが違憲であるということになる。

　以上のような見解に対しては，以下のような疑問を提起することができよう。
　① 司法権の行うさまざまな法的実践に対して，「純粋な解釈作業」を念頭に置き，法創造性や政策志向性を否定する議論を展開すること

は，法理論としてリアリティーを欠き，現代民主主義において司法権の担うべき役割を考えようとする上で，不適切であると考えられる。この点，本決定法廷意見も反対意見もともに，「法学的リアリズム」の見方に暗黙に立脚して，裁判所が何らかの法創造作用に従事することが要請されており，またそれを実際にも行っていることを，当然の前提としていると考えられる。したがって，問題は，裁判官の法的実践に法創造作用の余地があるから，直ちに，外見上の中立性が要求されるという考え方をどう評価するかであって，まさにこの点において，法廷意見と反対意見が対立しているのである。

② 裁判が，何よりも，政治的部門におけるそのときどきの多数者意思——それは，状況によって「進歩的」でも「保守的」でも「反動的」でもあり得る——に対する少数者の権利の保障——これも，多数者意思の内容のちがいに応じてその政治的意義はさまざまであり得る——というところにその本質的意義があるとすれば，「裁判官は，かれの市民としての自由を裁判官たるがゆえの制約によって不当に奪われてはならぬ，ということが主要な問題なのではなくて，裁判官たるゆえにこそ，思想・良心の自由をいっそう保障されなければならない」（樋口後掲），あるいは，「裁判官が自らの自由を真にまもりうるためには，法曹がその専門職能的自由 (professional freedom) を自覚」することが重要であるとし，「専門職能的自由の特質は，それが専門職能構成員の個人的利益のためにあるのではなく，当該職能の機能上の不可欠の要件を確保することにより，当該専門職能の役務の受け手の役務享受上の利益を保証しようとする」（高柳後掲）ものであるのに対して，裁判官の享受する政治的表現の自由が，その職務の特質に応じて一般市民とは異なった制約を受けること自体は，一般論としては否定されえない，と考えられる。

そのような思考を前提とすれば，「積極的に政治運動をすること」を禁じている裁判所法52条1号の規定について，「単に特定の政党に加入して政党員になったり，一般国民としての立場において政党の政策を批判することも，これに含まれないものと解すべきである」とする，最高裁事務総局総務局編『裁判所法逐条解説 中巻』による解説は，十分納得のいく見解であると考えられる。そして，このような思考は，国連の定めた「司法の独立に関する基本原則 (Basic Principles on the Independence of Judiciary)」において，「世界人権宣言に従い，司法府の構成員は，他の市民と同じく，表現，思想，結社及び集会の自由の権利を有する」とされながら，「この権利を行使するにあたっては，裁判官は，常に，その地位の尊厳並びに司法の公正及び独立を保持するよう行動するものとする」と留保がされていることとも，一致している。

また，ドイツ裁判官法 (1962年) 39条は，「裁判官は，その職務の内外を問わず，また，政治活動においても，裁判官の独立に対する信頼を損なわないよう行動しなければならない」と定めており，ドイツの考え方では，「裁判官が，その政治的意見を扇動的な，あるいは他人を傷つける方法で表明したり，実質的な議論によってではなく，罵倒その他の不適切なやり方で自己の政治目的を実現しようとすることは，39条の義務に違反する。また，国家や国家制度，政府の政策を批判することは許されるが，民主的国家また国家理念そのものに反逆することは許されない」，と指摘されている（工藤後掲）。

このようにみてくると，裁判官の政治的表現の自由に対する制約は，一定の範囲内で合憲的な意義を有すると考えられる。そうだとすれば，この点に関して，ある現職裁判官が，「裁判官としての職務が，対立当事者の意見に予断を持たず公平かつ謙虚に耳を傾け，熟慮に熟慮を重ねて，法的判断をするものとすれば，国民は，そうした行動態度や思考方法を備えた，すなわち公平，謙虚で，思慮深く，冷静な判断者を期待している。他方，政治的運動は，それが激しく闘争的になればなるほど，ともすると一方的，

排他的，感情的，宣伝的，非論理的なものとなりがちである。そのような活動に身を委ねる裁判官をみると，国民は不安を覚える。『この裁判官は，はたして，自分らの訴えに冷静に，また謙虚に耳を傾けてくれるだろうか』と。そのような不安に配慮し，裁判官にふさわしくない行動態度の典型例の一つとして，政治行動の一定のものを『積極的に政治運動をすること』とみてこれを禁止した」，と指摘している（伊東後掲）ことは，きわめて適切であると考えられる。

2 裁判官は，法制度の改革に関していかなる役割を果たすべきか，について検討せよ。

裁判官は一般に，日常的に法律実務に携わる者として豊かな経験と知識を有していることからして，日本の法制度の直面するさまざまな問題について，公共の関心に応えるために公共の利害にかかわることがらについて一定の知見を示すことを通じて，公共的な議論を活性化させ，よりよい法制度の確立と運営に貢献することが，社会的に求められている。そしてとりわけ，日本の裁判官は違憲立法審査権を有しており，憲法問題についての判断が時に強い政治的インパクトをもつことがあり得るとすれば，上記のような観点から行われる裁判官の表現活動に対して厳しく政治的中立性を要求することは妥当ではない，と考えられる。また，裁判官が選挙で選ばれる存在ではなく，この意味で政治責任を負わないからといって，表現行為を行うことを厳しく制約されることを許容することは，官僚，利益団体，マス・メディア等に期待される役割と比較した場合，あまりにもバランスを欠いている（川岸令和後掲参照）。したがってここで重要なのは，等しく政治的性質を帯びる言動であっても，そのなかで党派政治的な言動とそれ以外のものをはっきりと区分する視点である。すなわち，さまざまな政治組織が，特定候補者の当選や政権獲得をめぐる争いを演じる党派的政治性を帯びる行為については，政党党派が，まさしくparty（部分）であるにもかかわらず，「全国民のため公益のための政策（volonté générale）を標榜・推進し」（高柳信一），自らの政治的主張を全国民の名の下に実現するために，相争いあうのが健全な姿であると考えられる。そのようなプロセスを経て行われることが当然の前提となっている主権者たる国民の意思決定を尊重するという見地から，裁判官の積極的な政治活動を規制することは，憲法の観点から見ても十分承認することができる。

これに対して，法制度の改革に関しては，裁判官が表現行為について大きな自由度を有することが憲法によって許容されているし，また社会的にも強く期待されているというべきであろう。この点，本決定法廷意見も，そのような表現活動に一定の配慮を示して，「裁判所は，司法制度の運営に当たる立場にあり，規則制定権を有していることなどにかんがみると，司法制度に関する法令の制定改廃についても，一定の意見を述べることができるものと解される」，さらに「裁判官が審議会の委員等として立法作業に関与し，賛成・反対の意見を述べる行為は，立法府や行政府の要請に基づき司法に携わる専門家の一人としてこれに協力する行為であって，もとより裁判所法52条1号により禁止されるものではない」，としていることが注目される。

このように考えることができるとすれば，本件におけるY判事補の言動も，まさに裁判官としての専門的知見を一般市民に提供し，そうすることを通じて一定の公共の争点についての討議を活性化させようとするものであった，と位置付けることができる。そして，立法行為をはじめとする議会の活動において，活性化された討議が，議会内部においてだけでなく，議会と国民各層との間で行われ，自由で批判的なコミュニケーションの空間が重層的に確保されることによって，民主主義の実質が実現されると考えるならば，本決定のように，本件言動を，

「国会に対し立法行為を断念するよう圧力を掛ける行為であって、単なる個人の意見の表明の域を超えることは明らかである」と捉えることは不適切であるといえよう。このような民主主義についての理解は、最高裁が、在宅投票制度廃止立法不作為違憲訴訟判決（最一小判昭和60年11月21日民集39巻7号1512頁）において提示した議会制民主主義観、すなわち、「国会は、国民の間に存する多元的な意見及び諸々の利益を立法過程に公正に反映させ、議員の自由な討論を通してこれらを調整し、究極的には多数決原理により統一的な国家意思を形成すべき役割を担うもの」と適合的であると考えられる。

Part IV　もう1つの素材

猿払事件

最高裁昭和49年11月6日大法廷判決
昭和44年（あ）第1501号国家公務員法違反被告事件
刑集28巻9号393頁
〔参照条文〕　憲21　国公102 I　人規14-7

❖ 事実の概要

Yは、北海道宗谷郡猿払村の鬼志別郵便局に勤務する郵政事務官で、猿払地区労働組合協議会事務局長を勤めていたものであるが、昭和42年1月8日告示の第31回衆議院議員選挙に際し、同協議会の決定に従い、日本社会党を支持する目的をもって、同日同党公認候補者の選挙用ポスター6枚を自ら公営掲示場に掲示したほか、その頃4回にわたり、かかるポスター合計約184枚の掲示方を他に依頼して配布した。

本判決は、このような行為を処罰した国家公務員法および人事院規則は、合憲であるとした。

❖ 上告審＝最高裁

❖ 法的構成
(a)　公務員の政治的中立性について

「『すべて公務員は、全体の奉仕者であつて、一部の奉仕者ではない。』とする憲法15条2項の規定からもまた、公務が国民の一部に対する奉仕としてではなく、その全体に対する奉仕として運営されるべきものであること」を示している。とりわけ、「公務のうちでも行政の分野におけるそれは、憲法の定める統治組織の構造に照らし、議会制民主主義に基づく政治過程を経て決定された政策の忠実な遂行を期し、もっぱら国民全体に対する奉仕を旨とし、政治的偏向を排して運営されなければならないものと解されるのであつて、そのためには、個々の公務員が、政治的に、一党一派に偏することなく、厳に中立の立場を堅持して、その職務の遂行にあたることが必要となる」。

(b)　国家公務員法102条1項の合憲性について

「国公法102条1項及び規則による公務員に対する政治的行為の禁止が右の合理的で必要やむを

えない限度にとどまるものか否かを判断するにあたつては，禁止の目的，この目的と禁止される政治的行為との関連性，政治的行為を禁止することにより得られる利益と禁止することにより失われる利益との均衡の3点から検討することが必要である。

　そこで，まず，禁止の目的及びこの目的と禁止される行為との関連性について考えると，もし公務員の政治的行為のすべてが自由に放任されるときは，おのずから公務員の政治的中立性が損われ，ためにその職務の遂行ひいてはその属する行政機関の公務の運営に党派的偏向を招くおそれがあり，行政の中立的運営に対する国民の信頼が損われることを免れない。また，公務員の右のような党派的偏向は，逆に政治的党派の行政への不当な介入を容易にし，行政の中立的運営が歪められる可能性が一層増大するばかりでなく，そのような傾向が拡大すれば，本来政治的中立を保ちつつ一体となつて国民全体に奉仕すべき責務を負う行政組織の内部に深刻な政治的対立を醸成し，そのため行政の能率的で安定した運営は阻害され，ひいては議会制民主主義の政治過程を経て決定された国の政策の忠実な遂行にも重大な支障をきたすおそれがあり，このようなおそれは行政組織の規模の大きさに比例して拡大すべく，かくては，もはや組織の内部規律のみによつてはその弊害を防止することができない事態に立ち至るのである。したがつて，このような弊害の発生を防止し，行政の中立的運営とこれに対する国民の信頼を確保するため，公務員の政治的中立性を損うおそれのある政治的行為を禁止することは，まさしく憲法の要請に応え，公務員を含む国民全体の共同利益を擁護するための措置にほかならないのであつて，その目的は正当なものというべきである。また，右のような弊害の発生を防止するため，公務員の政治的中立性を損うおそれがあると認められる政治的行為を禁止することは，禁止目的との間に合理的な関連性があるものと認められる」。

　「次に，利益の均衡の点について考えてみると」，「公務員の政治的中立性を損うおそれのある行動類型に属する政治的行為を，これに内包される意見表明そのものの制約をねらいとしてではなく，その行動のもたらす弊害の防止をねらいとして禁止するときは，同時にそれにより意見表明の自由が制約されることにはなるが，それは，単に行動の禁止に伴う限度での間接的，付随的な制約に過ぎず，かつ，国公法102条1項及び規則の定める行動類型以外の行為により意見を表明する自由までをも制約するものではなく，他面，禁止により得られる利益は，公務員の政治的中立性を維持し，行政の中立的運営とこれに対する国民の信頼を確保するという国民全体の共同利益なのであるから，得られる利益は，失われる利益に比してさらに重要なものというべきであり，その禁止は利益の均衡を失するものではない。」

❖ あてはめ

　本件で行われた行為は，「特定の政党を支持する政治的目的を有する文書を掲示し又は配布する行為であつて，政治的偏向の強い行動類型に属するものにほかならず，政治的行為の中でも，公務員の政治的中立性の維持を損うおそれが強いと認められるものであり，政治的行為の禁止目的との間に合理的な関連性をもつものであることは明白である。また，その行為の禁止は，もとよりそれに内包される意見表明そのものの制約をねらいとしたものではなく，行動のもたらす弊害の防止をねらいとしたものであつて，国民全体の共同利益を擁護するためのものであるから，その禁止により得られる利益とこれにより失われる利益との間に均衡を失するところがあるものとは，認められない。」

基本解説

　現行法上，公務員の政治的活動および労働基本権の行使についてかなり広範な制限が行われている。すなわち，公務員の政治活動は一律全面的に禁止され，その違反に対しては刑事罰が用意されている。一般に，公務員がその地位の特殊性に鑑みて，一般の市民とは異なる制約を受けることを認める考え方そのものは，判例と学説の双方から承認されている。代表的な学説（芦部後掲）は，政党政治の下では，公務員関係の自律性が確保されることを通じて，行政の中立性が確保され，行政の継続性，安定性が維持されることが重要であるから，憲法的秩序の構成要素として公務員関係の自律性が，公務員の人権制限の根拠になると解している。公務員の人権制限について，判例・学説ともに，戦前それを正当化する役割を担った特別権力関係論を援用していない。

　本判決を代表例とする判決と代表的学説とが立場を分かつのは，一口に公務員といってもその職務や責任等がきわめて多様であるから，憲法が，制限の対象となる公務員の地位，職務の内容・性質等の違いに応じて，その制限のあり方について違いを設けることを求めているか，という問題についてである。この問題に関して，本判決は，「公共の福祉」を前面に出して規制を簡単に合憲としていた過去の判例のあり方とは異なり，それとして詳細に憲法論を展開している。その際，公務員の「全体の奉仕者」性，そして「行政の中立的運営が確保され，これに対する国民の信頼が維持されること」という点を重視して，しかも行政公務員については，「有機的統一体として機能している行政組織における公務の全体の中立性が問題とされるべきもの」という認識を踏まえて，「当該公務員の管理職・非管理職の別，現業・非現業の別，裁量権の範囲の広狭などは，公務員の政治的中立性を維持することにより行政の中立的運営とこれに対する国民の信頼を確保しようとする法の目的を阻害する点に，差異をもたらすものではない」，とした。

　これに対して，学説は，現行法およびそれを正当化する判例の考え方は，公務員の人権を不当に幅広く制約するから妥当ではなく違憲の疑いがあり，それぞれの公務員の職種・職務権限，政治的行為のありよう（種類・性質・態様等），そしてそれが行われた状況（勤務時間の内外，国の施設の利用の有無等）を考慮して，きめ細かな人権制約のルールを設定するべきであると説いてきた。そのような観点から，学説は，本件について憲法21条違反により適用違憲判決を下した旭川地裁第1審判決（昭和43年3月25日下刑集10巻3号293頁），札幌高裁第2審判決（昭和44年6月24日判時560号30頁）に好意的である。

　次に，どのような基準に依拠して公務員の政治的活動を制限する法令の合憲性を審査するべきであるか，が問題となる。判例は，上の立場を前提として，①禁止の目的，②この目的と禁止される政治的行為との関連性，③政治的行為を禁止することにより得られる利益と禁止することにより失われる利益との均衡，の3点から検討するべきであるとした。判例は，禁止の目的は正当であり，この目的と政治的行為の禁止は「合理的な関連性」があるとした。そして，③の点を考察する際には，「内包される意見表明そのものの制約をねらいとしてではなく，その行動のもたらす弊害の防止をねらいとして禁止するときは，同時にそれにより意見表明の自由が制約されることにはなるが，それは，単に行動の禁止に伴う限度での間接的，付随的な制約」にすぎないということが，強調された。以上の諸点からの考察の結果，判例は現行法の規制を合憲とした。

　これに対して，代表的な学説は，本判決のよ

うに，政治的活動のようなきわめて重要な人権が問題となっている場面で「合理的な関連性」の基準を用いることは不適当であること，表現内容の規制と表現内容中立的な間接的付随的規制を二分して，後者について規制によって失われる利益が少ないと一般的に論ずるのは妥当ではない，と強く批判してきた。そして，このような場面で用いられるべき基準は，厳格な基準であるところの，「より制限的でない他の選びうる手段」だと主張している（芦部信喜）。

設問 行政公務員であるYが以下のような行為を行った場合，本判決の考え方を前提とすれば，どのような判断が下されるべきか。
(1) 高級公務員であるYが，所属省庁の所管に属する政府提出法案の内容の打ち合わせのために，与党党本部を訪れ，党幹部と協議を行った場合。
(2) 現業公務員であるYが，選挙期間中に，既成政党全体の反民主主義的性格を告発する内容のポスターを，町中に貼った場合。
(3) 非現業公務員であるYは，趣味として情報ミニコミ誌を編集・発行して地域で頒布していたが，それに地方議会議員選挙立候補者Aのプロフィールと所信を掲載した場合。

〔参考文献〕
奥平康弘『判例評論』488号（1999）
市川正人「表現の内容規制・内容中立的規制二分論」長谷部恭男編著『リーディングズ現代の憲法』（日本評論社，1995）
川岸令和「裁判官と表現の自由」ジュリスト1150号（1999）
髙柳信一「司法権の独立と裁判官の市民的自由」池田政章＝守屋克彦編『裁判官の身分保障』（勁草書房，1972）
樋口陽一『司法の積極性と消極性』（勁草書房，1978）
棟居快行『憲法学再論』（信山社，2001）
本秀紀「裁判官の政治運動」憲法判例百選Ⅱ（有斐閣，第4版，2000）
矢島基美「積極的な政治活動（裁判官の独立）」月刊法学教室224号（1999）
髙見沢昭治「裁判官の市民的自由の意義と政治的中立論の誤り」法と民主主義332号（1998）
工藤達朗「ドイツにおける裁判官の政治活動の自由」ジュリスト1150号（1999）
伊東武是「寺西裁判官問題をめぐり『政治的中立』を考える」日本裁判官ネットワーク編『裁判官は訴える！』（講談社，1999）
芦部信喜『憲法』（岩波書店，第3版・高橋和之補訂，2002）

（山元　一）

〈編集代表〉

棟居快行（むねすえ・としゆき）
　　北海道大学大学院法学研究科教授

工藤達朗（くどう・たつろう）
　　中央大学大学院法務研究科（法科大学院）教授

小山　剛（こやま・ごう）
　　慶應義塾大学法学部教授

プロセス演習　憲　法

2004（平成16）年4月10日　初版第1刷発行

編集	LS憲法研究会
編集代表	棟居快行 工藤達朗 小山剛
発行者	今井貴 渡辺左近
発行所	信山社出版 〒113-0033　東京都文京区本郷6-2-9-102 電話　03-3818-1019 FAX　03-3818-0344

印刷・製本／東洋印刷・和田製本

© 棟居快行, 工藤達朗, 小山剛 2004. Printed in Japan

ISBN 4-7972-2285-9　C3332